Gatekeeper Positionen in der europäischen Fusionskontrolle

EUROPÄISCHE INTEGRATION UND INTERNATIONALE WIRTSCHAFTSBEZIEHUNGEN

Rechtswissenschaftliche Studien

Herausgegeben von Peter Behrens

Band 11

PETER LANG
Frankfurt am Main · Berlin · Bern · Bruxelles · New York · Oxford · Wien

Julia Richter

Gatekeeper Positionen in der europäischen Fusionskontrolle

Marktabschottungsgefahren bei Zusammenschlüssen im Informations- und Kommunikationssektor

PETER LANG
Europäischer Verlag der Wissenschaften

Bibliografische Information Der Deutschen Bibliothek
Die Deutsche Bibliothek verzeichnet diese Publikation in der Deutschen Nationalbibliografie; detaillierte bibliografische Daten sind im Internet über <http://dnb.ddb.de> abrufbar.

Zugl.: Hamburg, Univ., Diss., 2003

D 18
ISSN 0948-8774
ISBN 3-631-52176-6

www.peterlang.de

Meiner Mutter

Vorwort

Die Idee zu dieser Arbeit ist während meines LL.M. Studienjahres an der New York University School of Law entstanden. Im Wintersemester 2003/2004 hat sie als Dissertation der Juristischen Fakultät der Universität Hamburg vorgelegen. Neuere Rechtsprechung und Literatur konnten bis Mitte November 2003 berücksichtigt werden.

Ich danke zunächst und vor allem meinem Doktorvater Professor Dr. Peter Behrens. Er hat mich während dieser Arbeit sowohl fachlich als auch menschlich vorbildlich betreut und stand stets als Ansprechpartner zur Verfügung. Ferner möchte ich Herrn Professor Dr. Marian Paschke für die zügige Erstellung des Zweitgutachtens meinen Dank aussprechen.

Dank gebührt außerdem dem „Arbeitskreis Wirtschaft und Recht“ des Stifterverbandes für die Deutsche Wissenschaft, der diese Arbeit mit einem Promotionsstipendium gefördert hat.

Schließlich möchte ich besonders meiner Familie - allen voran meiner Mutter - danken, die mich immer und so auch bei dieser Arbeit uneingeschränkt unterstützt hat, sowie Herrn Dr. Michael Esser-Wellié für wertvolle Anregungen und Herrn Dr. Alexander Schwahn für zahlreiche Gespräche und produktive Diskussionen.

Hamburg, im November 2003 Julia Richter

Inhaltsübersicht

Inhaltsverzeichnis

Abkürzungsverzeichnis

Abl.	Amtsblatt der Europäischen Gemeinschaften
AER	The American Economic Review
a.F.	alte Fassung
AfP	Archiv für Presserecht
Antitrust Bull.	The Antitrust Bulletin
Antitrust L. J.	Antitrust Law Journal
BB	Betriebsberater
Cambridge L. J.	The Cambridge Law Journal
CMLR	Common Market Law Review
CR	Computer und Recht
CRI	Computer und Recht International
EC	European Community
ECLR	European Competition Law Review
EG	Europäische Gemeinschaft
ELR	European Law Review
EU	Europäische Union
EuG	Gericht Erster Instanz beim EuGH
EuGH	Gerichtshof der Europäischen Gemeinschaft
EuR	Europarecht
EuZW	Europäische Zeitschrift für Wirtschaftsrecht
EWG	Europäische Wirtschaftsgemeinschaft
EWS	Europäisches Wirtschafts- und Steuerrecht
FAZ	Frankfurter Allgemeine Zeitung
FCLI	Fordham Corporate Law Institute
Fn.	Fußnote
FS	Festschrift
GRUR Int.	Gewerblicher Rechtsschutz und Urheberrecht, Internationaler Teil

GWB	Gesetz gegen Wettbewerbsbeschränkungen
JURA	Juristische Ausbildung
K&R	Kommunikation und Recht
MMR	Multimedia und Recht
m.w.N.	mit weiteren Nachweisen
NJW	Neue Juristische Wochenschrift
NJW-CoR	Neue Juristische Wochenschrift Computerreport
RdE	Recht der Energiewirtschaft
Rs.	Rechtssache
Slg.	Sammlung des Gerichtshofs der Europäischen Gemeinschaft
VO	Verordnung
WuW	Wirtschaft und Wettbewerb
ZHR	Zeitschrift für das gesamte Handelsrecht und Wirtschaftsrecht
ZIP	Zeitschrift für Wirtschaftsrecht
ZUM	Zeitschrift für Urheber- und Medienrecht

Einleitung, Gang der Untersuchung

Im Zuge der Liberalisierung des Telekommunikationssektors, der rasanten Verbreitung des Internet sowie der dadurch begünstigten Konvergenz der Branchen Telekommunikation, Medien und Informationstechnologien unterliegt der Wettbewerb im Informations- und Kommunikationssektor einem ständigen Wandel. Die in diesen Bereichen tätigen Unternehmen sind dabei, sich in der neuen Wertschöpfungskette Telekommunikation - Internet – Medien - Inhalte neu zu positionieren und durch die Entwicklung neuer Produkte und Dienstleistungen zukünftige Märkte zu erobern[1]. Dies geschieht teilweise aus eigener Kraft, indem Unternehmen in Ergänzung zu ihrem Kerntätigkeitsgebiet ihre Aktivitäten auf benachbarte Märkte ausdehnen. Weitaus öfter ist es allerdings anzutreffen, daß Unternehmen sich durch Zusammenschlüsse mit anderen Unternehmen neu zu positionieren versuchen.

Derartige Zusammenschlüsse sind grundsätzlich zu begrüßen, da sie Innovationen fördern und somit den Verbrauchern zugute kommen können. Allerdings bergen sie auch die Gefahr, daß Unternehmen dadurch die Entstehung von Wettbewerb verhindern bzw. sich dem Wettbewerbsdruck entziehen wollen, indem sie versuchen, sich in Schlüsselpositionen zu bringen und die künftige Marktentwicklung zu kontrollieren. In diesen Konstellationen wird oft von einem drohenden „Gatekeeper“ bzw. von einer „Gatekeeper Position“ oder von „Gatekeeper Effekten“ gesprochen[2]. In der Praxis sind solche Gatekeeper Gefahren vermehrt aufgetreten und waren bereits Gegenstand einiger Entscheidungen der Europäischen Kommission im Rahmen der Kontrolle von Unternehmenszusammenschlüssen[3]. Umso erstaunlicher ist es, daß die Kartellrechtswissenschaft bisher noch keine Versuche unternommen

---

[1] Siehe Ungerer, „Content-Media-Telecom Competition Issues“ (31.05.2001), unter: http://www.europa.eu.int/comm/competition/speeches/index_2001.html.

[2] Vgl. z.B. Pressemitteilung der Europäischen Kommission vom 11.10.2000, IP/00/1145, „Fusion zwischen AOL und Time Warner von EU-Kommission mit Auflagen genehmigt“, unter: http://www.europa.eu.int/rapid/start/cgi; Monti, FCLI 2000, 257, 261-263; ders., „Competition in the New Economy“ (21.05.2001), und Pons, „European Competition Policy in the New Economy“ (26.06.2001), beide bei: http://www.europa.eu.int/comm/competition/speeches/index_2001.html.

[3] Diese erfolgt gemäß der Verordnung (EWG) Nr. 4064/89 des Rates vom 21.12.1989 über die Kontrolle von Unternehmenszusammenschlüssen, kurz FKVO oder Fusionskontrollverordnung, ABl. 1989, L 395/1, berichtigt in ABl. 1990, L 257/13, mit Wirkung zum 01.03.1998 geändert durch die Verordnung (EG) Nr. 1310/97 des Rates vom 30.06.1997 zur Änderung der Verordnung (EWG) Nr. 4064/89 des Rates über die Kontrolle von Unternehmenszusammenschlüssen, ABl. 1997, L 180/1. Gestützt wurde die Fusionskontrollverordnung auf Art. 87 EGV a.F. und Art. 235 EGV a.F., nun Art. 83 EGV n.F. und Art. 308 EGV n.F. Im folgenden wird die gebräuchliche Abkürzung FKVO für Verweise auf Vorschriften der Fusionskontrollverordnung verwendet. Wird fortan von der Kommission gesprochen, so ist damit stets die Europäische Kommission gemeint.

hat, die Figur des Gatekeeper dogmatisch einzuordnen, die dadurch ausgelösten wettbewerbsrechtlichen Probleme zu identifizieren und die verschiedenen Entstehungs- und Erscheinungsformen zu strukturieren. Häufig wird der Begriff des Gatekeeper lediglich verwendet, ohne jedoch genau zu erläutern, was kartellrechtlich darunter zu verstehen ist. Diese Arbeit hat deshalb zum Ziel, die Ermittlung und Behandlung von Gatekeeper Positionen in der europäischen Fusionskontrolle am Beispiel des Informations- und Kommunikationssektors zu untersuchen, systematisch zu erfassen und zu bewerten. Dabei geht es auch um das Spannungsverhältnis zwischen einer Laisser-Faire-Einstellung einerseits, die bei einer zu großzügigen Genehmigung eines Vorhabens zur Abschottung von Märkten führen kann, und einem fusionskontrollrechtlichen Einschreiten andererseits, das, wenn es zu einem zu frühen Zeitpunkt erfolgt, Innovationen behindert, dadurch anreizmindernd auf Unternehmen wirkt und somit ebenfalls einen negativen Effekt auf die Entfaltung des Wettbewerbs haben kann.

Angesichts der zunehmenden Konvergenz und der fortschreitenden Entwicklung des Internet ist zu erwarten, daß die Gatekeeper Problematik nicht an Bedeutung und Aktualität verliert. Deshalb ist eine Analyse der bisherigen Kommissionspraxis zur fusionskontrollrechtlichen Einordnung von Gatekeeper Positionen sowie vor allem die Erarbeitung von Kriterien für deren Feststellung und Behandlung unabdingbar, um bei der Prüfung künftiger Zusammenschlußvorhaben mehr Klarheit und Transparenz zu haben.

Bei dieser Untersuchung erfolgt im ersten Teil zunächst eine Einführung in die Problematik von Gatekeeper Positionen und deren Gefahren für den Wettbewerb im Informations- und Kommunikationssektor, dessen Entwicklung und Besonderheiten aufgezeigt werden.

Im zweiten Teil der Arbeit wird die gegenwärtige Ermittlung und Behandlung von Gatekeeper Positionen in der Fusionskontrolle dargestellt. Nach einem Überblick über die Ziele und Strukturen des europäischen Kartellrechts und das Instrumentarium der Fusionskontrollverordnung wird die bisherige Vorgehensweise der Kommission anhand exemplarischer Entscheidungen im Informations- und Kommunikationssektor geschildert, in denen die Gefahr von Gatekeeper Positionen bestand.

Im Mittelpunkt der Untersuchung steht im dritten Teil die Entwicklung eines Konzepts für die künftige Feststellung und Behandlung von Gatekeeper Positionen in der Fusionskontrolle im Informations- und Kommunikationssektor, die im wesentlichen im Wege einer kritischen Analyse der Kommissionspraxis erfolgt. Es werden zunächst Kriterien zur Ermittlung von Gatekeeper Positionen entwickelt. Ferner werden verschiedene Klassifizierungen von Gatekeeper Positionen herausgearbeitet und geeignete Abhilfemaßnahmen untersucht.

Die Ergebnisse dieser Arbeit werden abschließend zusammengefaßt.

Erster Teil: Die Problematik von Gatekeeper Positionen im Informations- und Kommunikationssektor

Der Ausdruck „Gatekeeper" ist kein feststehender Begriff, bei dem ein Blick in ein fachspezifisches Nachschlagewerk genügen würde, um herauszufinden, welche Sachverhaltskonstellationen darunter verstanden und welche Gefahren für den Wettbewerb damit assoziiert werden. Vielmehr ist die Bezeichnung erst in den letzten Jahren im kartellrechtlichen Zusammenhang in Erscheinung getreten[4], ohne daß allerdings genauer erläutert wurde, was man tatsächlich unter einem Gatekeeper versteht. Der erste Teil dieser Arbeit dient deshalb dazu, die Besonderheit des Phänomens des Gatekeeper abstrakt darzustellen sowie eine Einführung in die wirtschaftlichen Zusammenhänge und ökonomischen Besonderheiten in dem zu untersuchenden Informations- und Kommunikationssektor zu geben. Dies ist Voraussetzung für die spätere rechtliche Einordnung und Analyse der Gatekeeper Problematik.

---

[4] Entscheidungen, in denen die Kommission explizit von einem Gatekeeper spricht, sind z.B. *Telia/ Telenor*, Fall IV/M.1439, Pressemitteilung der Europäischen Kommission vom 15.06.1999, IP/99/396, „Kommission leitet eingehende Untersuchung des Zusammenschlußvorhabens Telia/ Telenor ein", unter: http://www.europa.eu.int/rapid/start/cgi; *AOL/ Time Warner*, Fall COMP/M.1845, Entscheidung der Kommission vom 11.10.2000, ABl. 2001, L 268/28, Zi. 25; ferner die Pressemitteilungen der Europäischen Kommission vom 19.06.2000, IP/00/634, „Commission opens full investigation into AOL/ Time Warner merger", und vom 11.10.2000, IP/00/1145, „Fusion zwischen AOL und Time Warner von EU-Kommission mit Auflagen genehmigt", beide unter: http://www.europa.eu.int/rapid/start/cgi. Für Abhandlungen, die bei der Kommentierung von Entscheidungen der Kommission den Begriff der Gatekeeper Position verwenden, siehe Alonso, FCLI 1997, 129, 140; Camesasca, ECLR 2000, 76, 88; Aubel, „L'application du droit communautaire de la concurrence et le contrôle des concentrations et des alliances dans l'audiovisuel", unter: http://www.europa.eu.int/comm/competition/speeches; Coates, „Competing for the Internet", unter: http://www.europa.eu.int/comm/competition/speeches/text/sp1998; Drauz, Neuere Entwicklungen der EU-Fusionskontrolle, S. 114; Garzaniti, S. 236, 237; Monti, „Competition in the New Economy" (21.05.2001), unter: http://www.europa.eu.int/comm/competition/speeches/index_2001.html; ders., FCLI 2000, 257, 261 f.; Nave/ Enser/ Sandhu, „Innovation and High Technology", unter: http://www.global-competition.com/spl_rpts/ear; Mestmäcker, ZUM 2001, 186, 192; Pape, WuW 2000, 1087; Pons, „European Competition Policy in the New Economy" (26.06.2001), unter: http://www.europa.eu.int/comm/competition/speeches/index_2001.html; Ruttley, ECLR 1998, 186, 198; Rabassa, Competition Policy Newsletter 2001 (No. 1), 46, 47; Schaub, Competition Policy Newsletter 1996 (No. 1), 1 ff.; ders., Megafusionen, S. 116; Ungerer, FCLI 1995, 465, 505; ders., „Who should be Europe's Digital Gatekeepers" (20.03.1996), und ders., „Competition in the Information Society" (19.11.1996), beide unter: http://www.europa.eu.int/comm/competition/speeches/index_1996.html; ders., „Content – Media - Telecom Competition Issues" (31.05.2001), unter: http://www.europa.eu.int/comm/competition/speeches/index_2001.html; Whish, S. 840; Van Miert, FCLI 1995, 285, 287; ders., „Impact of Digital Technologies on the Telecommunications and Television Sectors" (12.06.1997), unter: http://www.europa.eu.int/comm/competition/speeches/index_1997.html.

A. Gatekeeper Positionen und deren Gefahren für den Wettbewerb

Das europäische Kartellrecht hat zum Ziel, den Wettbewerb zu erhalten und zu fördern[5]. Dies ist in Art. 3 Abs. 1 lit. g des Vertrages zur Gründung der Europäischen Gemeinschaft[6] verankert, wonach der Gemeinschaft aufgegeben ist, ein System zu errichten, das den Wettbewerb innerhalb des Binnenmarktes vor Verfälschungen schützt. Wettbewerb wird generell als schützenswert angesehen, weil er zahlreiche wichtige Funktionen für Wirtschaft, Gesellschaft und Staat erfüllt[7]. Der Wettbewerbsprozeß kann sich jedoch nicht immer von allein aufrechterhalten. Vielmehr ist er vor allem durch wettbewerbsbeeinträchtigende Strategien seitens der Unternehmen bedroht, für die es in der Regel von Vorteil ist, sich dem Druck des Wettbewerbs zu entziehen[8]. Deshalb ist es Aufgabe der europäischen Wettbewerbspolitik, kompetitive Marktstrukturen zu wahren oder wiederherzustellen, ein wettbewerbskonformes Verhalten sicherzustellen und zu gewährleisten, daß der Wettbewerb in der Lage ist, die erwünschten Funktionen zu erfüllen[9].

Gatekeeper Positionen stellen dabei eine von vielen möglichen Konstellationen dar, in denen der Wettbewerb seiner Entmachtungsfunktion nicht mehr gerecht werden kann. Grundsätzlich werden Unternehmen durch die Kräfte des Wettbewerbs in Schach gehalten. Sie haben in ihre eigenen strategischen Überlegungen stets die Aktionen und Reaktionen ihrer Lieferanten, Konkurrenten und Kunden miteinzubeziehen. Einem Unternehmen kann es jedoch auch gelingen, eine überlegene Stellung im Wettbewerbsgeschehen einzunehmen, so daß seine Konkurrenten nicht mehr effektiv Wettbewerbsdruck ausüben und es damit nicht mehr in seinem Verhaltensspielraum kontrollieren können. Wie im weiteren Verlauf der Untersuchung herausgearbeitet wird, liegt die Fähigkeit, sich gegenüber Wettbewerbern unabhängig zu

---

5 Lange, Handbuch, S. 42.

6 Für diesen soll im folgenden die geläufige Abkürzung EGV verwendet werden. Alle Angaben von Artikeln beziehen sich, soweit nicht anders vermerkt, auf die aktuell geltende Fassung.

7 Hierzu zählen erstens wirtschaftspolitische Funktionen wie die Steuerungs- oder Ordnungsfunktion, die Verteilungsfunktion sowie die Antriebs- oder Leistungsfunktion, vgl. Wiedemann in: Wiedemann, § 1, Rn. 2. Zweitens erfüllt Wettbewerb auch gesellschaftspolitische Funktionen, von denen die Herstellung einer gleichmäßigen Machtverteilung in Wirtschaft und Gesellschaft die wichtigste ist, Emmerich, S. 2.

8 Daneben kann der Wettbewerb und der innergemeinschaftliche Handel auch durch Maßnahmen seitens der Mitgliedstaaten wie z.B. Subventionen beeinträchtigt werden. Auf die Wettbewerbsregeln für Mitgliedstaaten, insbesondere die Vorschriften über die Beihilfenaufsicht nach Art. 87 ff. EGV, soll in dieser Arbeit allerdings nicht eingegangen werden. Vgl. für einen kurzen Überblick Bunte in: Langen/ Bunte, Einführung EG-Kartellrecht, Rn. 42.

9 Schmidt/ Schmidt, S. 16.

verhalten, die ein Unternehmen in marktbeherrschender Stellung grundsätzlich kennzeichnet, bei einer Gatekeeper Position speziell darin begründet, daß das Unternehmen sogar darüber entscheiden kann, ob und zu welchen Bedingungen aktuelle bzw. potentielle Wettbewerber mit ihm zusammen auf einem Markt tätig werden[10]. Diese Möglichkeit resultiert daraus, daß Wettbewerber in ein Abhängigkeitsverhältnis geraten, weil das betreffende Unternehmen über eine Einrichtung verfügt, die sie für ein Tätigwerden auf dem Markt benötigen. Ein Gatekeeper kann somit über die Gewährung bzw. die Konditionen des Zugangs zu der Einrichtung als Torwächter[11] die Kontrolle über den Marktzugang ausüben und die künftige Wettbewerbsentwicklung steuern, was mit der Gefahr verbunden ist, daß der Markt letztlich vollständig vom Wettbewerb abgeschottet wird[12]. Die entstehenden Ausschlußwirkungen können auch als Gatekeeper Effekte bezeichnet werden. Für den Verbraucher wirkt sich die Erlangung einer Gatekeeper Position durch ein Unternehmen dahingehend nachteilig aus, daß das betreffende Unternehmen mangels Wettbewerbsdrucks seine Preise und Konditionen nach Belieben durchsetzen und den Innovationspfad beherrschen kann, wodurch langfristig die Interessen der Konsumenten erheblich beeinträchtigt werden.

B. Der Wettbewerb im Informations- und Kommunikationssektor

Um die Frage beantworten zu können, wann Gatekeeper Positionen im Informations- und Kommunikationssektor zu befürchten sind, ist es hilfreich, kurz die Entwicklung des Wettbewerbsgeschehens in diesem Sektor zu skizzieren[13].

I. Die Entwicklung des Wettbewerbs

Der Informations- und Kommunikationssektor stellt einen der dynamischsten Wirtschaftszweige dar, in dem sich die Wettbewerbsverhältnisse in den letz-

---

[10] So für den Bereich des digitalen Fernsehens Neumann, Pay-TV, S. 212.

[11] Siehe die deutsche Übersetzung der „gatekeeper role" mit der „Rolle eines Torwächters" im XXIX. Wettbewerbsbericht (1999), S. 36. Vgl. auch die im allgemeinen Sprachgebrauch übliche Übersetzung des „Gatekeeper" bei Hamblock/ Wessels, S. 617.

[12] Vgl. im XXX. Wettbewerbsbericht (2000), S. 84. Siehe auch bei Whish, S. 840.

[13] Der Begriff des Informations- und Kommunikationssektors wird in dieser Arbeit dahingehend verstanden, daß er die Bereiche Telekommunikation, Medien, Internet und Informationstechnologien umfaßt.

ten Jahren grundlegend und rapide verändert haben[14]. Es sind völlig neue Produkte und Dienstleistungen entwickelt worden und damit neue Möglichkeiten aufgetreten, Informationen auszutauschen, Wissen und Ideen zu verbreiten oder Geschäfte zu tätigen, was die globale Kommunikation und Information erheblich vereinfacht hat[15]. Für diese Dynamik sind im wesentlichen vier Entwicklungen ursächlich.

1. Das Phänomen der Konvergenz

Eine wesentliche Antriebskraft stellt die Konvergenz der Bereiche Telekommunikation, Medien und Informationstechnologien dar. Der Begriff Konvergenz wird dabei im allgemeinen als die Fähigkeit verschiedener Netzplattformen beschrieben, ähnliche Arten von Diensten zu übermitteln, oder als die Verschmelzung von Endgeräten wie Telefon, Fernseher und PC[16]. Ursächlich dafür, daß heutzutage eine strikte Trennung weder zwischen den Übertragungswegen wie Kabelnetzen oder Telefonnetzen noch zwischen den entsprechenden Geräten vorgenommen wird, ist die Digitalisierung. Diese hat zunächst die Entwicklung in der Computerbranche, dann in der Telekommunikation und schließlich im Fernsehen maßgeblich beeinflußt[17]. Die Konvergenz hat zu neuen Verbindungen der Medienwirtschaft mit der Telekommunikation geführt[18]. Sie hat eine Vermischung von Individualkommunikation - wie in der Telekommunikation üblich - und Massenkommunikation - wie beispielsweise für den Rundfunk typisch - zur Folge gehabt[19], da-

---

[14] Siehe Ungerer, „Who should be Europe's Digital Gatekeepers" (20.03.1996), unter: http://www.europa.eu.int/comm/competition/speeches/index_1996.html; ders., „Content – Media - Telecom Competition Issues" (31.05.2001), unter: http://www.europa.eu.int/comm/competition/speeches/index_2001.html.

[15] Schrempp, Megafusionen, S. 55. Um nur Beispiele für die Informations- und Kommunikationsvielfalt zu nennen: Früher wurde herkömmlich über das Festnetz kommuniziert, heute hat man die Auswahl zwischen Telefonaten mit dem Handy und Telefonaten über das Internet, SMS senden und E-Mails schreiben. Neben dem Zugang zum Internet über das Telefonnetz ist es mittlerweile auch möglich, per Handy oder über das Breitbandkabelnetz Zugang zum Internet zu erlangen. Während früher Printmedien und das Fernsehen für Informationen sorgten, kann man sich heute Informationen schnell aus dem Internet herunterladen, per SMS auf sein Handy schicken lassen oder einen der zahlreichen Spartenkanäle für spezifische Informationen abonnieren. Bei all diesen Varianten spielt der jeweilige aktuelle Standort eine geringere Rolle, da es zunehmend möglich ist, grenzüberschreitend und mobil die jeweiligen Kommunikations- und Informationsmechanismen zu nutzen.

[16] Grünbuch zur Konvergenz der Branchen Telekommunikation, Medien und Informationstechnologie und ihren ordnungspolitischen Auswirkungen, KOM (97) 623, S. 1, im folgenden als „Grünbuch Konvergenz" bezeichnet.

[17] Klotz, ZUM 1999, 443.

[18] Mestmäcker, ZUM 2001, 185.

[19] Vgl. Ulbrich, K&R 1998, 100, 102.

durch die Einführung neuer Produkte und Dienste ermöglicht[20] und mithin den Wettbewerb angekurbelt.

2. Die Liberalisierung des Telekommunikationssektors

Neben dem Konvergenzprozeß hat auch der Abbau regulatorischer Barrieren im Bereich der Telekommunikation zu einem erhöhten Wettbewerb geführt[21]. Die vollständige Liberalisierung des Telekommunikationssektors durch Aufhebung der rechtlichen Monopole[22] und die sich daran anschließende Einführung eines detaillierten regulatorischen Regimes zum offenen Netzzugang[23] haben nicht nur auf dem Telekommunikationsmarkt selbst, sondern auch in den vor- und nachgelagerten Märkten dafür gesorgt, daß neue Branchen für den Wettbewerb geöffnet wurden.

3. Die Entwicklung des Internets

Ein dritter entscheidender Faktor für die hohe Dynamik im Wettbewerb ist in dem explosionsartigen Wachstum des Internet zu sehen, das zu einer Beschleunigung des Konvergenzprozesses und insgesamt zu einer Verbesserung der Wettbewerbsbedingungen beigetragen hat[24]. Der durch das Internet ermöglichte Informations- und Kommunikationsfluß fördert beispielsweise

---

[20] Beispiele neuer Produkte und Dienste umfassen Home-Banking und Home-Shopping über das Internet, Sprachtelefonie über das Internet, E-Mail, Zugang zu Daten und dem World Wide Web über mobile Telefonnetze, Datendienste über digitale Rundfunkplattformen, Online-Dienste, die über Systeme wie z.B. Web TV mit dem Fernsehen verbunden werden sowie die Übertragung mittels Kabel-Modems, Webcasting von Nachrichten o.ä., vgl. Grünbuch Konvergenz, KOM (97) 623, S. ii.

[21] Cowie/ Marsden, „Convergence, Competition and Regulation", unter: http://www.digital-law.net/ijclp/1_1998.

[22] Hierzu sind die Mitgliedstaaten durch mehrere, auf Art. 86 Abs. 3 EGV (ehemals Art. 90 Abs. 3 EGV) basierende Richtlinien verpflichtet worden. Für eine Übersicht der diesbezüglich ergangenen Richtlinien vgl. bei Engel/ Seelmann-Eggebert in: Dauses, Bd. 1, E.V., Rn. 14 ff.; Faull/ Nikpay, S. 755, Fn. 4, und S. 757 ff., 11.16 ff.

[23] Siehe für eine Übersicht der auf Art. 95 EGV (ehemals Art. 100 a EGV) gestützten harmonisierenden Richtlinien über den offenen Netzzugang bei Faull/ Nikpay, S. 756, Fn. 5.

[24] XXIX. Wettbewerbsbericht der Kommission (1999), S. 46. Das Internet wirkt sich nicht nur auf die Kommunikationsindustrie selbst wettbewerbsfördernd aus. Vielmehr kommt dem Internet generell ein großes Potential für neue und verbesserte Produkte und niedrigere Preise für Verbraucher zu, und es trägt zur Verbesserung der Wettbewerbsbedingungen bei. Monti nennt das Internet „a potential ally for competition authorities", siehe „Competition in the New Economy" (21.05.2001), und ders., „Defining the Boundaries Competition Policy in High Tech Sectors" (11.09.2001), beide bei: http://www.europa.eu.int/comm/competition/speeches/index_2001.html; vgl. ferner ders., „Competition and Media" (12.09.2000), unter: http://www.europa.eu.int/comm/competition/speeches/index_2000.html.

die Marktintegration, da beim Handel von Produkten über das Internet, dem sog. E-Commerce, der tatsächliche Standort der Firmen für die Kontaktaufnahme zwischen Kunden und Lieferanten eine geringere Rolle spielt als bei der herkömmlichen Art des Handels. Durch die weltweite Erhältlichkeit von Internetangeboten sinken die Marktzutrittsschranken für Unternehmen, die nunmehr in größeren geographischen Gebieten konkurrieren können[25]. Daneben bringt das Internet die Möglichkeit für Verbraucher mit sich, sich im Internet umfassend bei verschiedenen Herstellern sowohl über die erhältlichen Produkte und Dienste als auch über deren Preise zu informieren. Durch dieses erhöhte Maß an Transparenz führt das Internet zu einer gesteigerten Effizienz der Märkte[26]. Neben einer Transaktionskostensenkung durch die erhöhte Markttransparenz stellt ferner der zeitunabhängige Zugang einen erheblichen Vorteil gegenüber herkömmlichen Geschäftsprozessen dar[27].

4. Die fortschreitende Globalisierung

Schließlich besteht aufgrund der Globalisierung der Märkte ein Restrukturierungsbedarf für die Wirtschaft[28], da wachsende geographische Märkte auch nach einer größenmäßigen Anpassung der Unternehmen verlangen[29]. Neben den schon genannten Faktoren trägt mithin auch die Globalisierung zur Schaffung neuer Marktstrukturen und neuer Rollen für Marktteilnehmer bei.

II. Die Bedeutung von Unternehmenszusammenschlüssen

Unternehmen versuchen vor allem durch Zusammenschlüsse, die sich durch die technischen, regulatorischen und wirtschaftlichen Veränderungen eröffnenden Möglichkeiten zu nutzen und sich neu zu positionieren oder ihre Aktivitäten zu diversifizieren[30]. Fusionen, Akquisitionen oder Gründungen von Gemeinschaftsunternehmen sind geeignete Mittel, um innovative Produkte

---

[25] Monti, „Defining the Boundaries Competition Policy in High Tech Sectors" (11.09.2001), unter: http://www.europa.eu.int/comm/competition/speeches/index_2001.html.

[26] Vgl. hierzu ebenfalls Monti, FCLI 2000, 257, 260.

[27] Gabler, S. 1630.

[28] Montag/ Leibenath, WuW 2000, 852, 854.

[29] Wolf, Megafusionen, S. 12.

[30] Der in der Fusionskontrollverordnung verwendete Begriff „Zusammenschluß" umfaßt verschiedene Arten von Transaktionen wie Fusionen, Übernahmen und bestimmte Formen von Gemeinschaftsunternehmen, vgl. dazu Art. 3 FKVO. Soweit nicht anders hervorgehoben, wird die Bezeichnung „Fusion" hier als ein Synonym für „Zusammenschluß" verwendet und soll demnach alle in Art. 3 FKVO genannten Transaktionen umfassen.

und Dienste vor den Konkurrenten zu entwickeln[31] und neue Märkte zu erschließen[32]. Gegenüber dem internen Wachstum stellt das externe Wachstum die wesentlich kostengünstigere und schnellere Variante dar, sich für den Wettbewerb zu positionieren[33] und eine Neuausrichtung auf Bereiche vorzunehmen, die in Zukunft für vielversprechend gehalten werden. Nicht ohne Grund wurde deshalb in den letzten Jahren vielfach von einer Fusionswelle in den Bereichen Medien und Internet[34], einer Welle von Megafusionen[35] oder von einem weltweiten „Merger-Fieber“ bzw. einem „Merger Boom“[36] gesprochen.

Dementsprechend wurden auch bei der Europäischen Kommission zahlreiche Unternehmenszusammenschlüsse in den Bereichen Medien, Internet und Telekommunikation angemeldet, die sie im Rahmen der FKVO auf ihre Auswirkungen auf den Wettbewerb hin zu überprüfen hatte[37]. Zwar hat diese Entwicklung mittlerweile eine gewisse Stagnation erfahren, die auch in einer steigenden Zahl von Insolvenzen zum Ausdruck kommt[38]. Gleichwohl sind die Prinzipien, die sich bei der Untersuchung bisheriger Zusammenschlußvorhaben im Informations- und Kommunikationssektor herausgebildet haben, weiterhin von Relevanz, da auch bzw. gerade in einer Phase der Konsolidierung und Restrukturierung die Entwicklung neuer Produkte und Dienstleistungen sowie weitere Zusammenschlüsse zu erwarten sind[39]. Der Anwendung der Fusionskontrollverordnung kommt daher neben sektorspezifischen

---

[31] Bishop/ Caffarra, ECLR 2001, Analysis Section, 31.

[32] Müller, Megafusionen, S. 30.

[33] Wolf, Megafusionen, S. 12.

[34] Siehe statt vieler Monti, „A European Competition Policy for Today and Tomorrow“ (26.06.2000), und Schaub, „Assessing International Mergers“ (14./15.09.2000), beide unter: http://www.europa.eu.int/comm/competition/speeches/index_2000.html; Abbamonte/ Rabassa, ECLR 2001, 214; Rabassa, Competition Policy Newsletter 2001 (No. 1), 46.

[35] Ungerer, „Who should be Europe's Digital Gatekeepers“ (20.03.1996), unter: http://www.europa.eu.int/comm/competition/speeches/index_1996.html; zu diesem Thema allgemein siehe auch Van Miert, Megafusionen, S. 39.

[36] Bartosch, NJW-CoR 1999, 120; Monti, „Telecommunications between Regulation and Competition“ (28.09.2000), und ders., „Competition Policy in the Communications Sector“ (30.11.2000), beide bei: http://www.europa.eu.int/comm/competition/speeches/index_2000.html.

[37] Für eine eingehende Beschreibung der Prüfung von Unternehmenszusammenschlüssen nach der FKVO und die Darstellung und Analyse exemplarischer Kommissionsentscheidungen siehe im zweiten und dritten Teil.

[38] Siehe beispielsweise die Insolvenz von Kirch, vgl. dazu statt vieler Süddeutsche Zeitung vom 29.05.2002, „Kirch-Krise: Chronik der Ereignisse“, sowie die Insolvenz von WorldCom, siehe hierzu Süddeutsche Zeitung vom 22.07.2002, „Größte Pleite der US-Geschichte“.

[39] Ungerer, „Competition Policy and the Issue of Access in Broadcasting Markets: The Commission Perspective“ (14.01.2003), unter: http://www.europa.eu.int/comm/competition/speeches/index_2003.html.

Regelungen[40] auch künftig eine essentielle Rolle bei der Veränderung der Markt- und Wettbewerbsstrukturen zu[41]. Dabei muß stets gewährleistet sein, daß die erzielten Fortschritte bei der Liberalisierung und die wettbewerbsfördernden Wirkungen des Internet gewahrt werden und sich Zusammenschlüsse nicht wettbewerbsschädigend auswirken, indem sich Unternehmen durch einen Zusammenschluß in eine Gatekeeper Position bringen und die künftige Wettbewerbsentwicklung steuern können[42].

C. Die Besonderheiten bei der Anwendung des Kartellrechts im Informations- und Kommunikationssektor

Die Frage, wann der Wettbewerb gefährdet ist und es eines kartellrechtlichen Einschreitens bedarf, ist im Informations- und Kommunikationssektor besonders schwierig zu beantworten. Dies liegt daran, daß sich dieser Sektor durch eine hohe Dynamik auszeichnet, die die Entstehung einer Gatekeeper Posi-

---

40 Vgl. hierzu insbesondere den neuen Rechtsrahmen für elektronische Kommunikationsnetze und -dienste, der den dynamischen Entwicklungen und insbesondere dem Phänomen der Konvergenz Rechnung trägt. Neben der Verpflichtung zum entbündelten Zugang zum Teilnehmeranschluß (Verordnung (EG) Nr. 2887/2000 des Europäischen Parlaments und des Rates vom 18.12.2000 über den entbündelten Zugang zum Teilnehmeranschluß, ABl. 2000, L 336/4) umfaßt der neue einheitliche Rechtsrahmen für die Regulierung elektronischer Kommunikationsnetze und -dienste fünf weitere Richtlinien - eine Rahmenrichtlinie und vier spezifische Richtlinien. Vgl. dazu die Richtlinie 2002/21/EG des Europäischen Parlaments und des Rates vom 07.03.2002 über einen gemeinsamen Rechtsrahmen für elektronische Kommunikationsnetze und -dienste, ABl. 2002, L 108/33; Richtlinie 2002/19/EG des Europäischen Parlaments und des Rates vom 07.03.2002 über den Zugang zu elektronischen Kommunikationsnetzen und zugehörigen Einrichtungen sowie deren Zusammenschaltung, ABl. 2002, L 108/7; Richtlinie 2002/20/EG des Europäischen Parlaments und des Rates über die Genehmigung elektronischer Kommunikationsnetze und -dienste, ABl. 2002, L 108/21; Richtlinie 2002/22/EG des Europäischen Parlaments und des Rates über den Universaldienst und Nutzerrechte bei elektronischen Kommunikationsnetzen und -diensten, ABl. 2002, L 108/51; Richtlinie 2002/58/EG des Europäischen Parlaments und des Rates vom 12.07.2002 über die Verarbeitung personenbezogener Daten und den Schutz der Privatsphäre in der elektronischen Kommunikation, ABl. 2002, L 201/37. Eine Zusammenfassung zu dem neuen Rechtsrahmen findet sich bei Nikolinakos, ECLR 2001, 93 ff.

41 Von seiten der Kommission wird vielfach auf den Vorteil der Wettbewerbsregeln hingewiesen, der darin besteht, daß sie auf die Fakten und Umstände eines spezifischen Falles angewandt werden, was es ihnen erlaubt, mit den technologischen Entwicklungen in einer Art und Weise Schritt zu halten, wie es sektorspezifische Regulierungen nicht können, siehe Monti, „Defining the Boundaries Competition Policy in High Tech Sectors" (11.09.2001), ferner auch Pons, „European Competition Policy in the New Economy" (26.06.2001), beide unter: http://www.europa.eu.int/comm/competition/speeches/index_2001.html.

42 Zur fusionskontrollrechtlichen Einordnung der Gatekeeper Position siehe im zweiten Teil.

tion zunächst nicht wahrscheinlich erscheinen läßt[43]. Andererseits weist dieser Sektor ökonomische Charakteristika auf, die durch ihre Kombination den Wettbewerb in vielen Bereichen von dem in traditionellen Industrien unterscheiden und die Gefahr einer Marktabschottung besonders leicht nach sich ziehen können[44]. Im folgenden sollen diese spezifischen Wettbewerbsbedingungen dargestellt werden, die bei der Ermittlung einer Gatekeeper Position und der Anwendung des Kartellrechts zu berücksichtigen sind[45].

I. Die ökonomischen Charakteristika des Informations- und Kommunikationssektors

Werden die ökonomischen Besonderheiten im Bereich der Informationstechnologie oder des Internet geschildert, so fällt oft der Ausdruck der „New Economy". Die Bezeichnung wird allerdings vielfach verwendet, ohne dabei genau zu präzisieren, welche Bereiche dieser neuen Ökonomie bzw. neuen Wirtschaft zuzurechnen sind. Als charakteristisch für die Branchen, die zur New Economy gezählt werden, wird angesehen, daß sie rapiden technologischen Entwicklungen und Veränderungen unterliegen[46]. Der Wettbewerb ist zumeist weniger auf die Produktion eines körperlichen Gutes gerichtet, sondern mehr auf die Schaffung von Immaterialgütern[47]. Die neue Wirtschaft zeichnet sich also dadurch aus, daß sie weitgehend immateriell ist und auf Wissen und Technologie basiert[48].

Diese Beschreibung trifft auf viele Teile des Informations- und Kommunikationssektors zu, allen voran die Computersoftware- und –hardwareindustrie[49], die Mobilfunkindustrie sowie alle mit dem Internet in Zusammenhang stehenden Aktivitäten[50]. Da auch in traditionellen Bereichen wie

---

43 Siehe dazu soeben unter B. und ferner sogleich unter I.1.

44 Siehe dazu im folgenden unter I.2.-5. Es soll an dieser Stelle verdeutlicht werden, daß die im folgenden beschriebenen Charakteristika auch in herkömmlichen Industrien auftreten, jedoch zumeist nicht in dieser Kombination, so daß sie hier eine besondere Rolle bei der Herausbildung von Marktstrukturen spielen. Vgl. auch Balto/ Pitofsky, Antitrust Bull. (43) 1998, 583, 587.

45 Die sich anschließenden Ausführungen dürfen nicht dahingehend verstanden werden, daß diese Charakteristika in jedem Einzelfall alle vorliegen. Vielmehr gilt es, den ökonomischen Hintergrund abstrakt zu skizzieren, der in vielen Konstellationen bei der Frage nach der Entstehung einer Gatekeeper Position von Relevanz ist.

46 Ahlborn/ Evans/ Padilla, ECLR 2001, 156.

47 Ahlborn/ Evans/ Padilla, ECLR 2001, 156; Posner, Antitrust L. J. (68) 2001, 925, 926.

48 XXX. Wettbewerbsbericht (2000), S. 22.

49 Für die Computerindustrie wird auch der Begriff des Informationstechnologiesektors gebraucht, Zerdick, S. 111 f.

50 Vgl. z.B. Ahlborn/ Evans/ Padilla, ECLR 2001, 156. Siehe auch Posner, Antitrust L. J. (68) 2001, 925.

Telekommunikation und Medien infolge der Digitalisierung die Relevanz von Technologien und der dazugehörigen Übertragungsmittel und Empfangseinrichtungen wächst[51], sind die nachstehenden Charakteristika auch dort zunehmend von Bedeutung.

1. Dynamischer Wettbewerb durch hohe Innovationsrate

Angesichts der sich rasch verändernden Wettbewerbsbedingungen im Informations- und Kommunikationssektor ist bei der Ermittlung einer Gatekeeper Position eine dynamische Sichtweise zugrundezulegen. Diese Vorgehensweise ist jedoch nicht nur für die New Economy relevant. Vielmehr hat sich die Wettbewerbstheorie generell dahin entwickelt, daß der Wettbewerb als ein in der Zeit ablaufender dynamischer Prozeß zu verstehen ist, der durch eine Folge nie abgeschlossener Vorstöße einzelner Pionierunternehmen und Verfolgungsaktionen anderer sog. Nachahmer charakterisiert wird[52]. Während traditionelle Industrien allerdings nur eine moderate Innovationsrate sowie langsame und unregelmäßige Marktein- und -austritte aufweisen, zeichnen sich New Economy Industrien dagegen durch eine hohe Innovationsrate und schnelle und häufige Marktein- und -austritte aus[53]. Anders als in traditionellen Industrien, wo Unternehmen sich gegenüber Konkurrenten im wesentlichen durch niedrigere Preise und höhere Qualität durchsetzen wollen, konkurrieren Unternehmen in der New Economy miteinander primär

---

[51] Zerdick, S. 55.

[52] Emmerich, S. 6. Vgl. auch Fleischer, S. 35. Zur Entwicklung der Wettbewerbstheorie allgemein siehe den Überblick bei Gabler, S. 3488 ff.; Schmidt, S. 2 ff.; Emmerich, S. 3 ff.; Van den Bergh/ Camesasca, S. 15 ff. Bei der Ermittlung der Wettbewerbsverhältnisse auf einem Markt wird somit nicht mehr auf die hypothetischen Modelle des vollständigen Wettbewerbs und des Monopols Bezug genommen, da diese nur eine statische Momentaufnahme darstellen und jegliche Interaktion zwischen den Wettbewerbern vernachlässigen, was zur Entwicklung der Oligopolmodelle und der Spieltheorie führte. Für eine ausführliche Gegenüberstellung der Modelle wird statt vieler auf Faull/ Nikpay, S. 19 ff., 1.51 ff., und auf Bishop/ Walker, S. 17 ff., 2.12 ff., verwiesen. Statt der Situation des vollständigen Wettbewerbs wird mittlerweile ein funktionsfähiger bzw. wirksamer Wettbewerb angestrebt, ausgelöst durch Clark, AER (30) 1940, 241 ff. Rückblickend wird vielfach der Ansatz Clarks zur positiven Beurteilung gewisser Marktunvollkommenheiten als entscheidend für die Entwicklung der heute herrschenden dynamischen Wettbewerbstheorie angesehen, siehe Schmidt, S. 10. Einen Anstoß zu dieser Entwicklung hat vor allem auch Schumpeter, „Kapitalismus, Sozialismus und Demokratie", gegeben, indem er auf die Besonderheiten dynamischer Wettbewerbsprozesse und die Bedeutung prozessualer Monopole aufmerksam gemacht hat, was Clark, „Competition as a Dynamic Process", in die allgemeine Wettbewerbstheorie zu integrieren versucht hat.

[53] Vgl. Posner, Antitrust L. J. (68) 2001, 925, 926.

durch Innovation[54]. Der Wettbewerb in der New Economy unterliegt mithin einer schnelleren Abfolge von Produkt- und Technologiezyklen.

Gelingt einem Unternehmen die Entwicklung eines neuen Produkts oder einer neuartigen Dienstleistung, so entsteht ein neuer Markt. Da zunächst noch kein anderes Unternehmen ein vergleichbares Gut produziert, bringt die Entstehung eines neuen Marktes eine Monopolstellung hervor, welche die Möglichkeit, Monopolgewinne zu realisieren, nach sich zieht[55]. Dies bedeutet allerdings nicht, daß das Monopol für längere Zeit gesichert ist. Vielmehr wird die Marktführerschaft in Anbetracht des hohen Innovationstempos und der kurzen Technologie- und Produktzyklen oftmals nur temporärer Natur sein[56]. Es ist davon auszugehen, daß andere Unternehmen nachfolgen und versuchen werden, dem ersten die Vorherrschaft streitig zu machen, um selbst hohe, potentielle Profite zu realisieren. Der Wettbewerb in der New Economy wird deshalb vielfach als eine Serie von Wettläufen verstanden[57]. In einem ersten Wettlauf versuchen die Wettbewerber, ein neues Produkt zu entwickeln und sich als Marktführer zu positionieren. Pioniergewinne aus einer temporären Vorzugsstellung sind dabei sowohl Folge als auch Voraussetzung für den Wettbewerb[58]. In nachfolgenden Wettläufen möchten Konkurrenten das Unternehmen, welches den ersten Wettlauf gewonnen hat, durch ein neues bzw. verbessertes Produkt ersetzen, wohingegen der Marktführer seine Stellung behaupten will[59]. Vorübergehende Machtpositionen sind demnach mit dem Wettbewerbsprozeß vereinbar, allerdings nur, sofern

---

[54] Camesasca, ECLR 2000, 76, 83, spricht in diesem Zusammenhang auch von dynamischen Industrien. Innovationstätigkeiten haben grundsätzlich Wohlfahrtsgewinne zur Folge, da sie darauf abzielen, Begrenzungen und Knappheiten zu überwinden, neue Bedürfnisse zufriedenzustellen, denen vorher noch nicht Rechnung getragen wurde, und zu einer Steigerung der Konsumentenrente beitragen können, Fleischer, S. 35, 36; Whish, S. 4; Faull/ Nikpay, S. 39, 1.120. Dies wird auch als dynamische Effizienz bezeichnet, vgl. Van den Bergh/ Camesasca, S. 5.

[55] Fleischer, S. 37.

[56] Ahlborn/ Evans/ Padilla, ECLR 2001, 156, 159; Shapiro/ Varian, S. 173, die in diesem Zusammenhang von „fragile monopolies" sprechen. Vgl. auch Fleischer, S. 37, der den Begriff des prozessualen Monopols verwendet. Marktführerschaft ist somit keine Erfolgsgarantie, vgl. das bei Hoch/ Roeding/ Purkert/ Lindner, S. 42, angeführte Beispiel von IBM, das im Bereich der PC-Spreadsheetprogramme zur Tabellenkalkulation mit seinem Lotus 1-2-3 von 1983 bis 1987 der klare Marktführer war, ehe Microsoft mit seinem MS Excel die neuen Chancen der technologischen Innovation erkannte und die Marktführerschaft übernehmen konnte.

[57] Ahlborn/ Evans/ Padilla, ECLR 2001, 156, 159, die im Englischen den Ausdruck „competition races" verwenden. Siehe in bezug auf die Softwarebranche auch Hoch/ Roeding/ Purkert/ Lindner, S. 40, die vom Rennen um die Marktführerschaft in der Softwarebranche sprechen.

[58] Schmidt, S. 10, und Schmidt/ Schmidt, S. 15.

[59] Dementsprechend wird die Situation in der New Economy teilweise derart beschrieben, daß der Wettbewerb nicht im Markt, sondern um den Markt stattfindet. Im Englischen wird von „competition in the market" und „competition for the market" gesprochen, Ahlborn/ Evans/ Padilla, ECLR 2001, 156, 160; Sheremata, Antitrust Bull. (43) 1998, 547, 563.

der Marktzutritt offen bleibt[60], mit anderen Worten kein Unternehmen als Gatekeeper den Markt abschotten kann. Dies ist davon abhängig, inwieweit ein Unternehmen von den im folgenden zu schildernden Faktoren profitieren kann.

2. Hohe Fixkosten und niedrige Grenzkosten - economies of scale

Die Aufnahme einer Tätigkeit in der New Economy ist grundsätzlich mit hohen Anfangsinvestitionen verbunden[61]. Bevor ein Unternehmen ein Produkt oder eine Dienstleistung anzubieten vermag, entstehen ihm Kosten für Forschung und Entwicklung des Produkts bzw. der Dienstleistung oder für den Aufbau einer Infrastruktur zur Verbreitung des Produkts oder der Dienstleistung. Es handelt sich hierbei um fixe Kosten, da sie unabhängig von der später angebotenen Menge anfallen[62]. Sie sind ebenso als versunkene Kosten einzustufen, da die Investitionen bei Rückgängigmachung der Entscheidung nicht amortisiert werden können[63]. In diesem Punkt unterscheidet sich die New Economy nicht von anderen Wirtschaftszweigen, wo ebenfalls hohe Anfangsinvestitionen getätigt werden müssen. Anders sieht es hingegen bei den variablen Kosten und den Grenzkosten aus[64]. Im Gegensatz zu den meisten herkömmlichen Industrien, wo die Gesamtdurchschnittskosten bereits bei relativ moderaten Outputlevels ansteigen, zeichnen sich Branchen der New Economy in aller Regel durch niedrige Stückkosten und fallende Durchschnittskosten aus[65]. Sie weisen im Verhältnis zu den hohen

---

[60] Emmerich, S. 6.

[61] Ahlborn/ Evans/ Padilla, ECLR 2001, 156, 159; Pitofsky, „Antitrust and Intellectual Property" (02.03.2001), unter: http://www.ftc.gov/speeches/pitofsky; vgl. auch Posner, Antitrust L. J. (68) 2001, 925, 926.

[62] Für eine Definition der fixen Kosten („fixed costs") vgl. Gabler, S. 1112; Fox/ Sullivan, S. 104. In bezug auf die einmaligen Produktionskosten für Medieninhalte oder Softwareprodukte werden die Fixkosten auch als „first copy costs" bezeichnet, vgl. Zerdick, S. 165.

[63] Zur Definition der versunkenen Kosten („sunk costs") vgl. Geigant/ Haslinger/ Sobotka/ Westphal, S. 935.

[64] Als Grenzkosten („marginal costs") werden die Kosten bezeichnet, die für die Herstellung einer zusätzlichen Einheit des Produktes anfallen würden, vgl. Geigant/ Haslinger/ Sobotka/ Westphal, S. 395; Fox/ Sullivan, S. 102 und 104. Grenzkosten sind eine Funktion nur der variablen Kosten, da Fixkosten nicht mit Veränderungen im Output steigen oder fallen, Fox/ Sullivan, S. 104. Variable Kosten („variable costs") dagegen hängen von der Menge des Output ab und sind damit veränderlich. Dieser Einteilung entsprechend kann außerdem zwischen „average fixed costs" (alle fixen Kosten geteilt durch den Gesamtoutput) und „average variable costs" (alle variablen Kosten geteilt durch den Gesamtoutput) unterschieden werden. Die Gesamtdurchschnittskosten („average total costs") ergeben sich dabei aus allen angefallenen fixen und variablen Kosten geteilt durch den Gesamtoutput, siehe zum Ganzen Faull/ Nikpay, S. 11, 1.27.

[65] Posner, Antitrust L. J. (68) 2001, 925, 926.

Fixkosten niedrige Grenzkosten auf[66]. Ist z.B. erst einmal ein Softwareprodukt konzipiert und entwickelt, so sind die Produktionskosten für eine weitere Kopie nahezu verschwindend gering[67]. In der New Economy treten mithin vielfach sog. economies of scale auf Anbieterseite auf[68].

3. Netzeffekte und das Erreichen der kritischen Masse

Ein Phänomen, das ferner beachtet werden muß, um den Wettbewerb auf New Economy Märkten analysieren zu können und über die Entstehung einer Gatekeeper Position zu entscheiden, ist das Auftreten sog. Netzeffekte[69]. Netzeffekte liegen dann vor, wenn der Wert bzw. der Nutzen eines Gu-

---

[66] Shapiro/ Varian, S. 3; Morse, „Antitrust Issues in High-Tech Industries: Recent Developments", unter: http://www.global-competition.com/spl_rpts/aar; Posner, Antitrust L. J. (68) 2001, 925, 926; Ahlborn/ Evans/ Padilla, ECLR 2001, 156, 159; Rahmen-Zurek, S. 82. An dieser Stelle sei darauf hingewiesen, daß es auch andere Industriezweige gibt, in denen die Produktion durch hohe Fixkosten und niedrige Grenzkosten gekennzeichnet ist, so in der Transportindustrie, vgl. Shapiro/ Varian, S. 22, die als Beispiel die Flugzeugbranche nennen.

[67] Vgl. das Beispiel bei Rahmen-Zurek, S. 82/ 83, wonach die Herstellung der ersten Einheit des Webbrowsers Netscape etwa 1 Mio. US-Dollar kostete, jede weitere Kopie jedoch nur noch Kosten von einigen Cents verursachte. Rahmen-Zurek, S. 82/ 83, und Zerdick, S. 166, bezeichnen in Anlehnung an Shapiro/ Varian, S. 3, diese Güter als sog. Informationsgüter oder Informationsprodukte. Daneben weisen auch Medienprodukte im TV-Bereich geringe Grenzkosten auf. Siehe Zerdick, S. 165 f., für den Begriff des Medienproduktes, der anführt, daß sich die Kosten für die Vervielfältigung und Distribution im Zuge der Digitalisierung von Inhalten noch weiter reduziert haben. Im Bereich des Fernsehens sind neben den Kosten einer Eigenproduktion auch die hohen Kosten für den Erwerb von Übertragungsrechten an Inhalten zu den Fixkosten zu zählen. Schließlich stellen die Kosten einer zusätzlichen Nutzung auch bei der Errichtung einer Infrastruktur keine große finanzielle Belastung im Vergleich zur Erstinvestition dar.

[68] Zerdick, S. 166. Vgl. auch bei Gabler, S. 803, der economies of scale definiert als die Kostenersparnisse, die bei gegebener Produktionstechnik und damit gegebener Produktionsfunktion infolge konstanter Fixkosten auftreten, wenn die Ausbringungsmenge wächst, da bei wachsender Betriebs- bzw. Unternehmensgröße die durchschnittlichen totalen Kosten bis zur sog. mindestoptimalen technischen Betriebs- bzw. Unternehmensgröße sinken. Hinsichtlich der exakten Terminologie treten einige Überschneidungen auf. Teilweise wird der Begriff „economies of scale" mit Größenvorteilen übersetzt, vgl. Mestmäcker, ZUM 2001, 185, die ihrerseits auch als Skaleneffekte bezeichnet werden, vgl. Zerdick, S. 161. Ein synonym verwendeter Begriff ist auch der der Skalenerträge, die ihrerseits häufig mit „returns to scale" gleichgesetzt werden, vgl. Gabler, S. 803 und 2773.

[69] Netzeffekte können grundsätzlich auch in traditionellen Bereichen auftreten, so z.B. bei Kreditkarten. Es scheint allerdings, daß im Durchschnitt diese Effekte häufiger in Märkten festgestellt werden, in denen geistige Eigentumsrechte eine Rolle spielen, vgl. Pitofsky, „Antitrust and Intellectual Property" (02.03.2001), unter: http://www.ftc.gov/speeches/pitofsky. Im Englischen wird von „network effects" gesprochen, vgl. z.B. Morse, „Antitrust Issues in High-Tech Industries", unter: http://www.global-competition.com/spl_rpts/aar; Pitofsky, „Antitrust and Intellectual Property" (02.03.2001), unter: http://www.ftc.gov/speeches/pitofsky; Rubinfeld, Antitrust Bull. (43) 1998, 859, 862; Sheremata, Antitrust Bull. (43) 1998, 547, 561; Teece/ Coleman, Antitrust Bull. (43) 1998, 801, 814; auch Veljanovski, ECLR 2001, 115. Teilweise wird auch der Ausdruck

tes für alle Beteiligten von der Zahl der Teilnehmer abhängt, d.h. wenn der Wert für den einzelnen Benutzer steigt, je mehr andere Personen das Gut ebenso nutzen[70]. Aus Unternehmenssicht ist die Realisierung von Netzeffekten erstrebenswert, weil sie dann fortan im Wettbewerb von der dadurch ausgelösten Eigendynamik profitieren können und sich demzufolge ihr Produkt bzw. ihre Dienstleistung schneller am Markt verbreitet.

Je nach Art des Netzwerks kann zwischen verschiedenen Netzeffekten differenziert werden. Im Falle herkömmlicher Kommunikationsnetze wie Telefonnetze oder auch Mobilfunknetze entstehen Netzeffekte dadurch, daß sich der Nutzen des Netzes für alle an dieses Netz angeschlossenen Teilnehmer erhöht, weil deren Kommunikations- und Informationsmöglichkeiten als aktive oder passive Teilnehmer verbessert werden[71]. Diese Auswirkungen werden als direkte Netzeffekte bezeichnet, da der Wert einer Netzleistung mit der Zahl ihrer Nutzer steigt[72]. Im Gegensatz dazu ergeben sich indirekte

---

der Netzwerkexternalitäten bzw. „network externalities" benutzt, vgl. statt vieler z.B. Balto/ Pitofsky, Antitrust Bull. (43) 1998, 583, 587; Economides, International Journal of Industrial Organization (14) 1996, 673, 675; ferner Katz/ Shapiro, American Economic Review (75) 1985, 424 ff. Im ökonomischen Sinne kennzeichnen Externalitäten, die sowohl positiver als auch negativer Art sein können, eine Situation, in der sich das Verhalten einer Person auf das Wohlergehen einer oder mehrerer anderer Personen auswirkt, ohne daß dafür eine Kompensation gezahlt wird, Zerdick, S. 157; Shapiro/ Varian, S. 183; Gabler, S. 1036. Deshalb wird teilweise dafür plädiert, daß dem Begriff im Kontext mit Netzwerken das gleiche Verständnis wie in anderen Bereichen der Ökonomik zugrundeliegen soll, siehe Liebowitz/ Margolis, Palgrave Dictionary, Bd. 2, S. 669, 671, d.h. Netzeffekte korrekterweise nur dann auch Netzexternalitäten genannt werden sollten, wenn es den Marktteilnehmern nicht gelingt, diese Effekte zu internalisieren. Zu dieser Definitionsfrage siehe auch Liebowitz/ Margolis, Journal of Economic Perspectives (8) 1994, 133, 135. Der Einfachheit halber soll in dieser Arbeit keine Differenzierung zwischen den beiden Ausdrücken gemacht werden, da soweit ersichtlich der überwiegende Teil der Literatur ebenfalls beide Ausdrücke verwendet, siehe auch Bishop/ Caffarra, ECLR 2001, Analysis Section, 31, 32; Mestmäcker, ZUM 2001, 185; Shapiro/ Varian, S. 13; Zerdick, S. 157.

70 Ahlborn/ Evans/ Padilla, ECLR 2001, 156, 159; Donahey, American Intellectual Property Law Association Quarterly Journal (25) 1997, 277, 287; Veljanovski, ECLR 2001, 115; Economides, „Dictionary of Terms in Network Economics", unter: http://www.stern.nyu.edu/networks/dictionary; Rubinfeld, Antitrust Bull. (43) 1998, 859, 861. Diese Wertsteigerung bei zunehmender Verbreitung entspricht nicht den traditionellen ökonomischen Gesetzmäßigkeiten. Nach neoklassischer Vorstellung basiert der Wert eines Gutes auf Knappheit, so daß eine zunehmende Verbreitung zu einem sinkenden Wert des einzelnen Gutes führt. Demnach gelten im allgemeinen Unikate als besonders kostbar, während Massenprodukte an Wert verlieren. Beim Vorliegen von Netzeffekten dreht sich dieses Verhältnis zwischen der angebotenen Menge eines Gutes und den Auswirkungen auf dessen Wert im Falle einer Angebotsausweitung um. Masse verdrängt Knappheit als Wertquelle. Vgl. zum Ganzen Zerdick, S. 158, 159.

71 Mestmäcker, ZUM 2001, 185. Ebenso sind Faxgeräte, Modems, der Zugang zum Internet und E-Mail zu den Kommunikationsnetzen zu zählen, vgl. Shapiro/ Varian, S. 13; Rubinfeld, Antitrust Bull. (43) 1998, 859, 861; Balto/ Pitofsky, Antitrust Bull. (43) 1998, 583, 588.

72 Zerdick, S. 157.

Netzeffekte bei zunehmender Verbreitung eines Gutes aus dem wachsenden Angebot an Komplementärgütern[73]. Hersteller werden umso mehr Anstrengungen unternehmen, komplementäre Produkte zu entwickeln, je mehr Personen das betreffende Gut nutzen, so daß der Zusammenhang zwischen der Netzwerkgröße, die sich aus der Zahl der Teilnehmer ergibt, und dem Wert des Netzwerks indirekt ist[74]. Anders als bei Kommunikationsnetzen, bei denen zwischen den Kommunikationsmitteln physische Verbindungen existieren, ist bei indirekten Netzeffekten die Verbindung lediglich immaterieller Art, so daß in diesem Zusammenhang auch von virtuellen Netzen gesprochen wird[75].

Um Netzeffekte realisieren zu können, ist es für Unternehmen erforderlich, frühzeitig einen wirtschaftlich bedeutsamen Kundenstamm aufzubauen, weil ein Netzwerk nur dann Aussichten auf Wachstum hat, wenn es die sog. kritische Masse durchbricht[76]. Die Frage, ob und wie schnell dies einem Unternehmen gelingt, wird vor allem durch die Erwartungen beeinflußt, die Verbraucher hinsichtlich der zukünftigen Ausdehnung und des entstehenden Wertes des Netzes haben[77]. Da sie bei der eigenen Entscheidung auch die potentiellen Entscheidungen anderer Konsumenten miteinschätzen müssen, werden allerdings viele Kunden zögerlich sein, sich frühzeitig für ein Produkt und damit für ein Netz zu entscheiden. Es besteht nämlich die Gefahr, daß ihre Wachstumsprognose falsch ist und sich das Produkt nicht durchset-

---

[73] Ein Beispiel hierfür sind Betriebssysteme und die komplementären Softwareanwendungen wie Programme zur Textverarbeitung oder Tabellenkalkulation.

[74] Sheremata, Antitrust Bull. (43) 1998, 547, 561; Zerdick, S. 158.

[75] Sheremata, Antitrust Bull. (43) 1998, 547, 561; Rubinfeld, Antitrust Bull. (43) 1998, 859, 861. Ein Beispiel hierfür ist das von Microsoft aufgebaute Netzwerk aus Computern bzw. Computernutzern, die Windows als Betriebssystem verwenden, vgl. bei Economides, „Dictionary of Terms in Network Economics“, unter: http://www.stern.nyu.edu/networks/dictionary, der als weiteres Beispiel für ein derartiges virtuelles Netz alle VHS Videorecorder anführt.

[76] Shapiro/ Varian, S. 14; Fleischer/ Körber, K&R 2001, 623, 624; Zerdick, S. 162. Ders., S. 16, bezeichnet deshalb die kritische Masse als Schlüsselfaktor der vernetzten Wirtschaft. Da die Größenvorteile von Netzen somit nur bei einem entsprechend großen Verbraucherstamm verwirklicht werden können, werden Netzeffekte auch als Größenvorteile im Verbrauch bezeichnet, vgl. Mestmäcker, ZUM 2001, 185, Posner, Antitrust L. J. (68) 2001, 925, 926, der im Englischen den Begriff der „economies of scale in consumption“ als Synonym für „network externalities“ verwendet. Mitunter werden Netzeffekte auch als economies of scale auf Nachfragerseite („demand side economies of scale“) bezeichnet, vgl. Veljanovski, European Economics, 54, 74, Zerdick, S. 161, Besen/ Farrell, Journal of Economic Perspectives (8) 1994, 117, 118, und Shapiro/Varian, S. 174, um diese Effekte von den traditionellen economies of scale auf Anbieterseite („supply side economies of scale“) abzugrenzen. Wenn im folgenden nur der Begriff economies of scale verwendet wird, so sollen damit die „konventionellen“ economies of scale auf der Anbieterseite gemeint sein; für die economies of scale auf Nachfragerseite wird der präzisere Begriff der Netzeffekte gebraucht.

[77] Balto/ Pitofsky, Antitrust Bull. (43) 1998, 583, 588; Shapiro/ Varian, S. 14.

zen wird, was für die Kunden zur Folge hätte, daß sich ihre Investitionen mangels Netzeffekten nicht rentieren[78]. Um Kunden zu einem frühen Zeitpunkt zum Erwerb ihres Produkts zu bewegen, kann es aus Unternehmenssicht daher sinnvoll sein, das eigene Produkt in einer ersten Phase zu verschenken bzw. zu einem geringen Preis anzubieten, um die Durchsetzung des Produkts am Markt zu beschleunigen und die kritische Masse zur Realisierung von Netzeffekten zu erreichen[79].

4. Das Konzept des positiven Feedback und die Gefahr des „Kippens" von Märkten

Im Zusammenhang mit Märkten, die sich durch Netzeffekte auszeichnen, ist ferner auf das sog. Konzept des positiven Feedback einzugehen, das bei der Ermittlung einer Gatekeeper Position zu berücksichtigen sein kann. Das Konzept bzw. der Kreislauf des positiven Feedback besagt im Kern, daß die Starken stärker und die Schwachen schwächer werden[80]. Die durch das Auftreten von Netzeffekten hervorgerufene Eigendynamik hat zur Folge, daß Produkte, die ihren Marktanteil steigern, immer schneller vorankommen, wohingegen sich in anderer Richtung ein Abwärtstrend ebenso rapide verstärkt, d.h. sich eine verringerte Attraktivität bei den Kunden in ständig sinkenden Marktanteilen äußert[81]. Die Vorteile der erfolgreichen Unternehmen multiplizieren sich mithin ebenso rasch, wie für die schwächeren Unternehmen die Nachteile wachsen.

---

[78] Vgl. Zerdick, S. 161.

[79] Angesichts der geringen versunkenen Kosten, die Verbrauchern im Falle einer „falschen" Entscheidung entstehen, werden diese in dem Fall eher dazu bereit sein, sich zu einem frühen Zeitpunkt für den Erwerb eines bestimmten Produktes zu entscheiden, Fleischer/ Körber, K&R 2001, 623, 624; Posner, Antitrust L. J. (68) 2001, 925, 930. Zerdick, S. 16 und 191 ff., bezeichnet eine solche Preisstrategie als „Follow the Free". Ein Beispiel für eine solche Wettbewerbsstrategie aus der Praxis ist der Markt für Internet-Browser, vgl. Shapiro/ Varian, S. 14. Netscape, das mit dem Netscape Navigator zunächst den einzigen Internet-Browser im Markt angeboten hat, hat sein Produkt den Kunden im Internet kostenlos zum Herunterladen zur Verfügung gestellt und somit bei jeder Weggabe einer Einheit Geld verloren, gleichzeitig aber dadurch auch für eine weite Verbreitung des Browsers und damit für einen großen Kundenstamm bezüglich seines Browsers gesorgt. Microsoft hat allerdings daraufhin ebenfalls seinen Internet Explorer verschenkt, um Netscape Marktanteile abzujagen. Das Beispiel zeigt damit auch, daß die kostenlose Weggabe einen Systemwechsel - hier der Kunden von Netscape zu Microsoft - insofern erleichtert, als dabei keine finanziellen Nachteile entstehen und als versunkene Kosten nur die Zeit und Erfahrungen im Umgang mit dem Netscape Navigator auftreten, so daß sich eine solche Preisstrategie langfristig auch nachteilig für ein Unternehmen auswirken kann.

[80] Shapiro/ Varian, S. 175. Vgl. auch den englischen Begriff des „positive feedback loop" bei Morse, „Antitrust Issues in High-Tech Industries: Recent Developments", unter: http://www.global-competition.com/spl_rpts/aar.

[81] Vgl. Zerdick, S. 160; Hoch/ Roeding/ Purkert/ Lindner, S. 41.

Deshalb tendieren Märkte, die durch starke positive Feedbacks charakterisiert sind, zu einer sehr hohen Marktkonzentration oder sogar zur allmählichen Dominanz eines Anbieters bzw. seines Standards[82]. Die extremste Folge ist, daß die positiven Feedbacks zu einem Markt führen, in dem ein einziges Unternehmen alle anderen besiegt („winner-takes-all")[83]. In den anderen Fällen, in denen es einigen wenigen Unternehmen gelingt, sich am Markt zu etablieren bzw. sich dort zu halten, spricht man von Märkten, die durch extreme Marktanteile sowie Ungleichheit in bezug auf die Gewinnverteilung gekennzeichnet sind („winner-takes-most")[84]. Märkte der New Economy sind demnach oft geneigt, zugunsten des einen oder des anderen Unternehmens zu „kippen"[85]. Daher werden Unternehmen stets versuchen, als erste auf dem Markt zu sein, damit sie als erste eine Chance haben und ihren zeitlichen Vorsprung dazu nutzen können, von economies of scale und vor allem von Netzeffekten zu profitieren und den Wettbewerb auf dem Markt für sich zu entscheiden. Die Vorteile im weiteren Wettbewerbsverlauf, die einem Anbieter dadurch erwachsen, daß er der Erste im Markt ist, werden auch als first mover advantages bezeichnet[86].

5. Die Bedeutung von Standards, path dependency und lock-in Effekten

Für die zukünftige Wettbewerbsentwicklung ist es mit Gefahren verbunden, wenn ein Unternehmen seine Technologie als de facto Standard am Markt

---

82 Fleischer/ Körber, K&R 2001, 623, 624; Hoch/ Roeding/ Purkert/ Lindner, S. 41; Shapiro/ Varian, S. 176; siehe auch Sheremata, Antitrust Bull. (43) 1998, 547, 563; Gey, WuW 2001, 933, 934. Zerdick, S. 161, führt aus, daß dieser Kreislauf des positiven Feedback die Grundlage für die Existenz natürlicher Monopole bildet. Unter einem natürlichen Monopol versteht man eine Situation, in der die firmeninternen Kostendegressionen in Relation zur gegebenen Marktgröße so erheblich sind, daß im Wettbewerb auf Dauer nur ein Unternehmen überleben würde, vgl. Gabler, S. 2206.

83 Shapiro/ Varian, S. 177.

84 Ahlborn/ Evans/ Padilla, ECLR 2001, 156, 162; Economides/ Flyer, „Compatibility and Market Structure for Network Goods", unter: http://www.stern.nyu.edu/networks/98-02.pdf.

85 Im Englischen wird hier von sog. „tippy markets" gesprochen, vgl. Rubinfeld, Antitrust Bull. (43) 1998, 859, 865; Besen/ Farrell, Journal of Economic Perspectives (8) 1994, 117, 118; ferner Shapiro/ Varian, S. 176. Diese führen als Beispiele für solche Märkte den Videorekordermarkt in den achtziger Jahren an, wo sich das VHS System gegen das Betamax-System von Sony durchsetzen konnte, und den Markt für PC-Betriebssysteme in den neunziger Jahren, in dem sich Microsoft zusammen mit Intel gegenüber Apple behaupten konnte. Teilweise wird in derartigen Konstellationen auch von einem sog. „snowballing effect" gesprochen, siehe Veljanovski, ECLR 2001, 115, 116.

86 Morse, „Antitrust Issues in High-Tech Industries", unter: http://www.global-competition.com/spl_rpts/aar, zählt als first mover advantages neben economies of scale und Netzeffekten die Möglichkeit des Schutzes durch geistige Eigentumsrechte sowie steile Lernkurven auf.

etablieren kann[87]. Oftmals wird dies gerade dem ersten auf dem Markt tätigen Unternehmen gelingen, da es die aus einem frühen Marktauftritt resultierenden Vorteile als first mover für nachfolgende Unternehmen schwierig machen, die zum Konkurrieren notwendigen Skalenerträge zu erreichen[88]. Sie können im Extremfall dazu führen, daß das erste Unternehmen niemals durch Konkurrenten ersetzt werden kann, sogar dann nicht, wenn es schlechte Leistungen erbringt, nicht über das beste technische System verfügt bzw. Konkurrenten ein überlegenes Produkt entwickeln[89]. Hinter diesem Phänomen der sog. path dependency verbirgt sich die Sorge, daß eine Industrie aufgrund der Kostenvorteile des bereits existierenden Netzwerks bei einer aus ex-post-Sicht minderwertigen Technologie stehenbleibt, die Existenz eines Monopols also nachfolgende, technologische Innovationen verhindert[90]. Im Falle eines Wechsels zu einem anderen System würden materielle und immaterielle Investitionen wie die für das System und Komplementärprodukte getätigten Ausgaben und die investierte Zeit, die Anordnung

---

[87] Posner, Antitrust L. J. (68) 2001, 925, 926; Balto/ Pitofsky, Antitrust Bull. (43) 1998, 583, 586. Ein Beispiel hierfür ist Microsoft, dem es gelang, sein PC-Betriebssystem Windows als Standard am Markt durchzusetzen, siehe auch Beck, WuW 1999, 460, 465. Man spricht in diesen Konstellationen von proprietären Standards, vgl. Balto/ Pitofsky, Antitrust Bull. (43) 1998, 583, 599. Dies bedeutet, daß sich das System in der Kontrolle und im Besitz eines Unternehmens befindet, Zerdick, S. 116. Daraus folgt, daß andere Unternehmen auf eine Lizenzierung durch das das proprietäre System kontrollierende Unternehmen angewiesen sind. Die andere Möglichkeit, einen Standard zu setzen, ist durch Kooperation zwischen verschiedenen Unternehmen, die sich auf einen Standard einigen, um Interoperabilität und Kompatibilität zu gewährleisten. Das System wird in diesem Fall also von einem Konsortium kontrolliert. Auf die damit verbundenen kartellrechtlichen Probleme wird in dieser Arbeit nicht eingegangen, vgl. dafür u.a. bei Shapiro/ Varian, S. 305 ff. Bei den durch Kooperation gesetzten Standards handelt es sich in der Regel um sog. offene Systeme, d.h. verschiedene komplementäre Produkte können miteinander kombiniert werden, um ein zusammengesetztes Gut oder eine zusammengesetzte Dienstleistung zu produzieren, sind also kompatibel, siehe Economides, „Dictionary of Terms in Network Economics", unter: http://www.stern.nyu.edu/networks/dictionary. Ein Beispiel aus der Realität, bei dem Unternehmen die Festlegung eines Standards vereinbart haben, ist im Bereich des Internet das dort verwendete Kommunikationsprotokoll TCP/IP, was nach Meinung vieler erst den ungeheuren Erfolg des Internet ermöglichte, vgl. Beck, WuW 1999, 460, 465.

[88] Shapiro/ Varian, S. 168.

[89] Bishop/ Caffarra, ECLR 2001, Analysis Section, 31, 32.

[90] Posner, Antitrust L. J. (68) 2001, 925, 930. Siehe auch Besen/ Farrell, Journal of Economic Perspectives 1994, 117, 122. Besen/ Farrell, S. 118, und Margolis/ Liebowitz, Palgrave Dictionary, Bd. 3, S. 17, umschreiben die path dependency mit „history matters", was bedeutet, daß die heutige Situation das Resultat früherer getroffener Entscheidungen ist, sich also früher eingeschlagene Wege heute noch auswirken, indem man von ihnen abhängig ist. Ein Beispiel, das in Verbindung mit dem Problem der path dependency stets angeführt wird, ist die QWERTY-Tastatur von der vielfach behauptet wird, daß sie anderen Systemen unterlegen ist. Der Name QWERTY gibt dabei die ersten fünf Buchstaben der ersten Reihe einer englischen Tastatur wieder. In der deutschsprachigen Literatur müßte man korrekterweise von der QWERTZ-Tastatur sprechen.

zu erlernen, nicht ersetzt und damit wertlos. Diese als versunken einzustufenden Kosten können demnach Verbraucher von einem Wechsel abhalten und zur Folge haben, daß sie trotz Unterlegenheit des ursprünglichen Produkts an diesem festhalten und nicht von den längerfristigen Vorteilen neuer oder billigerer Technologien profitieren. Die damit verbundene Gefahr, daß Konsumenten nach ihrer Entscheidung an einen bestimmten Standard bei Produktinkompatibilität gebunden sind, wird auch mit dem Begriff des sog. lock-in Effekts beschrieben[91].

Ist ein Markt zugunsten eines dominierenden proprietären Standards gekippt, so kann das den Standard kontrollierende Unternehmen die daraus resultierende Monopolmacht für wettbewerbsbehindernde Praktiken ausnutzen[92]. Gegenüber den Kunden, die aufgrund des lock-in Effekts an sein Netzwerk gebunden sind, vermag es nach einer anfänglichen Niedrigpreisstrategie nun mangels wettbewerblichen Gegendrucks Preiserhöhungen durchzusetzen und damit den Nutzern signifikante Kosten aufzubürden[93]. Ist der Zugang zu seinem Standard für ein Tätigwerden auf einem anderen Markt Voraussetzung, so kann es auch die Markteintritts- und Wettbewerbsbedingungen seiner Konkurrenten beeinflussen[94]. Es besteht die Gefahr, daß das den Standard kontrollierende Unternehmen in der Lage ist, seine Position auf vor- oder nachgelagerte bzw. benachbarte Märkte auszudehnen und dort eine Gatekeeper Funktion auszuüben, indem es Wettbewerbern den Zugang zu seinem Standard verweigert oder nur zu ungünstigen oder diskriminierenden Bedingungen gewährt.

II. Schlußfolgerungen

Die Frage, wie das Spannungsverhältnis zwischen der grundsätzlich hohen Dynamik im Wettbewerb einerseits und den mit den anbieter- und nachfrageseitigen Besonderheiten verbundenen Gefahren andererseits zu lösen ist und welche Folgerungen daraus für die Anwendung des Kartellrechts zu ziehen sind, hat noch keine abschließende Beantwortung erfahren[95]. Teilweise wird

---

[91] Balto/ Pitofsky, Antitrust Bull. (43) 1998, 583, 590. Vgl. auch Beck, WuW 1999, 460, 466.

[92] Siehe Rubinfeld; Antitrust Bull. (43) 1998, 859, 865; Sheremata, Antitrust Bull. (43) 1998, 547, 567.

[93] Vgl. Balto/ Pitofsky, Antitrust Bull. (43) 1998, 583, 602.

[94] Rubinfeld, Antitrust Bull. (43) 1998, 859, 863; Balto/ Pitofsky, Antitrust Bull. (43) 1998, 583, 602. In bezug auf den Pay-TV Sektor so auch Cowie/ Marsden, „Convergence, Competition and Regulation", unter: http://www.digital-law.net/ijclp/1_1998, und Neumann, Pay-TV, S. 212.

[95] Eine ausführliche Diskussion hat sich - ausgelöst durch den Fall *Microsoft* - in den USA entwickelt. Hierzu sei insbesondere auf folgende Erörterungen verwiesen: Fisher/ Rubinfeld,

für ein besonders vorsichtiges Einschreiten plädiert, da der Wettbewerb sequentiell und nicht simultan, d.h. als eine Abfolge von Vorstößen zu verstehen sei, deren Sieger die Marktführerschaft immer nur für eine begrenzte Zeit behaupten könnten[96]. Andere Stimmen wiederum betonen die oben aufgezeigten Risiken der path dependency und des lock-in und kommen dementsprechend zu der Schlußfolgerung, auf hochdynamischen Märkten mit Netzeffekten sei ein rigoroses kartellrechtliches Vorgehen angezeigt[97]. Im folgenden gilt es herauszuarbeiten, inwieweit die Europäische Kommission die ökonomischen Besonderheiten im Informations- und Kommunikationssektor bei ihrer Prüfung von Zusammenschlüssen und von möglichen Gatekeeper Positionen miteinbezieht. Die Schwierigkeit für die Kommission wird dabei in jedem Einzelfall darin bestehen, die zukünftige Entwicklung des Wettbewerbs zu prognostizieren und zu beurteilen, wann der Wettbewerb nach einem Zusammenschluß noch in der Lage ist, seine Entmachtungsfunktion zu erfüllen, bzw. wann es zur Gewährleistung von Wettbewerb eines fusionskontrollrechtlichen Einschreitens bedarf.

Antitrust Bull. (46) 2001, 1 ff.; Klein, Antitrust Bull. (46) 2001, 71 ff.; Comanor, Antitrust Bull. (46) 2001, 115 ff.; Levinson/ Romaine/ Salop, Antitrust Bull. (46) 2001, 135 ff.; Evans/ Nichols/ Schmalensee, Antitrust Bull. (46) 2001, 163 ff.; McKenzie/ Lee, Antitrust Bull. (46) 2001, 253 ff.; Flynn, Antitrust Bull. (46) 2001, 645 ff.; Gifford, Antitrust Bull. (46) 2001, 797 ff.; Shepherd/ Shepherd/ Shepherd, Antitrust Bull. (46) 2001, 835 ff.; Summers, Antitrust L. J. (69) 2001, 353 ff.; Werden, Antitrust L. J. (69) 2001, 87 ff.

96 Siehe beispielsweise Boudreaux/ Folson, Antitrust Bull. (44) 1999, 555, 574; Teece/ Coleman, Antitrust Bull. (43) 1998, 801, 820-822; Shelanski/ Sidak, The University of Chicago Law Review (68) 2001, 1, 10 ff.; Schmalensee, American Economic Review (90) 2000, Papers and Proceedings, 192 ff.

97 Vgl. Fisher/ Rubinfeld, Antitrust Bull. (46) 2001, 1, 5, 9 ff. Siehe zum Ganzen Fleischer/ Körber, K&R 2001, 623, 624.

Zweiter Teil: Die gegenwärtige Ermittlung und Behandlung von Gatekeeper Positionen in der europäischen Fusionskontrolle im Informations- und Kommunikationssektor

Die folgenden Erörterungen dienen dazu, das Phänomen der Gatekeeper Position im Rahmen der Fusionskontrolle zu untersuchen und rechtlich einzuordnen. Bevor hierfür die Kommissionspraxis bei Zusammenschlüssen im Informations- und Kommunikationssektor geschildert wird, ist es erforderlich, Zielsetzungen und Strukturen des europäischen Kartellrechts sowie das Instrumentarium der Fusionskontrollverordnung darzustellen.

A. Die Grundzüge des europäischen Kartellrechts

I. Zielsetzungen

Wie bereits erläutert, hat das europäische Kartellrecht gemäß Art. 3 Abs. 1 lit. g EGV die Aufgabe, den Wettbewerb vor Verfälschungen zu schützen. Für die Frage, wann kartellrechtlich zum Schutze des Wettbewerbs einzuschreiten ist, sind die mit der Anwendung des Kartellrechts zu verfolgenden Zielsetzungen von essentieller Bedeutung. Dabei werden in der europäischen Wettbewerbspolitik im wesentlichen drei Ziele verfolgt[98].

1. Marktintegration

Die europäische Wettbewerbspolitik hat sich am übergeordneten, in Art. 2 EGV niedergelegten Ziel der Marktintegration zu orientieren und soll diese fördern[99]. Das Kartellrecht kann zum einen in positiver Weise zur Marktintegration beitragen, indem es den Handel zwischen den Mitgliedstaaten erleichtert und die Angleichung der Wettbewerbsbedingungen in den einzelnen Mitgliedstaaten beschleunigt[100]. Vor allem aber soll durch die An-

---

[98] Siehe u.a. bei Whish, S. 17 ff.; Korah, Introductory Guide, S. 10 ff., 1.3.2.

[99] Vgl. Korah, Introductory Guide, S. 10, 1.3.2.1; Whish, S. 20 f.; Korah in: Korah, Competition Law Vol. 1, § 1.03 [1].

[100] Dies kann z.B. bei Genehmigungen für grenzüberschreitende Zusammenarbeit von Unternehmen verschiedener Mitgliedstaaten der Fall sein, vgl. Whish, S. 20.

wendung der kartellrechtlichen Vorschriften verhindert werden, daß Unternehmen die verbotenen staatlichen Handelsschranken zwischen den Mitgliedstaaten durch private Vereinbarungen ersetzen und so das Ziel der Marktintegration unterlaufen wird[101].

2. Förderung wirksamen Wettbewerbs durch Steigerung von Effizienz und Konsumentenwohlfahrt

Neben der Marktintegration ist es das Ziel des europäischen Kartellrechts, eine Wettbewerbsordnung zu etablieren und zu sichern, die die ökonomische Effizienz fördert[102], und die Konsumentenwohlfahrt zu schützen, indem ein hoher Grad an Wettbewerb im Gemeinsamen Markt beibehalten wird, der im Interesse der Konsumenten zu niedrigeren Preisen, einer größeren Auswahl an Produkten und technologischer Innovation führt[103]. Wettbewerb als Schutzobjekt des EG-Wettbewerbsrechts ist dabei im Sinne eines funktionsfähigen bzw. wirksamen Wettbewerbs zu interpretieren[104]. Die Wettbewerbspolitik soll der grundlegenden Rolle des Marktes und des Wettbewerbs Rechnung tragen, indem sie die Konsumentenwohlfahrt gewährleistet, eine optimale Ressourcenallokation fördert und den Wirtschaftsakteuren die er-

---

[101] Neumann, S. 48; Korah, Introductory Guide, S. 10, 1.3.2.1; Whish, S. 20. Dahinter steckt die Erfahrung, daß private Wettbewerbsbeschränkungen - insbesondere nationale Kartelle, Exportbeschränkungen oder Marktaufteilungen - weithin dieselben Wirkungen wie die vom Vertrag gerade abgeschafften staatlichen Handelsschranken haben können, Emmerich in: Dauses, Bd. 2, H.I § 1, Rn. 4; Bishop/ Walker, S. 4, 1.05.

[102] Bishop/ Walker, S. 4, 1.06; Korah, Introductory Guide, S. 9 f., 1.31; Van den Bergh/ Camesasca, S. 5. Ökonomische Effizienz besteht dabei aus drei Komponenten. Produktive Effizienz tritt auf, wenn mit den gegebenen Ressourcen der maximale Output zu den niedrigstmöglichen Kosten produziert wird. Von allokativer Effizienz ist dann auszugehen, wenn Marktpreis und Grenzkosten einander entsprechen. Dynamische Effizienz wird durch die Erfindung und Entwicklung neuer Produkte und Produktionsprozesse erreicht, die die soziale Wohlfahrt steigern, vgl. zum Ganzen Van den Bergh/ Camesasca, S. 5; Whish, S. 2-4.

[103] Monti, „The Future for Competition Policy in the European Union - Merger Control" (09.07.2001), unter: http://www.europa.eu.int/comm/competition/speeches/index_2001.html.

[104] Vgl. z.B. den Wortlaut in Art. 2 Abs. 3 FKVO, wonach Zusammenschlüsse, die eine beherrschende Stellung begründen oder verstärken, für unvereinbar mit dem Gemeinsamen Markt zu erklären sind, wenn durch sie wirksamer Wettbewerb im Gemeinsamen Markt oder in einem wesentlichen Teil desselben erheblich behindert würde. Im Englischen sind hierfür die Begriffe „workable competition" bzw. „effective competition" gebräuchlich, vgl. auch bei Schmidt/ Schmidt, S. 15. Bunte in: Langen/ Bunte, Einführung EG-Kartellrecht, Rn. 39, übersetzt wirksamer Wettbewerb mit „workable competition". Auch Gabler, S. 3502, verwendet „workable" und „effective" sowohl im Deutschen als auch im Englischen als Synonyme.

forderlichen Anreize bietet, Produktivität, Qualität und Innovation anzustreben[105].

3. Fairnessaspekte und Schutz von Wettbewerbern

Als weiteres Ziel der europäischen Wettbewerbspolitik wird die Schaffung und Erhaltung gleicher Startbedingungen genannt, um einen fairen Leistungswettbewerb zu gewährleisten und damit ein sog. level playing field herzustellen[106]. Wettbewerb wird dabei dahingehend verstanden, daß bei der Kartellrechtsanwendung Fairnessaspekte mitzuberücksichtigen sind. Im Zusammenhang mit Fairnessüberlegungen ist vor allem auch auf den besonderen Schutz bzw. die Förderung hinzuweisen, die kleinen und mittelständischen Unternehmen im Rahmen des europäischen Kartellrechts grundsätzlich zugesprochen wird[107].

4. Konflikte zwischen den einzelnen Zielsetzungen

Bei der Verfolgung mehrerer Ziele im Rahmen einer einzigen Wettbewerbspolitik kann es zu Zielkonflikten kommen, bei denen die Gewichtung der Ziele im Einzelfall über ein Einschreiten entscheidet. So kann es z.B. vorkommen, daß unternehmerische Maßnahmen nach ökonomischen Gesichtspunkten als effizienzsteigernd und damit als wettbewerbsfördernd einzustufen, gleichzeitig jedoch im Hinblick auf die Förderung der Marktintegration als bedenklich einzuordnen sind[108]. Daneben kann im Einzelfall vor allem die Zielsetzung, die ökonomische Effizienz und die Konsumentenwohlfahrt zu fördern, mit der, einen fairen Wettbewerb zu schützen, kollidieren. Ein effizient arbeitendes Unternehmen wird in der Lage sein, weniger effiziente

---

[105] XXX. Wettbewerbsbericht (2000), S. 21. Vgl. auch die Ausführungen im XXVI. Wettbewerbsbericht (1996), S. 3, daß es Ziel der Wettbewerbspolitik sei, durch ihren Einfluß auf die Strukturen der europäischen Wirtschaft auf den Märkten die zur Entfaltung des Unternehmensgeistes und der Innovationsfähigkeit notwendige Flexibilität herzustellen und eine wirksame und dynamische Allokation der Ressourcen der Gesellschaft zu ermöglichen.

[106] Vgl. Korah, Introductory Guide, S. 11, 1.3.2.2; Sullivan/ Grimes, S. 996; Neumann, S. 1, der diese Aussage allerdings nicht konkret im Zusammenhang mit dem europäischen Kartellrecht, sondern allgemein bezüglich der Ziele einer Wettbewerbspolitik trifft.

[107] Fox, American Journal of International Law (91) 1997, 1, 12. Vgl. zur Zielsetzung eines fairen Wettbewerbs sowie des Schutzes kleiner und mittelständischer Unternehmen auch Korah, Introductory Guide, S. 11, 1.3.2.2 und 1.3.2.3.

[108] Vgl. Bishop/ Walker, S. 5, 1.08. Es kann auch in umgekehrter Weise ein Konflikt zwischen den Zielsetzungen auftreten, wenn die Maßnahme eines Unternehmens zur Marktintegration beitragen würde, ohne jedoch aus ökonomischer Sicht förderlich zu sein.

Wettbewerber vom Markt zu verdrängen[109]. Eine Unternehmensstrategie kann somit negative Auswirkungen für einige Wettbewerber haben, ohne jedoch dem Wettbewerb als Institution und den Interessen der Verbraucher zu schaden. Wird mit der Wettbewerbspolitik also gleichzeitig der Schutz von Wettbewerbern, d.h. eine Unterstützung kleiner und mittelständischer Unternehmen verfolgt, so läuft dies im allgemeinen dem Ziel der Effizienzsteigerung und der Maximierung der Konsumentenwohlfahrt und damit dem Schutz des Wettbewerbs als solchem entgegen[110].

Aufgrund dieser unterschiedlichen Zielsetzungen kann es folglich bei der Anwendung und Durchsetzung des europäischen Kartellrechts zu Widersprüchlichkeiten kommen. Diese würden nicht auftreten, wenn die europäische Wettbewerbspolitik auf ein einziges Ziel hin ausgerichtet wäre[111]. Vorteil einer klaren Orientierung ist, daß das Recht leichter vorhersehbar, durchsetzbar und anwendbar ist[112]. Für den weiteren Verlauf der Untersuchung darf dieser Aspekt nicht außer acht gelassen werden. Klarheit und Eindeutigkeit erhält die Wettbewerbspolitik durch ihre Zielsetzung[113].

---

109 Whish, S. 20.

110 Vgl. Whish, S. 19. Diese Gefahr erkennt auch Generalanwalt Jacobs, auf dessen Ausführungen an dieser Stelle nur hingewiesen werden soll und die später ausführlich behandelt werden. Er führt in seinen Schlußanträgen in *Oscar Bronner*, Rs. C-7/97, Urteil des EuGH vom 26.11.1998, Slg. 1998, I-7791, 7811, Zi. 58, aus, daß Hauptzweck von Art. 86 EGV (a.F., nun Art. 82 EGV) sei, Wettbewerbsverzerrungen zu verhindern - und insbesondere die Interessen der Verbraucher zu wahren, und nicht, die Situation einzelner Wettbewerber zu schützen. Siehe in diesem Zusammenhang auch Monti, „The Future for Competition Policy in the European Union - Merger Control" (09.07.2001), unter: http://www.europa.eu.int/comm/competition/speeches/index_2001.html, und die Beantwortung der Frage 1: „Is it true that, in applying merger control, the Commission cares more about competitors than customers?".

111 Vgl. Whish, S. 17. Als Beispiel hierfür kann auf das amerikanische Kartellrecht verwiesen werden, das bei der wettbewerbsrechtlichen Analyse überwiegend ökonomische Aspekte berücksichtigt, Jebsen/ Stevens, Antitrust L. J. (64) 1996, 443, 454. Die Kartellrechtsbehörden orientieren sich dabei an den von der sog. Chicago School herausgearbeiteten Prinzipien und Konzepten, deren bedeutende Vertreter u.a. Bork, Antitrust Paradox, sowie Posner, The University of Pennsylvania Law Review 127 (1979), 925 ff. sind. Danach ist alleiniges Ziel der amerikanischen Antitrustpolitik die Maximierung der Konsumentenwohlfahrt durch Steigerung der Effizienz der einzelnen Unternehmen, siehe bei Schmidt, S. 19. Zum Wettbewerbsverständnis der Chicago School vgl. statt vieler Van den Bergh/ Camesasca, S. 40 ff.; Emmerich, S. 9. Überragende Sorge im U.S. Kartellrecht ist es also, jedwedes Verhalten von Marktteilnehmern zu unterbinden, das den Wettbewerb schädigt, weil es zu einem Preisanstieg und bzw. oder zu einer Verringerung des Output führt und sich damit zu Lasten der Konsumenten auswirkt, Sullivan/ Grimes, S. 985.

112 Vgl. bei Neumann, S. 39, der Bork, Yale Law Review (74) 1965, 775, 837, zitiert: „The choice of the wealth-maximization policy (has) the additional benefit of making the law more easily predicted, enforced, and applied."

113 Neumann, S. 3.

II. Strukturen

Bei der Kartellaufsicht wird traditionell zwischen der sog. Verhaltenskontrolle und der sog. Strukturkontrolle unterschieden. Gegenstand der Verhaltenskontrolle sind vertragliche Wettbewerbsbeschränkungen und einseitiges Verhalten insbesondere durch marktbeherrschende Unternehmen. Im Unterschied dazu ist Ziel der Strukturkontrolle die Erhaltung oder Wiederherstellung von Marktstrukturen, in denen der Wettbewerb seine wirtschafts- und gesellschaftspolitischen Funktionen erfüllen kann[114]. Diese Differenzierung findet sich auch im europäischen Kartellrecht wieder. Dessen Herzstück bilden die Art. 81 und 82 EGV sowie die später erlassene Fusionskontrollverordnung, die Art. 81 und 82 EGV sowohl in materiellrechtlicher Hinsicht als auch in verfahrensrechtlicher Hinsicht ergänzt. Während die FKVO als Strukturkontrolle konzipiert ist[115], dienen Art. 81 und 82 EGV als die beiden weiteren Eckpfeiler zur Verwirklichung des Systems unverfälschten Wettbewerbs im Sinne von Art. 3 Abs. 1 lit. g EGV der Verhaltenskontrolle.

Art. 81 Abs. 1 EGV erklärt alle Vereinbarungen zwischen Unternehmen, Beschlüsse von Unternehmensvereinigungen und aufeinander abgestimmte Verhaltensweisen, welche den Handel zwischen Mitgliedstaaten zu beeinträchtigen geeignet sind und eine Verhinderung, Einschränkung oder Verfälschung des Wettbewerbs innerhalb des Gemeinsamen Marktes bezwecken und bewirken, für unvereinbar mit dem Gemeinsamen Markt und verboten. Wie der Wortlaut zeigt, geht die Relevanz von Art. 81 EGV über die eines bloßen Kartellverbots hinaus, da alle wettbewerbsbeschränkenden Vereinbarungen - unabhängig davon, ob sie horizontaler oder vertikaler Natur sind – erfaßt werden[116]. Zentrales Tatbestandsmerkmal des Art. 81 Abs. 1 EGV ist die Wettbewerbsbeschränkung. Nach der Rechtsprechung des EuGH kommt es dabei auf die Beeinträchtigung der wirtschaftlichen Handlungsfreiheit der Unternehmen an[117]. Art. 81 EGV sucht also die kooperative Gleichschaltung unternehmerischer Handlungsautonomie zu verhindern und verpflichtet damit prinzipiell alle Unternehmen zu selbständigem Marktverhalten[118]. Folge eines Verstoßes gegen Art. 81 Abs. 1 EGV ist grundsätzlich die Nichtigkeit der betreffenden Vereinbarung bzw. des betreffenden Beschlusses nach Abs. 2. Es besteht allerdings gemäß Art. 81 Abs. 3 EGV für zahlreiche Verhaltensweisen die Möglichkeit einer Freistellung vom Verbot, die entweder

---

[114] Wiedemann in: Wiedemann, § 1, Rn. 1.

[115] Für eine ausführliche Darstellung der FKVO vgl. sogleich unter B.

[116] Wiedemann in: Wiedemann, § 2, Rn. 1; Emmerich in: Immenga/ Mestmäcker, Bd. 1, Art. 85, Rn. 3.

[117] Vgl. Wiedemann in: Wiedemann, § 2, Rn. 3, mit Nachweisen aus der Rechtsprechung.

[118] Schröter in: Groeben/ Thiesing/ Ehlermann, Art. 86, Rn. 36.

durch individuelle Entscheidung der Kommission oder durch Gruppenfreistellungsverordnungen unter den entsprechenden Voraussetzungen erfolgen kann.

Wirksamer Wettbewerb kann nicht nur durch Absprachen, sondern auch durch marktmächtige Unternehmen gefährdet werden[119]. Deshalb ist gemäß Art. 82 EGV die mißbräuchliche Ausnutzung einer beherrschenden Stellung auf dem Gemeinsamen Markt oder auf einem wesentlichen Teil desselben durch ein oder mehrere Unternehmen mit dem Gemeinsamen Markt unvereinbar und verboten, soweit dies dazu führen kann, den Handel zwischen Mitgliedstaaten zu beeinträchtigen[120]. Im Mittelpunkt der Untersuchung nach Art. 82 EGV steht somit die Frage, ob die von einem dominanten Unternehmen verfolgten Strategien als Mißbrauch dieser marktbeherrschenden Stellung zu qualifizieren sind[121]. Dabei lassen sich die möglichen mißbräuchlichen Verhaltensweisen generell in drei große Fallgruppen einteilen, zum einen die des Behinderungsmißbrauchs gegenüber Wettbewerbern, zum anderen die Kategorie des Ausbeutungsmißbrauchs gegenüber Handelspartnern sowie die Fallgruppe des Marktstrukturmißbrauchs[122]. Wird ein Mißbrauch

---

[119] Möschel in: Immenga/ Mestmäcker, Bd. 1, Art. 86, Rn. 1; Schröter in: Groeben/ Thiesing/ Ehlermann, Art. 86, Rn. 17.

[120] Dabei spielt es keine Rolle, wie die beherrschende Stellung zustandegekommen ist, so daß Unternehmen, die ihre Position mit Mitteln des Leistungswettbewerbs erworben haben, ebensowenig privilegiert werden wie Inhaber eines staatlichen Monopols, Schröter in: Groeben/ Thiesing/ Ehlermann, Art. 86, Rn. 71.

[121] Der Begriff des Mißbrauchs erfaßt nach der Rechtsprechung des EuGH alle Verhaltensweisen eines Unternehmens in beherrschender Stellung, die die Struktur des Marktes beeinflussen können, auf dem der Wettbewerb gerade wegen der Anwesenheit des fraglichen Unternehmens bereits geschwächt ist, und die die Aufrechterhaltung des auf dem Markt noch bestehenden Wettbewerbs oder dessen Entwicklung durch die Verwendung von Mitteln behindern, die von den Mitteln des normalen Produkt- und Dienstleistungswettbewerbs auf der Grundlage der Leistungen der Marktbürger abweichen, vgl. statt vieler nur *Hoffmann-La Roche*, Rs. 85/76, Urteil des EuGH vom 13.02.1979, Slg. 1979, 461, 541, Zi. 91.

[122] Vgl. zu dieser Einteilung statt vieler Dirksen in: Langen/ Bunte, Art. 82, Rn. 76, 77. Bei der Untersuchung, ob eine Maßnahme einer der drei Kategorien zuzurechnen und damit als mißbräuchlich einzustufen ist, ist allerdings davon abzusehen, bestimmte typisierende Verhaltensweisen als per se mißbräuchlich einzuordnen. Vielmehr ist jeweils für den Einzelfall unter Berücksichtigung des Schutzzwecks von Art. 82 EGV eine Abwägung der widerstreitenden Interessen der Beteiligten vorzunehmen, um zu ermitteln, ob die betreffende Verhaltensweise objektiv einen Mißbrauch der beherrschenden Stellung darstellt, Möschel in: Immenga/ Mestmäcker, Bd. 1, Art. 86, Rn. 164. Die Kategorie des Marktstrukturmißbrauchs wurde erstmalig anerkannt in *Continental Can*, Rs. 6/72, Entscheidung des EuGH vom 21.02.1973, Slg. 1973, 215, 244-246, Zi. 20-27. Der Mißbrauch liegt hier in der Beeinträchtigung des Restwettbewerbs durch Unternehmenszusammenschlüsse mit dem Effekt der Verstärkung einer marktbeherrschenden Stellung, siehe statt vieler nur Jung in: Grabitz/ Hilf, Bd. 2, Art. 82, Rn. 229; Möschel in: Immenga/ Mestmäcker, Bd. 1, Art. 86, Rn. 249; Mestmäcker, FS Raisch, S. 441, 454; Schröter in: Groeben/ Thiesing/ Ehlermann, Art. 86, Rn. 222; Gleiss/ Hirsch/ Bechtold/ Hootz, Art. 86, Rn. 103 ff. Diese Fallgruppe

einer marktbeherrschenden Stellung festgestellt, so hat dies für das marktbeherrschende Unternehmen eine Reihe verwaltungsrechtlicher und privatrechtlicher Konsequenzen. Das europäische Recht regelt dabei nur die verwaltungsrechtlichen Aspekte. Die zivilrechtlichen Folgen mißbräuchlichen Verhaltens ergeben sich aus dem jeweils anwendbaren nationalen Recht, da Art. 82 EGV im Unterschied zu Art. 81 EGV keine explizite Nichtigkeitsfolge enthält[123].

Zwar besitzen sowohl Art. 81 und 82 EGV als auch die FKVO Direktwirkung und gelten unmittelbar[124]. Sie enthalten jedoch keine bis in die Einzelheiten ausgearbeitete Kartellrechtsordnung, sondern nur Grundsätze, die auf Durchführung und Ausfüllung im Einzelfall angelegt sind[125]. Dementsprechend kommt der Anwendung des Kartellrechts durch die Kommission und die europäischen Gerichte in der Praxis für die Ermittlung der geltenden Rechtsauffassung eine besondere Bedeutung zu. Die Durchsetzung der Art. 81 und 82 EGV in Einzelfällen geschieht vor allem durch die Kommission, indem sie Negativatteste ausstellt, Einzelfallfreistellungs- und Bußgeldentscheidungen sowie Untersagungs- und Abstellungsverfügungen trifft[126].

---

hat allerdings seit Erlaß der FKVO an Bedeutung verloren, da in der Praxis stets die FKVO angewendet wird. Vgl. zum Anwendungsverhältnis in diesem Fall ausführlich Emmerich in: Dauses, Bd. 2, H.I § 1, Rn. 221 und 404; Schröter in: Groeben/ Thiesing/ Ehlermann, Art. 86, Rn. 43, und Art. 87, Rn. 7; Dirksen in: Langen/ Bunte, Art. 82, Rn. 191 ff.; Jung in: Grabitz/ Hilf, Bd. 2, Art. 82, Rn. 237 ff.; Staudenmayer, WuW 1992, 475; Bellamy/ Child, Zi. 6-269 ff.

123 Jung in: Grabitz/ Hilf, Bd. 2, Art. 82, Rn. 271, 277.

124 Bei Art. 81 und 82 EGV handelt es sich um unmittelbar geltende Vorschriften, die direkt für und gegen jeden Marktbürger in allen Mitgliedstaaten wirken und keiner Umsetzung bedürfen, siehe statt vieler nur Bunte in: Langen/ Bunte, Einführung EG-Kartellrecht, Rn. 13 und 19; Wiedemann in: Wiedemann, § 2, Rn. 22; Oppermann, Rn. 1043. Auch die FKVO besitzt als Verordnung gemäß Art. 249 Abs. 2 EGV unmittelbare Geltung in jedem Mitgliedstaat, siehe auch Schröter in: Groeben/ Thiesing/ Ehlermann, Vorbemerkung zu den Art. 85 bis 89, Rn. 9 und 10.

125 Bunte in: Langen/ Bunte, Einführung EG-Kartellrecht, Rn. 19.

126 Wiedemann in: Wiedemann, § 1, Rn. 33. Da sich im EG-Vertrag keine Vorschriften über Zuständigkeit und Verfahren in Kartellsachen finden, bedarf das materielle Kartellrecht der Ergänzung durch Ausführungsbestimmungen. Dies geschieht auf der Grundlage von Art. 83 EGV, wonach der Rat ermächtigt und verpflichtet ist, alle zweckdienlichen Verordnungen und Richtlinien zur Verwirklichung der in den Art. 81 und 82 EGV niedergelegten Grundsätze zu erlassen. Die nach Art. 83 EGV erlassenen Durchführungsverordnungen des Rates, insbesondere die Verordnung des Rates Nr. 17/62 vom 06.02.1962 zur Durchführung der Art. 85 und 86 des Vertrages, ABl. 1962, L 13/204, dienen somit als Rechtsgrundlage für die Überwachungspflicht der Kommission. Neben der Kommission können unter bestimmten Voraussetzungen auch die Kartellbehörden der Mitgliedstaaten befugt sein, Art. 81 und 82 EGV anzuwenden. Diese Zuständigkeitsverteilung hat jüngst durch die Verordnung des Rates Nr. 1/2003 vom 16.12.2002 zur Durchführung der in den Artikeln 81 und 82 des Vertrages niedergelegten Wettbewerbsregeln, ABl. 2003, L 1/1, eine entscheidende Änderung erfahren. Gemäß Art. 45 gilt diese Verordnung ab dem 01.05.2004; bis dahin wird die VO Nr. 17/62 angewandt. Auf diese Problematik und die zunehmende Dezentralisierung soll allerdings nicht näher eingegangen werden.

Darüber hinaus hat sie seit Erlaß der FKVO in dem Verfahren die Befugnis zur Freigabe bzw. Untersagung von Zusammenschlüssen[127]. Derartige Einzelfallentscheidungen entfalten zwar keine unmittelbaren Rechtswirkungen gegenüber nicht in der Entscheidung bezeichneten Personen. Sie stellen aber dennoch für nichtbeteiligte Unternehmen Orientierungspunkte für die Auslegung und Anwendung des primären oder sekundären Gemeinschaftsrechts dar[128]. Rechtsschutz gegen Entscheidungen der Kommission bietet am wirksamsten die Nichtigkeitsklage nach Art. 230 Abs. 4 EGV, die im Falle des Erfolges zur Aufhebung der angefochtenen Entscheidung führt[129]. Den daraufhin ergehenden Urteilen des EuG und des EuGH kommt eine herausragende Bedeutung zu, weil sie das EG-Kartellrecht ausformen und weiterentwickeln und zudem auch die Kommission binden[130].

B. Das Instrumentarium der Fusionskontrollverordnung

Die Fusionskontrolle soll als Strukturkontrolle einer Verschlechterung der Marktstrukturen begegnen[131]. Schutzobjekt der FKVO ist folglich die Erhal-

---

[127] Zu den Einzelheiten siehe sogleich unter B.III.

[128] Bunte in: Langen/ Bunte, Einführung EG-Kartellrecht, Rn. 27.

[129] Eine Klage ist nach Art. 230 Abs. 2 EGV begründet, wenn einer der Klagegründe – Unzuständigkeit des handelnden Gemeinschaftsorgans, Verletzung wesentlicher Formvorschriften, Verletzung des Vertrages oder einer bei seiner Durchführung anzuwendenden Rechtsnormen oder ein Ermessensmißbrauch - vorliegt.

[130] Vgl. Wiedemann in: Wiedemann, § 1, Rn. 34. Bei der Anwendung und Auslegung ist ferner zum einen zu beachten, daß sich das EG-Kartellrecht durch allgemeine Verordnungen zu den Art. 81, 82 EGV, Gruppenfreistellungsverordnungen nach Art. 81 Abs. 3 EGV, Verordnungen für bestimmte Sektoren sowie durch Verordnungen zur Fusionskontrolle stetig fortentwickelt. Der Fundstellennachweis für das geltende Gemeinschaftsrecht zur Wettbewerbspolitik ist in aktualisierter Form unter: http://www.europa.eu.int/eur-lex/de/lif/ind/de_analytical_index_08.html erhältlich. Zum anderen ist darauf hinzuweisen, daß die Kommission Bekanntmachungen und Leitlinien veröffentlicht. Sie haben in der Regel die kartellrechtliche Beurteilung bestimmter abstrakt definierter Arten von Vereinbarungen oder die Auslegung und Interpretation bestimmter Vorschriften zum Gegenstand. Obwohl sie für die Gerichte keine Bindungswirkung entfalten, tragen sie dennoch erheblich zur Rechtssicherheit und besseren Vorhersehbarkeit für Unternehmen bei, weil sie den rechtlichen Standpunkt der Kommission jeweils in bezug auf eine bestimmte Materie darlegen und dadurch zu einer Selbstbindung der Kommission führen, Bunte in: Langen/ Bunte, Einführung EG-Kartellrecht, Rn. 25.

[131] Es ist zu erwähnen, daß sich derzeit eine Reform und Neufassung der FKVO abzeichnet. Nachdem die Kommission zunächst im Grünbuch über die Revision der Fusionskontrollverordnung (EWG) Nr. 4064/89 vom 11.12.2001, COM (2001) 745/6 final, verschiedene Aspekte und Änderungen zur Diskussion stellte, hat sie mittlerweile einen Vorschlag für eine Neufassung beschlossen, vgl. Vorschlag der Europäischen Kommission für eine Verordnung des Rates über die Kontrolle von Unternehmenszusammenschlüssen, ABl. 2003, C 20/4. Beabsichtigt ist, daß der Rat

tung kompetitiver Marktstrukturen[132]. Dabei gilt in der FKVO das Prinzip der präventiven Fusionskontrolle. Die von der Verordnung erfaßten Zusammenschlüsse unterfallen gemäß Art. 4 FKVO einer Anmeldungspflicht und unterliegen bis zur Vereinbarkeitserklärung durch die Kommission einem Vollzugsverbot entsprechend Art. 7 Abs. 1 FKVO. Die präventive Ausrichtung der FKVO zieht es nach sich, daß bei der Prüfung der Vereinbarkeit eines Zusammenschlusses mit dem Gemeinsamen Markt zu ermitteln ist, welche Auswirkungen die Durchführung des angemeldeten Zusammenschlusses auf die Markt- und Wettbewerbsstrukturen haben wird. Die FKVO ist folglich auf zukünftige Entwicklungen der Wettbewerbsverhältnisse hin angelegt. Die Entscheidung über die Vereinbarkeit eines Zusammenschlusses mit dem Gemeinsamen Markt ist aufgrund einer Prognose zu treffen[133].

I. Das Vorliegen eines Zusammenschlusses von gemeinschaftsweiter Bedeutung

Die FKVO gilt nur für Zusammenschlüsse von gemeinschaftsweiter Bedeutung. Ausgangspunkt der Prüfung durch die Kommission ist somit die Frage, ob es sich bei dem geplanten Vorhaben um einen Zusammenschluß gemäß Art. 3 FKVO handelt, der von gemeinschaftsweiter Bedeutung im Sinne von Art. 1 FKVO ist. Nach Art. 3 Abs. 1 FKVO wird ein Zusammenschluß sowohl durch die Fusion bisher selbständiger Unternehmen als auch durch jeden sonstigen Erwerb der Kontrolle über ein anderes Unternehmen bewirkt. Entscheidend für die Annahme eines Zusammenschlusses ist dabei für die Kommission, daß es durch die betreffende Transaktion zu einer

---

im Jahr 2003 über die Verordnung beraten wird und die Verordnung am 01.05.2004 in Kraft treten soll. Siehe hierzu auch die Pressemitteilung der Europäischen Kommission vom 11.12.2002, IP/02/1856, „Kommission beschließt umfassende Reform der EU-Fusionskontrolle", unter: http://www.europa.eu.int/rapid/start/cgi. Soweit die sich dort abzeichnenden Entwicklungen und Veränderungen für diese Arbeit von Relevanz sind, wird an entsprechender Stelle darauf hingewiesen.

[132] Immenga in: Immenga/ Mestmäcker, Bd. 1, Art. 8 FKVO, Rn. 16. Siehe auch die Ausführungen des EuG in *Gencor*, Rs. T-102/96, Urteil des EuG vom 25.03.1999, Slg. 1999, II-753, 789, Zi. 106, wonach „der Hauptzweck der Konzentrationskontrolle auf Gemeinschaftsebene darin besteht, darauf zu achten, daß die Phänomene der Neustrukturierung der Unternehmen nicht zur Entstehung wirtschaftlicher Machtpositionen führen, die einen wirksamen Wettbewerb im Gemeinsamen Markt erheblich behindern könnten".

[133] Immenga in: Immenga/ Mestmäcker, Bd. 1, Art. 2 FKVO, Rn. 3 und 39. Als Zeitraum, der unter dem Gesichtspunkt der Vorhersehbarkeit von Marktentwicklungen noch einbezogen werden kann, ist auf etwa drei bis fünf Jahre abzustellen, Immenga in: Immenga/ Mestmäcker, Bd. 1, Art. 2 FKVO, Rn. 23.

dauerhaften Veränderung in der Kontrolle kommt[134]. Daneben stellt nach Art. 3 Abs. 2 FKVO auch die Gründung eines Gemeinschaftsunternehmens, das auf Dauer alle Funktionen einer selbständigen wirtschaftlichen Einheit erfüllt, einen Zusammenschluß im Sinne von Abs. 1 dar[135].

Die gemeinschaftsweite Bedeutung eines Zusammenschlusses wird gemäß Art. 1 Abs. 2 und 3 FKVO im wesentlichen anhand einer Berechnung des Gesamtumsatzes der beteiligten Unternehmen ermittelt[136]. Die FKVO beruht dabei auf dem Prinzip der einzigen Anlaufstelle, was bedeutet, daß große grenzübergreifende Zusammenschlüsse ausschließlich von der Kommission geprüft werden und nicht der Genehmigung der einzelstaatlichen Behörden innerhalb der Europäischen Union bedürfen[137].

---

[134] Dies läßt sich bisher explizit nur der Bekanntmachung der Kommission über den Begriff des Zusammenschlusses nach der Verordnung (EWG) Nr. 4064/89 des Rates über die Kontrolle von Unternehmenszusammenschlüssen, ABl. 1998, C 66/5, im Anschluß an den 23. Erwägungsgrund zur FKVO entnehmen. Im Vorschlag der Europäischen Kommission für eine Verordnung des Rates über die Kontrolle von Unternehmenszusammenschlüssen, ABl. 2003, C 20/4, ist beabsichtigt, das Kriterium der dauerhaften Änderung in der Kontrolle in die Definition des Art. 3 Abs. 1 aufzunehmen, vgl. Begründung Zi. 35-38, und Art. 3 Abs. 1 der Neufassung.

[135] Bei Gemeinschaftsunternehmen, die diese Voraussetzungen erfüllen, wird von sog. Vollfunktionsgemeinschaftsunternehmen gesprochen in Abgrenzung zu sog. Teilfunktionsgemeinschaftsunternehmen, die Art. 81 EGV unterfallen. Als Gemeinschaftsunternehmen werden im EG-Recht dabei generell Unternehmen bezeichnet, die von zwei oder mehreren anderen Unternehmen gemeinsam beherrscht werden, siehe Bekanntmachung der Kommission über den Begriff des Vollfunktionsgemeinschaftsunternehmens nach der Verordnung (EWG) Nr. 4064/89 des Rates über die Kontrolle von Unternehmenszusammenschlüssen, ABl. 1998, C 66/1, Zi. 3. Infolge der Änderung der FKVO durch die Verordnung (EG) Nr. 1310/97 werden entgegen der früheren Rechtslage sowohl konzentrative Gemeinschaftsunternehmen, die eine Veränderung in der Marktstruktur bewirken, als auch kooperative, d.h. eine Koordinierung des Wettbewerbsverhaltens unabhängig bleibender Unternehmen bezweckende Gemeinschaftsunternehmen als ein Zusammenschluß angesehen. Zur Begriffsbestimmung vgl. Schroeder in: Grabitz/ Hilf, Bd. 2, Art. 81, Rn. 419; Löffler, Art. 3 FKVO, Rn. 29. Die Unterscheidung zwischen kooperativen und konzentrativen Gemeinschaftsunternehmen ist damit nicht mehr auf Verfahrensebene relevant, da die kooperativen Aspekte von Gemeinschaftsunternehmen nun statt im Verfahren der VO Nr. 17/62 im Verfahren der Fusionskontrolle geprüft werden. Sie wirkt sich jedoch weiterhin bei der materiellrechtlichen Prüfung aus, wie Art. 2 Abs. 4 FKVO verdeutlicht, wonach die Koordinierung des Wettbewerbsverhaltens nach Art. 81 EGV beurteilt wird, so daß in der Änderung keine materiellrechtliche Neuerung liegt, siehe Schroeder in: Grabitz/ Hilf, Bd. 2, Art. 81, Rn. 419; Immenga in: Immenga/ Mestmäcker, Ergänzungsband, Art. 2 FKVO, Rn. 2 und 4. Für die beteiligten Unternehmen liegen die Vorteile der Neuerung dabei speziell in der im Gegensatz zur befristeten Freigabe im Verfahren nach VO Nr. 17/62 abschließenden Entscheidung nach der FKVO sowohl über eine mögliche Marktbeherrschung als auch über mögliches koordinierendes Verhalten innerhalb der verhältnismäßig kurzen Fristen der FKVO.

[136] Für die Einzelheiten der Berechnung des Umsatzes siehe Art. 5 FKVO.

[137] Dieses Prinzip wird im Englischen als „one stop shop" bezeichnet, vgl. Korah, Introductory Guide, S. 306, 11.2.3. Zu den geplanten Neuerungen, die im Vorschlag der Europäischen Kommission für eine Verordnung des Rates über die Kontrolle von Unternehmenszusammen-

II. Die Entstehung oder Verstärkung einer marktbeherrschenden Stellung

Die materiellrechtlichen Prüfungsmaßstäbe für die Kontrolle von Unternehmenszusammenschlüssen finden sich in Art. 2 FKVO. Nach Art. 2 Abs. 3 FKVO sind Zusammenschlüsse von gemeinschaftsweiter Bedeutung, die eine beherrschende Stellung begründen oder verstärken, durch die wirksamer Wettbewerb im Gemeinsamen Markt oder in einem wesentlichen Teil desselben erheblich behindert würde, für unvereinbar mit dem Gemeinsamen Markt zu erklären. Im Mittelpunkt der Prüfung steht somit die Frage, ob der beabsichtigte Zusammenschluß zu einer marktbeherrschenden Stellung führt bzw. eine solche verstärkt, was es zu unterbinden gilt[138]. Die marktbeherrschende Stellung wird stets in zwei Schritten ermittelt. Die Marktverhältnisse, die für den Verhaltensspielraum des neuen Unternehmens in Betracht zu ziehen sind, ergeben sich aus den relevanten Produktmärkten und den räumlich relevanten Märkten. Auf dieser Grundlage ist sodann die jeweilige Macht des sich zusammenschließenden Unternehmens festzustellen. Es ist zu entscheiden, ob zu erwarten ist, daß das betreffende Unternehmen über einen vom Wettbewerb nicht oder nur unzureichend kontrollierten Verhaltensspielraum verfügt und durch den Zusammenschluß eine beherrschende Stellung entsteht oder verstärkt wird. Sowohl die Ermittlung des relevanten Marktes als auch die Ermittlung einer beherrschenden Stellung auf diesem Markt sind angesichts der präventiven Ausrichtung der FKVO aufgrund einer Prognose zu treffen.

---

schlüssen, ABl. 2003, C 20/4, enthalten sind und die Allokation von Zusammenschlußvorhaben zwischen der Kommission und den nationalen Wettbewerbsbehörden betreffen, siehe Begründung Zi. 8-33.

[138] Im Grünbuch über die Revision der Fusionskontrollverordnung (EWG) Nr. 4064/89 vom 11.12.2001, COM (2001) 745/6 final, hatte die Kommission zur Diskussion gestellt, ob die europäische Fusionskontrolle vom Marktbeherrschungstest auf den neben anderen Jurisdiktionen vor allem im U.S. amerikanischen Recht bei Zusammenschlüssen angewandten Test einer wesentlichen Beeinträchtigung des Wettbewerbs umgestellt werden sollte, vgl. zu einer Diskussion der jeweiligen Vor- und Nachteile Zi. 159-169. Vgl. auch die Pressemitteilung der Kommission vom 11.12.2001, IP/01/1795, „Kommission startet umfassende Diskussion über die Reform der Fusionskontrolle", unter: http://www.europa.eu.int/rapid/start/cgi. Siehe ferner zu der Diskussion über diese Kriterien Scheidgen/ Sturhahn, WuW 2002, 31 ff. In dem Vorschlag der Kommission für die Neufassung der FKVO hält die Kommission allerdings am Kriterium der Marktbeherrschung fest, vgl. Vorschlag der Europäischen Kommission für eine Verordnung des Rates über die Kontrolle von Unternehmenszusammenschlüssen, ABl. 2003, C 20/4, Begründung Zi. 53 ff., sowie in der Neufassung Art. 2. Dies ist vor allem deshalb von Vorteil, weil die europäischen Richter sich nicht umstellen müssen und daher die Rechtssicherheit gewahrt wird, siehe auch FAZ vom 08.11.2002, S. 14, „Monti beharrt auf den EU-Vorrechten"; FAZ vom 12.12.2002, S. 14, „Monti verspricht mehr Klarheit in der Fusionskontrolle".

1. Die Ermittlung des relevanten Marktes

Die Bestimmung des relevanten Marktes dient dazu, alle Produkte und Unternehmen zu ermitteln, die dem Verhalten des neuen Unternehmens Schranken setzen und es daran hindern können, sich einem wirksamen Wettbewerbsdruck zu entziehen[139]. Im Rahmen der Fusionskontrolle gilt es, alle Märkte zu identifizieren, auf denen sich der Zusammenschluß auswirken könnte, wobei die Abgrenzung sowohl aus sachlicher als auch aus räumlicher Sicht vorzunehmen ist. Dabei ist zu beachten, daß der relevante Markt keine feststehende Größe ist, sondern unter Berücksichtigung des Normzwecks für jeden Einzelfall gesondert ermittelt werden muß[140]. Eine Orientierungshilfe stellt grundsätzlich die Bekanntmachung der Kommission über die Definition des relevanten Marktes im Sinne des Wettbewerbsrechts der Gemeinschaft dar, die die Erfahrungen der Kommission reflektiert[141].

a. Der relevante Produktmarkt

Das zentrale Kriterium für die Abgrenzung des sachlich relevanten Marktes ist die Austauschbarkeit bzw. Substituierbarkeit eines Produktes oder einer Dienstleistung mit anderen Produkten oder Dienstleistungen[142]. Zur Ermittlung der Austauschbarkeit stellen Kommission und Gerichtshof auf das sog. Bedarfsmarktkonzept ab. Danach entscheidet jeweils die Sicht der Marktgegenseite über die Einbeziehung verschiedener Erzeugnisse bzw. Dienst-

---

[139] Faull/ Nikpay, S. 46, 1.136; Bishop/ Walker, S. 83, 4.04.

[140] Man spricht hierbei von der Relativität der Marktabgrenzung, Möschel in: Immenga/ Mestmäcker, Bd. 1, Art. 86, Rn. 41, und von Gamm, FS Pfeiffer, S. 643, 648. Da beispielsweise der Marktabgrenzung beim Mißbrauchsverbot im Gegensatz zur Fusionskontrolle ein Prognoseelement fehlt, kommt man dort in der Regel zu engeren Märkten als in der Fusionskontrolle, siehe Korah, Introductory Guide, S. 312, 11.2.6.2; Immenga in: Immenga/ Mestmäcker, Bd. 1, Art. 2 FKVO, Rn. 39. Hervorgerufen durch die wachsende Zahl von Anmeldungen hat sich im Bereich der Fusionskontrolle eine beachtliche Entscheidungspraxis zur Marktabgrenzung für die verschiedenen Wirtschaftssektoren herausgebildet. Dennoch bedeutet dies nicht, daß die vorher ergangenen Entscheidungen als Präzedenzfall („precedent") angesehen werden können. Unternehmen können sich lediglich daran orientieren, jedoch nicht darauf berufen, vgl. Whish, S. 35, 36.

[141] ABl. 1997, C 372/5, im folgenden als „Bekanntmachung über die Definition des relevanten Marktes" bezeichnet. Sie versucht das Problem der Marktfindung in einheitlicher Weise für das gesamte EG-Kartellrecht zu lösen, was sich aus Zi. 1 ergibt, wo sowohl auf Art. 85 und 86 EGV (nun Art. 81 und 82 EGV) als auch auf die FKVO verwiesen wird.

[142] Bekanntmachung der Kommission über die Definition des relevanten Marktes, ABl. 1997, C 372/5, Zi. 15 ff. Im Englischen wird hier von „substitutability" oder von „interchangeability" gesprochen.

leistungen in den relevanten Markt[143]. Der sachlich relevante Produktmarkt umfaßt demzufolge sämtliche Erzeugnisse und/ oder Dienstleistungen, die von den Verbrauchern hinsichtlich ihrer Eigenschaften, Preise und ihres vorgesehenen Verwendungszwecks als austauschbar oder substituierbar angesehen werden[144]. Nach der Bekanntmachung der Kommission steht von den genannten Faktoren der Preis, genauer gesagt die Nachfragesubstitution aufgrund einer Preisveränderung, bei der Abgrenzung des relevanten Marktes im Mittelpunkt[145]. Dabei gilt es zu ermitteln, ob Kunden der fusionierenden Parteien als Reaktion auf eine angenommene kleine, bleibende Erhöhung der relativen Preise um ca. 5 - 10 % auf verfügbare Substitute ausweichen würden[146].

Neben der Nachfragesubstituierbarkeit, die die unmittelbarste und am effektivsten disziplinierende Kraft für Unternehmen darstellt, ist unter engen

---

[143] Immenga in: Immenga/ Mestmäcker, Bd. 1, Art. 2 FKVO, Rn. 34. Das Bedarfsmarktkonzept ist auch Grundlage für die Marktabgrenzung im Rahmen von Art. 82 EGV, vgl. Dirksen in: Langen/ Bunte, Art. 82, Rn. 20; Jung in: Grabitz/ Hilf, Bd. 2, Art. 82, Rn. 30.

[144] Vgl. Formblatt CO zur Anmeldung eines Zusammenschlusses im Anhang zur Verordnung (EG) Nr. 447/98 der Kommission vom 01.03.1998 über die Anmeldungen, über die Fristen sowie über die Anhörung nach der Verordnung (EWG) Nr. 4064/89 des Rates über die Kontrolle von Unternehmenszusammenschlüssen, ABl. 1998, L 61/11, (im folgenden „Formblatt CO"), Abschnitt 6, I. Siehe auch die Bekanntmachung der Kommission über die Definition des relevanten Marktes, ABl. 1997, C 372/5, Zi. 7.

[145] Bekanntmachung der Kommission über die Definition des relevanten Marktes, ABl. 1997, C 372/5, Zi. 15.

[146] Bekanntmachung der Kommission über die Definition des relevanten Marktes, ABl. 1997, C 372/5, Zi. 17; Bishop/ Walker, S. 89, 4.18. Für diese Vorgehensweise ist der Begriff SSNIP-Test oder „hypothetical monopoly test" geläufig. Die Bezeichnung SSNIP steht für „a small but significant non-transitory increase in price", vgl. die amerikanischen Horizontal Merger Guidelines von 1992, die gemeinsam vom U.S. Department of Justice und der Federal Trade Commission erlassen worden sind, bei Fox/ Sullivan, Supplement, S. 107. Die Kommission hat das dahinterstehende ökonomische Kriterium der Kreuzpreiselastizität („cross elasticity of demand") in zahlreichen Fällen verwandt, vgl. Jones/ Gonzáles-Díaz, S. 111; ferner die Nachweise bei Immenga in: Immenga/ Mestmäcker, Bd. 1, Art. 2 FKVO, Rn. 54. Die Kreuzpreiselastizität wird dadurch gemessen, daß die prozentuale Veränderung in der Nachfrage für Gut B durch die prozentuale Veränderung des Preises des Produktes A geteilt wird. Kommt man zu einem positiven Ergebnis, so sind die beiden Güter als Substitute und damit als einem gemeinsamen Markt zugehörig anzusehen. Im Falle negativer Kreuzpreiselastizität handelt es sich um komplementäre Güter, so daß von zwei separaten Märkten auszugehen ist, Gabler, S. 1885. Bei der Ermittlung der Kreuzpreiselastizität besteht jedoch die Gefahr eines Zirkelschlusses, wenn die Austauschbarkeit zweier Produkte auf der Basis der geltenden Marktpreise untersucht wird und dieser bereits bei fehlendem ausreichenden Wettbewerb zustandegekommen sind. Die Bemessung der Kreuzpreiselastizität führt in diesem Fall zu unrealistisch weiten Marktabgrenzungen, was oftmals bei bereits marktbeherrschenden Unternehmen unter Art. 82 EGV, weniger häufig jedoch im Rahmen der FKVO problematisch sein wird. Vgl. zu dieser, unter dem Stichwort der „cellophane fallacy" diskutierten Problematik eingehend Bishop/ Walker, S. 98 ff., 4.34 ff.; auch die Bekanntmachung der Kommission über die Definition des relevanten Marktes, ABl. 1997, C 372/5, Zi. 19; Whish, S. 30 f.

Voraussetzungen auch der Angebotssubstituierbarkeit im Rahmen der Marktabgrenzung Rechnung zu tragen, wenn sie sich ebenso unmittelbar und genauso wirksam wie die Nachfragesubstituierbarkeit auswirkt[147]. Damit Unternehmen als „immediate entrants" anzusehen sind, müssen sie in der Lage sein, ihre Produktion in kürzester Zeit ohne größere Schwierigkeiten und hohe Zusatzkosten umzustellen[148]. Ist es Unternehmen allerdings erst auf längerfristige Sicht und unter hohen Kosten möglich, ein vergleichbares Produkt zu produzieren, so ist der dann von ihnen ausgehende Wettbewerbsdruck erst auf der Ebene der Marktbeherrschung zu berücksichtigen[149].

b. Der räumlich relevante Markt

Der geographisch relevante Markt umfaßt das Gebiet, in dem die beteiligten Unternehmen die relevanten Produkte oder Dienstleistungen anbieten, in dem die Wettbewerbsbedingungen hinreichend homogen sind und das sich von benachbarten Gebieten durch spürbar unterschiedliche Wettbewerbsbedingungen unterscheidet[150]. Die räumliche Marktabgrenzung vollzieht sich ebenfalls nach dem Kriterium der Austauschbarkeit aus Sicht der Marktgegenseite[151], so daß auf die obigen Ausführungen verwiesen werden kann. Der Umfang des räumlichen Marktes wird im Normalfall vor allem durch Faktoren wie den Standort des Unternehmens und seine Entfernung zu den Hauptabsatzmärkten, Haltbarkeit und Transportfähigkeit des Produktes oder Verbraucherpräferenzen bestimmt[152].

---

[147] Immenga in: Immenga/ Mestmäcker, Bd. 1, Art. 2 FKVO, Rn. 44; Faull/ Nikpay, S. 46, 1.137, 1.138; Bishop/ Walker, S. 93 ff., 4.26 ff.; Bekanntmachung der Kommission über die Definition des relevanten Marktes, ABl. 1997, C 372/5, Zi. 20 ff.

[148] Vgl. Faull/ Nikpay, S. 47, 1.140; Immenga in: Immenga/ Mestmäcker, Bd. 1, Art. 2 FKVO, Rn. 44; Bishop/ Walker, S. 94, 4.27. In aller Regel ist dies dann der Fall, wenn Unternehmen verschiedenste Sorten oder Qualitäten eines bestimmten Produktes absetzen. Als Beispiel hierfür kann die Papierindustrie genannt werden, in der es für die betreffenden Unternehmen relativ einfach ist, zwischen der Herstellung verschiedener Papiersorten zu wechseln.

[149] Vgl. Faull/ Nikpay, S. 48, 1.141; Whish, S. 26. Zur Bedeutung dieses potentiellen Wettbewerbs im Rahmen der Ermittlung der Marktbeherrschung sogleich.

[150] Formblatt CO, ABl. 1998, L 61/11, Abschnitt 6, II. Siehe auch die Bekanntmachung der Kommission über die Definition des relevanten Marktes, ABl. 1997, C 372/5, Zi. 8.

[151] Bekanntmachung der Kommission über die Definition des relevanten Marktes, ABl. 1997, C 372/5, Zi. 13-24, die sich allgemein mit der Marktabgrenzung - unabhängig ob sachlich oder räumlich - beschäftigen.

[152] Für eine ausführliche Darstellung der Ursachen räumlicher Marktabgrenzung sowie der Indikatoren, die auf getrennte räumliche Märkte hinweisen, siehe bei Immenga in: Immenga/ Mestmäcker, Bd. 1, Art. 2 FKVO, Rn. 74-91.

c. Das Verhältnis von Marktabgrenzung und Marktbeherrschung

Nach dem sog. Marktmachtkonzept, auf dem das europäische Kartellrecht beruht, kann wirtschaftliche Macht nur in Relation zu einem bestimmten Markt festgestellt werden[153]. Erst nachdem die Reichweite des betreffenden Marktes im jeweiligen Fall bestimmt worden ist, kann darauf aufbauend in einem zweiten Schritt untersucht werden, wie die Machtverhältnisse auf diesem Markt ausgestaltet sind[154]. Dieses zweistufige Vorgehen bringt es mit sich, daß Marktdefinition und Marktbeherrschung nicht isoliert voneinander betrachtet werden können. Eine falsche Marktabgrenzung wirkt sich auch auf die anschließende Analyse der Marktmacht der jeweiligen Unternehmen aus. Je enger der relevante Markt abgegrenzt wird, desto größer sind die gemeinsamen Marktanteile der beteiligten Unternehmen und desto leichter wird die Feststellung von Marktmacht[155]. Daher versuchen Unternehmen regelmäßig, der Kommission weite Marktabgrenzungen nahezulegen, wohingegen diese im Interesse der Aufrechterhaltung wirksamen Wettbewerbs eher zu engen Märkten neigt[156].

2. Die Ermittlung der Entstehung oder Verstärkung einer marktbeherrschenden Stellung

a. Definition der Marktbeherrschung

Mit dem Begriff der Marktbeherrschung wird auf den Grad der Vermachtung eines Marktes hingewiesen. Die Bestimmung dieses Grades ist eine Wertungsfrage. Für deren Beantwortung ist im Einzelfall zu ermitteln, ob der Wettbewerb noch seine Entmachtungsfunktion erfüllen kann oder das Recht

---

[153] Immenga in: Immenga/ Mestmäcker, Bd. 1, Art. 2 FKVO, Rn. 41. Siehe auch Emmerich in: Dauses, Bd. 2, H.I § 1, Rn. 316; Jung in: Grabitz/ Hilf, Bd. 2, Art. 82, Rn. 26.

[154] Bishop/ Walker, S. 83, 4.03, 4.04, die die Definition des relevanten Marktes deshalb als ein Hilfsinstrument zur Aufklärung der wirtschaftlichen Marktbedingungen bezeichnen. Neuere Ansätze in der ökonomischen Analyse versuchen, die wirtschaftliche Macht eines Unternehmens unmittelbar nach dessen Fähigkeit zu bemessen, im Verhältnis zu seinen Kosten möglichst hohe Preise durchzusetzen. Diese Form verhaltensbasierter Monopolmacht läßt sich im sog. Lerner-Index quantifizieren. Sie ist jedoch in der Praxis mangels für die Kartellbehörden verfügbarer Daten kaum zu ermitteln, so daß dieser Ansatz in der Kartellrechtspraxis noch keine Berücksichtigung gefunden hat. Vgl. zum Ganzen Faull/ Nikpay, S. 44, 1.130; Jung in: Grabitz/ Hilf, Bd. 2, Art. 82, Rn. 26.

[155] Vgl. Faull/ Nikpay, S. 45, 1.132; Immenga in: Immenga/ Mestmäcker, Bd. 1, Art. 2 FKVO, Rn. 38.

[156] Faull/ Nikpay, S. 51, 1.147.

berufen ist, die entstehende Marktmacht zu kontrollieren[157]. Da die marktbeherrschende Stellung anders als im deutschen Kartellrecht[158] auf europäischer Ebene nicht definiert ist, hat die Kommission in den bisherigen Fusionskontrollentscheidungen zur Auslegung dieses unbestimmten Rechtsbegriffs an die im Zusammenhang von Art. 82 EGV entwickelte Definition des EuGH angeknüpft[159]. Dieser definiert die beherrschende Stellung als „die wirtschaftliche Machtstellung eines Unternehmens [...], die dieses in die Lage versetzt, die Aufrechterhaltung eines wirksamen Wettbewerbs auf dem relevanten Markt zu verhindern, indem sie ihm die Möglichkeit verschafft, sich seinen Wettbewerbern, seinen Abnehmern und letztlich den Verbrauchern gegenüber in einem nennenswerten Umfang unabhängig zu verhalten“[160]. Dabei kann es nicht nur einem einzelnen Unternehmen möglich sein, eine beherrschende Stellung einzunehmen. Vielmehr können auch Konstellationen auftreten, in denen sich die Frage stellt, ob mehrere Unternehmen einen Markt gemeinsam beherrschen und inwieweit dies ebenfalls von der Fusionskontrollverordnung erfaßt wird. Der EuGH hat die grundsätzliche Anwendbarkeit der FKVO auf Fälle kollektiver Marktbeherrschung zwar bejaht[161]. Im Gegensatz zur Kollusion herrscht bei bloßem wettbewerblichen

---

[157] Immenga in: Immenga/ Mestmäcker, Bd. 1, Art. 2 FKVO, Rn. 2. Das Kriterium der Marktmacht stammt aus der Wettbewerbstheorie und dient zur Kennzeichnung des Wettbewerbsgrades auf einem Markt, Gabler, S. 2067. Marktmacht wird dabei als die Fähigkeit eines Unternehmens verstanden, den Output zu verringern und den Preis für ein Produkt zu erhöhen und dadurch den Marktpreis und -output zu beeinflussen, was schädlich für die Konsumentenwohlfahrt ist, Whish, S. 23; Faull/ Nikpay, S. 52, 1.150. Zum Verhältnis von Marktmacht und Marktbeherrschung siehe bei Neven/ Nuttall/ Seabright, S. 17 ff.

[158] Vgl. zum deutschen Recht § 19 Abs. 2 S. 1 GWB.

[159] Vgl. Löffler, Art. 2, Rn. 116; Jung in: Grabitz/ Hilf, Bd. 2, Art. 82, Rn. 55. Es ist darauf hinzuweisen, daß im Vorschlag der Europäischen Kommission für eine Verordnung des Rates über die Kontrolle von Unternehmenszusammenschlüssen, ABl. 2003, C 20/4, vorgesehen ist, in der Neufassung der FKVO in Art. 2 Abs. 2 eine Definition der marktbeherrschenden Stellung aufzunehmen. Nach Ansicht der Kommission steht diese im Einklang mit der Definition des EuGH in Zusammenschlußverfahren, soll sich jedoch stärker auf die ökonomischen Auswirkungen von Zusammenschlüssen konzentrieren und sich nur auf die FKVO beziehen, nicht aber für künftige Interpretationen der Marktbeherrschung unter Art. 82 EGV gelten, vgl. Begründung Zi. 55-57. In der englischen Fassung des Vorschlags lautet Art. 2 Abs. 2: „For the purpose of this Regulation, one or more undertakings shall be deemed to be in a dominant position if, with or without coordinating, they hold the economic power to influence appreciably and sustainably the parameters of competition, in particular, prices, production, quality of output, distribution or innovation, or appreciably to foreclose competition“.

[160] Vgl. statt vieler nur *United Brands*, Rs. 27/76, Urteil des EuGH vom 14.02.1978, Slg. 1978, 207, 286, Zi. 63/66; *Hoffmann-La Roche*, Rs. 85/76, Urteil des EuGH vom 13.02.1979, Slg. 1979, 461, 520, Zi. 38.

[161] Die erste Entscheidung, in der die Kommission die grundsätzliche Anwendbarkeit der FKVO auf marktbeherrschende Oligopole klargestellt hat, war *Nestlé/ Perrier*, Fall IV/M.190, Entscheidung der Kommission vom 22.07.1992, ABl. 1992, L 356/1, insb. Zi. 112-115. Der EuGH

Parallelverhalten mehrerer Unternehmen im Rahmen eines engen Oligopols allerdings noch Uneinigkeit, welche Faktoren vorliegen müssen bzw. welche Anforderungen an sie zu stellen sind, um die Reaktionsverbundenheit der Oligopolunternehmen nachzuweisen[162].

b. Kriterien zur Beurteilung der Marktbeherrschung

Die Frage der Marktbeherrschung ist grundsätzlich anhand einer Gesamtwürdigung aller in Betracht kommenden Faktoren zu beantworten[163]. Die Kriterien zur Ermittlung der Vereinbarkeit eines Zusammenschlusses mit dem Gemeinsamen Markt und damit für die Marktbeherrschung sind in Art. 2 Abs. 1 lit. a und b FKVO genannt[164]. Dabei kann zum einen die Untersuchung der Unternehmensstruktur zur Feststellung einer marktbeherrschenden Stellung beitragen. Von den in Art. 2 Abs. 1 lit. b FKVO genannten Kriterien können die wirtschaftliche Macht und die Finanzkraft der beteiligten Unternehmen als unternehmensbezogene Kriterien im Einzelfall herangezo-

---

hat erstmals in *Kali und Salz*, verbundene Rs. C-68/94 und C-30/95, Urteil des EuGH vom 31.03.1998, Slg. 1998, I-1375, 1504, Zi. 178, die Anwendbarkeit des Art. 2 FKVO auf Sachverhalte kollektiver Marktbeherrschung in der Form des Oligopols bestätigt, siehe dort S. 1501 ff., Zi. 165 ff., für die entsprechenden Argumente. Vgl. auch die Darstellung der Entwicklung bei Cook/ Kerse, S. 133 ff.

[162] Für eine gute Darstellung der neben dem Konzentrationsgrad als primäres Kriterium relevanten strukturellen Gegebenheiten des Marktes, die ein Parallelverhalten als Folge oligopolistischer Interdependenz wahrscheinlich erscheinen lassen, vgl. Immenga in: Immenga/ Mestmäcker, Bd. 1, Art. 2 FKVO, Rn. 211 ff. Vgl. zu der Problematik der Anwendbarkeit der FKVO auf Situationen nichtkollusiver Oligopole auch den Vorschlag der Europäischen Kommission für eine Verordnung des Rates über die Kontrolle von Unternehmenszusammenschlüssen, ABl. 2003, C 20/4, Begründung Zi. 53 ff. und die beabsichtigte Neufassung des Art. 2, der explizit die kollektive Marktbeherrschung erfaßt.

[163] Immenga in: Immenga/ Mestmäcker, Bd. 1, Art. 2 FKVO, Rn. 33. Zu den verschiedenen Ansätzen zur Bemessung der Marktmacht in der wirtschaftswissenschaftlichen Literatur, die unterschiedliche Kombinationen aus Marktstruktur-, Marktverhaltens- und Marktergebnistests heranziehen, vgl. Schmidt, S. 75-79. Die Kombination dieser Parameter geht auf die Harvard School und deren Struktur-Verhalten-Ergebnis-Paradigma zurück, siehe die Darstellung bei Faull/ Nikpay, S. 6, 1.10, 1.11; Van den Bergh/ Camesasca, S. 23 ff.

[164] Danach „berücksichtigt die Kommission: a) die Notwendigkeit, im Gemeinsamen Markt wirksamen Wettbewerb aufrechtzuerhalten und zu entwickeln, insbesondere im Hinblick auf die Struktur aller betroffenen Märkte und den tatsächlichen oder potentiellen Wettbewerb durch innerhalb oder außerhalb der Gemeinschaft ansässige Unternehmen; b) die Marktstellung sowie die wirtschaftliche Macht und die Finanzkraft der beteiligten Unternehmen, die Wahlmöglichkeiten der Lieferanten und Abnehmer, ihren Zugang zu den Beschaffungs- und Absatzmärkten, rechtliche oder tatsächliche Marktzutrittsschranken, die Entwicklung des Angebots und der Nachfrage bei den jeweiligen Erzeugnissen und Dienstleistungen, die Interessen der Zwischen- und Endverbraucher sowie die Entwicklung des technischen und wirtschaftlichen Fortschritts, sofern diese dem Verbraucher dient und den Wettbewerb nicht behindert".

gen werden[165]. Eindeutig im Vordergrund steht jedoch die Analyse der Marktstruktur und damit die Untersuchung marktbezogener Kriterien[166].

Die absoluten und relativen Marktanteile stellen dabei im Regelfall das zentrale Beurteilungskriterium und den Ausgangspunkt der Untersuchung dar, da sie als Indikator für den Grad des Wettbewerbs gelten und Aufschluß über Leistungsfähigkeit und Erfolg eines Unternehmens geben[167]. Zwar werden im europäischen Kartellrecht anders als im deutschen Recht[168] oder im amerikanischen Antitrustrecht[169] weder Marktanteilsvermutungen noch Marktanteilsindizes verwendet. Gleichwohl haben sich in der Praxis des EuGH und der Kommission bestimmte Leitlinien herausgebildet, die je nach Höhe des Marktanteils auf das Vorliegen bzw. Nichtvorliegen einer beherrschenden Stellung hindeuten[170].

---

165 Siehe Immenga in: Immenga/ Mestmäcker, Bd. 1, Art. 2 FKVO, Rn. 8 und Rn. 125-131 für eine genaue Erläuterung der Kriterien.

166 Immenga in: Immenga/ Mestmäcker, Bd. 1, Art. 2 FKVO, Rn. 7, der im Zusammenhang mit den marktbezogenen Kriterien die in Art. 2 Abs. 1 lit. b FKVO genannten Kriterien der Marktstellung, der Wahlmöglichkeiten der Lieferanten und Abnehmer, des Zugangs zu den Beschaffungs- und Absatzmärkten sowie das Bestehen von Marktzutrittsschranken nennt.

167 Löffler, Art. 2, Rn. 116; Immenga in: Immenga/ Mestmäcker, Bd. 1, Art. 2 FKVO, Rn. 101. Der relative Marktanteil gibt dabei den Abstand der am Zusammenschluß beteiligten Unternehmen zu den Wettbewerbern wieder; zu dessen Bedeutung vgl. Immenga in: Immenga/ Mestmäcker, Bd. 1, Art. 2 FKVO, Rn. 117. Im Regelfall sind die Marktanteile anhand der wertmäßigen Umsätze zu ermitteln, die auf dem relevanten Markt erwirtschaftet werden, Drauz/ Schröder, S. 107; Formblatt CO, ABl. 1998, L 61/11, Abschnitt 7, 7.2. und 7.3.

168 § 19 Abs. 3 S. 1 GWB regelt: „Es wird vermutet, daß ein Unternehmen marktbeherrschend ist, wenn es einen Marktanteil von mindestens einem Drittel hat."

169 Vgl. bei Jones/ Gonzáles-Díaz, S. 135 f., wo der Ansatz der amerikanischen Kartellbehörden, des Department of Justice und der Federal Trade Commission, bei horizontalen Zusammenschlüssen geschildert wird, der auf dem Herfindahl-Hirschmann-Index (HHI) beruht und die Wahrscheinlichkeit eines Einschreitens wiedergibt.

170 In diesem Zusammenhang ist auf die Vermutung in Erwägungsgrund 15 der FKVO hinzuweisen, wonach ein Marktanteil von weniger als 25 % im allgemeinen gegen eine Marktbeherrschung spricht. Ferner bestimmt das Formblatt CO, ABl. 1998, L 61/11, Abschnitt 6, III. a), daß im Falle eines horizontalen Zusammenschlusses erst bei einem Marktanteil von mehr als 15 % davon auszugehen ist, daß der entsprechende Markt als vom Zusammenschluß betroffen gilt. Eine Übersicht findet sich bei Immenga in: Immenga/ Mestmäcker, Bd. 1, Art. 2 FKVO, Rn. 113; Jones/ Gonzáles-Díaz, S. 133, 134. Danach sprechen Marktanteile von weniger als 25 % im allgemeinen gegen eine Marktbeherrschung, und auch zwischen 26 % und 39 % Marktanteil ist in der Regel keine marktbeherrschende Stellung anzunehmen. Marktanteile von 40 % - 69 % sprechen eher für Marktbeherrschung, wobei jedoch andere Faktoren zur Beurteilung der Marktbeherrschung miteinzubeziehen sind. Bei Marktanteilen von über 70 % ist tendenziell eine marktbeherrschende Stellung zu bejahen. Diese Schwellen zur Bestimmung der Marktbeherrschung werden dabei im Rahmen von Art. 82 EGV weitestgehend ähnlich angesetzt, vgl. dafür den Überblick bei Jung in: Grabitz/ Hilf, Bd. 2, Art. 82, Rn. 82.

Die Aussagekraft von Marktanteilen für die vom Wettbewerb nicht kontrollierten Verhaltensspielräume ist jedoch in Abhängigkeit von den Eigenarten der Märkte verschieden[171]. Zudem entbindet das Abstellen auf den Marktanteil die Kommission grundsätzlich nicht davon, bei ihrer Analyse weitere Faktoren miteinzubeziehen, die den Tatbestand der Marktbeherrschung untermauern oder auch relativieren können. Angesichts der in der FKVO zu treffenden Prognoseentscheidung ist insbesondere der künftigen Entwicklung der Wettbewerbsverhältnisse und damit der Frage nach der Angreifbarkeit der Marktpositionen im Rahmen der Untersuchung hinreichend Rechnung zu tragen. Vor allem dem potentiellen Wettbewerb kommt erhebliche Bedeutung bei der Ermittlung der Marktbeherrschung zu[172]. Je konkreter der Markteintritt neuer Unternehmen bevorsteht, desto mehr wird die Position der aktuellen Marktteilnehmer erschüttert. Damit die Kommission ein Unternehmen als einen potentiellen Wettbewerber ansieht, ist es erforderlich, daß der Markteintritt als wahrscheinlich, erheblich und wirkungsvoll sowie kurzfristig erfolgend eingestuft werden kann[173]. Dabei hängt die Wahrscheinlichkeit potentiellen Wettbewerbs sowohl von der subjektiven Bereitschaft und Fähigkeit der Unternehmen als auch von der objektiven Möglichkeit eines Marktzutritts ab. Die objektive Möglichkeit eines Markteintritts wird wiederum entscheidend durch die Existenz von Marktzutrittsschranken[174] bestimmt, die potentielle Wettbewerber bei ihrer Entscheidung über die Aufnahme einer Tätigkeit zu berücksichtigen haben[175]. Da die Höhe der

---

171 Mestmäcker, ZUM 2001, 185, 188.

172 Vgl. Art. 2 Abs. 1 lit. a FKVO, wonach die Kommission neben dem tatsächlichen auch den potentiellen Wettbewerb zu berücksichtigen hat. Es sei daran erinnert, daß der potentielle Wettbewerb neben der Nachfragesubstituierbarkeit und der Angebotssubstituierbarkeit die dritte Wettbewerbskraft ist, der Unternehmen ausgesetzt sind, vgl. die Bekanntmachung der Kommission über die Definition des relevanten Marktes, ABl. 1997, C 372/5, Zi. 13.

173 Zur Definition des potentiellen Wettbewerbs vgl. die Entscheidung *Nestlé/ Perrier*, Fall IV/M.190, Entscheidung der Kommission vom 22.07.1992, ABl. 1992, L 356/1, und jetzt auch den Vorschlag der Kommission vom 11.12.2002 für eine Mitteilung über die Beurteilung horizontaler Zusammenschlüsse unter der Verordnung des Rates über die Kontrolle von Unternehmenszusammenschlüssen, ABl. 2002, C 331/18, Zi. 79 ff.

174 Der Begriff der Marktzutrittsschranken wird in Konstellationen gebraucht, in denen einem Markteintritt potentieller Konkurrenten Hindernisse entgegenstehen, die sie von einem Markteintritt abhalten, vgl. dazu und zum Folgenden Gabler, S. 2448. Marktzutrittsschranken können als eine extern vorgegebene Größe oder als verhaltensbedingte Komponente gesehen werden. Dementsprechend unterscheidet man strukturelle und strategische Marktzutrittsschranken, wobei die Bedeutung strategischer Marktzutrittsschranken in der strukturell ausgerichteten FKVO gegenüber anderen Zutrittsschranken geringer erscheinen muß, Immenga in: Immenga/ Mestmäcker, Bd. 1, Art. 2 FKVO, Rn. 152. Im übrigen ist die Differenzierung nach rechtlichen, wirtschaftlichen und technischen Marktzutrittsschranken geläufig.

175 Faull/ Nikpay, S. 21, 1.59. Die getrennte Nennung von potentiellem Wettbewerb in Art. 2 Abs. 1 lit. a und Marktzutrittsschranken in Art. 2 Abs. 1 lit. b FKVO verdeutlicht noch einmal,

Marktzutrittsschranken somit einen starken Einfluß auf die Ermittlung potentiellen Wettbewerbs ausübt, sind Marktzutrittsschranken ein ähnlich wichtiger Beurteilungsfaktor wie Marktanteile[176].

III. Die Entscheidung über das Zusammenschlußvorhaben

1. Verfahren und Entscheidungsbefugnisse

Bei der Prüfung, ob ein angemeldeter Zusammenschluß unter die FKVO fällt und zur Entstehung oder Verstärkung einer marktbeherrschenden Stellung führt, sind verschiedene Verfahrensabschnitte und Entscheidungsmöglichkeiten zu beachten[177]. Unmittelbar nach Eingang der Anmeldung beginnt die Kommission in der sog. ersten Phase oder dem Vorprüfungsverfahren mit der Prüfung des betreffenden Zusammenschlußvorhabens. Am Ende dieser Phase[178] stehen ihr nach Art. 6 FKVO mehrere Entscheidungsmöglichkeiten zur Verfügung. Entweder schließt sie die Prüfung ab, indem sie die FKVO nach Art. 6 Abs. 1 lit. a FKVO auf den angemeldeten Zusammenschluß für nicht anwendbar hält oder den Zusammenschluß gemäß Art. 6 Abs. 1 lit. b FKVO für vereinbar mit dem Gemeinsamen Markt erklärt[179]. Gibt der angemeldete Zusammenschluß jedoch Anlaß zu ernsthaften Bedenken hinsichtlich seiner Vereinbarkeit mit dem Gemeinsamen Markt, hat sie gemäß

---

daß Marktzutrittsschranken und potentieller Wettbewerb nicht identisch sind. Zwischen ihnen besteht jedoch wie gesehen ein unmittelbarer Zusammenhang, da die Frage nach potentiellem Wettbewerb und dessen Wirksamkeit neben Faktoren wie der Finanzkraft und dem Zugang zu den Absatz- und Beschaffungsmärkten stark von dem Bestehen von Marktzutrittsschranken abhängt. Die Zutrittsschranke ist damit lediglich ein, wenn auch wesentliches Element zur Feststellung potentiellen Wettbewerbs, Immenga in: Immenga/ Mestmäcker, Bd. 1, Art. 2 FKVO, Rn. 150.

176 Immenga in: Immenga/ Mestmäcker, Bd. 1, Art. 2 FKVO, Rn. 119; Bellamy/ Child, Zi. 6-149.

177 Vgl. auch den Überblick bei Hawk/ Huser, S. 317 ff.

178 Gemäß Art. 10 Abs. 1 FKVO dauert sie einen Monat oder bei Verlängerung sechs Wochen. Die Verlängerung kann dabei durch eine Mitteilung eines Mitgliedstaates bewirkt werden oder wenn die beteiligten Unternehmen Verpflichtungen anbieten, um die Vereinbarkeit des Zusammenschlusses mit dem Gemeinsamen Markt herzustellen. Nach dem Vorschlag der Kommission für eine Verordnung des Rates über die Kontrolle von Unternehmenszusammenschlüssen vom 11.12.2002, ABl. 2003, C 20/4, will die Kommission in künftigen Fällen ein gewisses Maß an Flexibilität bei der Prüfung von Zusammenschlüssen zulassen, aber gleichzeitig die generellen Vorteile von Deadlines wahren, Begründung Zi. 70 ff. und die Neufassung des Art. 10. Dieser sieht bei Phase I Fällen, in denen die beteiligten Parteien Zusagen angeboten haben, vor, daß sich die Frist automatisch auf sieben Wochen (statt bisher sechs Wochen) verlängert, Zi. 75.

179 Zu der Möglichkeit, eine Unbedenklichkeitsentscheidung nach Art. 6 Abs. 1 lit. b FKVO unter Bedingungen und Auflagen zu erlassen, sogleich.

Art. 6 Abs. 1 lit. c FKVO das Hauptprüfungsverfahren, die sog. zweite Phase, einzuleiten und am Ende dieser Phase[180] gemäß Art. 8 FKVO abschließend über den Zusammenschluß zu entscheiden. Führt ein Zusammenschluß nicht zur Entstehung oder Verstärkung einer marktbeherrschenden Stellung, so erteilt die Kommission nach Art. 8 Abs. 2 FKVO eine Freigabe[181]. Wird durch den Zusammenschluß eine marktbeherrschende Stellung begründet oder verstärkt, hat ihn die Kommission nach Art. 8 Abs. 3 FKVO zu untersagen[182].

Unternehmen haben wie bereits angedeutet gemäß Art. 230 Abs. 4 EGV die Möglichkeit, gegen Entscheidungen der Kommission den Rechtsweg zum EuGH, angefangen mit einer Klage vor dem EuG, zu beschreiten[183]. Angesichts der langen Verfahrensdauer besteht jedoch die Gefahr, daß die Durchführung des Zusammenschlußvorhabens oftmals zum Zeitpunkt eines Urteils wirtschaftlich nicht mehr interessant ist und deshalb bereits vorher aufgegeben wird[184]. In diesem Zusammenhang ist die erfolgte Einführung eines beschleunigten Verfahrens in den Verfahrensordnungen von EuG und

---

[180] Gemäß Art. 10 Abs. 3 FKVO stehen ihr hierbei weitere vier Monate zur Verfügung. Der Vorschlag der Kommission für eine Verordnung des Rates über die Kontrolle von Unternehmenszusammenschlüssen vom 11.12.2002, ABl. 2003, C 20/4, sieht hier in der Neufassung des Art. 10 verschiedene Möglichkeiten der Verlängerung der Fristen - entweder automatisch oder auf Antrag der Parteien - für das Hauptverfahren vor. Dabei soll nach der Vorlage von Verpflichtungszusagen und unter weiteren bestimmten Voraussetzungen eine automatische Verlängerung der Frist von vier Monaten um drei Wochen erfolgen. Ferner soll in komplexen Phase II Fällen die Möglichkeit einer Verlängerung um bis zu 20 Werktage auf Antrag oder mit Zustimmung der Parteien möglich sein. Vgl. zu den Einzelheiten Begründung Zi. 76-78.

[181] Zur Möglichkeit einer Freigabe des Zusammenschlusses unter Auflagen und Bedingungen sogleich.

[182] Daneben besteht bei bereits vollzogenen Zusammenschlüssen die Möglichkeit einer Entflechtungsentscheidung nach Art. 8 Abs. 4 FKVO, worauf hier mangels großer Relevanz nicht näher eingegangen wird.

[183] Dabei sind im wesentlichen zwei Konstellationen denkbar, zum einen die Klage gegen eine Untersagungsentscheidung der Kommission durch die jeweils betroffenen Unternehmen nach Art. 230 Abs. 4 1. Alt. EGV, vgl. hierzu z.B. die von WorldCom erhobene und beim EuG anhängige Klage vom 27.09.2000 gegen die Kommission, Rs. T-310/00, ABl. 2000, C 355/35; ferner die Klage beim EuG im Falle *Endemol*, Rs. T-221/95, Urteil des EuG vom 28.04.1999, EuZW 1999, 600 ff. Zum anderen besteht die Möglichkeit einer Klage Dritter gegen eine Vereinbarkeitsentscheidung - oftmals mit Bedingungen und Auflagen verknüpft, für deren Zulässigkeit die unmittelbare und individuelle Betroffenheit erforderlich ist, vgl. in diesem Zusammenhang die Klage der ARD vom 13.06.2000 gegen die Entscheidung der Kommission im Fall *BSkyB/ Kirch Pay-TV*, Rs. T-158/00, ABl. 2000, C 247/32.

[184] Monti, „The Future for Competition Policy in the European Union - Merger Control" (09.07.2001), unter: http://www.europa.eu.int/comm/competition/speeches/index_2001.html.

EuGH von Relevanz[185]. Nach einer Mitteilung des EuG soll das Verfahren insbesondere auch auf Klagen gegen Entscheidungen der Kommission aus dem Bereich der Fusionskontrolle Anwendung finden[186].

2. Genehmigung eines Zusammenschlusses unter Auflagen und Bedingungen

Zwischen der Genehmigung und der Untersagung eines Zusammenschlußvorhabens liegt die Kompetenz der Kommission, einen Zusammenschluß unter Auflagen und Bedingungen freizugeben. Unternehmen machen in der Praxis sehr häufig von der Möglichkeit Gebrauch, die Eröffnung der zweiten Phase bzw. eine drohende Untersagungsentscheidung der Kommission durch Zugeständnisse in Form von Zusagen abzuwenden[187]. Dabei verpflichten sich die beteiligten Parteien gegenüber der Kommission zu bestimmten Maßnahmen, deren Durchführung das ursprüngliche Zusammenschlußvorhaben im Ergebnis so modifiziert, daß die Prognose der Entstehung bzw. Verstärkung einer marktbeherrschenden Stellung entfällt, die Bedingungen für einen wirksamen Wettbewerb wiederhergestellt werden und das Vorhaben mithin genehmigt werden kann[188]. Der Kommission obliegt es, durch den Erlaß von Auflagen oder Bedingungen sicherzustellen, daß die Erklärungen rechtsverbindlich werden und die beteiligten Parteien den Verpflichtungen, die sie ihr gegenüber eingegangen sind, nachkommen[189]. Nachdem die FKVO die Freigabe eines Zusammenschlusses unter Auflagen und Bedingungen zunächst explizit nur im Rahmen des Hauptprüfungsverfahrens nach

---

[185] Änderungen der Verfahrensordnung des Gerichtshofes vom 28.11.2000, ABl. 2000, L 322/1; Änderungen der Verfahrensordnung des Gerichts Erster Instanz vom 28.11.2000, ABl. 2000, L 322/4.

[186] In jüngster Zeit sind zwei Untersagungsentscheidungen der Kommission fast genau ein Jahr später durch Urteil des EuG aufgehoben worden, zum einen *Schneider/ Legrand*, Fall COMP/M.2283, Entscheidung der Kommission vom 10.10.2001, unter: http://www.europa.eu.int/comm/competition/mergers/cases, und dazugehörig *Schneider Electric/ Kommission*, Rs. T-310/01 und T-77/02, Urteil des EuG vom 22.10.2002, Slg. 2002, II-4071 ff. und II-4201 ff.; zum anderen *Tetra Laval/ Sidel*, Fall COMP/M.2416, Entscheidung der Kommission vom 30.10.2001, unter: http://www.europa.eu.int/comm/competition/mergers/cases, und dazugehörig *Tetra Laval/ Kommission*, Rs. T-5/02 und T-80/02, Urteil des EuG vom 25.10.2001, Slg. 2002, II-4381 ff. und II-4519 ff.

[187] Im Schrifttum hat die Zusagenpraxis der Kommission in mehreren Monographien eine ausführliche Erörterung erfahren, vgl. Leibenath, Die Rechtsprobleme der Zusagenpraxis in der europäischen Fusionskontrolle; Harmjanz, Auflagen und Bedingungen; Uhlig, Zusagen, Auflagen und Bedingungen im Fusionskontrollverfahren.

[188] Immenga in: Immenga/ Mestmäcker, Bd. 1, Art. 8 FKVO, Rn. 9.

[189] Die Zusagen der beteiligten Unternehmen werden deshalb jeweils Bestandteil der Entscheidung, Löffler in: Langen/ Bunte, Art. 8 FKVO, Rn. 9.

Art. 8 Abs. 2 S. 2 FKVO vorsah, ist seit der 1997 durchgeführten Novelle der FKVO durch Art. 6 Abs. 2 FKVO anerkannt, daß Auflagen und Bedingungen auch in der ersten Prüfungsphase zulässig sind[190].

a. Abgrenzung zwischen strukturorientierten und verhaltensbestimmenden Zusagen

Bei den möglichen Formen von Zusagetypen wird grundsätzlich zwischen sog. verhaltensbestimmenden und sog. strukturorientierten Zusagen differenziert[191]. Eine strukturorientierte Verpflichtungszusage ist beispielsweise die Zusage über die Veräußerung von Vermögensgegenständen oder Aktien[192]. Von verhaltensbestimmenden Zusagen wird gesprochen, wenn sich die beteiligten Unternehmen zu einem bestimmten Verhalten verpflichten, wie etwa Wettbewerbern Zugang zu einer von ihnen kontrollierten Einrichtung zu gewähren. Sie binden somit das künftige Verhalten der Parteien auf dem Markt[193].

Problematisch an der Verwendung verhaltensbestimmender Zusagen im Rahmen der FKVO ist, daß sich hierbei die Fusionskontrolle mit der Mißbrauchsaufsicht berührt, derartige Verpflichtungen also im Spannungsfeld zwischen präventiver Strukturkontrolle und nachträglich wirkender Verhaltenskontrolle stehen[194]. Zwar enthält die FKVO keine § 40 Abs. 3 GWB entsprechende Regelung, wonach Auflagen im Rahmen der Fusionskontrolle nicht darauf gerichtet sein dürfen, die beteiligten Unternehmen einer laufenden Verhaltenskontrolle zu unterstellen. Gleichwohl ergibt sich schon aus dem marktstrukturorientierten Regelungsansatz der FKVO, daß Grenzen für

---

[190] Die Kommission hat in ihrer Entscheidungspraxis auch bereits vor dem Vorliegen einer expliziten Rechtsgrundlage in der FKVO Zusagen der Parteien akzeptiert, wenn diese geeignet waren, ernsthafte wettbewerbsrechtliche Bedenken auszuräumen. Die überwiegende Ansicht in der Literatur hingegen hat diese Praxis der Kommission wegen der fehlenden ausdrücklichen Rechtsgrundlage, der daraus resultierenden Durchsetzungsprobleme und wegen verfahrensrechtlicher Defizite abgelehnt, so z.B. Immenga in: Immenga/ Mestmäcker, Bd. 1, Art. 8 FKVO, Rn. 33; Bechtold, EuZW 1994, 653, 659; Heidenhain, EuZW 1994, 135, 136 f.; Mülbert, ZIP 1995, 699, 706 f.; Groger/ Janicki, WuW 1992, 991, 1000. Für eine ausführliche Darstellung der Problematik, ob die Kommission Zusagen im Rahmen der ersten Phase vor der Reform entgegennehmen konnte, siehe Broberg, CMLR 1997, 845 ff.; Fuchs, WuW 1996, 269, 280 ff.; Immenga in: Immenga/ Mestmäcker, Bd. 1, Art. 8 FKVO, Rn. 30-39.

[191] Ein anderes verwendetes Begriffspaar ist Verhaltenszusagen bzw. verhaltensbezogene Zusagen und strukturelle Zusagen.

[192] Leibenath, S. 69. Fuchs, WuW 1996, 269, 272, und Immenga in: Immenga/ Mestmäcker, Bd. 1, Art. 8 FKVO, Rn. 14, unterscheiden innerhalb der marktstrukturorientierten Zusagen neben Veräußerungszusagen noch Marktöffnungszusagen und sonstige Entflechtungszusagen.

[193] Siehe bei Leibenath, S. 69.

[194] Vgl. auch Mestmäcker, ZUM 2001, 185, 190.

die Zulässigkeit von verhaltensbestimmenden Zusagen bestehen. Ein Zusammenschluß, der zu einer beherrschenden Stellung führt, wird nicht dadurch genehmigungsfähig, daß die beteiligten Unternehmen versprechen, die entstehende beherrschende Stellung nicht zu mißbrauchen[195]. Dementsprechend wurde in Literatur sowie in der Entscheidungspraxis der Kommission grundsätzlich davon ausgegangen, rein verhaltensbestimmende Zusagen seien wegen ihres fehlenden Bezugs zur Marktstruktur und auch wegen der notwendigen nachträglichen Kontrolle der Einhaltung per se ungeeignet, strukturelle Wettbewerbsprobleme zu lösen[196].

b. Das Gencor-*Urteil des EuG*

Eine Wende hat die Diskussion um strukturbezogene und verhaltensbestimmende Zusagen durch das *Gencor*-Urteil genommen[197]. Dort hat das Gericht Erster Instanz zunächst angesichts der Zielsetzung der Fusionskontrollverordnung den grundsätzlichen Vorzug strukturorientierter Verpflichtungszusagen bejaht. Diese verhinderten nämlich die Entstehung oder Verstärkung einer beherrschenden Stellung endgültig oder zumindest auf längere Zeit, ohne daß mittel- und langfristig Überwachungsmaßnahmen wie bei verhaltensbestimmenden Zusagen notwendig seien. Es ließe sich indessen nicht von vornherein ausschließen, daß auch auf den ersten Blick verhaltensbestimmende Verpflichtungen - wie allgemein der Zugang zu einer wesentlichen Infrastruktur unter nichtdiskriminierenden Bedingungen - geeignet sein könnten, die Begründung bzw. Verstärkung einer marktbeherrschenden Stellung zu verhindern[198]. Dies müsse in jedem Einzelfall gesondert bestimmt werden[199]. Nach dem *Gencor*-Urteil kommt es mithin nicht darauf an, ob eine Verpflichtung als strukturorientiert oder verhaltensbestimmend zu qua-

---

[195] Faull/ Nikpay, S. 251, Rn. 4.169; Mestmäcker, ZUM 2001, 185, 190; Ersbøll, ECLR 2001, 357, 360; siehe ferner das gleich zu besprechende Urteil *Gencor*, Rs. T-102/96, Urteil des EuG vom 25.03.1999, Slg. 1999, II-753, 850, Zi. 316/ 317.

[196] Vgl. für die früher herrschende Meinung statt vieler Wagemann in: Wiedemann, § 16, Rn. 106; Immenga in: Immenga/ Mestmäcker, Bd. 1, Art. 8 FKVO, Rn. 16; Leibenath, S. 67; Fuchs, WuW 1996, 268, 276 f. Aus der Kommissionspraxis siehe hierfür z.B. die Entscheidung *Gencor/ Lonrho*, Fall IV/M.619, Entscheidung der Kommission vom 24.04.1996, ABl. 1997, L 11/30, Zi. 216, in der die Kommission die jeweils angebotenen Zusagen wegen ihres Verhaltenscharakters ausdrücklich als ungeeignet zurückwies. Hinzuweisen ist allerdings auch darauf, daß die Kommissionspraxis diesen strukturorientierten Ansatz nicht in all ihren Entscheidungen durchweg konsequent berücksichtigt hat, vgl. die Nachweise bei Leibenath, S. 75 f.; Immenga in: Immenga/ Mestmäcker, Bd. 1, Art. 8 FKVO, Rn. 17; Wagemann in: Wiedemann, § 16, Rn. 106.

[197] *Gencor*, Rs. T-102/96, Urteil des EuG vom 25.03.1999, Slg. 1999, II-753 ff.

[198] *Gencor*, S. 758, Leitsatz 10, und S. 850, Zi. 319.

[199] *Gencor*, S. 851, Zi. 320.

lifizieren ist[200]. Vielmehr ist entscheidend, ob die Zusage im Einzelfall materiell geeignet ist, die Entstehung oder Verstärkung einer beherrschenden Stellung zu verhindern[201].

c. *Die Mitteilung der Kommission über zulässige Abhilfemaßnahmen*

Anhaltspunkte für Unternehmen, wie die Kommission etwaige Zusagen beurteilt, und insofern ein erhöhtes Maß an Transparenz und Rechtssicherheit bringt ferner die Mitteilung der Kommission über zulässige Abhilfemaßnahmen[202]. Dort legt die Kommission allgemeine Grundsätze über die Anforderungen an akzeptable Verpflichtungszusagen nieder und faßt ihre bisherige Verwaltungspraxis zusammen[203]. Der Mitteilung läßt sich unter Bezugnahme auf das *Gencor*-Urteil angesichts der Zielsetzung der FKVO eine klare Präferenz der Kommission für strukturelle Zusagen entnehmen[204]. So sei die Veräußerung als Abhilfemaßnahme für die Aufrechterhaltung des Wettbewerbs die beste Lösung, da hierdurch die Voraussetzungen für die Schaffung einer neuen wettbewerbsfähigen Einheit bzw. für die Stärkung bestehender Wettbewerber geschaffen würden[205]. Allerdings geht die Kommission in ihrer Mitteilung ebenfalls im Einklang mit den Ausführungen des EuG in *Gencor*[206] davon aus, daß andere Abhilfemaßnahmen - unter Umständen in Kombination mit Veräußerungen - auch in der Lage sein können, wirksamen Wettbewerb wiederherzustellen[207]. Nach Ansicht der Kommission eigneten sich ebenso Abhilfemaßnahmen, die den Markteintritt von Wettbewerbern

---

[200] *Gencor*, S. 758, Leitsatz 10, und S. 850, Zi. 319.

[201] Zustimmend Hirsbrunner, EuZW 2001, 197, 200; Bartosch/ Schnelle, BB 2001, 2013, 2014; Ersbøll, ECLR 2001, 357, 360; weiterhin an der Unzulässigkeit verhaltensbezogener Zusagen festhaltend Leibenath, S. 68, Fn. 83.

[202] Mitteilung der Kommission über im Rahmen der Verordnung (EWG) Nr. 4064/89 des Rates und der Verordnung (EG) Nr. 447/98 der Kommission zulässige Abhilfemaßnahmen, ABl. 2001, C 68/3 (im folgenden „Mitteilung über Abhilfemaßnahmen"). Siehe auch Bartosch/ Schnelle, BB 2001, 2013 ff., für Anmerkungen zu der Mitteilung über Abhilfemaßnahmen.

[203] Monti, „The Commission Notice on Merger Remedies - One Year after" (18.01.2002), unter: http://www.europa.eu.int/comm/competition/speeches/index_2002.html.

[204] Mitteilung über Abhilfemaßnahmen, ABl. 2001, C 68/3, Zi. 9.

[205] Mitteilung über Abhilfemaßnahmen, ABl. 2001, C 68/3, Zi. 13 und Zi. 26, wobei die Kommission für die Wirksamkeit zum einen ein lebensfähiges Geschäft (Zi. 14 ff.) und zum anderen einen geeigneten Käufer voraussetzt.

[206] Die Kommission bezieht sich in ihrer Mitteilung über Abhilfemaßnahmen, ABl. 2001, C 68/3, Zi. 9, ausdrücklich auf diese Passage des Urteils.

[207] Mitteilung über Abhilfemaßnahmen, ABl. 2001, C 68/3, Zi. 26 ff. Bartosch/ Schnelle, BB 2001, 2013, 2014, weisen darauf hin, daß die Mitteilung einerseits zwar von „Verpflichtungen struktureller Art" spricht, andererseits jedoch den Begriff der verhaltensbestimmenden Zusagen nicht verwendet, sondern lediglich von „Verpflichtungen anderer Art" spricht.

dadurch erleichtern, daß sie den Zugang zu den erforderlichen Infrastrukturen, insbesondere Netzen, Schlüsseltechnologien oder Inhalten ermöglichten, dazu, bestimmten Abschottungsproblemen vorzubeugen, die u.a. bei Zusammenschlüssen im Telekommunikations- und Mediensektor entstehen können[208]. Die Kommission gibt zu verstehen, die Parteien müßten den Beweis dafür erbringen, daß aufgrund der vorgeschlagenen Abhilfemaßnahmen eine beherrschende Stellung weder begründet noch verstärkt werde, also die Bedingungen für einen wirksamen Wettbewerb auf Dauer wiederhergestellt würden[209]. Diese Beweislastregelung entbindet die Kommission jedoch nicht davon, entsprechend den Vorgaben des *Gencor*-Urteils in jedem Einzelfall zu überprüfen, ob sich die vorgeschlagenen Abhilfemaßnahmen tatsächlich in ausreichender Weise auf den Markt auswirken, um die Entstehung oder Verstärkung einer beherrschenden Stellung zu verhindern. Da der Mitteilung allenfalls Leitcharakter zukommt, muß jede Zusagenlösung stets im spezifischen Zusammenhang betrachtet werden, zu dessen Genehmigungsfähigkeit sie führen soll[210].

C. Die Kommissionspraxis im Rahmen der FKVO bei drohenden Gatekeeper Positionen

Im folgenden soll die Kommissionspraxis exemplarisch anhand von Entscheidungen über Zusammenschlußvorhaben geschildert werden, in denen

---

208 Mitteilung über Abhilfemaßnahmen, ABl. 2001, C 68/3, Zi. 28-30.

209 Die Kommission hat ihrerseits vorher nachzuweisen, daß ein Zusammenschluß durch die Begründung oder Verstärkung bestimmter Marktstrukturen wirksamen Wettbewerb im Gemeinsamen Markt erheblich behindern könnte, siehe Mitteilung über Abhilfemaßnahmen, ABl. 2001, C 68/3, Zi. 6.

210 Montag/ Leibenath, WuW 2000, 852, 859. Neben der Wiederherstellung wirksamen Wettbewerbs fordert die Kommission ferner, daß die Verpflichtungen effektiv innerhalb kürzester Zeit durchgeführt werden können und - einmal durchgeführt - möglichst keiner zusätzlichen Überwachung mehr bedürfen, Mitteilung über Abhilfemaßnahmen, ABl. 2001, C 68/3, Zi. 10. Während die Kommission früher nicht ausdrücklich zwischen Auflagen und Bedingungen differenziert hat, schafft die Mitteilung über Abhilfemaßnahmen zudem Klarheit hinsichtlich der Voraussetzungen, die erfüllt sein müssen, damit eine Maßnahme als Bedingung oder als Auflage zu qualifizieren ist, vgl. dazu Zi. 12. Dies ist aufgrund der Unterschiede in der jeweiligen Rechtsfolge - ein Verstoß gegen eine Auflage berechtigt nach Art. 6 Abs. 3 oder nach Art. 8 Abs. 5 lit. b FKVO zum Widerruf der Freigabeentscheidung, wohingegen eine mit einer Bedingung versehene Freigabeentscheidung erst mit deren Erfüllung wirksam und somit bei einem Verstoß hinfällig wird - zu begrüßen. Es bleibt allerdings abzuwarten, ob sich infolge der Mitteilung über Abhilfemaßnahmen an der Kommissionspraxis etwas ändern und sich in Zukunft eine eindeutige, abgrenzbare Verwendung der beiden Begriffe einbürgern wird, siehe hierzu auch Bartosch/ Schnelle, BB 2001, 2013, 2015.

die Gefahr bestand, daß sich die beteiligten Unternehmen durch den Zusammenschluß als Gatekeeper auf einem Markt des Informations- und Kommunikationssektors positionieren könnten[211]. Dabei wird zwischen horizontalen und vertikalen Zusammenschlüssen unterschieden. Auch wenn die Kommission selbst in ihren Entscheidungen den Begriff des Gatekeeper nicht immer explizit verwendet, beschreibt sie stets die Charakteristika und Gefahren für den Wettbewerb, die nach dem hier zugrundeliegenden Verständnis gerade mit einer Gatekeeper Position einhergehen. Deshalb sind die Aspekte, unter denen die Kommission die Konzentrationsvorhaben geprüft hat, für die fusionskontrollrechtliche Einordnung von Gatekeeper Positionen wichtig und gehen in ihrer Bedeutung über die Einzelfälle hinaus. Die kritische Analyse dieser Vorgehensweise der Kommission erfolgt danach im dritten Teil.

I. Horizontale Zusammenschlüsse

1. Grundsätzliches

Bei einem horizontalen Zusammenschluß verbinden sich selbständige Wirtschaftssubjekte, die auf denselben Stufen in der Produktions- oder Vertriebskette tätig sind[212]. Horizontales Wachstum ist damit durch die Vergrößerung bzw. Stärkung einer Position in ein- und demselben Markt gekennzeichnet, wobei die dahinterstehende Wettbewerbsstrategie auch als Konzentration auf das Kerngeschäft umschrieben wird[213]. Die Bildung von Unternehmensallianzen geht folglich mit dem Bestreben einher, im jeweiligen Kernbereich durch Steigerung der Marktmacht international Marktführer zu werden[214].

---

211 Die Entscheidungen der Kommission im EG-Fusionskontrollverfahren sind über ihre Homepage im Internet unter http://www.europa.eu.int/comm/competition/mergers/cases zugänglich, u.a. sortiert sowohl nach Fallnummer als auch unter dem Namen der beteiligten Parteien. Im Amtsblatt werden nur die Entscheidungen abgedruckt, die in die II. Prüfungsphase gehen, vgl. Wiedemann in: Wiedemann, § 2, Rn. 16. Ferner enthält die Fallsammlung von Van Bael/ Bellis, EC Competition Law Reporter, Vol. 2, die Entscheidungen der Kommission im Rahmen der Fusionskontrolle. Es ist darauf hinzuweisen, daß nachstehend auf eine vollständige Schilderung der Entscheidungen vielfach verzichtet wird. Im folgenden werden jeweils die Passagen der Entscheidungen wiedergegeben, die im Hinblick auf die Entstehung von Gatekeeper Positionen von Relevanz sind, und Fragen wie die Anwendbarkeit der FKVO nach Art. 1 FKVO oder nach dem Vorliegen eines Zusammenschlusses im Sinne von Art. 3 FKVO oder die räumliche Marktabgrenzung außer acht gelassen.

212 Whish, S. 780; Schmidt, S. 138; Krimphove, S. 64; Van den Bergh/ Camesasca, S. 309.

213 Van Miert, Megafusionen, S. 43.

214 Van Miert, Megafusionen, S. 43.

Wenngleich horizontale Zusammenschlüsse auch von Effizienzerwägungen geleitet sein können[215], ziehen sie je nach Marktstruktur, die vor dem Zusammenschluß vorhanden war, verschiedene Risiken für den Wettbewerb nach sich[216]. Neben der Sorge, daß durch einen horizontalen Zusammenschluß ein den Markt dominierendes Oligopol entsteht[217], birgt in anderen Konstellationen die Veränderung der Marktstruktur die Gefahr in sich, daß das neue Unternehmen durch Steigerung der Marktmacht allein dominant wird[218]. Mit dem Zusammenschluß wird der Wettbewerb zwischen den Beteiligten ausgeschlossen, so daß die insgesamt wirkenden Wettbewerbskräfte zu einem erheblichen Ausmaß geschwächt werden. Infolge des Wegfalls des Wettbewerbsdrucks ist zu befürchten, daß sich das neue Unternehmen zu einem Großteil unabhängig von seinen verbliebenen Wettbewerbern verhalten und damit höhere Preise und Gewinne im Vergleich zum Niveau vor dem Zusammenschluß realisieren kann[219].

2. *WorldCom/ MCI*

In der Entscheidung *WorldCom/ MCI*[220] hatte sich die Kommission mit den Wettbewerbsverhältnissen in einem noch relativ jungen Wirtschaftszweig

---

215 So trägt oftmals die Möglichkeit zur Rationalisierung und die Aussicht auf Kosteneinsparungen, insbesondere durch Realisierung von economies of scale durch Vergrößerung der Produktionskapazitäten zur Entscheidung bei, sich horizontal zusammenzuschließen, siehe Schmidt, S. 138; Gabler, S. 3164; Brockhaus, Bd. 22, S. 631. Vgl. in diesem Zusammenhang auch den Vorschlag der Kommission vom 11.12.2002 für eine Mitteilung über die Beurteilung horizontaler Zusammenschlüsse unter der Verordnung des Rates über die Kontrolle von Unternehmenszusammenschlüssen, ABl. 2002, C 331/18, Zi. 87 ff., wo die Kommission erstmals deutlich zu verstehen gibt, daß aus horizontalen Zusammenschlüssen auch Effizienzsteigerungen resultieren können, die im Rahmen der FKVO unter dem in Art. 2 Abs. 1 lit. b FKVO Kriterium des technischen und wirtschaftlichen Fortschritts künftig zu berücksichtigen sein können.

216 Siehe z.B. bei Areeda/ Hovenkamp/ Solow, S. 54. Vgl. zur generellen Vorgehensweise der Kommission bei der Beurteilung horizontaler Zusammenschlüsse auch den Vorschlag der Kommission vom 11.12.2002 für eine Mitteilung über die Beurteilung horizontaler Zusammenschlüsse unter der Verordnung des Rates über die Kontrolle von Unternehmenszusammenschlüssen, ABl. 2002, C 331/18.

217 Hierbei wird durch die Veränderung der Marktstruktur ein Wettbewerbsumfeld geschaffen, das eine Koordinierung des Verhaltens der verbliebenen Marktteilnehmer und somit stillschweigende oder explizite Kollusion und deren Aufrechterhaltung erleichtert, vgl. dazu Bishop/ Walker, S. 271, 7.28.

218 Krimphove, S. 63.

219 Gabler, S. 3164; Bishop/ Walker, S. 263, 7.16.

220 *WorldCom/ MCI*, Fall IV/M.1069, Entscheidung der Kommission vom 08.07.1998, ABl. 1999, L 116/1. Nave/ Enser/ Sandhu, „Innovation and High Technology", unter: http://www.global-competition.com/spl_rpts/ear, erwähnen in diesem Zusammenhang die Gatekeeper Rolle, ebenso wie Schaub, Megafusionen, S. 115, 116. Siehe Bartosch, NJW-CoR 1999, 364 ff., für eine Zusammenfassung der Entscheidung. Zu der zwei Jahre später ergangenen Ent-

von zentraler Bedeutung, dem Internet, auseinanderzusetzen. Im Zentrum der Untersuchungen stand dabei die Sorge, daß aus der Fusion konkurrierender globaler Telekommunikationsunternehmen, die ein breites Spektrum von Telekommunikationsdiensten und vor allem Internetdienste erbringen, ein Unternehmen hervorgeht, das aufgrund der Größe der Netze und des Kundenstammes eine Gatekeeper Position erlangen und den Zugang zum Internet beherrschen könnte[221].

a. Der Markt für universelle Internetanschlußfähigkeit auf Spitzenebene

Konkret ging es um die Folgen des Zusammenschlusses auf dem weltweiten Markt für die Bereitstellung universeller Internetanschlußfähigkeit, die angesichts des Charakters des Internet als Verbund von Netzen[222] durch Zusammenschaltung der verschiedenen Netze von den sog. erstrangigen Internetzugangsanbietern hergestellt wird[223]. Diesen Markt hat die Kommission nach eingehender Analyse der Struktur und Funktionsweise des Internet[224] als den relevanten identifiziert, weil das Internet aufgrund der unterschiedlichen Formen der Zusammenschaltung, die entweder horizontaler Natur durch sog. Gegenzugvereinbarungen oder vertikaler Natur durch sog. Transitvereinbarungen ist[225], eine hierarchische Struktur aufweise. Dementsprechend sei bei der Marktabgrenzung je nach Art der Zusammenschaltung zwischen erstran-

---

scheidung über den Zusammenschluß von dann MCI WorldCom mit ihrem Konkurrenten Sprint vgl. im 3. Teil unter B.I.1.a.aa.

[221] Vgl. auch bei Schaub, Megafusionen, S. 115, 116. Ähnlich auch Drauz, St. Galler Kartellrechtsforum, S. 89, 96; Van Miert, Megafusionen, S. 38, 44; Drauz, Neuere Entwicklungen der EU-Fusionskontrolle, S. 103, 108.

[222] Bartosch, NJW-CoR 1999, 364; vgl. ferner Coates, „Competing for the Internet", unter: http://www.europa.eu.int/comm/competition/speeches/text/sp1998, und auch Vajda/ Gahnström, ECLR 2000, 94. Ziel ist es, über das Internet Nutzern die wechselseitige Kommunikation mit anderen Benutzern zu ermöglichen und ihnen mittels Internetadressen den Zugang zu einer Reihe von sog. Websites zu verschaffen, die Daten und Informationen darstellen, anhand derer man Dienstleistungen erwerben oder mit anderen Benutzern auf derselben Seite kommunizieren kann, *WorldCom/ MCI*, Zi. 20.

[223] *WorldCom/ MCI*, Zi. 28, 70, sowie Zi. 82 für die geographische Reichweite.

[224] Vgl. *WorldCom/ MCI*, Zi. 17 ff.

[225] Zu den verschiedenen Ausgestaltungen der Netzverbindung und zum Folgenden vgl. *WorldCom/ MCI*, Zi. 30 ff. Bei einer Gegenzugvereinbarung („peering") wickeln die Netzwerke den Datenverkehr des jeweils anderen Netzes ab, ohne dafür ein Entgelt zu verlangen. Gegenzugvereinbarungen werden regelmäßig die Netze abschließen, die sich aufgrund von Ähnlichkeiten hinsichtlich Größe, Verkehrsfluß, geographischer Ausdehnung und Qualität in einer gleichgewichtigen Verhandlungsstellung befinden und deshalb wenig Anreiz haben, Gebühren zu verlangen (vgl. Zi. 24). Bei einer Transitvereinbarung wird ein Netz zur Herstellung der Netzwerkverbindung Kunde eines anderen Netzes und hat dafür Gebühren zu entrichten.

gigen, auch als Spitzennetze bezeichneten Diensteanbietern[226], zweitrangigen Diensteanbietern[227] und bloßen Wiederverkäufern von Transitdiensten zu differenzieren[228]. Da das Internet pyramidenförmig aufgebaut sei, zeige es sich an der Spitze der Pyramide wesentlich stärker konzentriert als auf den unteren Ebenen, die sich durch eine Vielzahl von Anbietern und niedrige Zutrittsschranken auszeichneten. Nur wenige Unternehmen, u.a. die an dem Zusammenschluß beteiligten, seien in der Lage, eine umfassende und universelle Anschlußfähigkeit, d.h. Zugang zu sämtlichen Punkten des Internet weltweit, anzubieten, ohne anderen für die Herstellung der Verbindung bezahlen zu müssen[229]. Dies bedeute, daß jedermann auf einen direkten oder zumindest indirekten Zugang zu einem derartigen Spitzennetz angewiesen sei, um alle Internetadressen erreichen zu können.

Die Kommission ist bei ihrer Untersuchung zu dem Schluß gekommen, daß das neue Unternehmen auf dem Markt für die Bereitstellung universeller Internetanschlußfähigkeit eine marktbeherrschende Stellung einnehmen werde. Hierbei hat sie als erstes die absoluten und relativen Marktanteile des neuen Unternehmens herangezogen[230]. Das Netz, das infolge der Zusammen-

---

[226] Erstrangige Diensteanbieter sind solche, die beim Datenaustausch sämtlich auf Gegenzugvereinbarungen zurückgreifen können. Zudem verfügen sie aufgrund ihrer Größe über ein hohes Maß an internem Datenaustausch, d.h. zwischen Kunden des eigenen Netzes. In *WorldCom/ MCI*, Zi. 104, ist die Kommission zu der Schlußfolgerung gekommen, daß bei großzügiger Marktabgrenzung insgesamt 16 Anbieter zu den erstrangigen Diensteanbietern zählten, von denen neben WorldCom und MCI noch Sprint sowie die GTE/BBN-Gruppe von ihr als in einer den übrigen Diensteanbietern überlegenen Stellung befindlich bezeichnet wurden, vgl. Zi. 102. Um als erstrangiger Anbieter universeller Internetanschlußfähigkeit angesehen werden zu können, seien folglich Gegenzugvereinbarungen zumindest mit den Top-Anbietern aus dieser Gruppe von Spitzennetzen für einen Diensteanbieter eine notwendige Voraussetzung, Zi. 42 und 103.

[227] Zweitrangige Diensteanbieter sind solche, die zumindest von einem der Spitzennetze als Kunde kostenpflichtige Transitdienste in Anspruch nehmen müssen, vgl. *WorldCom/ MCI*, Zi. 43. Zu den Folgen dieser Abhängigkeit sogleich.

[228] *WorldCom/ MCI*, Zi. 41 ff., insbesondere Zi. 45. Die Kommission hat dabei die Marktabgrenzung unter Heranziehung des sog. hypothetischen Monopolisten-Tests (SSNIP-Test) vorgenommen und ist dabei zu dem Ergebnis gekommen, daß Kunden einen begrenzten Zugang zum Internet durch zweitrangige Diensteanbieter oder Wiederverkäufer nicht als Substitut für universelle Internetanschlußfähigkeit ansehen würden, vgl. dazu Zi. 69.

[229] XXVIII. Wettbewerbsbericht (1998), S. 71.

[230] Das neue Unternehmen werde - selbst bei einer vorsichtigen Ermittlung des Marktanteils und einer weit gefaßten Definition zugunsten der Parteien - auf einen absoluten Marktanteil von 50 % kommen, gefolgt von seinem nächsten Wettbewerber Sprint mit ca. 10-15 % Marktanteil und der GTE-Gruppe mit etwa 5-7,5 %, *WorldCom/ MCI*, Zi. 114. Zu den Schwierigkeiten bei der Ermittlung der Marktanteile, die daraus resultierten, daß es keine zuverlässige, öffentlich verfügbare Schätzung der Größe des Internetsektors insgesamt als auch der einzelnen Teilsektoren und kein Konsens bezüglich der vorzugswürdigen Maßeinheit gab, vgl. Zi. 95 ff. In Zi. 97 ff. hat die Kommission als mögliche Verfahren der Marktanteilsermittlung die Gesamtkapazität der Zusammenschaltungsverbindungen, die Anzahl der tatsächlich erreichbaren Adressen, die Anzahl der

legung der Internet-Backbones von WorldCom und MCI entstehe, werde absolut und auch relativ so groß sein, daß das neue Unternehmen nach dem Zusammenschluß über die kritische Masse verfügen werde, die für ein von Wettbewerbern und Kunden unabhängiges Vorgehen erforderlich sei[231]. Die Kommission hat dabei vor allem zwei mögliche Strategien identifiziert, wie die neue Einheit ihre Wettbewerber und Kunden beeinträchtigen könnte. Zum einen könne das neue Unternehmen die Kosten der Wettbewerber erhöhen und zum anderen durch ein selektives Preisgebaren die Kunden von den Netzen der Wettbewerber weglocken[232].

Das neue Unternehmen werde in der Lage sein, die Konditionen sowohl für einen Marktzutritt potentieller Konkurrenten als auch für das Verbleiben aktueller Wettbewerber im Markt zu seinen Gunsten zu steuern. Konkret könne es den Zugang zum Markt für die Bereitstellung universeller Internetanschlußfähigkeit kontrollieren, indem es neue Gegenzugvereinbarungen verweigere oder bestehende kündige bzw. damit drohe oder sie durch bezahlte Zusammenschaltung ersetze[233]. Vor dem Zusammenschluß seien die Parteien zu einer Einflußnahme auf Kosten und Qualität des Dienstleistungsangebots ihrer Konkurrenten noch nicht in der Lage gewesen, da ein Spitzennetz vorher durch die Kräfte des Wettbewerbs in Schach gehalten wurde[234]. Nach der Fusion jedoch könne das neue Unternehmen eine solche Beeinträchtigungsstrategie verfolgen und dadurch die Marktzutrittsschranken erhöhen, weil es dann über eine derartige Größe und Stärke des Netzes

---

Präsenzpunkte sowie die verwendeten Bandbreiten mangels Geeignetheit zur Bestimmung des Marktanteils abgelehnt. Sie hat schließlich die Marktanteilsberechnung durch einen Rückgriff auf eine Kombination der Meßgrößen Umsatz und Verkehrsfluß vorgenommen, vgl. Zi. 108, 109.

231 *WorldCom/ MCI*, Zi. 117 und ff. Vgl. auch XXVIII. Wettbewerbsbericht (1998), S. 212.

232 *WorldCom/ MCI*, Zi. 118 ff. Im Englischen wird bei der Behinderung von Wettbewerbern durch Erhöhung der Kosten von „raising rivals' costs" gesprochen.

233 *WorldCom/ MCI*, Zi. 119. An dieser Stelle sei daran erinnert, daß Internetdiensteanbieter per definitionem nur zu einem Spitzennetz werden bzw. diese Stellung behaupten können, wenn sie über Gegenzugvereinbarungen mit den anderen bereits vorhandenen Spitzennetzen verfügen bzw. diese aufrechterhalten können, vgl. Zi. 43. Sind die Spitzennetze nicht zur Aufrechterhaltung der Gegenzugvereinbarungen in der Lage, können sie keine flächendeckenden Dienste anbieten und steigen in den Rang eines zweitrangigen Diensteanbieters mit begrenzten Gegenzugvereinbarungen ab.

234 Vgl. *WorldCom/ MCI*, Zi. 119 ff. Die Kommission hat erläutert, daß es den Parteien vor dem Zusammenschluß noch nicht möglich gewesen sei, unabhängig von ihren Wettbewerbern zu agieren und deren Verhalten zu steuern, da sie ihrerseits selbst auf die Zusammenschaltung in Form der Gegenzugvereinbarungen mit den anderen Spitzennetzen angewiesen waren, um ihre Stellung als Spitzennetz zu behalten. Sie hätten nicht davon ausgehen können, daß ein neuer Bewerber als Ersatzlösung für die Ablehnung einer Gegenzugvereinbarung auf Transitdienste ausweichen würde. Vielmehr hätte die Ablehnung des Gegenzugantrages eines geeigneten Bewerbers zum Abschluß einer Gegenzugvereinbarung mit einem anderen Spitzennetz geführt und damit die Marktmacht eines konkurrierenden Spitzennetzes gestärkt.

und des Kundenstammes verfügen werde, daß Konkurrenten zur Bereitstellung umfassender Anschlußfähigkeit verstärkt auf den Zugang zu seinem Netz und Kundenstamm angewiesen seien. Damit werde für Wettbewerber die Notwendigkeit zunehmen, sich mit dem neuen Unternehmen zusammenzuschalten, während gleichzeitig für dieses das Erfordernis der Zusammenschaltung zurückgehen werde[235].

Diese Effekte würden, so die Kommission, durch die besonderen Merkmale des Netzwettbewerbs und die besonderen Gegebenheiten der Netzstruktur, die den Zugang der Kunden zum größten Netz wertvoll machen, noch verstärkt, so daß das Unternehmen eine unanfechtbare marktbeherrschende Stellung erlangen könne[236]. Da es durch den Zusammenschluß die kritische Masse durchbreche, werde es in der Lage sein, Netzeffekte zu realisieren, die wiederum zu einer gesteigerten Attraktivität bei neuen Kunden führten. Der Zusammenschluß werde folglich einen „Schneeballeffekt" bewirken, da das neue Unternehmen besser als Wettbewerber in der Lage sein werde, das durch neue Kunden entstehende künftige Wachstum auf sich zu lenken. Zum einen sei es für jeden Kunden von Vorteil, unmittelbar mit dem größten Netz verbunden zu sein, und zum anderen seien die Diensteangebote der Wettbewerber angesichts der drohenden Abschaltung oder Verschlechterung einer Gegenzugvereinbarung relativ unattraktiv[237]. Es lasse sich die Auffassung vertreten, daß als Folge des Zusammenschlusses das Netz des neuen Unternehmens zu einer wesentlichen Einrichtung werde, mit der sich alle übrigen Diensteanbieter unweigerlich direkt oder indirekt zusammenschalten müßten, um einen glaubwürdigen Internet-Zugangsdienst anbieten zu können[238].

---

[235] *WorldCom/ MCI*, Zi. 126. Bei Verweigerung einer Gegenzugvereinbarung bzw. bei Änderung der Zusammenschaltungsvorkehrungen könnten andere Diensteanbieter nicht bzw. nicht weiter auf dem Markt für universelle Netzanschlußfähigkeit tätig sein, so daß sie verstärkt auf Transitdienste zurückgreifen bzw. ausweichen müßten und damit selbst zu Kunden des neuen Unternehmens würden, um ihren Kunden weiterhin Zugang zum Netz des neuen Unternehmens und dessen Kundenstamm zu verschaffen, Zi. 119 und 123. Ferner hat die Kommission ausgeführt, daß es dem neuen Unternehmen möglich sein werde, wegen der Größe seines Netzes ebenso die Wettbewerbsbedingungen seiner Kunden, d.h. der Wiederverkäufer von Transitdiensten, zu beeinflussen, und seine Stellung als marktbeherrschender erstrangiger Internetdiensteanbieter auf den nachgeordneten Bereich auszudehnen, da es aufgrund der Abhängigkeit seiner Kunden von der Zusammenschaltung deren Kostenstruktur zu seinen Gunsten beeinflussen und steuern könne, Zi. 124. Siehe zu dieser als „leveraging" bezeichneten Möglichkeit der Marktmachtübertragung auch Monti, „Competition in the New Economy" (21.05.2001), unter: http://www.europa.eu.int/comm/competition/speeches/index_2001.html.

[236] Vgl. hierzu *WorldCom/ MCI*, Zi. 126 ff.

[237] *WorldCom/ MCI*, Zi. 131.

[238] *WorldCom/ MCI*, Zi. 126.

b. Die Veräußerungszusage und die Genehmigung des Vorhabens

Um die Bedenken der Kommission hinsichtlich der Auswirkungen des Vorhabens auf dem Markt für die Bereitstellung umfassender Internetanschlußfähigkeit auszuräumen, haben sich die Parteien dazu verpflichtet, das Internetgeschäft von MCI zu veräußern[239]. Die Kommission hat diese Veräußerungszusage als geeignet angesehen, die Entstehung einer beherrschenden Stellung zu verhindern, sofern angesichts des ohnehin schon hohen Grades an Konzentration in diesem Markt und der Stärke von WorldCom vor dem Zusammenschluß zwei wesentliche Punkte sichergestellt seien. Es solle der ganz überwiegende Teil der sich überschneidenden Tätigkeitsbereiche veräußert werden und dieser weitestgehend als Einheit erhalten bleiben, um sich als Wettbewerbskraft entwickeln zu können[240]. Die Kommission hat daher den Zusammenschluß nach Art. 8 Abs. 2 FKVO unter der Auflage, daß die Zusagen vollständig erfüllt werden, genehmigt.

3. *Telia/ Telenor*

Als zweites Vorhaben wird exemplarisch für die Kommissionspraxis der geplante Zusammenschluß zwischen den Telekommunikationsunternehmen und ehemaligen Monopolisten in Schweden und Norwegen, Telia und Telenor, geschildert[241]. Neben Bedenken auf dem Gebiet der TV-Dienste[242] und infolge der Überschneidung von Aktivitäten auf verschiedenen nordischen Märkten im Telekommunikationssektor, die durch Veräußerungszusagen ausgeräumt werden konnten[243], stand bei der wettbewerbsrechtlichen Würdigung für die Kommission vor allem die Sorge im Vordergrund, daß das neue Unternehmen aufgrund seiner Kontrolle über die Infrastruktur eine

---

[239] Zu den Details der Zusagen hinsichtlich Inhalt, Zeitplan und Durchführung in dem Fall vgl. *WorldCom/ MCI*, Zi. 136.

[240] Für die genaue Bewertung der Zusagen vgl. *WorldCom/ MCI*, Zi. 137 ff.

[241] *Telia/ Telenor*, Fall COMP/M.1439, Entscheidung der Kommission vom 13.10.1999, ABl. 2000, L 40/1. Für eine Zusammenfassung der Entscheidung siehe bei Pape, WuW 1999, 1195 f. Siehe auch die Pressemitteilung der Europäischen Kommission vom 13.10.1999, IP/99/746, „Kommission genehmigt Fusion von Telia und Telenor unter strengen Bedingungen", unter: http://www.europa.eu.int/rapid/start/cgi. Das Verfahren war das erste, das eine Fusion zweier staatlicher Telekomanbieter in Europa betraf, vgl. *Telia/ Telenor*, Zi. 8.

[242] Zu den Auswirkungen des Zusammenschlusses im Bereich der TV-Dienste vgl. *Telia/ Telenor*, Zi. 261 ff., insbesondere zur wettbewerbsrechtlichen Würdigung Zi. 287 ff., und im 3. Teil in Fn. 599.

[243] Auf diese soll im folgenden nicht näher eingegangen werden. Vgl. hierfür zusammenfassend Pape, WuW 1999, 1195; XXIX. Wettbewerbsbericht (1999), S. 77; Bartosch, NJW-CoR 2000, 162 ff.

Gatekeeper Position auf verschiedenen Telekommunikationsdienstleistungsmärkten einnehmen könnte[244].

a. Die Märkte im Bereich Telefonie und verwandte Dienstleistungen

Nach einer genauen Analyse und Erörterung der Wettbewerbsverhältnisse im Telekommunikationssektor[245] hat die Kommission eine Reihe von Märkten als von dem Zusammenschluß betroffen identifiziert. Dabei hat sie zwischen Infrastruktur und angebotenen Leistungen sowie zwischen Zugangsleistungen für Teilnehmer auf der Einzelhandelsstufe und solchen für andere Betreiber auf der Großhandelsstufe differenziert und je nach der Ebene in der Netzhierarchie - Ortsnetz, Fernnetz und Auslandsnetz - jeweils eine weitere Untergliederung vorgenommen[246]. Auf den so ermittelten überwiegend nationalen relevanten Märkten[247] ist die Kommission bei ihrer wettbewerbsrechtlichen Würdigung zu dem Ergebnis gekommen, daß der Zusammenschluß jeweils entweder die Entstehung oder eine Verstärkung der beherrschenden Position zur Folge haben werde[248].

Als entscheidend dafür, daß das neue Unternehmen in der Lage sein werde, die Bedingungen zu beeinflussen, zu denen aktuelle oder potentielle Diensteanbieter mit ihm konkurrieren könnten, hat die Kommission dessen Kontrolle über den Zugang zu der für die verschiedenen Telekommunika-

---

[244] Siehe z.B. die Pressemitteilung der Europäischen Kommission vom 16.06.1999, IP/99/396, „The Commission decides to make an in-depth investigation of the proposed Telia (Sweden) and Telenor (Norway) venture" (unter: http://www.europa.eu.int/rapid/start/cgi): „The outstanding competition problems relate in particular to the new entity's „gatekeeper" function regarding access to infrastructure needed for various telecommunications [...] services".

[245] Siehe die Ausführungen der Kommission in *Telia/ Telenor*, Zi. 9-72.

[246] *Telia/ Telenor*, Zi. 75.

[247] Konkret hat die Kommission neben anderen nicht weiter zu erwähnenden Märkten relevante Märkte für die Bereitstellung der Infrastruktur jeweils für das Orts- bzw. Fern- und Auslandsnetz (*Telia/ Telenor*, Zi. 76 ff.), für den Teilnehmerzugang zu Telefondienstleistungen wie Orts-, Fern- und Auslandsgespräche (Zi. 84 ff.), für den Zugang für Betreiber zu Orts-, Fern- bzw. internationalen Netzen (Zi. 95 ff.), für Mobilfunk (Zi. 94), für Unternehmensdatenkommunikation (Zi. 101 ff.) sowie für das Angebot von Internetzugangsdiensten an Kunden einerseits und für Großabnehmer andererseits (Zi. 105 ff.) identifiziert.

[248] Da die Begründungen der Kommission sich weitgehend ähneln bzw. auf die gleichen Ursachen beziehen, erfolgt hier zur Vermeidung von Wiederholungen eine Zusammenfassung. Für detaillierte Ausführungen hinsichtlich der Entstehung oder Verstärkung einer beherrschenden Position siehe Zi. 168 ff. für die Bereitstellung der Ortsnetzinfrastruktur, Zi. 177 ff. für die Bereitstellung von Infrastruktur für das Fern- und Auslandsnetz, Zi. 183 ff. für den Zugang der Teilnehmer zu Leistungen im Ortsnetz, Zi. 187 ff. für Fernverbindungen, Zi. 193 ff. für Auslandsverbindungen, Zi. 205 ff. für Mobilfunk in Schweden und Norwegen, Zi. 212 ff. für den Zugang der Betreiber zu den Ortsnetzen, Zi. 218 ff. für deren Zugang zu den Fern- und Auslandsnetzen, Zi. 219 ff. für Unternehmensdatenkommunikation sowie Zi. 229 ff. für Internetdienste.

tionsdienste unerläßlichen Ortsnetzinfrastruktur in Schweden und Norwegen angesehen[249]. Zwar habe Telia in Schweden bzw. Telenor in Norwegen bereits vor dem Zusammenschluß die Ortsnetzinfrastruktur unter ihrer Kontrolle gehabt, so daß aktuelle oder potentielle Wettbewerber in den jeweiligen Ländern zur Erbringung von Telekommunikationsdiensten schon zuvor Zugang zur Ortsnetzinfrastruktur benötigten. Vor dem Zusammenschluß habe zwischen den fusionierenden Unternehmen aber noch ein wechselseitiges Abhängigkeitsverhältnis bestanden, da beide für die Bereitstellung einer Vielzahl von Dienstleistungen wie Auslandsdienste, Regionaldienste, Mobilfunk oder Internet auf den Zugang zum Ortsanschlußnetz des jeweils anderen angewiesen waren[250]. Diese Abhängigkeit habe sie davon abgehalten, die Konditionen der Zusammenschaltung und des Netzzugangs für das jeweils andere Unternehmen nachteilig auszugestalten, was - dank des Diskriminierungsverbots nach dem geltenden Telekommunikationsrecht - auch anderen Marktteilnehmern zugute gekommen sei[251].

Nach dem Zusammenschluß werde nun dieser erhebliche Preisdruck durch den Wegfall des tatsächlichen[252] und vor allem des potentiellen Wettbewerbs zwischen den Parteien verschwinden, die jeweils als der stärkste potentielle Teilnehmer auf dem nationalen Markt des anderen Unternehmens einzustufen gewesen seien[253]. Infolgedessen werde somit die Fähigkeit und Motivation des neuen Unternehmens steigen, aktuelle oder potentielle Konkurrenz seitens Dritter auszuschließen[254], mit anderen Worten die aus der Kontrolle

---

[249] Die Kontrolle über das Ortsnetz in Norwegen und Schweden resultierte dabei daraus, daß die Unternehmen jeweils das letzte Teilstück der Telefonnetze, d.h. die Verbindung zwischen der Ortsvermittlungsstelle und dem Verbraucher und somit den Zugang zum Teilnehmeranschluß kontrollierten. Vgl. *Telia/ Telenor*, Zi. 130 und 168, wonach die beiden Unternehmen in Schweden bzw. Norwegen die marktbeherrschenden Anbieter einer Ortsnetzinfrastruktur waren. Siehe auch Zi. 150, wo die Kommission ausgeführt hat, der Zugang zum Ortsanschlußnetz zu Wettbewerbsbedingungen sei in vielen Telekommunikationsmärkten eine wichtige, wenn nicht sogar unabdingbare Voraussetzung für einen nachhaltigen und wirkungsvollen Eintritt in den Markt. Dies liegt daran, daß Dritte, die eigene Telekommunikationsdienstleistungen erbringen wollen, nur so direkt den Endverbraucher erreichen können, vgl. Monti, „Telecommunications between Competition and Regulation" (28.09.2000), unter: http://www.europa.eu.int/comm/competition/speeches/index_2000.html.

[250] *Telia/ Telenor*, Zi. 150 und 165.

[251] *Telia/ Telenor*, Zi. 153; XXIX. Wettbewerbsbericht (1999), S. 77.

[252] Vor der Fusion waren die beiden Parteien über Beteiligungen an anderen Unternehmen auf dem jeweils vom anderen Unternehmen dominierten Markt aktiv. So gehörte Telia über Telia Norge in Norwegen und Telenor mit Telenordia in Schweden zu den aktivsten Marktteilnehmern hinsichtlich einer Vielzahl verschiedener Aktivitäten im Fernmeldesektor, vgl. *Telia/ Telenor*, Zi. 138.

[253] *Telia/ Telenor*, Zi. 130 ff. und Zi. 148.

[254] *Telia/ Telenor*, Zi. 130.

über das Ortsnetz resultierenden Behinderungsmöglichkeiten auch wahrzunehmen und seine Positionen auf den relevanten Märkten zu stärken. Die Kommission hat dabei mehrere Strategien identifiziert, wie das neue Unternehmen die Marktdurchdringungschancen tatsächlicher oder potentieller Konkurrenten zu seinen Gunsten beeinflussen könnte. Neben der Möglichkeit, Produkte für ein größeres Territorium zu bündeln und zu Bedingungen anzubieten, bei denen kein anderes Unternehmen mithalten könnte[255], hat die Kommission insbesondere auf die durch den Zusammenschluß gestiegene Fähigkeit und den Anreiz der Parteien hingewiesen, die Kosten von Konkurrenten zu erhöhen. Dies könne dadurch geschehen, daß der Zusammenschaltungspreis angehoben bzw. nicht gesenkt oder die Qualität der Zusammenschaltung gemindert werde[256]. Da die neue Einheit durch die Kontrolle über den Teilnehmeranschluß als einziges Unternehmen Zugang zu sämtlichen Endnutzern in Schweden und Norwegen haben werde, werde sie dadurch noch mehr als die beiden Unternehmen allein für andere Anbieter zum unumgänglichen Ansprechpartner, der Konkurrenten den Zugang verwehren und so das Produktangebot für den Endverbraucher einschränken könne[257].

b. Die Abhilfemaßnahmen und die Freigabe des Zusammenschlusses

Um die ernsthaften Bedenken der Kommission auszuräumen, haben sich die Parteien neben der Veräußerung sich überschneidender Beteiligungen dazu verpflichtet, Wettbewerbern Zugang zu ihren Ortsanschlußnetzen für die Bereitstellung technisch realisierbarer Dienstleistungen zu nichtdiskriminierenden Bedingungen zu gewähren[258]. Hierdurch haben sich nach Ansicht der Kommission die für die verschiedenen Telekomdienste angeführten wettbewerbsrechtlichen Bedenken erheblich vermindert, da Wettbewerber die Möglichkeit erhalten, unmittelbaren Zugang zu Kunden zu erlangen und mit

---

[255] *Telia/ Telenor*, Zi. 160 ff.

[256] *Telia/ Telenor*, Zi. 155 f. Im Englischen wird diese Behinderungsstrategie als „raising rivals' costs" bezeichnet. Vgl. konkret *Telia/ Telenor*, Zi. 169, für die Behinderung potentieller konkurrierender Netzbetreiber auf dem Markt für die Bereitstellung der Ortsnetzinfrastruktur durch Anhebung des Zusammenschaltungspreises oder Forderung umfangreicher technischer Anpassungsmaßnahmen, und Zi. 185 für die gesteigerte Fähigkeit und den Anreiz hierzu auf dem Markt für den Teilnehmeranschluß im Ortsbereich, wodurch die beherrschende Stellung der beiden Unternehmen in den jeweiligen Märkten gestärkt würde.

[257] XXIX. Wettbewerbsbericht (1999), S. 77. Hinzu kam, daß die Parteien überdies auch in Finnland und Dänemark rechtlich die Möglichkeit zum Zugang hatten, da dort anders als in Schweden und Norwegen bereits zum Zeitpunkt der Fusion das Gebot der Entbündelung im Ortsanschlußbereich bestand, vgl. *Telia/ Telenor*, Zi. 131.

[258] Vgl. generell für die eingegangenen Zusagen *Telia/ Telenor*, Zi. 381 ff., sowie Zi. 386 ff. für deren Würdigung durch die Kommission.

diesen eine Direktbeziehung aufzubauen[259]. Ergänzend trage auch die Abtrennung der Kabelfernsehaktivitäten dazu bei, den Wettbewerb auf den Telekommunikationsmärkten zu stärken, da Kabelfernsehnetze für das Angebot von Telekommunikationsdiensten grundsätzlich als Alternative zum herkömmlichen Zugang zum Ortsnetz angesehen werden, so daß potentielle Diensteanbieter auch auf andere Ansprechpartner ausweichen könnten[260]. Demzufolge hat die Kommission den Zusammenschluß nach Art. 8 Abs. 2 FKVO genehmigt[261].

4. *Vodafone/ Mannesmann*

Auch im Rahmen der Prüfung der beabsichtigten Übernahme von Mannesmann durch Vodafone hatte sich die Kommission mit den Gefahren einer Marktabschottung, diesmal in der Mobilfunkbranche, auseinanderzusetzen[262]. Neben Überschneidungen auf dem britischen und belgischen Mobilfunkmarkt, die durch die Abtrennung von Orange als eigenständiges Unternehmen ausgeräumt wurden[263], stand im Mittelpunkt der Untersuchungen die Frage, ob das neue Unternehmen aufgrund seines integrierten Netzwerks als

---

[259] *Telia/ Telenor*, Zi. 390.

[260] *Telia/ Telenor*, Zi. 391.

[261] Die Kommission hat hier mit der Veräußerung der Kabelnetze und dem entbündelten Zugang zum Teilnehmeranschluß erstmals in einem Verfahren nach der FKVO regulatorische Veränderungen durchgesetzt, die entweder in sektorspezifischer Form keine derart weitreichende Ausgestaltung erfahren haben (Die Richtlinie 99/64/EG der Kommission vom 23.06.1999 zur Änderung der Richtlinie 90/388/EWG im Hinblick auf die Organisation ein und demselben Betreiber gehörender Telekommunikations- und Kabelfernsehnetze in rechtlich getrennten Einheiten, ABl. 1999, L 175/39, sieht nur eine rechtliche Trennung zwischen Kabelfernseh- und Fernmeldenetzen vor.) bzw. zum Zeitpunkt der Entscheidung noch nicht geltendes bereichsspezifisches Recht darstellten. Mittlerweile besteht auf Gemeinschaftsebene die Verpflichtung zum entbündelten Zugang zum Teilnehmeranschluß, vgl. die Verordnung (EG) Nr. 2887/2000 des Europäischen Parlaments und des Rates vom 18.12.2000 über den entbündelten Zugang zum Teilnehmeranschluß, ABl. 2000, L 336/4. Es ist noch darauf hinzuweisen, daß der Zusammenschluß später nach der Genehmigung wieder zurückgezogen worden ist, vgl. Monti „A European Competition Policy for Today and Tomorrow" (26.06.2000), ders., „Telecommunications between Regulation and Competition" (28.09.2000), und ders., „Competition Policy in the Communications Sector" (30.11.2000), alle unter http://www.europa.eu.int/comm/competition/speeches/index_2000.html.

[262] *Vodafone/ Mannesmann*, Fall COMP/M.1795, Entscheidung der Kommission vom 12.04.2000, unter: http://www.europa.eu.int/comm/competition/mergers/cases. Für eine Zusammenfassung der Entscheidung siehe auch Pape, WuW 2000, 612 f.

[263] Auf eine ausführliche Darstellung wird hier verzichtet. Vgl. hierfür die Ausführungen der Kommission in *Vodafone/ Mannesmann*, Zi. 8-11 für die Marktabgrenzung, Zi. 26-32 für die Ermittlung der Marktbeherrschung und Zi. 55 sowie den Annex für die konkreten Verpflichtungszusagen.

Gatekeeper auf einem künftigen europaweiten Mobilfunkmarkt fungieren könnte[264].

a. Der Markt für nahtlose paneuropäische Mobilfunkdienste

Die Kommission ist zu der Feststellung gekommen, daß sich ein Markt für sog. nahtlose paneuropäische Mobilfunkdienste für international tätige Mobilfunkkunden, insbesondere Geschäftskunden, in der Entstehung befinde, der von den nationalen Mobilfunkmärkten oder regionalen Diensteangeboten abzugrenzen sei[265]. Charakteristisch für derartige, aufgrund neuer technologischer Entwicklungen möglich werdende Dienste wie mobile Internetdienste oder sog. „wireless location services" sei das Erfordernis einer europaweiten Lokalisierung. Diese sei notwendig, da die Dienste grenzüberschreitend und nahtlos, d.h. ohne Unterschied in Funktion und Service verglichen mit dem Heimatnetz, angeboten werden sollten, und der Inhalt dabei auf den jeweiligen Aufenthaltsort zugeschnitten sei bzw. sich danach richte[266]. Hierfür bedürfe es der Schaffung eines integrierten europaweiten Netzwerks[267].

Diesbezüglich werde sich das zusammengeschlossene Unternehmen durch die Akkumulation der nationalen Mobilfunknetzwerke in einer einzigartigen Position befinden, da es fortan über die alleinige bzw. gemeinsame Kontrolle

[264] Angemerkt werden soll an dieser Stelle, daß der Zusammenschluß teilweise als Beispiel für einen konglomeraten Zusammenschluß angeführt wird, vgl. z.B. bei Levy in: Korah, Competition Law Vol. 2, § 8.07 [4], d.h. also als ein Zusammenschluß von Unternehmen, deren Tätigkeitsbereiche sich entweder in sachlicher oder wie hier in geographischer Hinsicht nicht überschneiden. Mit Ausnahme der nationalen Märkte in Belgien und Großbritannien traf es auch zu, daß es sich bei Vodafone und Mannesmann um keine aktuellen Wettbewerber auf den anderen nationalen Mobilfunkmärkten handelte. Nichtsdestotrotz sollte der Zusammenschluß als horizontale Integration klassifiziert werden, insbesondere deshalb, weil der Schwerpunkt des Verfahrens den grenzüberschreitenden, europaweiten Mobilfunkmarkt betraf, auf dem die beteiligten Unternehmen vor dem Zusammenschluß sehr wohl als potentielle Konkurrenten angesehen werden konnten. Vgl. zur Behandlung des Falles als horizontale Integration statt vieler XXX. Wettbewerbsbericht (2000), S. 87; Monti, FCLI 2000, 257, 261 f.

[265] Vgl. hierfür *Vodafone/ Mannesmann*, Zi. 12 ff. und Zi. 18 ff. für die fehlende beschränkende Wirkung nationaler bzw. regionaler Angebote auf paneuropäische Dienste.

[266] *Vodafone/ Mannesmann*, Zi. 14, 20. Siehe für die verschiedenen Typen von „wireless location services" Zi. 14. Zudem zählen hierzu Dienste, mit denen Geschäftskunden auf Reisen oder Kundenbesuchen der Zugang zu der Datenbank des Unternehmens ermöglicht wird, Zi. 15, 16. Im Englischen spricht man diesbezüglich von dem „Corporate LAN", d.h. „local area network". Zur Marktabgrenzung siehe im 3. Teil unter B.II.3.b.bb.

[267] *Vodafone/ Mannesmann*, Zi. 21.

über Mobilfunkbetreiber in insgesamt elf EU-Mitgliedstaaten[268] und einen Anteil von mehr als 30 % der europäischen Mobilfunkkunden verfügen werde[269]. Keiner seiner Konkurrenten könne auf eine ähnliche geographische Ausdehnung zurückgreifen, da sie jeweils nur in zwei bis vier Ländern die alleinige Kontrolle innehätten. Für andere Mobilfunkbetreiber werde es kurz- oder mittelfristig äußerst schwierig, wenn nicht gar höchst unwahrscheinlich sein, durch Vereinbarungen untereinander oder durch Zusammenschlüsse ein solches nahtloses, integriertes Netz nachzubilden und derartige Dienste anzubieten[270].

Da das neue Unternehmen zunächst als einziger Mobilfunkanbieter über ein europaweites integriertes Netz verfügen werde, seien dritte Anbieter für die Bereitstellung von paneuropäischen nahtlosen Mobilfunkdiensten zumindest in naher Zukunft auf den Zugang zum integrierten Netzwerk des neuen Unternehmens angewiesen[271]. Das zusammengeschlossene Unternehmen könne diese Abhängigkeit der Konkurrenten ausnutzen und deren Markteintritte steuern bzw. die Konditionen beeinflussen. Hierzu sei es, so die Kommission, nach dem Zusammenschluß nicht nur verstärkt in der Lage, sondern es werde auch einen gesteigerten Anreiz haben, aktuelle oder potentielle Konkurrenz seitens Dritter auszuschließen[272]. Es könne entweder den Zugang zu seinem integrierten Netzwerk vollständig verweigern oder die Bedingungen für die Nutzung seines Netzes diktieren und dadurch Angebote

---

268 Die acht EU-Mitgliedstaaten, in denen das neue Unternehmen die alleinige Kontrolle über Mobilfunkbetreiber haben wird, sind Österreich, Deutschland, Griechenland, Italien, Niederlande, Portugal, Schweden und Großbritannien, die drei Mitgliedstaaten mit gemeinsamer Kontrolle sind Belgien, Frankreich und Spanien, siehe *Vodafone/ Mannesmann*, Zi. 33.

269 *Vodafone/ Mannesmann*, Zi. 36 ff; vgl. auch Monti, „Competition in the New Economy" (21.05.2001), Pons, „European Competition Policy in the New Economy" (26.06.2001), beide unter: http://www.europa.eu.int/comm/competition/speeches/index_2001.html. Das fusionierte Unternehmen werde, so die Kommission, mehr als 40 Millionen Kunden in Europa zählen, und die nächsten Wettbewerber würden mit 22 Millionen (Telecom Italia, entspricht etwa 15 % Marktanteil) bzw. 15 Millionen oder 10 % Marktanteil (Deutsche Telekom) und 12 Millionen (British Telecom) bzw. 11 Millionen Nutzern (France Télécom), beide mit ca. 8 % Marktanteil folgen, vgl. Zi. 33-35.

270 *Vodafone/ Mannesmann*, Zi. 40 ff. Von dritter Seite wurde geschätzt, daß es je nach Anzahl der Märkte, auf denen ein Unternehmen die alleinige Kontrolle über einen Mobilfunkanbieter besitzt, 30-60 neuer Verträge zwischen konkurrierenden Netzbetreibern oder anders ausgedrückt 3-5 Jahre bedürfe, um das Netzwerk des neuen Unternehmens nachzubilden. Auch die Nachbildung eines derartigen integrierten Netzwerks durch Fusionen und Übernahmen sei sehr zeitaufwendig und würde überdies noch durch die jeweils erforderlichen regulatorischen Zustimmungen erschwert. Vgl. auch die Pressemitteilung der Kommission vom 12.04.2000, IP/00/373, „Kommission genehmigt Fusion zwischen Vodafone Airtouch und Mannesmann AG unter Auflagen", unter: http://www.europa.eu.int/rapid/start/cgi.

271 *Vodafone/ Mannesmann*, Zi. 45 und 46.

272 *Vodafone/ Mannesmann*, Zi. 44 ff.

Dritter unattraktiv machen[273]. Diese Situation werde zur Folge haben, daß Kunden generell das zusammengeschlossene Unternehmen bevorzugen würden und dieses dadurch eine beherrschende Stellung erlangen könne.

b. Die Zusage der Zugangsgewährung und die Genehmigung des Vorhabens

Um die Bedenken der Kommission auszuräumen, haben sich die beteiligten Parteien dazu verpflichtet, dritten Anbietern diskriminierungsfreien Zugang in bezug auf Preis und Qualität zu ihrem integrierten Netzwerk zu gewähren, damit diese vor dem Bau alternativer Infrastrukturen fortgeschrittene nahtlose Mobilfunkdienste anbieten könnten[274]. Nach Ansicht der Kommission verhinderten die eingegangenen Verpflichtungserklärungen die Entstehung einer beherrschenden Position für das neue Unternehmen auf dem zukünftigen Markt für nahtlose paneuropäische Mobilfunkdienste. Da infolge der Zugangsgewährungen eine wettbewerbliche Angebotsstruktur gewahrt werde, hätten sie eine strukturelle Wirkung auf den Markt. Deshalb hat die Kommission das Vorhaben nach Art. 6 Abs. 2 FKVO unter der Voraussetzung der Zusagenerfüllung genehmigt[275]. Wegen der schnellen Entwicklung der Mobilfunkbranche, der Erteilung von Lizenzen für die dritte Mobilfunkgeneration (UMTS-Lizenzen) sowie der Erwartung, daß die Wettbewerber versuchen werden, alternative Infrastrukturen aufzubauen, hat die Kommission die Zusagen auf drei Jahre befristet[276].

II. Vertikale Zusammenschlüsse

1. Grundsätzliches

Bei einem vertikalen Zusammenschluß vollzieht sich der Zusammenschluß zwischen selbständigen Wirtschaftssubjekten, die auf verschiedenen Stufen

---

[273] *Vodafone/ Mannesmann*, Zi. 46. Die Behinderung könne dabei durch signifikante Kosten für die Nutzung des Netzes oder durch Nachteile in bezug auf die Qualität erfolgen, vgl. Zi. 45.

[274] *Vodafone/ Mannesmann*, Zi. 58. Die Zusagen umfassen dabei u.a. exklusive Roaming-Vereinbarungen, Zugang Dritter zu Roaming-Vereinbarungen und den Zugang Dritter zu Großhandelsdiensten, wobei Unstimmigkeiten zwischen den beteiligten Parteien mit Hilfe eines Schnellstreitverfahrens gelöst werden sollen.

[275] *Vodafone/ Mannesmann*, Zi. 60.

[276] Pressemitteilung der Europäischen Kommission vom 12.04.2000, IP/00/373, „Kommission genehmigt Fusion zwischen Vodafone Airtouch und Mannesmann AG unter Auflagen", unter: http://www.europa.eu.int/rapid/start/cgi. Siehe auch Pape, WuW 2000, 612, 613.

der Wertschöpfungskette tätig sind[277]. Im Gegensatz zu einem horizontalen Zusammenschluß verbinden sich hier also keine Wettbewerber miteinander, sondern Unternehmen, deren Aktivitäten sich bei der Erbringung einer Dienstleistung bzw. eines Produkts für den Endkunden ergänzen[278]. Das Wachstum findet nicht auf demselben Markt statt, sondern betrifft vor- oder nachgelagerte Märkte[279].

a. Die Häufigkeit vertikaler Integration im Informations- und Kommunikationssektor

Auffällig ist, daß von den bei der Kommission angemeldeten Zusammenschlüssen, die den Informations- und Kommunikationssektor betrafen, im Vergleich zu anderen Sektoren besonders viele Zusammenschlüsse vertikaler Natur waren[280]. Erklärt werden kann diese Tatsache damit, daß - wenn überhaupt - nur wenige der Marktteilnehmer die Fertigkeiten oder Ressourcen mitbringen, die notwendig sind, um auf allen Stufen der Wertschöpfungskette des konvergierenden Umfeldes tätig zu werden. Unternehmen sind demnach auf vertikale Partnerschaften angewiesen, wenn sie die sich durch die Konvergenz eröffnenden Möglichkeiten ausnutzen wollen[281]. Folglich streben viele Unternehmen durch Fusionen, Akquisitionen oder Gründungen von Gemeinschaftsunternehmen eine Erweiterung ihrer Tätigkeiten außerhalb ihrer Kerngeschäfte an, indem sie in Marktsegmente mit höherer Wertschöpfung expandieren[282] bzw. gemeinsam völlig neue Dienste und Produkte entwickeln. Neben der Aussicht auf die Verwirklichung traditioneller Größenvorteile kommt dabei insbesondere der möglichen Realisierung von

---

277 Schmidt, S. 139; Gabler, S. 3164; Bishop/ Walker, S. 259, 7.10. Siehe auch Esser-Wellié, S. 125, der zudem Beispiele für Fälle vertikaler Integration im Bereich der Kabelindustrie nennt.

278 Ähnlich Levy in: Korah, Competition Law Vol. 2, § 8.07 [5] [a]. Die von den Unternehmen hergestellten Produkte sind somit nicht als Substitute füreinander anzusehen, sondern sind komplementäre Güter, Bishop/ Walker, S. 156, 5.36.

279 Mc Callum, Competition Policy Newsletter 1999 (No. 1), 4, 12. Die Ausdehnung auf einen vorgelagerten Markt („upstream market") wird auch als Rückwärtsintegration („backward integration"), die auf einen nachgelagerten Markt („downstream market") auch als Vorwärtsintegration („forward integration") bezeichnet, vgl. Abbamonte/ Rabassa, ECLR 2001, 214; Whish, S. 780; Van den Bergh/ Camesasca, S. 309.

280 Neben den im folgenden näher zu erörternden Entscheidungen der Kommission *MSG Media Service, Bertelsmann/ Kirch/ Premiere, Deutsche Telekom/ Beta Research, AOL/ Time Warner* und *Vivendi/ Canal+/ Seagram* wiesen zudem u.a. folgende bei der Kommission angemeldete Fälle starke vertikale Verflechtungen auf: *Nordic Satellite Distribution, Microsoft/ Liberty Media/ Telewest, Vodafone/ Vivendi/ Canal+ (Vizzavi)* sowie *Telia/ Telenor* in bezug auf die Integration der Tätigkeiten auf den verschiedenen Ebenen der Fernsehdistributionskette.

281 Grünbuch Konvergenz, KOM (97) 623, S. 8.

282 Grünbuch Konvergenz, KOM (97) 623, S. 7.

Verbundvorteilen Anreizwirkung zu[283]. Dabei versuchen Unternehmen durch die Zusammenlegung unterschiedlicher Produktions- und Vertriebsebenen, ein einmal geschaffenes Produkt möglichst vielfältig zu verwenden, d.h. es über eine Vielzahl verschiedener Plattformen zu vertreiben und dadurch ihr Produkt auf jeder Ebene der Wertschöpfungskette ausnutzen zu können[284]. Vertikale Integrationsaktivitäten reflektieren demnach die Motivation von Unternehmen, Zugang zu allen Stufen in der vertikalen Kette zu gewinnen[285]. Sie werden deshalb auch als bedeutendes Zeichen einer Veränderung der Industriestrukturen aufgrund des Phänomens der Konvergenz in den Bereichen Medien, Telekommunikation und Internet angesehen[286].

b. Der ökonomische Hintergrund

Da die ökonomische Analyse vertikaler Integration bzw. Beschränkungen und deren Auswirkungen auf den Wettbewerb die Beurteilung durch die Wettbewerbsbehörden stets beeinflußt hat[287], soll im folgenden hierüber ein kurzer Überblick gegeben werden[288].

---

[283] Vgl. Mendes Pereira, „EU Competition Law, Convergence and the Media Industry" (23.04.2002), unter: http://www.europa.eu.int/comm/competition/speeches/index_2002.html. Unter Verbundvorteilen („economies of scope") versteht man die wirtschaftlichen Vorteile, die bei Unternehmen auftreten können, die auf verschiedenen Märkten tätig sind, vgl. Gabler, S. 804. Sie liegen vor, wenn verschiedenartige Güter kostengünstiger in einem einzigen Unternehmen hergestellt werden können, Geigant/ Haslinger/ Sobotka/ Westphal, S. 204. Häufig treten Verbundvorteile bei konglomeraten Fusionen auf, Gabler, S. 3164.

[284] Mendes Pereira, „EU Competition Law, Convergence and the Media Industry" (23.04.2002), unter: http://www.europa.eu.int/comm/competition/speeches/index_2002.html, spricht in diesem Zusammenhang vom Motto „Create Once, Place Everywhere" („C.O.P.E.").

[285] Rabassa, Competition Policy Newsletter 2001 (No. 1), 46, 47.

[286] Grünbuch Konvergenz, KOM (97) 623, S. 8.

[287] Siehe Reynolds, FCLI 1997, 153, 154, der ausführt, daß dies nirgendwo deutlicher wird als in den USA, wo sich die Veränderungen in den Ansätzen zu großen Teilen in der zyklischen bzw. konjunkturbedingten Natur der Kartellrechtsdurchsetzung widerspiegeln.

[288] Für eine ökonomische Analyse vertikaler Zusammenschlüsse und vertikaler Abschottung siehe auch bei Ordover/ Saloner/ Salop, AER (80) 1990, 127 ff. Zum besseren Verständnis sei hier erwähnt, daß es verschiedene Arten der vertikalen Ausdehnung gibt. Neben der vertikalen Integration durch Zusammenschluß mit einem anderen Unternehmen können sich Unternehmen auch vertraglich in vertikaler Richtung miteinander verbinden, ohne daß dies zu einem Zusammenschluß im Sinne der FKVO führt. Die aus dieser Ausdehnung resultierenden wettbewerblichen Probleme werden unter dem Stichwort der vertikalen Beschränkungen („vertical restraints") unter Art. 81 EGV untersucht. Vertikale Vertragsvereinbarungen sind dabei letztendlich eine weniger extreme Form vertikaler Integration, Abbamonte/ Rabassa, ECLR 2001, 214, 215, d.h. vertikale Zusammenschlüsse können umgekehrt quasi als Kollektion vertikaler Beschränkungen angesehen werden, da sie typischerweise Exklusivitäts- und Preisvereinbarungen mit sich bringen, vgl. Bishop/ Walker, S. 288, 7.61. Die bei vertikalen Zusammenschlüssen auftretenden ökonomischen Fragestellungen sind somit denen bei vertikalen Vertragsvereinbarungen ähnlich, Van den Bergh/

aa. Wettbewerbsfördernde Wirkungen

Vertikale Integration bringt vielfach wettbewerbsfördernde Wirkungen mit sich, da sie zu niedrigeren Preisen führen und sich somit positiv auf die Konsumentenwohlfahrt niederschlagen kann[289]. Für Unternehmen kann es aus mehreren Gründen reizvoll sein, eine vertikale Integrationsstrategie zu verfolgen. Eine wesentliche Motivation stellt dabei die Möglichkeit dar, durch Kostenersparnisse die Effizienz im Unternehmen zu steigern[290]. Vertikale Integration verbessert generell die Koordination zwischen den ehemals nicht integrierten Unternehmen, indem die Anreize und Interessen der Unternehmen in Übereinstimmung gebracht werden. Neben der Verwirklichung von Größen- und Verbundvorteilen äußert sich dies insbesondere in einer Reduktion der Transaktionskosten[291] und in Qualitätssteigerungen, was sich auch zum Vorteil der Konsumenten auswirkt[292].

bb. Wettbewerbsbeschränkende Auswirkungen

Unternehmen verfolgen mit einer vertikalen Verbindung neben Effizienzsteigerungen in aller Regel auch marktstrategische Zielsetzungen. Im Unterschied zu Fällen horizontaler Integration wird jedoch bei vertikalen Zusammenschlüssen kein Kopf-an-Kopf-Wettbewerb eliminiert, so daß es auf den ersten Blick naheliegen könnte, diesen mit weniger Argwohn als horizontalen Fusionen zu begegnen[293]. In der ökonomischen Literatur herrscht Uneinigkeit darüber, ob eine vertikale Integration Gefahren für den Wettbewerb und hierbei insbesondere Marktabschließungs- oder Ausschlußeffekte nach

---

Camesasca, S. 309. Auch wenn vertikale Beschränkungen nach Art. 81 EGV nicht Gegenstand dieser Arbeit sind, beziehen sich deshalb einige der folgenden Argumente angesichts der Ähnlichkeit auch auf diese bzw. entstammen der dortigen Diskussion.

289 Vgl. bei Salop, Palgrave Dictionary, Bd. 3, S. 669, 670. Siehe auch Jones/ Gonzáles-Díaz, S. 150, für eine Gegenüberstellung der positiven und negativen Auswirkungen einer vertikalen Integration auf die Marktmacht des betreffenden Unternehmens.

290 Salop, Palgrave Dictionary, Bd. 3, S. 669, 670.

291 Geigant/ Haslinger/ Sobotka/ Westphal, S. 1027.

292 Abbamonte/ Rabassa, ECLR 2001, 214; Salop, Palgrave Dictionary, Bd. 3, S. 669, 670. Im Hinblick auf die Möglichkeit einer Effizienzsteigerung ist auch darauf hinzuweisen, daß durch vertikale Integration das Problem der sog. doppelten Marginalisierung bzw. des doppelten Preisaufschlags („double marginalisation") behoben werden kann, was nicht nur zu einem Anstieg der Gewinne der Unternehmen, sondern auch zu einer Steigerung der Konsumentenwohlfahrt beiträgt, da nur einmal ein Preisaufschlag auf die entstandenen Kosten vorgenommen wird und demnach die Endpreise gesenkt werden, siehe Roberto, WuW 1992, 803, 817. Für eine eingehende Darstellung der Problematik vgl. bei Abbamonte/ Rabassa, ECLR 2001, 214; Salop, Palgrave Dictionary, Bd. 3, S. 669, 670; Bishop/ Walker, S. 159, 5.39, 5.40.

293 Abbamonte/ Rabassa, ECLR 2001, 214.

sich zieht[294] und es mithin zur Entstehung von Gatekeeper Positionen kommen kann.

aaa. Die Chicago School

Vertreter der Chicago School[295] sehen vertikale Zusammenschlüsse nicht nur als neutral, sondern sogar als wettbewerbsfördernd an, da sie in der Regel geeignet seien, die Effizienz der einzelnen Unternehmen und die Konsumentenwohlfahrt zu fördern[296]. Negative Folgen für den Wettbewerb seien hingegen unwahrscheinlich, da die Gefahr einer Marktschließung einer ökonomischen Begründung entbehre. Für ein Unternehmen existiere kein ökonomischer Anreiz, seine Macht auf einen vor- oder nachgelagerten Markt auszudehnen und sich dann zu weigern, mit Konkurrenten zu verhandeln, wenn es bereits über eine Monopolstellung in einem Markt verfüge. Da es insgesamt nur einen einzigen Monopolgewinn gebe, den sich ein Monopolist zu eigen machen könne, sei er auf eine vertikale Integration in einen anderen Markt nicht angewiesen. Er könne den Monopolgewinn bereits auf dem ersten Markt realisieren, indem er beim Verkauf seiner Produkte einen Monopolpreis verlange[297]. Hieraus folgern die Anhänger der Chicago School, daß keine wettbewerbsschädigenden Motive für vertikale Zusammenschlüsse existierten, sondern diese ausschließlich durch Effizienzgesichtspunkte motiviert seien und ihnen somit keine wettbewerbsrechtlichen Bedenken entgegenstünden[298].

bbb. Die Post-Chicago School

Die Ansicht der Chicago School wird von den Vertretern der Post-Chicago School kritisiert, die die herrschende ökonomische Theorie bei der Analyse vertikaler Integration ist[299]. Problematisch an der Analyse von Auswirkun-

---

294 Alonso, FCLI 1997, 129, 130; Amory, FCLI 1997, 147, 149; Pitofsky, FCLI 1997, 111, 112. Im Englischen wird hierbei von der Gefahr der „market foreclosure“ gesprochen und die Ausschlußeffekte als „exclusionary effects“ oder „vertical effects“ bezeichnet.

295 Vgl. hierzu Fn. 111.

296 Bork, Antitrust Paradox, S. 225 ff. Vgl. auch die Darstellung der Chicago School bei Abbamonte/ Rabassa, ECLR 2001, 214, 216; Reynolds, FCLI 1997, 153, 155.

297 Bork, Antitrust Paradox, S. 229. Für ein zahlenmäßiges Beispiel zu diesem Ansatz des „only one monopoly profit“ siehe bei Salop, Palgrave Dictionary, Bd. 3, S. 669, 670.

298 Vgl. bei Riordan/ Salop, Antitrust L. J. (63) 1995, 513, 517.

299 Vgl. bei Abbamonte/ Rabassa, ECLR 2001, 214. Siehe zur Post-Chicago School generell die am 26./ 27.05.1994 durchgeführte Konferenz zum Thema „Post-Chicago Economics: New Theories - New Cases?“ und die von diesem Symposium herrührenden Artikel von Riordan/ Salop, Antitrust L. J. (63) 1995, 513 ff.; Gilbert/ Sunshine, Antitrust L. J. (63) 1995, 569 ff.;

gen vertikaler Integration durch die Chicago School sei, daß der Ansatz des einzigen Monopolgewinns auf zu restriktiven Annahmen beruhe. Falls diese speziellen Bedingungen nicht vorlägen, sei der Theorie, daß es nur einen einzigen Monopolgewinn zu realisieren gibt, die Grundlage entzogen[300].

Anders als die Anhänger der Chicago School differenzieren deshalb die Vertreter der Post-Chicago School und gehen davon aus, daß neben vertikalen Fusionen, die sich wettbewerbsfördernd auswirkten, auch Zusammenschlüsse existierten, die wettbewerbsbeschränkende Konsequenzen nach sich zögen[301]. Aus diesem Grunde bedürfe es stets einer genauen Untersuchung des Einzelfalls[302]. Die Grundannahme der Post-Chicago School dabei ist, daß vertikale Integration die Anreize des zusammengeschlossenen Unternehmens verändert, was die Verhandlungen und Beziehungen mit Wettbewerbern auf vor- oder nachgelagerten Stufen angeht. Die fusionierenden Parteien werden nach einem vertikalen Zusammenschluß künftig die Auswirkungen ihrer Strategien auf die Wettbewerbschancen und Gewinne ihres nunmehr integrierten Partners in ihre Überlegungen miteinbeziehen und versuchen, jeweils dessen Position im Wettbewerb auf der vor- bzw. der nachgelagerten

---

Lewis/ Yao, Antitrust L. J. (63) 1995, 603 ff.; Baker, Antitrust L. J. (63) 1995, 621 ff.; Sullivan, Antitrust L. J. (63) 1995, 669 ff.; Brodley, Antitrust L. J. (63) 1995, 683 ff.

300 Riordan/ Salop, Antitrust L. J. (63) 1995, 513, 515; Salop, Palgrave Dictionary, Bd. 3, S. 669, 670. Zu den Annahmen, die für das Funktionieren des Ansatzes der Chicago School vorliegen müssen, gehört, daß der Input-Verkäufer ein Monopolist ist, dieser von allen den gleichen Preis verlangt, daß der Input in fixen Proportionen von homogenen Unternehmen in einem Markt vollkommener Konkurrenz verwendet wird und die Input- und Outputpreise keiner Regulierung unterliegen, siehe bei Salop, Palgrave Dictionary, Bd. 3, S. 669, 670, und speziell zu der Bedingung, daß der Monopolist von allen den gleichen Preis verlangt, und dem damit verbundenen Verpflichtungsproblem („commitment problem") bei Bishop/ Walker, S. 164, 5.47; Abbamonte/ Rabassa, ECLR 2001, 214, 218.

301 Neben der im folgenden zu erörternden Gefahr der Marktabschottung können vertikale Verbindungen zum einen die Kollusion zwischen Wettbewerbern erleichtern. Zum anderen kann eine vertikale Integration dazu genutzt werden, Preisregulierungen zu umgehen, indem es dem Unternehmen durch die vertikale Integration möglich wird, Monopolgewinne, die durch die Preisregulierung in dem regulierten Markt unterbunden werden, in dem nicht regulierten Markt zu erzielen und damit die Effektivität der Regulierung zu umgehen. Siehe zu diesen negativen Auswirkungen auf den Wettbewerb Pitofsky, FCLI 1997, 111, 112; Alonso, FCLI 1997, 129, 130; Amory, FCLI 1997, 147, 149; Levy in: Korah, Competition Law Vol. 2, § 8.07 [5] [a].

302 Vgl. Riordan/ Salop, Antitrust L. J. (63) 1995, 513, 517. Es wird mithin der Chicago School vorgeworfen, sie verlasse sich zu sehr auf die ökonomische Theorie anstatt die speziellen Fakten des Einzelfalls bei der Entscheidung miteinzubeziehen, Royall, Antitrust L. J. (63) 1995, 445, 446. Die Vertreter der Post-Chicago School weisen dabei den ökonomischen Ansatz der Chicago School nicht grundsätzlich zurück, sondern dehnen vielmehr die vereinfachenden ökonomischen Modelle zu realistischeren Annahmen hinsichtlich der Marktstrukturen aus, siehe Royall, Antitrust L. J. (63) 1995, 445, 454; Sullivan, Antitrust L. J. (63) 1995, 669, 670.

Ebene zu verbessern[303]. Die strukturelle Bedeutung besteht somit darin, daß Marktbeziehungen durch den Zusammenschluß zu unternehmensinternen Vorgängen werden[304] und sich dadurch die Marktstellung der beteiligten Unternehmen deutlich verändern kann.

Wettbewerbswidrige Konsequenzen in Form von Ausschluß- und Marktabschottungseffekten sind nach der Post-Chicago School dann zu befürchten, wenn das vertikal integrierte Unternehmen erhebliche Marktmacht auf einer oder mehreren Wirtschaftsstufen besitzt[305]. Bei einer derartigen Marktlage sind die geringer integrierten Unternehmen von dem neuen Unternehmen abhängig, indem sie für den Bezug ihrer Vorprodukte oder im Vertrieb auf dessen Leistungen angewiesen sind[306]. Aufgrund der durch die vertikale Integration veränderten Anreize werden jedoch die sich zusammenschließenden Unternehmen nunmehr dazu neigen, jeweils ihren integrierten Partner gegenüber dessen Wettbewerbern zu bevorzugen. Verfügt ein fusionierendes Unternehmen auf einer Stufe über erhebliche Marktmacht, besteht mithin die Gefahr, daß es diese infolge der vertikalen Integration durch Ausschlußstrategien auf einen vor- oder nachgelagerten Markt ausdehnen und dort seine Macht vergrößern kann[307]. Eine Diskriminierung aktueller bzw. potentieller Wettbewerber kann zum einen in der vollständigen Verweigerung des Zugangs zu vom neuen Unternehmen kontrollierten Bezugsquellen und/ oder Absatzmöglichkeiten oder zum anderen in der Gewährung des Zugangs nur unter ungünstigeren Bedingungen liegen, beides mit dem Ziel, Konkurrenten auf einem vor- oder nachgelagerten Markt auszuschließen[308]. Das Augenmerk ist also darauf gerichtet, inwieweit die vertikale Integration horizontale Effekte hat, d.h. zu einer Reduktion des Wettbewerbs auf horizontaler Ebene

---

303 Abbamonte/ Rabassa, ECLR 2001, 214, 216. Vgl. auch Salop, Palgrave Dictionary, Bd. 3, S. 669, 672. Siehe auch die verschiedenen Beispielkonstellationen bei Abbamonte/ Rabassa, ECLR 2001, 214, 216-218.

304 Vgl. Immenga in: Immenga/ Mestmäcker, Bd. 1, Art. 2 FKVO, Rn. 134.

305 Vgl. Bishop/ Ridyard, ECLR 2002, Analysis Section, 35, in bezug auf vertikale Beschränkungen; Bishop/ Walker, S. 288, 7.61; Abbamonte/ Rabassa, ECLR 2001, 214, 215; siehe auch Hughes/ Foss/ Ross, ECLR 2001, 424, 429.

306 Siehe bei Mestmäcker, ZUM 2001, 185, 190.

307 Abbamonte/ Rabassa, ECLR 2001, 214, 218; Rabassa, Competition Policy Newsletter 2001 (No. 1), 46, 47.

308 Vgl. Amory, FCLI 1997, 147, 149. Die Strategie, daß Wettbewerber den Zugang zu schlechteren Bedingungen hinnehmen müssen oder - wenn vorhanden - auf teurere Substitute ausweichen müssen, wird als Strategie des „raising rivals' costs" bezeichnet. Wenn die angestiegenen Kosten ein Niveau erreichen, von dem ab Wettbewerber nicht mehr profitabel operieren können, führt dies dazu, daß sie den Markt verlassen müssen. Vgl. hierzu Alonso, FCLI 1997, 129, 130; Seabright in: Competition Policies, S. 161, 179, 180.

zwischen den im vor- oder nachgelagerten Markt konkurrierenden Unternehmen führt[309].

c. Der Standpunkt der Kommission

Die Kommission erklärt im Einklang mit der Post-Chicago School und damit im Einklang mit der herrschenden ökonomischen Theorie, daß sich aus einer vertikalen Integration Marktabschottungseffekte ergeben können und daß vertikale Integration oftmals die wirtschaftlichen Anreize für die am Zusammenschluß beteiligten Unternehmen verändert und damit zu einem erheblichen Wandel in der Funktionsweise des Marktes führt[310]. Im Rahmen der FKVO geht es um das Risiko, daß ein vertikal integriertes Unternehmen seinen aktuellen oder potentiellen Konkurrenten z.B. im nachgelagerten Markt den Zugang zu einer von ihm kontrollierten Ressource auf dem vorgelagerten Markt nicht oder nur zu diskriminierenden Bedingungen gewährt, diese dadurch schwächen bzw. vom Markt ausschließen und damit selbst eine beherrschende Stellung auf dem nachgelagerten Markt erlangen bzw. verstärken kann[311]. Untersucht werden somit die horizontalen Auswirkungen des vertikalen Zusammenschlusses auf den Wettbewerb[312]. Dies entspricht dem traditionellen Ansatz bei der Analyse möglicher Ausschlußeffekte vertikaler Integration, allerdings mit der erhöhten Anforderung, daß diese Ausschlußeffekte im Rahmen der FKVO zur Entstehung oder Verstärkung einer marktbeherrschenden Stellung führen müssen[313]. Gemäß der Sichtweise der Post-

---

309 Bishop/ Walker, S. 160, 5.41. Der Wettbewerb zwischen konkurrierenden Produkten wird auch als „interbrand competition" bezeichnet, vgl. bei Fox/ Sullivan, S. 611. Auf die Frage, inwieweit der sog. „intrabrand"-Wettbewerb, d.h. der Wettbewerb zwischen Vertriebshändlern, die Produkte derselben Marke vertreiben, als schützenswert gilt, wird hier nicht näher eingegangen, da diese Fragestellung mehr die Beurteilung einzelner vertikaler Beschränkungen zwischen Herstellern und Händlern betrifft als die vertikaler Zusammenschlüsse. Vgl. zur Problematik des „intrabrand"-Wettbewerbs auch Bishop/ Walker, S. 160, 5.41.

310 XXX. Wettbewerbsbericht (2000), S. 84.

311 Vgl. bei Reynolds, FCLI 1997, 153, 160, mit Verweis auf den XXI. Wettbewerbsbericht (1991), S. 368, wo die Kommission erstmals ihren grundsätzlichen Standpunkt im Hinblick auf die Behandlung vertikaler Zusammenschlüsse kundgetan hat. Parallel dazu besteht in der umgekehrten Konstellation das Risiko, daß ein vertikal integriertes Unternehmen auf dem vorgelagerten Markt eine beherrschende Stellung einzunehmen vermag, indem es seinen dortigen aktuellen oder potentiellen Wettbewerbern den Zugang zu den von ihm kontrollierten Absatzmöglichkeiten verweigert bzw. nur zu ungünstigen Bedingungen gewährt. Im folgenden wird der Einfachheit halber - soweit nicht anders vermerkt - von der Konstellation gesprochen, bei der sich die Frage nach erheblicher Marktmacht auf dem vorgelagerten Markt der Ressource oder Einrichtung stellt und es um die Entstehung einer beherrschenden Stellung auf dem nachgelagerten Markt geht.

312 Korah, Introductory Guide, S. 311, 11.2.6.1.

313 Alonso, FCLI 1997, 129, 133. Anders ist dies unter Art. 81 Abs. 1 EGV, wo es generell um eine aus einer vertikalen Vereinbarung resultierende Wettbewerbsbeschränkung und nicht um

Chicago School ist dabei grundsätzlich auch für die Kommission bei der Analyse entscheidend, ob eines der am Zusammenschluß beteiligten Unternehmen über erhebliche Marktmacht in einem vor- oder nachgelagerten Markt verfügt[314]. Unternehmen, die einen Markt beherrschen, sollen diese Dominanz nicht auf benachbarte Märkte ausdehnen dürfen[315]. Erst beim Vorliegen von erheblicher Marktmacht auf einer Ebene erachtet die Kommission somit die Entstehung von Gatekeeper Effekten auf einer vor- oder nachgelagerten Stufe der Wertschöpfungskette als wahrscheinlich[316].

2. *MSG Media Service*

Die beabsichtigte Gründung des Gemeinschaftsunternehmens MSG Media Service durch die Kirch Gruppe, Bertelsmann und die Deutsche Telekom stellt den ersten Fall im Informations- und Kommunikationssektor dar, in dem sich die Kommission mit der Frage auseinanderzusetzen hatte, wann vertikale Integrationsaktivitäten Gatekeeper Positionen nach sich ziehen können[317]. Konkret ging es dabei vor allem um die Befürchtung, daß infolge der Integration von Programmzulieferer, Programmveranstalter und Netzbetreiber in einem gemeinsamen Unternehmen sowohl der Markt für digitales Pay-TV als auch der Markt für dazugehörige Dienstleistungen abgeschottet werden könnte[318].

---

die Wettbewerbsbeschränkung in Form der Entstehung oder Verstärkung einer beherrschenden Stellung geht.

314 Siehe z.B. XXX. Wettbewerbsbericht (2000), S. 88.

315 Vgl. XXIX. Wettbewerbsbericht (1999), S. 36.

316 Monti, FCLI 2000, 257, 262.

317 *MSG Media Service*, Fall IV/M.469, Entscheidung der Kommission vom 09.11.1994, ABl. 1994, L 364/1. Siehe auch die Pressemitteilungen der Europäischen Kommission vom 19.07.1994, IP/94/675, „Commission opens in-depth investigation in the case MSG Media Service", und vom 09.11.1994, IP/94/1025, „Commission declares joint venture by Bertelsmann, Kirch and Deutsche Telekom as incompatible with the common market", beide unter: http://www.europa.eu.int/rapid/start/cgi. Kommentierungen, die in diesem Fall von einer Gatekeeper Position sprechen, sind Alonso, FCLI 1997, 129, 140; Garzaniti, S. 236; Nave/ Enser/ Sandhu, „Innovation and High Technology" unter: http://www.global-competition.com/ spl_rpts/ear; Schmittmann/ de Vries, AfP 1996, 120, 123; Ungerer, „Who should be Europe's Digital Gatekeepers" (20.03.1996), ders., „Competition in the Information Society" (19.11.1996), beide unter: http://www.europa.eu.int/comm/competition/speeches/index_1996.html; Van Miert, FCLI 1995, 285, 287; ders., „Impact of Digital Technologies on the Telecommunications and Television Sectors" (12.06.1997), unter: http://www.europa.eu.int/comm/competition/speeches/index_1997.html.

318 Pressemitteilung der Europäischen Kommission von 09.11.1994, IP/94/1025, „Commission declares joint venture by Bertelsmann, Kirch and Deutsche Telekom as incompatible with the common market", unter: http://www.europa.eu.int/rapid/start/cgi. Darauf, daß alle von der Kommission als sachlich relevant identifizierten Märkte aufgrund regulatorischer, sprachlicher und kultureller Besonderheiten räumlich auf Deutschland beschränkt waren, soll hier nicht näher ein-

a. Der Markt für technische und administrative Dienstleistungen für Pay-TV

Das Gemeinschaftsunternehmen MSG sollte technische und administrative Dienstleistungen für Pay-TV Anbieter erbringen, wozu die Bereitstellung und der Betrieb der technischen Infrastruktur, die für das Angebot von Pay-TV erforderlich ist, zu zählen sind[319]. Die Kommission hat festgestellt, daß sich infolge der Einführung des digitalen Fernsehens, die ein rasches Wachstum des Pay-TV Marktes erwarten lasse, eine Nachfrage nach derartigen Dienstleistungen und demzufolge auch ein solcher sog. Zukunftsmarkt für die von MSG angebotenen Dienstleistungen entwickeln werde[320].

Sie ist zu dem Schluß gekommen, daß dieser zukünftige Markt für technische und administrative Dienstleistungen durch die Gründung des Gemeinschaftsunternehmens bereits in seiner Entstehungsphase abgeschottet werde

---

gegangen werden. Zu den Parteien vgl. *MSG Media Service*, Zi. 5-7. Die beteiligten Unternehmen hatten in ihren bisherigen Tätigkeitsfeldern jeweils führende Positionen inne. Die Kirch Gruppe und Bertelsmann hatten jeweils bevorzugten Zugang zu Programmressourcen und haben u.a. über einen Großteil der Rechte an Spielfilmen und Sportereignissen verfügt, siehe Zi. 76. Beide hatten weitgespannte Aktivitäten im Bereich des freien kommerziellen Fernsehens und haben zudem – zusammen mit Canal+ - den einzigen deutschen Pay-TV Sender Premiere betrieben, also bereits über einen Abonnentenstamm verfügt. Die Deutsche Telekom stellte als führender Kabelnetzbetreiber die für die Programmveranstaltung erforderlichen Übertragungskapazitäten zur Verfügung. Siehe auch Neumann, Pay-TV, S. 214.

[319] Die technische Infrastruktur setzt sich zusammen aus der Bereitstellung von Geräten zur Entschlüsselung der TV-Signale - den Decodern bzw. den Set Top Boxen, der Abwicklung einer auf einer bestimmten Technologie basierenden Zugangskontrolle sowie der Abonnentenverwaltung, vgl. *MSG Media Service*, Zi. 19 ff. Der Decoder ist das Empfangsgerät für digitales Fernsehen und wird in jedem auf Pay-TV abonnierten Fernsehhaushalt installiert. Decoder für den Empfang von digitalem Pay-TV entschlüsseln nicht nur die Signale, sondern konvertieren diese auch, um den Empfang digitaler Fernsehsignale auf analogen Endgeräten zu ermöglichen. Der Begriff Set Top Box hat sich mit der Entwicklung des digitalen Fernsehens herausgebildet. Die Set Top Box erfüllt ebenfalls die Decoderfunktion, kann aber weit mehr Funktionen wahrnehmen als ein herkömmlicher Pay-TV Decoder, so z.B. auch für den Internetzugang genutzt werden, vgl. Neumann, Pay-TV, S. 211. Das System der Zugangskontrolle („conditional access system") ist ein Verfahren für die Zugangsberechtigung zu Programmübertragungen und sonstigen Mehrwertdiensten, siehe Holznagel/ Daufeldt, CR 1998, 151, 155; Neumann, Pay-TV, S. 211; Holznagel/ Grünwald, ZUM 1997, 417, 418. Mit Hilfe dieser Verschlüsselungstechnik kann ein Anbieter durch einen Entschlüsselungscode steuern, daß die digitalen Programme nur den zum Empfang berechtigten Zuschauern zugänglich gemacht werden. Das System umfaßt die Übertragung verschlüsselter Daten, die Informationen über die Autorisierung der Pay-TV-Abonnenten enthalten, zusammen mit dem Programmsignal und sog. smart cards, die in die Set Top Box geschoben werden und die verschlüsselten Autorisierungsdaten für die Empfangsberechtigung entschlüsseln und an den Decoder übermitteln, vgl. *MSG Media Service*, Zi. 23. In der Abonnentendatei sind sämtliche relevanten Informationen über die Abonnenten eines Pay-TV Programms gespeichert, vgl. *MSG Media Service*, Zi. 25. Die Verwaltung der Abonnentendatei („subscriber management system") ist zur Erhebung des Entgelts von den Zuschauern erforderlich.

[320] *MSG Media Service*, Zi. 30; Löffler, WuW 1994, 1017, 1018.

und MSG eine auf Dauer angelegte Alleinstellung erlangen werde[321]. Hierfür hat sie im wesentlichen zwei Faktoren als ursächlich angesehen. Zum einen werde durch die Gründung des Gemeinschaftsunternehmens der wahrscheinlichste potentielle Wettbewerb schon in der Entstehungsphase ausgeschlossen, da gerade Kabelnetzbetreiber und Pay-TV Anbieter prädestiniert dafür seien, eine Infrastruktur für digitales Fernsehen zu installieren und die entsprechenden Dienstleistungen zu erbringen[322]. Kirch und Bertelsmann auf der einen und die Telekom auf der anderen Seite verfügten über die erforderlichen Ressourcen, ein solches Vorhaben wie MSG auch allein zu verwirklichen. Sie hätten angesichts der zusätzlichen Programmöglichkeiten bzw. der besseren Nutzung des Kabelnetzes, die mit der Digitalisierung verbunden seien, auch ein starkes Interesse an der Errichtung einer technischen Infrastruktur für digitales Pay-TV[323]. Dementsprechend seien sie als potentielle Wettbewerber einzustufen gewesen. Der Wettbewerb zwischen ihnen werde nun durch den Zusammenschluß wegfallen.

Zum anderen erscheine es kaum möglich, daß sich ein alternatives Dienstleistungsangebot gegen MSG nach deren Etablierung auf dem Markt durchsetzen werde. Angesichts der Stärken und kombinierten Wettbewerbsvorteile der beteiligten Parteien - der Telekom als Inhaberin des Kabelnetzes mit breiter Kundenbasis und Kirch/ Bertelsmann mit bereits vorhandenem Pay-TV Abonnentenstamm und bevorzugtem Zugang zu den attraktiven Programmressourcen - sei deshalb davon auszugehen, daß konkurrierende Anbieter wegen der geringen Marktdurchdringungschance davon absehen würden, den hohen Investitionsbedarf aufzubringen, der für die Schaffung einer alternativen Infrastruktur notwendig sei[324].

b. Der Markt für Pay-TV

Die Kommission hat ferner ausgeführt, daß auf dem der Erbringung technischer Dienstleistungen nachgelagerten Markt für Pay-TV die Entstehung einer auf Dauer angelegten beherrschenden Stellung von Bertelsmann und

---

[321] *MSG Media Service*, Zi. 55 ff. Vgl. auch Camesasca, ECLR 1998, 76, 88; Löffler, Art. 2 FKVO, Rn. 123; Ungerer, „Competition in the Information Society“ (19.11.1996), unter: http://www.europa.eu.int/comm/competition/speeches/index_1996.html.

[322] *MSG Media Service*, Zi. 56 und 27, wo die Kommission auf die Erfahrung in anderen Ländern hingewiesen hat, wonach als Anbieter technischer und administrativer Dienstleistungen für Pay-TV am ehesten Veranstalter von Pay-TV und Kabelnetzbetreiber in Betracht kommen.

[323] *MSG Media Service*, Zi. 57.

[324] *MSG Media Service*, Zi. 60-64.

Kirch durch Premiere zu erwarten sei[325]. Premiere habe in diesem Bereich bereits eine außerordentlich starke Stellung inne und werde diese auch behaupten können, da es dank des bevorzugten Zugangs zu der für Pay-TV attraktiven Software in Form von Film- und Sportübertragungsrechten nach der Digitalisierung leichter als potentielle Wettbewerber zusätzlich attraktive Pay-TV Programme und -pakete anbieten könne[326].

Vor allem aber werde die Position von Premiere auf dem Pay-TV Markt durch die Alleinstellung von MSG auf dem Markt für technische und administrative Dienstleistungen gestärkt[327]. Da das wirtschaftliche Risiko, eine eigene technische Infrastruktur zu schaffen, normalerweise zu groß sei, seien Programmanbieter, die in den Markt für Pay-TV eintreten wollten, nach dem Zusammenschluß darauf angewiesen, die hierfür grundlegenden Dienstleistungen bei einem Unternehmen in Anspruch zu nehmen, das von den bereits führenden Pay-TV Anbietern kontrolliert werde[328]. Sie gerieten mithin in ein Abhängigkeitsverhältnis und hätten nur die Wahl, entweder die Konditionen der MSG zu akzeptieren oder dem Pay-TV Markt fernzubleiben[329]. Die Kommission hat dabei eine Vielfalt an möglichen Behinderungsstrategien gegenüber potentiellen Konkurrenten identifiziert[330]. So könnten Bertelsmann und Kirch die Preise und Konditionen, zu denen MSG anderen Pay-TV Anbietern ihre Dienste anbietet, zu ihrem Vorteil und für potentielle Wettbewerber nachteilig gestalten. Weitere Möglichkeiten der Beeinträchtigung bestünden in der Berufung auf nur schwer nachprüfbare technische Zwänge gegenüber anderen Pay-TV Anbietern und damit der zeitlichen Verzögerung von deren Marktzutritten, in einer weniger attraktiven Positionie-

---

325 *MSG Media Service*, Zi. 74 ff. Die Kommission hat dabei den Markt für Pay-TV aufgrund der unterschiedlichen Austauschverhältnisse - einmal zwischen Programmanbieter und werbender Wirtschaft und beim Pay-TV zwischen Programmanbieter und Abonnent - gegenüber kommerziellem, werbefinanziertem Fernsehen und dem aus Gebühren und teilweise aus Werbeaufkommen finanzierten öffentlichen Fernsehen als einen eigenen Produktmarkt identifiziert, Zi. 32. Sie hat allerdings auch auf die Wechselwirkungen zwischen den Märkten hingewiesen, die sich darin zeigten, daß das Wachstum des Pay-TV Marktes bei einem vergleichsweise vielfältigen Programmangebot der freien Sender wie in Deutschland langsamer sei als in anderen europäischen Ländern.

326 *MSG Media Service*, Zi. 76, 77.

327 *MSG Media Service*, Zi. 82 ff.

328 Vgl. *MSG Media Service*, Zi. 83.

329 *MSG Media Service*, Zi. 83; Nave/ Enser/ Sandhu, „Innovation and High Technology", unter: http://www.global-competition.com/spl_rpts/ear.

330 Vgl. zum Folgenden *MSG Media Service*, Zi. 84-89; zu den Behinderungsmöglichkeiten siehe ferner Ungerer, „Competition in the Information Society" (19.11.1996), unter: http://www.europa.eu.int/comm/competition/speeches/index_1996.html; Van Miert, FCLI 1995, 285, 287; Bohl, S. 214.

rung von Programmen ihrer Wettbewerber im Programm-Menü[331] sowie im Zugriff auf Daten der Konkurrenz bezüglich der Kundenstruktur und des Zuschauerverhaltens[332]. Aufgrund dieser Behinderungsmöglichkeiten könnten Bertelsmann und Kirch über das Gemeinschaftsunternehmen MSG den Zugang anderer Programmanbieter zum Pay-TV Markt kontrollieren bzw. die Konditionen des Zutritts diktieren. Sie würden, so der damals zuständige Wettbewerbskommissar, eine Gatekeeper Position auf dem deutschen Pay-TV Markt erlangen[333].

c. Die Untersagung der Gründung des Gemeinschaftsunternehmens

Da die Kommission die von den Parteien vorgeschlagenen Zusagen als unzureichend erachtet hat, ihre Bedenken auszuräumen, hat sie das Vorhaben nach Art. 8 Abs. 3 FKVO untersagt[334]. Der überwiegende Teil der Verpflichtungserklärungen sei als reine Verhaltenszusagen ohne jeglichen strukturellen Bezug einzustufen und somit schon im Ansatz ungeeignet, das struktu-

---

[331] Dies ist durch den elektronischen Programmführer („electronic programming guide", EPG) möglich, der meist in der Set Top Box enthalten ist und als Menü auf dem Fernsehbildschirm dargestellt wird. Er ist ein Navigationssystem zur Benutzerführung, das Kanäle und Dienstleistungen auflistet und dem Benutzer hilft, zwischen den angebotenen Kanälen und Dienstleistungen hin- und herzuschalten. Er soll dem Empfänger die Programmauswahl aus dem angebotenen - durch die Digitalisierung vergrößerten - Spektrum erleichtern und dient als Orientierungshilfe für den Zuschauer. Elektronische Programmführer werden deshalb auch als „Programmzeitschrift des digitalen Fernsehens" bezeichnet, vgl. Holznagel/ Daufeldt, CR 1998, 151, 154.

[332] Daneben sei es auch möglich, aufgrund der Kontrolle der Telekom über den Zugang zu den Kabelnetzen über die Übertragung konkurrierender Pay-TV Programme zu entscheiden und dadurch die Markteintritte und Marktdurchdringungschancen von Wettbewerbern zu steuern, *MSG Media Service*, Zi. 85.

[333] Van Miert, FCLI 1995, 285, 287. Erwähnung finden soll ferner, daß die Kommission auch den Markt für Kabelnetze, der wegen der unterschiedlichen technischen Voraussetzungen und der verschiedenen Finanzierung von den terrestrischen und Satellitenübertragungswegen zu unterscheiden sei, als von der beabsichtigten Gründung des Gemeinschaftsunternehmens betroffen angesehen hat, vgl. für die Marktabgrenzung *MSG Media Service*, Zi. 44 ff., und für die wettbewerbsrechtliche Würdigung Zi. 92 ff. Trotz der zum Zeitpunkt der Entscheidung noch bevorstehenden Deregulierung und Öffnung des Marktes für Kabelnetze, die ein gesteigertes Wettbewerbsaufkommen erwarten lasse, hat die Kommission die Gefahr identifiziert, daß der neu aufkommende Wettbewerb erheblich beeinträchtigt werde und die Gründung von MSG zu einer Absicherung der marktbeherrschenden Stellung der Telekom beitragen werde. In der gleichen Weise, wie Bertelsmann/ Kirch die Telekom als potentiellen Wettbewerber auf dem Markt für technische und administrative Dienstleistungen ausschalten könnten, könne die Telekom über das beabsichtigte Gemeinschaftsunternehmen verhindern, daß Bertelsmann und Kirch als potentielle Partner für andere zukünftige Kabelnetzbetreiber zur Verfügung stünden, und somit mangels Zugriffsmöglichkeit auf attraktive Programminhalte deren potentielle Erfolgschancen verringern.

[334] Vgl. *MSG Media Service*, Zi. 94, für die gemachten Zusagen und Zi. 95 ff. für die Bewertung durch die Kommission.

relle Problem zu lösen, daß es durch die Gründung des Gemeinschaftsunternehmens zur Entstehung bzw. Verstärkung von beherrschenden Stellungen komme[335]. Nur die Zusage hinsichtlich der Einführung einer gemeinsamen Schnittstelle weise einen strukturellen Bezug auf und könne grundsätzlich eine positive Auswirkung auf die wettbewerbliche Struktur des künftigen digitalen Pay-TV haben[336]. Im konkreten Fall sei sie jedoch nicht geeignet, die Entstehung einer beherrschenden Stellung zu verhindern, da sie zum einen an Vorbehalte geknüpft und zum anderen aufgrund der derzeitigen Gesellschafterstruktur von MSG ein freier Zugang konkurrierender Programm- oder Dienstleistungsanbieter trotzdem nicht gewährleistet sei[337].

3. *Bertelsmann/ Kirch/ Premiere* und *Deutsche Telekom/ Beta Research*

Vier Jahre nach der Entscheidung *MSG Media Service* wurde durch die Zusammenschlußvorhaben *Bertelsmann/ Kirch/ Premiere*[338] und *Deutsche Telekom/ Beta Research*[339] erneut die Frage aufgeworfen, inwieweit die vertikale Verflechtung derselben Unternehmen es ihnen ermöglichen würde, eine Gatekeeper Position einzunehmen und den Zugang von Wettbewerbern sowohl zum Pay-TV Markt als auch zum Markt für technische Dienstleistungen zu kontrollieren[340].

---

335 *MSG Media Service*, Zi. 99.

336 Diese Zusage zielte darauf ab, die Abhängigkeit der Wettbewerber von MSG als einzigem Betreiber einer technischen Decoderinfrastruktur zu verringen. Mit der Einführung einer sog. gemeinsamen Schnittstelle („common interface“) wird grundsätzlich vermieden, daß sich Zuschauer mehrere Decoder anschaffen müssen. Über die gemeinsame Schnittstelle wird die Nutzung verschiedener Zugangskontrollsysteme in einer Set Top Box ermöglicht. Dadurch wäre es jedem anderen Pay-TV- oder Dienstleistungsanbieter möglich, Zugangskontrolle und Kundenmanagement unter Nutzung einer vorhandenen Decoderbasis zu betreiben, ohne eine Lizenz für das Verschlüsselungssystem desjenigen zu benötigen, der die Decoderbasis installiert hat, vgl. *MSG Media Service*, Zi. 24 und 69.

337 Vgl. hierzu genau *MSG Media Service*, Zi. 69 ff. und 97.

338 *Bertelsmann/ Kirch/ Premiere*, Fall IV/M.993, Entscheidung der Kommission vom 27.05.1998, ABl. 1999, L 53/1.

339 *Deutsche Telekom/ Beta Research*, Fall IV/M.1027, Entscheidung der Kommission vom 27.05.1998, ABl. 1999, L 53/31. Die Parteien haben zwar bei der Kommission zwei Vorhaben getrennt voneinander angemeldet. Im folgenden sollen die beiden Entscheidungen der Kommission jedoch zusammen geschildert werden, da auch die Kommission die beiden Vorhaben als miteinander verbunden klassifiziert hat, vgl. XXVIII. Wettbewerbsbericht (1998), S. 76.

340 Vgl. Pons, „La politique européenne de concurrence et l'audiovisuel“ (21.01.1999), unter: http://www.europa.eu.int/comm/competition/speeches/index_1999.html; siehe hierzu auch Aubel, „L'application du droit communautaire de la concurrence et le contrôle des concentrations et des alliances dans l'audiovisuel“, unter: http://www.europa.eu.int/comm/competition/speeches.

a. Struktur der Vorhaben

Anders als in *MSG Media Service* ging es hier nicht um die Gründung eines Gemeinschaftsunternehmens. Vielmehr war es das Ziel, den deutschen Pay-TV Veranstalter Premiere unter Einbringung der bisherigen digitalen Fernsehaktivitäten Kirchs bei DF 1 zu einer gemeinsamen digitalen Pay-TV Programm- und Vermarktungsplattform auszubauen[341]. Dies sollte unter Verwendung der von Kirch zur Verfügung gestellten d-box Technologie erfolgen, die mit einem in sich geschlossenen proprietären Verschlüsselungssystem arbeitet[342]. Beabsichtigt war, das Angebot von digitalem Bezahlfernsehen für den Satellitenbereich über die technische Plattform von Beta Digital, das gemeinsam von CLT-UFA und Kirch kontrolliert werden würde, sowie für den Kabelbereich über die technische Plattform der Deutschen Telekom zu erbringen[343].

---

[341] Dies war Teil des erstgenannten Zusammenschlußvorhabens. Vgl. zum Folgenden insgesamt *Bertelsmann/ Kirch/ Premiere*, Zi. 8-15, und *Deutsche Telekom/ Beta Research*, Zi. 9-13. Dabei war geplant, daß Canal+ als Gesellschafter aussteigt und Bertelsmann und Kirch nach Vollzug je 50 % der Aktien kontrollieren. Premiere sollte eigen- und/ oder fremderstellte Fernsehprogramme zu Programmpaketen, auch Programmbouquets genannt, bündeln, und diese entweder im Wege des Direktmarketing oder über den Handel vermarkten und die Abonnentenverwaltung durchführen, *Bertelsmann/ Kirch/ Premiere*, Zi. 26. Vgl. ferner Esser-Wellié/ Hufnagel, AfP 1998, 290, zur Funktionsweise einer Programmplattform. Anderen Programmanbietern sollte dadurch die Möglichkeit gegeben werden, ihre Programme unter Nutzung dieser Plattform zu verbreiten.

[342] Um die Nutzung der Technologie strukturell abzusichern, sollte die Softwareentwicklungsgesellschaft Beta Research, die Inhaberin von Lizenzen für die Beta-Verschlüsselungstechnologie auf Basis des d-box-Decoders war, unter die gemeinsame Kontrolle von Kirch, CLT-UFA und der Deutschen Telekom gestellt werden. Es war geplant, daß Beta Research die Verschlüsselungs- und Betriebssoftware für die d-box-Technologie weiterentwickeln und diese Technologie an Pay-TV Anbieter, Anbieter technischer Dienstleistungen für digitales Fernsehen und Decoderhersteller lizenzieren sollte, vgl. *Deutsche Telekom/ Beta Research*, Zi. 9; Pressemitteilung der Europäischen Kommission vom 30.01.1998, IP/98/103, „Kommission leitet eingehende Untersuchung im Fall Deutsche Telekom/ Beta Research ein“, unter: http://www.europa.eu.int/rapid/start/cgi.

[343] Wagemann, WuW 1998, 694; vgl. ferner die Pressemitteilung der Europäischen Kommission vom 27.05.1998, IP/98/477, „Kommission untersagt die Zusammenschlußvorhaben Bertelsmann/ Kirch/ Premiere und Deutsche Telekom/ Beta Research“, unter: http://www.europa.eu.int/rapid/start/cgi. In der Entscheidung hat die Kommission somit zwischen der Programmplattform und der technischen Plattform differenziert. Die technische Plattform verschlüsselt die vom Programmveranstalter übermittelten Signale der auszustrahlenden Sendung und verbreitet diese zum Abonnenten. Die Kommission hat dabei die Decoder-/ (d-box)- und die Beta-Zugangstechnologie als Teil der technischen Plattform angesehen, vgl. *Bertelsmann/ Kirch/ Premiere*, Zi. 27, 28.

b. Der Markt für Pay-TV

Die Kommission ist zu der Feststellung gekommen, daß der Zusammenschluß nach Eingliederung von DF 1 dauerhaft zu einer Alleinstellung von Premiere als Veranstalter von Pay-TV und einziger Programmplattform für digitales Fernsehen führen werde[344]. Parallel zu ihrer Argumentation in *MSG Media Service* waren für die Kommission der Zugang zu Programmressourcen einerseits und die Kontrolle über die technische Plattform andererseits ursächlich für die Möglichkeit, Marktzutritte von Wettbewerbern auf dem Pay-TV Markt zu kontrollieren.

Im Bereich des Pay-TV sei bei den Programmressourcen der Zugang zu sog. Premiuminhalten wie erstklassigen Spielfilmen und Sportrechten die Schlüsselkomponente im Wettbewerb, weil Zuschauer nur bei bestimmten attraktiven Inhalten gewillt seien, durch ein Abonnement für diese Sendungen zusätzlich zu bezahlen[345]. Die Kombination der umfassenden Programminhalte, über die sowohl Kirch als auch Bertelsmann verfügten[346], mit dem Abonnentenstamm von Premiere werde dazu führen, daß sich mangels vergleichbarer Programmressourcen keine weitere Programm- und Vermarktungsplattform im deutschen Pay-TV Markt etablieren könne[347]. Infolgedes-

---

[344] Ebenso wie in *MSG Media Service* ist die Kommission aufgrund der unterschiedlichen Austauschverhältnisse zu einem eigenständigen Markt für Pay-TV gekommen, *Bertelsmann/ Kirch/ Premiere*, Zi. 18. Bei Pay-TV handele es sich um ein klar abgrenzbares Produkt mit spezifischem Zusatznutzen, was sich daran zeige, daß Abonnenten trotz vergleichsweise geringer Nutzung bereit seien, erhebliche Kosten für Pay-TV aufzubringen. Eine Aufteilung in analoges und digitales Bezahlfernsehen hat sie mit der Begründung abgelehnt, digitales Fernsehen stelle lediglich eine Weiterentwicklung des analogen Fernsehens dar, Zi. 26. Die Kommission hat in Zi. 46 ausgeführt, daß die Parteien einräumten, daß Premiere über die nächsten fünf Jahre hinweg eine sehr starke Stellung einnehmen werde, die jedoch zeitlich begrenzt sei. Die Kommission war hingegen von der Dauerhaftigkeit der Marktbeherrschung überzeugt. Die im folgenden darzustellenden Argumente für eine Marktbeherrschung beziehen diese zeitliche Komponente mit ein und begründen nicht nur die Marktbeherrschung, sondern auch deren Dauerhaftigkeit.

[345] *Bertelsmann/ Kirch/ Premiere*, Zi. 34 und 48. Siehe auch Mc Callum, Competition Policy Newsletter 1999 (No. 1), 4, 7, 15; Ungerer, „Content – Media – Telecom Competition Issues" (31.05.2001), unter: http://www.europa.eu.int/comm/competition/speeches/index_2001.html; Rabassa, Competition Policy Newsletter 2001 (No. 1), 46, 50.

[346] Beide Unternehmen hatten umfangreiche Output-Deals mit den wichtigsten Hollywood-Studios über exklusive Pay-TV Rechte im deutschsprachigen Gebiet, vgl. *Bertelsmann/ Kirch/ Premiere*, Zi. 36 ff., und Wagemann, WuW 1998, 694, 695. Da die Ausstrahlungsrechte für derartige Premiuminhalte grundsätzlich auf der Basis längerfristiger und ausschließlicher Verträge vergeben würden, seien die Ressourcen mithin knapp, Zi. 49.

[347] Vgl. die Pressemitteilung der Europäischen Kommission vom 22.01.1998, IP/98/77, „Kommission leitet eingehende Untersuchung im Fall Bertelsmann/ Kirch/ Premiere ein", unter: http://www.europa.eu.int/rapid/start/cgi. Angesichts des bereits vorhandenen Abonnentenstammes werde es für Premiere leichter als für andere Anbieter sein, weiterhin erfolgreich Ausstrahlungsrechte zu akquirieren, da Rechteinhaber regelmäßig an einer weiten Verbreitung ihrer Inhalte inte-

sen werde Premiere in der Lage sein, die Konditionen zu diktieren, zu denen andere Programmanbieter in Konkurrenz zu Premiere in den Markt für Pay-TV eintreten könnten, da potentielle Wettbewerber auf den Zugang zur Plattform und Aufnahme in ein Programmbouquet von Premiere angewiesen seien[348]. So könne Premiere einem Pay-TV Veranstalter den Zugang zu der Premiereplattform entweder vollständig verweigern oder die Aufnahme von Bedingungen abhängig machen[349].

Eine weitere Abhängigkeit potentieller Pay-TV Anbieter werde aus der Kontrolle über die urheberrechtlich geschützte d-box Technologie und damit über die technische Plattform resultieren[350]. Ähnlich wie in *MSG Media Service* hat die Kommission auch hier darauf hingewiesen, daß potentielle Pay-TV Veranstalter angesichts der hohen Investitionskosten und des wirtschaftlichen Risikos, das die Installation einer technischen Plattform für Pay-TV mit sich brächte, im Regelfall auf die existierende technische Decoderinfrastruktur des bereits etablierten Pay-TV Anbieters zurückgriffen und somit auf den Zugang zur Set Top Box angewiesen seien[351]. Da die d-box mit einem proprietären Zugangskontrollsystem arbeite, werde jeder neu auf dem Markt auftretende Pay-TV Anbieter folglich eine Lizenz für die Nutzung der Beta-Zugangstechnologie von Beta Research erwerben müssen[352]. Über ihre Beteiligung an Beta Research und konkret mit Hilfe der Lizenzierungspolitik könnten daher Bertelsmann und Kirch den Wettbewerb durch künftige Pay-TV Anbieter erheblich beeinflussen und zugunsten von Premiere steuern. Parallel zu ihren Ausführungen in *MSG Media Service* hat die Kommission auch hier die gleiche Vielfalt an Behinderungsmöglichkeiten identifiziert wie z.B. die nachteilige Einflußnahme auf Preise und Konditionen für Wettbe-

---

ressiert seien, so daß Dritte wahrscheinlich nicht hinreichenden Zugang zu Premiuminhalten erhalten könnten, *Bertelsmann/ Kirch/ Premiere*, Zi. 51. Dazu, daß der Aufbau einer alternativen Programmplattform, der von der Telekom angesichts ihrer Beteiligung nicht zu erwarten war, von privaten Kabelnetzbetreibern bei der derzeitigen Struktur des deutschen Kabelnetzes selbst bei einem möglichen Zugang zu Premiere-Programmen nicht zu erwarten gewesen wäre, vgl. Zi. 62 ff.

348 *Bertelsmann/ Kirch/ Premiere*, Zi. 66 ff.; Pressemitteilung der Europäischen Kommission vom 27.05.1998, IP/98/477, „Kommission untersagt die Zusammenschlußvorhaben Bertelsmann/ Kirch/ Premiere und Deutsche Telekom/ Beta Research“, unter: http://www.europa.eu.int/rapid/ start/cgi; Garzaniti, S. 241.

349 Siehe *Bertelsmann/ Kirch/ Premiere*, Zi. 68.

350 Vgl. *Bertelsmann/ Kirch/ Premiere*, Zi. 56 ff.

351 *Bertelsmann/ Kirch/ Premiere*, Zi. 56. Das hohe wirtschaftliche Risiko liege darin begründet, daß die Fernsehhaushalte normalerweise nicht bereit sein dürften, für den Empfang eines weiteren Pay-TV Bouquets auch einen weiteren Decoder anzuschaffen.

352 *Bertelsmann/ Kirch/ Premiere*, Zi. 58.

werber oder die nachteilige Positionierung von Programmen ihrer Wettbewerber mit Hilfe des elektronischen Programmführers[353].

c. Der Markt für technische Dienstleistungen für Pay-TV

Die Kommission hat ferner befürchtet, daß infolge des Zusammenschlusses auf dem Markt für technische Dienstleistungen[354] eine auf Dauer angelegte Alleinstellung für Beta Digital im Satellitenbereich bzw. die Telekom im Kabelbereich entstehen werde, die es den Parteien ermöglichen werde, den Marktzutritt potentieller konkurrierender Dienstleistungsanbieter zu kontrollieren[355]. Es sei davon auszugehen, daß sich auf absehbare Zeit keine alternative technische Plattform für digitales Fernsehen entwickeln und somit die d-box-Technologie faktisch der digitale Standard werde. Potentielle Anbieter technischer Dienstleistungen würden die hohen Investitionen für die Einführung einer anderen Technologie nur bei entsprechenden Marktdurchdrin-

---

[353] Vgl. zu den verschiedenen Behinderungsstrategien *Bertelsmann/ Kirch/ Premiere*, Zi. 58-61, die den von der Kommission in *MSG Media Service* identifizierten Strategien entsprachen. Die Kommission hat zudem darauf abgestellt, daß die marktbeherrschende Stellung noch durch die Wechselwirkungen, die zwischen Pay-TV und frei empfangbarem Fernsehen bestünden, verstärkt werde, vgl. dazu Zi. 77 ff. Da die Parteien auch auf dem Free-TV Markt eine bedeutende Rolle spielten, sei es ihnen möglich, die Wechselbeziehung zwischen Free-TV und Pay-TV zu steuern. Sie könnten die ihnen zur Verfügung stehenden Programmrechte, die sie für Pay-TV und Free-TV kombiniert und damit für die gesamte Verwertungskette erwerben würden (Zi. 89 ff.), in ihren Free-TV Sendern sparsam einsetzen und eine Komplementärprogrammierung verfolgen, um dadurch eine Verbesserung ihres Ergebnisses im Pay-TV Markt durch eine Erhöhung der Abonnentenzahl zu bewirken, Zi. 95 ff.

[354] *Bertelsmann/ Kirch/ Premiere*, Zi. 19 ff.; *Deutsche Telekom/ Beta Research*, Zi. 16 ff. Der Wortlaut hinsichtlich der Marktabgrenzung war in beiden Entscheidungen identisch und parallel zu *MSG Media Service*. Anders als dort haben jedoch administrative Dienstleistungen wie die Abonnentenverwaltung keine Erwähnung als diesem Markt zugehörige Dienstleistungen gefunden, sondern die Kommission hat lediglich auf die aus der speziellen technischen Infrastruktur resultierenden technischen Dienstleistungen wie die Bereitstellung der Decoder und die Abwicklung der Zugangskontrolle abgestellt. Vielmehr hat die Kommission in *Bertelsmann/ Kirch/ Premiere*, Zi. 26, die Abonnentenverwaltung und -betreuung der Tätigkeit von Premiere als Programm- und Vermarktungsplattform zugerechnet. Eine Untergliederung des Marktes entsprechend der jeweiligen Übertragungsart Satellit oder Kabel in zwei selbständige Teilmärkte erschien der Kommission trotz der jeweils speziellen Übertragungstechnik nicht zwingend und wurde von ihr mangels Entscheidungserheblichkeit offengelassen, *Bertelsmann/ Kirch/ Premiere*, Zi. 21; *Deutsche Telekom/ Beta Research*, Zi. 18.

[355] Vgl. zum Folgenden *Bertelsmann/ Kirch/ Premiere*, Zi. 102 ff.; *Deutsche Telekom/ Beta Research*, Zi. 25 ff. Grundsätzlich gibt es zwei Möglichkeiten, wie technische Dienstleistungen angeboten werden. Sie können entweder von den Betreibern einer technischen Plattform selbst erbracht werden oder von anderen Diensteanbietern, die keine eigene technische Infrastruktur aufbauen, sondern die existierende technische Plattform in Anspruch nehmen.

gungschancen tätigen, die nur bestünden, wenn sich ein weiterer Pay-TV Veranstalter neben Premiere etablieren könne, was nicht der Fall sei[356].

Demzufolge müßten sie die bestehende technische Plattform und damit auch den d-box-Decoder und die Beta-Zugangstechnologie nutzen und seien angesichts deren Charakters als ein in sich geschlossenes proprietäres System auf die Erteilung einer Lizenz durch Beta Research angewiesen. Beta Research dürfte jedoch wirtschaftlich kein Interesse daran haben, Beta Digital bzw. die Telekom Wettbewerb auf dem Markt für technische Dienstleistungen für Pay-TV auszusetzen. Deshalb sei zu befürchten, daß Beta Research ihre Lizenzierungspolitik dazu einsetzen werde, andere Dienstleistungsanbieter am Markteintritt zu hindern und den Markt für technische Dienstleistungen für andere Diensteanbieter abzuschotten[357].

d. Die Untersagung der Zusammenschlußvorhaben

Ebenso wie im Vorgängerfall *MSG Media Service* hat die Kommission auch hier die von den Parteien vorgeschlagenen Zusagen als unzureichend erach-

---

[356] *Bertelsmann/ Kirch/ Premiere*, Zi. 107, 108; *Deutsche Telekom/ Beta Research*, Zi. 34, 35. Ohne eine zweite Programmplattform sei mithin auch keine alternative technische Plattform zu erwarten.

[357] *Bertelsmann/ Kirch/ Premiere*, Zi. 112; *Deutsche Telekom/ Beta Research*, Zi. 39; XXVIII. Wettbewerbsbericht (1998), S. 76. Wenn von einem einheitlichen Markt für technische Dienstleistungen im Satelliten- und Kabelbereich auszugehen sei, so führe das Vorhaben zur Entstehung eines marktbeherrschenden Duopols auf dem Gesamtmarkt. Angesichts der gemeinsamen Technologie und der gesellschaftsrechtlichen Verflechtung über Beta Research sei nicht zu erwarten, daß es zwischen Beta Digital und der Telekom ein Wettbewerbsverhältnis geben werde, vgl. *Bertelsmann/ Kirch/ Premiere* Zi. 118; *Deutsche Telekom/ Beta Research*, Zi. 44. Die Kommission hat ferner festgestellt, daß die aus dem Vorhaben resultierende vertikale Integration auch zu einer Verstärkung der marktbeherrschenden Stellung der Telekom in den Kabelnetzen führen werde, da der Zusammenschluß zu einer Unterbindung potentiellen Wettbewerbs führen werde, vgl. für die Marktabgrenzung *Deutsche Telekom/ Beta Research*, Zi. 19 ff., und für die wettbewerbsrechtliche Würdigung Zi. 45 ff., insbesondere Zi. 51-53. Die privaten Kabelnetzbetreiber würden, so die Kommission, nach dem Zusammenschluß kaum noch eine Möglichkeit haben, an der Wertschöpfungskette des digitalen Fernsehen zu partizipieren, was aber erforderlich sei, um einen Wettbewerb zur Telekom ausreichend finanzieren zu können. Auf der Ebene technischer Dienstleistungen würden sie von einer Lizenz durch Beta Research abhängig sein, die ihrerseits kein Interesse haben werde, die Telekom Wettbewerb auf der Dienstleistungsebene im Kabelbereich auszusetzen. Zudem sei infolge des Zusammenschlusses von seiten der Telekom nicht zu erwarten, daß diese eine alternative Programm- und Vermarktungsplattform für digitales Fernsehen schaffen werde, da sie in den Vereinbarungen ausdrücklich auf die eigenständige Vermarktung von Premiere verzichtet und sich für eine reine Transportfunktion entschieden habe. Mit dieser Vertriebsstruktur des digitalen Pay-TV sei aber auch den privaten Kabelnetzbetreibern die Möglichkeit einer Vermarktung von Pay-TV genommen, wodurch wiederum die Möglichkeit entfalle, daß sie in Konkurrenz mit der Telekom auf der Netzebene treten, da sie die notwendigen Investitionen nicht finanzieren könnten.

tet und die Vorhaben jeweils nach Art. 8 Abs. 3 FKVO untersagt[358]. Die in einem ersten Paket vorgeschlagenen Zusagen[359] und auch die in einem zweiten Schritt vorgenommenen Ergänzungen und Erweiterungen der Zusagen[360] seien nicht geeignet, eine realistische Chance für den Aufbau einer alternativen Programm- und Vermarktungsplattform zu eröffnen, da Premiere weiterhin in der Lage sein würde, die Bedingungen für einen Marktzutritt Dritter zu diktieren. Insbesondere sei ohne die Chance einer alternativen Programmplattform auch keine alternative technische Plattform zu erwarten[361]. Zudem könnten auch die Zusagen das Problem der Kontrolle über die Technologie durch die Programmveranstalter letztlich nicht vollständig lösen[362].

4. *AOL/ Time Warner*

Ein weiteres Vorhaben, das von der Kommission geprüft wurde, ist der Zusammenschluß zwischen dem Medien- und Unterhaltungskonzern Time Warner und AOL, dem führenden Anbieter von Internet-Plattformen in den USA und dem einzigen mit europaweiter Präsenz[363]. Da es durch diese Fu-

---

358 Vgl. *Bertelsmann/ Kirch/ Premiere*, Zi. 123 ff., und *Deutsche Telekom/ Beta Research*, Zi. 55 ff.

359 Diese bestanden im wesentlichen aus der Bereitstellung von 25 % der Rechte aus Vereinbarungen mit den Hollywoodstudios, der Beteiligungsmöglichkeit dritter Unternehmen an Beta Research und damit an Entscheidungen über die künftige Entwicklung der Technologie und der Vergabe von Lizenzen für die Decoder- und Zugangstechnologie zu standardisierten Bedingungen.

360 Sie sahen über die Vertriebskooperation mit anderen Kabelnetzbetreibern hinaus deren Vermarktung von Premiere-Programmen vor, die allerdings von weitreichenden wettbewerbsbeschränkenden Bedingungen abhängig gemacht wurde, sowie gleiche Rechte bei einer Beteiligung an Beta Research. Siehe zu den Einzelheiten *Bertelsmann/ Kirch/ Premiere*, Zi. 143, 144.

361 *Bertelsmann/ Kirch/ Premiere*, Zi. 155.

362 Vgl. genau *Bertelsmann/ Kirch/ Premiere* Zi. 149 ff., insbesondere Zi. 154 und 155. Zwar seien die Kontrollmöglichkeiten durch die gleichen Beteiligungsrechte und die Aufhebung eines Vetorechts formal betrachtet eingeschränkt, bestünden in der Praxis jedoch fort, da Kirch und Bertelsmann gemeinsam Entscheidungen blockieren und damit immer noch ihre Interessen durchsetzen könnten.

363 *AOL/ Time Warner*, Fall COMP/M.1845, Entscheidung der Kommission vom 11.10.2000, ABl. 2001, L 268/28. Anmerkungen zur Entscheidung finden sich u.a. bei Monti, FCLI 2000, 257 ff.; ders., „Competition in the New Economy“ (21.05.2001), Pons, „European Competition Policy in the New Economy“ (26.06.2001), Ungerer, „Content-Media-Telecom Competition Issues“ (31.05.2001), alle unter: http://www.europa.eu.int/comm/competition/speeches/index_2001.html; Mestmäcker, ZUM 2001, 185, 191; Pape, WuW 2000, 1087; Rabassa, Competition Policy Newsletter 2001 (No. 1), 46, 47; Whish, S. 840. Die europaweite Präsenz war durch zwei zusammen mit Bertelsmann gegründete Gemeinschaftsunternehmen gegeben, vgl. *AOL/ Time Warner*, Zi. 8. Die Gemeinschaftsunternehmen waren zum einen AOL Europe, an dem beide Unternehmen zu gleichen Teilen beteiligt waren, und zum anderen AOL Compuserve France, an dem zudem noch Canal+ und Cegetel Anteile besaßen.

sion erstmals zu einer vertikalen Verflechtung von Inhalten, insbesondere Musikinhalten, und Internet-Zugang in einem Unternehmen kommen würde[364], war die Kommission besorgt, daß das neue Unternehmen infolge des Zusammenschlusses eine Gatekeeper Position auf dem Markt für den Online-Musikvertrieb und dem damit verbundenen Markt für sog. Musik-Player Software einnehmen könnte[365].

a. Der Markt für den Online-Musikvertrieb

Die Kommission hat in der Entscheidung zum ersten Mal einen eigenständigen, vom traditionellen Musikvertrieb durch Tonträger abzugrenzenden Markt für die Verbreitung von Musikdateien über das Internet identifiziert[366]. Auf diesem noch in der Entwicklung befindlichen Markt sei zu erwarten, daß das neue Unternehmen eine beherrschende Stellung erlangen werde[367]. Ausschlaggebend hierfür sei, daß es nach dem Zusammenschluß Wettbewerber behindern und deren Eintritte in den Markt für die Online-Musikverbreitung bzw. die Bedingungen steuern könne[368].

Zum einen bestehe das Risiko, daß konkurrierende Anbieter von musikalischem Online-Vertrieb vom Zugang zu den Musikinhalten von Time Warner und Bertelsmann ausgeschlossen würden, da AOL nach der Fusion so-

---

[364] Siehe Pressemitteilung der Europäischen Kommission vom 11.10.2000, IP/00/1145, „Fusion zwischen AOL und Time Warner von EU-Kommission mit Auflagen genehmigt" unter: http://www.europa.eu.int/rapid/start/cgi. In der englischen Fassung hat die Kommission von dem „first vertically-integrated Internet content provider" gesprochen.

[365] Auf die anderen relevanten Märkte wird später eingegangen, da die Kommission dort nicht zur Annahme einer marktbeherrschenden Stellung gelangt ist, siehe dafür im 3. Teil unter B.I.2.a. Für Ausführungen der Kommission vgl. *AOL/ Time Warner*, Zi. 33-41 und Zi. 66-94.

[366] Zur Marktabgrenzung siehe *AOL/ Time Warner*, Zi. 17 ff., und im 3. Teil unter B.II.3.b.aa. Das Online-Musikgeschäft umfasse sowohl das digitale Herunterladen von Musik als auch die Übertragung von Musik in Echtzeit, vgl. Zi. 18 und 22. Die neue Art der Musikverbreitung über das Internet durch das digitale Herunterladen wird als „downloading" bezeichnet. Mit Hilfe dieser Technologie ist es möglich, eine Musikdatei elektronisch vollständig auf ein Gerät zu übertragen, wo die Datei als permanente Kopie bleibt. Im Gegensatz zu einem Kauf, der über das Internet abgewickelt wird, wird beim downloading lediglich die digitale Musikdatei elektronisch übermittelt. Die Übertragung von Musik in Echtzeit ist eine andere Methode und wird als „streaming" bezeichnet. Im Unterschied zum downloading bleibt keine permanente, sondern nur eine vorübergehende Kopie auf dem Computer des Verbrauchers, d.h. die Musikdatei wird nur zeitweilig auf den Computer des Nutzers übertragen, indem der Benutzer die Musikdatei anklickt, die wenige Sekunden später zu spielen beginnt.

[367] Vgl. hierfür *AOL/ Time Warner*, Zi. 42 ff.

[368] Vgl. zu den Möglichkeiten der Behinderung im folgenden Abbamonte/ Rabassa, ECLR 2001, 214, 222; Ungerer, „Content-Media-Telecom Competition Issues" (31.05.2001), unter: http://www.europa.eu.int/comm/competition/speeches/index_2001.html; Mestmäcker, ZUM 2001, 185, 192.

wohl Zugang zu den Musikverwertungsrechten von Time Warner als auch gesicherten Zugang zu Bertelsmanns Musikkatalog haben werde. Dies sei dadurch begründet, daß beide Unternehmen - Time Warner aufgrund der vertikalen Integration mit AOL und Bertelsmann wegen der strukturellen und vertraglichen Verbindungen zu AOL - einen Anreiz hätten, AOL zu bevorzugen und andere Internetanbieter zu benachteiligen[369]. AOL könne demzufolge über ungefähr ein Drittel der europäischen Musikverwertungsrechte und damit über die bedeutendste Quelle von Musikverwertungsrechten in Europa verfügen[370]. Wie bei anderen Arten der Verwertung sei auch bei der Online-Verbreitung von Musikdateien die Zustimmung des Urheberrechtsinhabers notwendig[371]. Deshalb bestehe die Gefahr, daß das neue Unternehmen künftig eine Gatekeeper Rolle spielen könne, indem es gegenüber Konkurrenten eine Lizenzierung verweigere oder damit drohe, keine Lizenzen für das eigene Musikrepertoire zu erteilen, die Musikverwertungsrechte zurückzuhalten bzw. nur zu diskriminierenden Konditionen zu gewähren. Es sei zu befürchten, daß das Unternehmen dadurch seine Stellung auf dem Markt für die für Online-Verbreitung notwendige Lizenzierung von Musikverwertungsrechten auf den neuen Markt für Online-Musikvertrieb ausdehnen könne[372].

Ferner sei es dem neuen Unternehmen aufgrund der Vertriebsstärke von AOL und seiner Stellung als führendem Internetdiensteanbieter möglich, die

---

[369] Vgl. Abbamonte/ Rabassa, ECLR 2001, 214, 224. Die strukturellen Bindungen bestanden in der Beteiligung von Bertelsmann an AOL in Europa. Darüber hinaus hatten die beiden Unternehmen eine gegenseitige Vereinbarung („joint promotion, distribution and sales agreement“) abgeschlossen, vgl. *AOL/ Time Warner*, Zi. 43. Deshalb müsse die Marktposition von Bertelsmann bei den Musikverwertungsrechten in der wettbewerbsrechtlichen Analyse miteinbezogen werden, Zi. 44.

[370] *AOL/ Time Warner*, Zi. 46; XXX. Wettbewerbsbericht (2000), S. 88. Darüber hinaus bestand zunächst die Gefahr einer noch umfangreicheren Kontrolle über Musikverwertungsrechte für das neue Unternehmen, da Time Warner seinerseits die Zusammenlegung seiner Musikproduktion und seines Musikverlagsgeschäfts mit EMI plante, *Time Warner/ EMI*, Fall COMP/M.1852, aufgegeben am 05.10.2000. In dem Fall hätte das neue Unternehmen mithin auf die Musikbestände von drei der fünf Musikgiganten Zugriff gehabt, die nahezu die Hälfte der weltweit geschützten Musikwerke und insbesondere des wirtschaftlich besonders bedeutsamen anglo-amerikanischen Repertoires darstellten, vgl. *AOL/ Time Warner*, Zi. 45. Für eine genaue Analyse der Verhältnisse in der Musikindustrie siehe Mestmäcker, ZUM 2001, 185, 187 ff. und 193 ff., sowie die Pressemitteilung der Kommission vom 14.06.2000, IP/00/617, „Commission opens full investigation into Time Warner/ EMI merger“, unter: http://www.europa.eu.int/rapid/start/cgi.

[371] *AOL/ Time Warner*, Zi. 24. In Fußnote 14 hat die Kommission weiterhin ausgeführt, daß für die Online-Verbreitung von Musikstücken sowohl die mechanischen Rechte als auch die Aufführungsrechte lizenziert werden müßten.

[372] *AOL/ Time Warner*, Zi. 25 und 47. Auf die Auswirkungen dieser Strategie auf die Position von AOL auf dem Markt für Internetzugangsdienste soll hier nicht näher eingegangen werden, sondern es sei auf die Ausführungen der Kommission in Zi. 66 ff. verwiesen, wo sie die Position von AOL in den USA, in Europa und speziell im Vereinigten Königreich erläutert hat.

Bedingungen für die Verbreitung von Musik über das Internet zu diktieren, indem es konkurrierenden Tonträgerherstellern den Zugang zum AOL-Vertriebsnetz erschwere oder verweigere und Time Warner und Bertelsmann bevorzuge[373]. Die Kommission hat ausgeführt, daß die Kombination des großen Kundenstammes von AOL mit der - exklusiven oder bevorzugten – Verfügungsbefugnis über attraktive Inhalte Netzeffekte auslösen werde. Durch die Attraktivität der von Time Warner eingebrachten Inhalte werde eine langfristige Kundenbindung erreicht. Aufgrund des stetig wachsenden Kundenstamms wiederum werde AOL als Plattform für andere (Musik-) Inhalteanbieter attraktiver mit der Folge, daß diese gezwungen seien, ihre Titel über AOL zu vertreiben, um einen großen Kreis von Interessenten zu erreichen[374]. Es sei zu befürchten, daß das neue Unternehmen diese Abhängigkeit ausnutzen könne und durch die Verweigerung bzw. Erschwerung des Zugangs zum Vertriebsnetz und damit letztlich zum Kundenstamm in der Lage sein werde, die Markteintritte konkurrierender Inhalteanbieter zu steuern.

Neben diesen unmittelbaren Behinderungen hat die Kommission auch die Sorge geäußert, daß AOL durch technische Mittel zudem subtilere Formen der Diskriminierung gegenüber anderen Inhalteanbietern einsetzen könne. So ermögliche es die digitale Netztechnik, den Nutzern eigene Dienstleistungen bevorzugt anzubieten und umgekehrt Verknüpfungen zu konkurrierenden Dienstleistungen zu blockieren, ohne daß dies für die Kunden ersichtlich werde[375].

b. Der Markt für Musik-Player Software

Die Kommission ist ferner davon ausgegangen, daß das fusionierte Unternehmen in der Lage sein werde, die technischen Bedingungen für den Online-Musikhandel zu diktieren und eine beherrschende Stellung auf dem Markt für softwaregestützte Musikabspielsysteme, der sog. Musik-Player Software, einzunehmen. Hierbei handelt es sich um eine Empfangstechnik, mit der Musikdateien, die über das Internet übertragen werden und durch eine Formatierungstechnik komprimiert sind, auf dem Computer des Benut-

---

373 *AOL/ Time Warner*, Zi. 54.

374 Ein verbessertes und umfangreicheres Angebot werde seinerseits wiederum die Stellung von AOL stärken, da ein größeres Sortiment an Inhalten mehr Kunden anziehen werde und somit der Anreiz für Kunden, sich diesem System zu entziehen, verringert werde, *AOL/ Time Warner*, Zi. 69.

375 Vgl. *AOL/ Time Warner*, Zi. 70, 71. Diese Strategie hat die Kommission als „walled garden" bezeichnet. Siehe auch Mestmäcker, ZUM 2001, 185, 193.

zers abgespielt werden können[376]. Angesichts der Verfügungsbefugnis über die bedeutendste Quelle von Musikverwertungsrechten in Europa in Kombination mit der Vertriebsstärke von AOL sei zu erwarten, daß das neue Unternehmen seinen Musik-Player Winamp als technischen Standard beim Online-Musikvertrieb gegenüber konkurrierenden Herstellern etablieren könne[377]. Indem das neue Unternehmen seine eigenen Musikdateien so formatiere, daß sie nur noch mit der AOL Player-Software Winamp gelesen werden könnten, könne es verhindern, daß konkurrierende Empfangstechniken Zugriff zu diesen Musikdateien hätten. Da Winamp daneben weiterhin andere Formatierungstechniken unterstützen könne, werde er als einziger Player auf dem Markt mit allen Formaten kompatibel sein und könne sich somit angesichts seiner größeren Attraktivität als Empfangssoftware durchsetzen[378].

---

[376] Bei den technischen Normen für den Online-Musikhandel ist somit zwischen Formatierungstechniken und Empfangstechniken zu unterscheiden. Musikdateien werden mit Hilfe einer Kompressionstechnologie formatiert, um eine schnellere Übertragung zu gewährleisten. Das zur Zeit der Entscheidung bekannteste Format war MP3. Vgl. zu den Einzelheiten der Formatierungstechnik *AOL/ Time Warner*, Zi. 28. Zum Abspielen der komprimierten Musikdateien muß dann auf dem Computer des Benutzers eine entsprechende Software, der sog. „music player“, vorhanden sein, die beim Empfänger die Musiknutzung ermöglicht, was der Fall ist, wenn diese Empfangstechnik mit der benutzten Formatierungstechnologie kompatibel ist. Je mehr Formatierungstechnologien die Software des Players unterstützt, desto mehr Musik kann ein Musik-Player abspielen, weshalb die Entwickler von Musik-Playern ein Interesse daran haben, von möglichst vielen Technologien lizenziert zu sein, siehe zu den Details Zi. 29. Die zur Zeit der Entscheidung am weitesten verbreiteten Musik-Player waren der Realplayer, der Microsoft Media Player und Winamp von AOL.

[377] Pressemitteilung der Europäischen Kommission vom 14.06.2000, IP/00/617, „Fusion AOL/ Time Warner: Kommission eröffnet Prüfverfahren“, unter: http://www.europa.eu.int/rapid/start/cgi; Rabassa, Competition Policy Newsletter 2001 (No. 1), 46, 48; XXX. Wettbewerbsbericht (2000), S. 88. Die Kommission hat in *AOL/ Time Warner*, Zi. 56, ausgeführt, das neue Unternehmen werde umgekehrt in der Lage sein, seine Formatierungstechnologie als Standard durchzusetzen. Es könne eine geschlossene proprietäre Formatierungstechnologie für Musik von Time Warner und Bertelsmann verwenden und dadurch verhindern, daß seine Musikinhalte durch konkurrierende Technologien formatiert würden. Angesichts seines umfangreichen Musikkatalogs könne es Anbieter konkurrierender Player Software zwingen, die Formate konkurrierender Tonträgerhersteller nicht zu unterstützen, indem es ihnen drohe, ansonsten seine für die eigenen Musikdateien benutzte Formatierungstechnik nicht zu lizenzieren. Dadurch wiederum würden konkurrierende Tonträgerhersteller, die ihre Musik online verbreiten wollten, gezwungen, ihre Musik mit Hilfe von AOLs Technologie formatieren zu lassen, so daß sich AOLs Formatierungstechnik als Industriestandard durchsetzen könne.

[378] *AOL/ Time Warner*, Zi. 61, 62. Die Kommission ist davon ausgegangen, daß andere Tonträgerhersteller keinen Anreiz haben würden, für ihre Musik ebenfalls proprietäre Standards zu verwenden, da sie keine Musik-Player Software, kein Internetvertriebsnetz und nicht dieselbe kritische Masse an Musikinhalten besäßen.

c. Die Zusage und die Genehmigung des Zusammenschlusses

Um die Kontrolle des neuen Unternehmens auf der Ebene der Musikverwertungsrechte zu mindern und die Vereinbarkeit des Zusammenschlusses mit dem Gemeinsamen Markt herzustellen, haben die Parteien Zusagen gemacht, die letztlich darauf abzielten, die strukturellen Verbindungen zwischen AOL und Bertelsmann zu trennen[379]. Wenn Bertelsmann - und hier insbesondere die Bertelsmann Music Group - als Europas größter Medienkonzern zu einem unabhängigen Konkurrenten werde, dürfte das neue Unternehmen, so die Kommission, nicht die kritische Masse an Musikinhalten erreichen, die notwendig sei, um auf den Märkten für den Online-Musikhandel und für Musik-Player marktbeherrschend zu werden[380]. Deshalb hat die Kommission den Zusammenschluß nach Art. 8 Abs. 2 FKVO für mit dem Gemeinsamen Markt vereinbar erklärt.

5. *Vivendi/ Canal+/ Seagram*

Parallelen zu der Argumentationsweise der Kommission im Fall *AOL/ Time Warner* weist ihre Entscheidung in der Sache *Vivendi/ Canal+/ Seagram* auf[381]. Ähnlich wie in der Fusion von AOL und Time Warner ging es bei der Übernahme von Seagram durch das Telekommunikations- und Medienunternehmen Vivendi um Marktabschottungsgefahren infolge der vertikalen Verflechtung von attraktiven, urheberrechtlich geschützten Inhalten - hier Filmbestand und Musikrepertoire von Seagrams Tochter Universal - und der Verfügungsbefugnis über digitale Netzwerke und der damit verbundenen Vertriebsstärke, in diesem Fall von Vivendi[382].

---

[379] Vgl. zu den Zusagen *AOL/ Time Warner*, Zi. 95 ff. Bis zum Ausstieg von Bertelsmann werde durch Übergangsregelungen sichergestellt, daß die Geschäftsbeziehungen zwischen dem neuen Unternehmen und Bertelsmann nicht zu eng werden - also „at arm's length" bleiben - und insbesondere der Zugriff anderer Unternehmen zu Bertelsmanns Musikinhalten nicht durch Verhaltensstrategien wie das exklusive Angebot der Inhalte über AOL oder die Formatierung der Dateien in einem nur mit Winamp kompatiblen Format behindert werde, *AOL/ Time Warner*, Zi. 95 b) und 96.

[380] Pressemitteilung der Europäischen Kommission vom 11.10.2000, IP/00/1145, „Fusion zwischen AOL und Time Warner von EU-Kommission mit Auflagen genehmigt", unter: http://www.europa.eu.int/rapid/start/cgi.

[381] *Vivendi/ Canal+/ Seagram*, Fall COMP/M.2050, Entscheidung der Kommission vom 13.10.2000, unter: http://www.europa.eu.int/comm/competition/mergers/cases. Für eine Zusammenfassung der Entscheidung siehe auch Pape, WuW 2000, 1212 f.

[382] Zu den Parteien vgl. *Vivendi/ Canal+/ Seagram*, Zi. 4-9.

a. Die nationalen Märkte für Pay-TV

Die Kommission hat zum einen die Auswirkungen der vertikalen Integration auf die Position von Canal+ auf mehreren nationalen Märkten für Pay-TV untersucht[383]. Sie hat in diesem Zusammenhang - wie schon zuvor in *Bertelsmann/ Kirch/ Premiere*[384] - darauf hingewiesen, daß sich die Attraktivität für Kunden und damit der Erfolg eines Pay-TV Anbieters neben der Übertragung von Top-Sportereignissen vor allem nach dem Angebot an Premiumfilmen der großen U.S. Filmstudios und deren Ausstrahlung kurz nach der Kinoaufführung und dem Videoverleih bemesse[385]. Hierfür seien sog. Erstverwertungsrechte erforderlich, so daß diese Uraufführungsrechte an Premiumfilmen als wesentlicher Input für Pay-TV einzustufen seien[386]. Bereits vor dem Zusammenschluß habe Canal+ als marktbeherrschender bzw. bedeutender Pay-TV Betreiber[387] auf zeitlich begrenzter Exklusivitätsbasis Zugang zu 80-90 % der insgesamt veröffentlichten Premiumfilme gehabt und damit insbesondere in Frankreich, Spanien und Italien über nahezu faktische Monopolstellungen bei den Pay-TV Rechten an Premiumfilmen verfügt[388].

Entscheidend für die Entstehung bzw. Verstärkung einer beherrschenden Stellung für Canal+ auf den betreffenden Märkten infolge des Zusammenschlusses sei die gestärkte Zugriffsmöglichkeit auf attraktive Inhalte, und hier insbesondere der bevorzugte bzw. höchstwahrscheinliche Exklusivzugang[389] zu den von Universal produzierten oder co-produzierten Filmen. Unmittelbarer Effekt der Übernahme von Universal sei es nämlich, daß Universal aufgrund der vertikalen Integration künftig einen Anreiz haben werde, seine Filminhalte ausschließlich Canal+ zur Verfügung zu stellen, und damit als Quelle für konkurrierende Pay-TV Anbieter ausscheiden werde[390].

---

383 Bei der Marktabgrenzung hat die Kommission auf ihre Ausführungen in *Bertelsmann/ Kirch/ Premiere*, Zi. 18, verwiesen, vgl. *Vivendi/ Canal+/ Seagram*, Zi. 20 und Fn. 20.

384 *Bertelsmann/ Kirch/ Premiere*, Zi. 34.

385 *Vivendi/ Canal+/ Seagram*, Zi. 21. Vgl. Rabassa, Competition Policy Newsletter 2001 (No. 1), 46, 50; Mc Callum, Competition Policy Newsletter 1999 (No. 1), 4, 7.

386 *Vivendi/ Canal+/ Seagram*, Zi. 19. Im Englischen werden Erstverwertungsrechte als „first window rights" bezeichnet.

387 So war Canal+ der einzige Pay-TV Betreiber in Belgien und den Niederlanden, hatte Marktanteile von 60-85 % in Frankreich, Spanien und Italien und verfügte in den nördlichen Ländern über eine bedeutende Stellung, *Vivendi/ Canal+/ Seagram*, Zi. 39.

388 *Vivendi/ Canal+/ Seagram*, Zi. 39-42.

389 Vgl. für diesen Ausdruck XXX. Wettbewerbsbericht (2000), S. 88; Pressemitteilung der Europäischen Kommission vom 13.10.2000, IP/00/1162, „Fusion von Vivendi, Canal+ und Seagram mit Auflagen genehmigt", unter: http://www.europa.eu.int/rapid/start/cgi.

390 *Vivendi/ Canal+/ Seagram*, Zi. 43.

Als Argument für die Gefahr einer Marktabschottung und den mangelnden Zugang von Konkurrenten zu Premiumfilmen hat die Kommission ferner angeführt, daß sich Canal+ aufgrund der strukturellen Verbindungen und finanziellen Kooperationen von Universal mit den anderen Filmstudios infolge des Zusammenschlusses in einer verbesserten Position befinden werde, mit diesen die bestehenden Exklusivitätsvereinbarungen ebenso zu erneuern oder Vereinbarungen über Erstverwertungsrechte an Premiumfilmen abzuschließen[391]. Es sei zu erwarten, daß die anderen Filmstudios wegen der strukturellen Verbindungen und des ansonsten drohenden Wegfalls der Co-Finanzierung durch Universal künftig Canal+ - auch angesichts seines großen Kundenstammes - bei der Einräumung von Erstverwertungsrechten gegenüber anderen Pay-TV Betreibern bevorzugen würden[392].

b. Die Märkte für Internetzugangsportale und Online-Musikvertrieb

Die Kommission ist außerdem zu dem Schluß gekommen, daß Vivendi über sein Internetzugangsportal Vizzavi[393] durch den Zugang zu Universals Musikangebot auf dem entstehenden Markt für Internetportale sowie dem ebenfalls noch jungen - schon im Fall *AOL/ Time Warner* gefährdeten - Markt des Online-Musikhandels eine beherrschende Stellung erlangen werde[394]. Dabei

---

391 Vgl. *Vivendi/ Canal+/ Seagram*, Zi. 44 ff. So war Universal über UIP mit Paramount und Fox strukturell verbunden und hatte zusammen mit anderen Filmstudios eine Reihe von Filmen co-finanziert.

392 Vgl. auch bei Abbamonte/ Rabassa, ECLR 2001, 214, 219, 220.

393 Ein Internetportal stellt eine Website dar, die als Einstiegsseite ins Internet von möglichst vielen Nutzern besucht werden soll und die verschiedene Funktionen, Informationen und Transaktionsdienste anbietet, also ähnlich einem Gateway fungiert, das darauf spezialisiert ist, Benutzer zu anderen Seiten zu führen und ihnen Zugriff zu einer Reihe von Online-Diensten zu ermöglichen, vgl. Gabler, S. 2434; Monti, „Competition and Information Technologies“ (18.09.2000), unter: http://www.europa.eu.int/comm/competition/speeches/index_2000.html. Portale sind häufig themenspezifisch abgegrenzt und versuchen dadurch, bestimmte Zielgruppen anzuziehen. Deshalb kann zwischen horizontalen, d.h. Portalen mit einem weiten Fokus, und vertikalen Portalen, die auf Spezialinteressen bezogen sind, unterschieden werden. Jeder Internetdiensteanbieter hat sein eigenes - in der Regel horizontales - Portal, aber ein Portal muß umgekehrt nicht auch Internetzugangsdienste anbieten, vgl. bei Abbamonte/ Rabassa, ECLR 2001, 214, 224, Fn. 51. Ein anderes Internetportal ist z.B. Yahoo oder auch AOL. Vizzavi ist ein plattformunabhängiges Internetzugangsportal. Im Englischen wird hierfür die Terminologie des „multi access Internet portal“ verwendet, die im Deutschen teilweise etwas mißverständlich mit Internetzugang übersetzt wurde. Zu den Besonderheiten eines plattformunabhängigen Internetzugangsportals und hinsichtlich der Einzelheiten der Entscheidung der Kommission im Fall *Vodafone/ Vivendi/ Canal+ (Vizzavi)* wird auf die Ausführungen im 3. Teil unter B.III.1.d. verwiesen.

394 Die Kommission hat hier auf ihre in den Fällen *Vodafone/ Vivendi/ Canal+ (Vizzavi)* und *AOL/ Time Warner* vorgenommenen Marktabgrenzungen zurückgegriffen. So hat sie in dieser Entscheidung bestätigt, daß ein neuer paneuropäischer Markt für horizontale Portale existiere, wo-

wies der Argumentationsstrang der Kommission große Ähnlichkeit zu ihren Ausführungen in *AOL/ Time Warner* auf. So hat sie jeweils fast wortgleich die Kettenreaktion beschrieben, die eine Kombination von „content“ und „carriage“ in dem neuen Unternehmen hervorrufen würde. Universal werde aufgrund der vertikalen Integration einen Anreiz haben, Vizzavi als exklusives oder bevorzugtes Internetportal für seine Inhalte, insbesondere sein Musikrepertoire, zu nutzen, was den Wettbewerb zwischen den Internetportalen entscheidend beeinflussen werde[395]. Die Kontrolle über Universals umfangreiches Musikangebot in Kombination mit dem großen Kundenstamm von Vodafone und Vivendi, auf den das Internetportal Zugriff haben werde und den andere Internetportale wahrscheinlich nicht nachbilden könnten[396], werde Netzeffekte auslösen[397] mit dem Ergebnis, daß das neue Unternehmen eine beherrschende Position auf dem Markt für Internetportale und dem Online-Vertrieb von Musik erlangen werde[398].

---

bei sie eine weitere Segmentierung des Marktes für Portale nach der Art des Zugangs, d.h. über Mobiltelefone, Set Top Boxen oder PCs mangels Entscheidungsrelevanz offengelassen hat, vgl. *Vivendi/ Canal+/ Seagram*, Zi. 22-25. Bezüglich des identifizierten Marktes für den Online-Musikhandel hat sie die Abgrenzung eines besonderen Marktes für die Online-Verbreitung von Musik über mobile Netzwerke, insbesondere über WAP-fähige Handys, angesichts der dazu notwendigen und zu der Zeit nicht verfügbaren Übertragungskapazitäten noch als verfrüht angesehen, Zi. 26-29 und 32. Da die Kommission in ihrer Entscheidung die Auswirkungen der Transaktion auf diese beiden Märkte zusammengeprüft hat, soll auch hier eine gemeinsame Erläuterung erfolgen.

395 *Vivendi/ Canal+/ Seagram*, Zi. 51 und 55. Da der Wettbewerb zwischen Internetportalen hauptsächlich durch die Attraktivität und Funktionalität des jeweiligen Angebots bestimmt werde, sei neben der Verfügbarkeit von E-Commerce-Transaktionen, Kommunikationsmöglichkeiten und Anschlußfähigkeit speziell das zugängliche inhaltliche Angebot ein entscheidender Faktor im Wettbewerb zur Bestimmung der Attraktivität eines Portals, vgl. Zi. 23. Der gleichzeitig mögliche Zugriff auf Universals Filmbestand spiele im Kontext mit dem Internet keine so bedeutende Rolle, da sich der Markt für das Herunterladen von Filmen aus dem Internet noch in einem sehr frühen Entwicklungsstadium befinde, weil hierfür - anders als bei Musikdateien - die Verbreitung über Schmalband nicht ausreiche, sondern es größerer Breitbandkapazitäten bedürfe, vgl. Zi. 55.

396 Vgl. hierzu *Vivendi/ Canal+/ Seagram*, Zi. 56 ff., insbesondere Zi. 59.

397 *Vivendi/ Canal+/ Seagram*, Zi. 64. Die durch die Inhalte gesteigerte Attraktivität von Vizzavi für Kunden im Vergleich zu anderen Portalen werde es mit sich bringen, daß sich mehr Kunden für Vizzavi entscheiden würden. Aufgrund des wachsenden Kundenstamms werde Vizzavi als Internetportal für andere (Musik-) Inhalteanbieter attraktiver mit der Folge, daß auch sie ihre Inhalte Vizzavi zur Verfügung stellen würden, um einen großen Kreis von Interessenten zu erreichen. Das verbesserte und umfangreiche Angebot wiederum werde Vizzavis Stellung auf dem Markt für Portale verstärken, da ein größeres Sortiment an Inhalten mehr Kunden anziehen werde und die Marktdurchdringungschancen konkurrierender Portale gemindert würden. Siehe ferner generell die Ausführungen der Kommission in Zi. 60-67.

398 *Vivendi/ Canal+/ Seagram*, Zi. 67.

c. Die Zusagen der Zugangsgewährung und die Genehmigung des Vorhabens

Die von den Parteien angebotenen Zusagen zielten darauf ab, den Zugang von Canal+ zu den Filmen einerseits und von Vizzavi zum Musikangebot von Universal andererseits zu limitieren. Konkret haben sich die Parteien neben der Veräußerung von Vivendis Beteiligung an BSkyB, der wiederum Anteile am Filmstudio Fox hat, dazu verpflichtet, das Filmangebot von Universal für die kommenden fünf Jahre auch anderen Pay-TV Betreibern zur Verfügung zu stellen, indem Canal+ in den betroffenen Ländern nicht mehr als 50 % der Erstverwertungsrechte an von Universal produzierten bzw. mitproduzierten Filmen gewährt werden[399]. Um die Bedenken auf den Märkten für Internetzugangsportale und Online-Musikvertrieb auszuräumen, haben die Unternehmen zugesagt, konkurrierenden Anbietern für einen Zeitraum von fünf Jahren auf diskriminierungsfreier Basis Zugang zum Musikangebot von Universal zu gewähren[400]. Aufgrund dieser Zusagen hat die Kommission das Vorhaben nach Art. 6 Abs. 2 FKVO genehmigt.

D. Schlußfolgerungen aus der gegenwärtigen Kommissionspraxis

Aus den Entscheidungen der Kommission über die jeweiligen Zusammenschlüsse lassen sich folgende Aussagen ableiten:

I. Die Gatekeeper Position als Sonderform der beherrschenden Stellung

Die Kommission hat in den geschilderten Entscheidungen zur Begründung einer marktbeherrschenden Stellung mit jeweils ähnlichen Formulierungen darauf abgestellt, daß das neue Unternehmen nach dem Zusammenschluß in der Lage sein würde, Wettbewerber zu beeinträchtigen, Einfluß auf die Bedingungen, zu denen sie tätig werden, zu nehmen bzw. sie an einem Markteintritt zu hindern - Eigenschaften, die gerade charakteristisch für einen Gatekeeper sind. Die Fähigkeit, sich Wettbewerbern gegenüber unabhängig

399 *Vivendi/ Canal+/ Seagram*, Zi. 73, 74.

400 *Vivendi/ Canal+/ Seagram*, Zi. 78, 79. Die von den Parteien bei Gründung des Gemeinschaftsunternehmens Vizzavi eingegangenen Zusagen hat die Kommission angesichts der erheblichen Stärkung der Position von Vizzavi durch die Addition von Universals Musikinhalten fortan als nicht mehr ausreichend erachtet, die wettbewerbsrechtlichen Bedenken auszuräumen, siehe Zi. 67.

zu verhalten, die ein Unternehmen in marktbeherrschender Stellung grundsätzlich kennzeichnet, liegt in den vorgestellten Fällen somit speziell darin begründet, daß das neue Unternehmen nach dem Zusammenschluß - ohne in seinem Verhaltensspielraum wirksam kontrolliert zu sein - sogar darüber entscheiden könnte, ob und zu welchen Konditionen seine Wettbewerber tätig werden. Es könnte daher die Aufrechterhaltung wirksamen Wettbewerbs verhindern, indem es seinerseits den Wettbewerb steuern und ihn sogar ausschließen könnte. Deshalb sind Gatekeeper Positionen nach der Kommissionspraxis fusionskontrollrechtlich als eine besondere Ausprägung der marktbeherrschenden Stellung einzuordnen, deren Entstehung oder Verstärkung es zu verhindern gilt.

II. Das Gefahrenpotential einer Gatekeeper Position

Die Ausführungen der Kommission lassen erkennen, welches Gefahrenpotential mit einer Gatekeeper Position einhergeht. So hat die Kommission mehrfach die Vielfalt an Behinderungsstrategien bzw. Ausschlußpraktiken erläutert, die ein Unternehmen nach einem Zusammenschluß als Gatekeeper verfolgen könnte. Diese Möglichkeit resultiert daraus, daß es nach dem Zusammenschluß über eine Einrichtung oder Ressource verfügen würde, zu der Wettbewerber für ein Tätigwerden auf einer vor- oder nachgelagerten Ebene Zugang benötigen und infolgedessen in ein Abhängigkeitsverhältnis geraten würden. Neben einer absoluten Verweigerung des Zugangs zu Inhalten, Übertragungs- bzw. Vertriebswegen oder Technologien könnte das neue Unternehmen ebenso den Zugang nur zu diskriminierenden, wettbewerbsbeschränkenden oder sonst unzumutbaren Bedingungen anbieten und dadurch die Kosten seiner Konkurrenten erhöhen[401]. Die Entscheidungen der Kommission verdeutlichen, daß ein Unternehmen nach einem Zusammenschluß als Gatekeeper über diese unmittelbaren Behinderungen von Wettbewerbern hinaus mit Hilfe technischer Einrichtungen auch verdeckte Formen der Diskriminierung einsetzen könnte, um die Wettbewerbschancen von Konkurrenten zu seinen Gunsten zu steuern[402].

---

[401] Vgl. z.B. die Möglichkeit der selektiven Verschlechterung der Qualität von Gegenzugvereinbarungen mit Konkurrenten in *WorldCom/ MCI*, insb. Zi. 120-122; *Telia/ Telenor*, Zi. 155 ff.

[402] Beispiele aus der Kommissionspraxis für Fälle der drohenden technischen Behinderung von Konkurrenten sind u.a. die nachteilige Positionierung von Fernsehprogrammen der Wettbewerber im Programmenü mit Hilfe des elektronischen Programmführers, *Bertelsmann/ Kirch/ Premiere*, Zi. 58 und 59; *MSG Media Service*, Zi. 87. Zur möglichen Diskriminierung durch technische Einrichtungen („walled garden") vgl. auch *AOL/ Time Warner*, Zi. 70, 71; *Vivendi/ Canal+/ Seagram*, Zi. 64.

Da in der FKVO das mit einer Gatekeeper Stellung verbundene Gefahrenpotential bereits für ein Einschreiten ausreicht, kann durch die präventive Anwendung der Fusionskontrolle verhindert werden, daß sich Unternehmen überhaupt infolge eines Zusammenschlusses als Gatekeeper auf einem Markt positionieren. Dies ist vor allem deshalb von Bedeutung, weil ein Einschreiten zu einem späteren Zeitpunkt dadurch erschwert wäre, daß im Verfahren nach Art. 82 EGV die Mißbräuchlichkeit derartiger Behinderungsstrategien nachgewiesen werden müßte. Um die Märkte für künftigen Wettbewerb offenzuhalten und die Entstehung einer Position mit solchem Gefahrenpotential zu unterbinden, hat die Kommission deshalb in den geschilderten Entscheidungen den jeweiligen Zusammenschluß untersagt oder nur unter Auflagen und Bedingungen genehmigt, wobei sich die Parteien entweder zu einer Veräußerung oder dazu verpflichtet haben, Wettbewerbern Zugang zu den von ihnen kontrollierten Einrichtungen zu gewähren.

III. Die Vielfalt an Entstehungs- und Erscheinungsformen eines Gatekeeper

Die Entscheidungen demonstrieren die Variationsbreite der Entstehungsmöglichkeiten und Erscheinungsformen einer Gatekeeper Position. Wie gesehen sind Marktabschottungseffekte sowohl infolge horizontaler als auch infolge vertikaler Zusammenschlüsse zu befürchten. Bei ersteren sind die Größe des Netzwerks und der damit verbundene große Kundenstamm Auslöser für die Sorge, daß das jeweilige Unternehmen nach dem Zusammenschluß eine Gatekeeper Position erlangen könnte. Bei vertikalen Integrationsaktivitäten hingegen resultiert die Gefahr einer Marktabschottung aus der Zugriffsmöglichkeit eines Unternehmens auf attraktive Inhalte gekoppelt mit einer starken Position auf der Vertriebsebene, die vielfach noch durch die Kontrolle über die für die Übertragung und den Empfang der Inhalte notwendigen Technologien verstärkt wird. Hieraus läßt sich ableiten, daß für Gatekeeper Positionen die Kontrolle über Netze, Programmressourcen oder Technologien bzw. auch eine Kombination aller Faktoren entscheidend ist. Schließlich ist anhand der Kommissionsentscheidungen festzustellen, daß Gatekeeper Positionen sowohl auf existierenden als auch auf neu entstehenden Märkten auftreten können.

Dritter Teil: Die Entwicklung eines Konzepts für die künftige Ermittlung und Behandlung von Gatekeeper Positionen in der europäischen Fusionskontrolle im Informations- und Kommunikationssektor

Im folgenden gilt es, ein Konzept für die künftige Vorgehensweise bei Gatekeeper Positionen in der Fusionskontrolle im Informations- und Kommunikationssektor zu entwickeln. Dies geschieht im wesentlichen anhand einer kritischen Analyse der bisherigen Kommissionspraxis im Rahmen der FKVO. Zunächst wird diese untersucht, um Kriterien abzuleiten, die bei der Ermittlung einer Gatekeeper Position grundsätzlich von Bedeutung sind, und sie - sofern notwendig - zu präzisieren. Anschließend werden Gatekeeper Positionen nach ihren unterschiedlichen Entstehungs- und Erscheinungsformen systematisch erfaßt. Ferner werden die Maßnahmen zur Verhinderung von Gatekeeper Positionen und hierbei insbesondere die Geeignetheit von Zugangsgewährungen beleuchtet[403].

A. Kriterien zur Ermittlung von Gatekeeper Positionen

Die Frage, welche Faktoren grundsätzlich und damit unabhängig von der konkreten Entstehungsform und Erscheinungsweise[404] bei der Ermittlung von Gatekeeper Positionen eine Rolle spielen und für deren Feststellung heranzuziehen sind, steht im Mittelpunkt der nachstehenden Ausführungen. Dabei gilt es insbesondere herauszuarbeiten und zu bewerten, wie die Kommission die ökonomischen Besonderheiten im Informations- und Kommuni-

---

[403] Es ist an dieser Stelle anzumerken, daß die in diesem Teil zu entwickelnden Anforderungen an die Ermittlung und Behandlung von Gatekeeper Positionen prinzipiell sowohl für Situationen gelten sollen, in denen es um die Entstehung einer marktbeherrschenden Stellung geht, als auch für Konstellationen, in denen die Verstärkung einer marktbeherrschenden Stellung droht. Da jedoch in dem überwiegenden Teil der Zusammenschlußvorhaben - mit Ausnahme von *Telia/ Telenor* und *Vivendi/ Canal+/ Seagram* - die Entstehung einer marktbeherrschenden Stellung untersucht und selbst in den genannten Vorhaben neben der Frage nach einer Verstärkung der beherrschenden Stellung auf einem Markt stets parallel die Entstehung einer beherrschenden Position auf einem anderen Markt geprüft wurde (vgl. in *Vivendi/ Canal+/ Seagram* die verschiedenen nationalen Märkte für Pay-TV und in *Telia/ Telenor* die verschiedenen Telefondienstleistungsmärkte), wird in den folgenden Ausführungen überwiegend von der Entstehung einer Gatekeeper Position gesprochen.

[404] Zu den Unterscheidungsmöglichkeiten und den damit verbundenen jeweiligen Problemen siehe in diesem Teil unter B.

kationssektor bei ihrer kartellrechtlichen Analyse im Rahmen der Fusionskontrolle berücksichtigt. Es ist darauf hinzuweisen, daß bei der Untersuchung, ob ein Unternehmen infolge eines Zusammenschlusses eine Gatekeeper Position einnehmen kann, wie generell bei jeder Ermittlung der Marktbeherrschung stets eine Gesamtwürdigung aller Fakten und Umstände vorzunehmen ist, die für die wettbewerbsrechtliche Würdigung im spezifischen Fall von Bedeutung sein können[405]. Neben einer Kombination der zu erläuternden Kriterien können somit im Einzelfall auch weitere der in Art. 2 Abs. 1 lit. a und b FKVO genannten Faktoren in die Analyse miteinfließen.

I. Grundlegende Vorgaben für die Ermittlung einer Gatekeeper Position

1. Die Bedeutung temporärer Marktmacht von Pionierunternehmen

Aufgrund der hohen Innovationsrate im Informations- und Kommunikationssektor kommt es des öfteren vor, daß ein Unternehmen zunächst allein auf einem neuen Markt tätig ist, weil es mit Hilfe eines Zusammenschlusses als erstes ein neues Produkt oder eine neuartige Dienstleistung herausbringt, dann aber durch weitere in den Markt eintretende Unternehmen aus seiner Alleinstellung verdrängt wird. Im folgenden ist zu erörtern, inwieweit eine zeitlich begrenzte Vormachtstellung im Rahmen der FKVO bereits ausreichend für die Annahme ist bzw. sein sollte, daß das betreffende Unternehmen eine Gatekeeper Position und damit beherrschende Stellung auf dem gerade entstehenden Markt einnimmt.

a. Die Kommissionspraxis seit MSG Media Service

Der Entscheidungspraxis läßt sich entnehmen, daß die Kommission es prinzipiell für die Annahme einer marktbeherrschenden Stellung nicht ausreichen läßt, daß ein Unternehmen lediglich als Sieger aus dem Innovationswettbewerb hervorgeht und als first mover ein Produkt oder eine Dienstleistung auf einem neuen Markt anbietet, sofern mit dem baldigen Neueintritt anderer Unternehmen zu rechnen ist[406]. So hat die Kommission in der Ent-

---

[405] So allgemein zur Ermittlung der Marktbeherrschung Immenga in: Immenga/ Mestmäcker, Bd. 1, Art. 2 FKVO, Rn. 33.

[406] *BSkyB/ Kirch Pay-TV*, Fall COMP/JV.37, Entscheidung der Kommission vom 21.03.2000, unter: http://www.europa.eu.int/comm/competition/mergers/cases, Zi. 78: „In itself, entry into a new market by a firm dominant on a closely related one does not automatically lead to the creation of a dominant position". Siehe ausführlich zu der Entscheidung in diesem Teil unter A.I.4. Vgl. ferner Ungerer, „Who should be Europe's Digital Gatekeepers" (20.03.1996), unter:

scheidung *MSG Media Service* exemplarisch im Einklang mit der dynamischen Theorie ausgeführt, eine Alleinstellung auf einem Zukunftsmarkt sei nicht als marktbeherrschend im Sinne von Art. 2 Abs. 3 FKVO einzustufen, solange der Zukunftsmarkt, der sich gerade erst zu entwickeln beginnt, offen für künftigen Wettbewerb bleibt und die Alleinstellung daher nur vorübergehend ist[407]. Ist jedoch zu erwarten, daß das Pionierunternehmen den Markt bereits in der Entstehungsphase abschotten und seine zunächst nur temporäre Monopolstellung dauerhaft behaupten kann, so hält die Kommission ein fusionskontrollrechtliches Einschreiten für geboten[408]. Die Frage, ob ein Unternehmen eine Gatekeeper Position einnehmen wird, erfordert somit eine Untersuchung, wie wahrscheinlich es ist, daß innerhalb des Prognosezeitraums andere Unternehmen nachziehen und zu dem Pionierunternehmen in Konkurrenz treten können.

b. Die Analyse der Entscheidung Vodafone/ Mannesmann

Eine andere Beurteilung scheint sich in der Kommissionspraxis durch die Entscheidung *Vodafone/ Mannesmann* abzuzeichnen. Wie in *MSG Media Service* ging es bei dem Markt für paneuropäische nahtlose Mobilfunkdienste ebenfalls um einen neuen Markt, auf dem das Unternehmen nach dem Zusammenschluß zunächst als first mover alleiniger Anbieter sein würde. Entgegen ihrer bisherigen Vorgehensweise stellte die Kommission aber bei der Untersuchung dieses Zusammenschlusses nicht auf die Gefahr einer Marktabschottung bereits in der Entstehungsphase und die Dauerhaftigkeit der Marktbeherrschung ab. Vielmehr hat sie bei ihrer Analyse die temporäre Marktmacht des Unternehmens ausreichen lassen, ohne die Dauerhaftigkeit der Vormachtstellung zu untersuchen und die langfristige Wettbewerbsentwicklung hinreichend zu würdigen, und hat deshalb zu Unrecht eine Gatekeeper Position und damit marktbeherrschende Stellung angenommen[409].

---

http://www.europa.eu.int/comm/competition/speeches/index_1996.html: „Both the MSG and the Nordic Satellite decision clearly indicate that the sole entry in a newly emerging market does not constitute as such a dominant position as a result of which competition would be significantly impeded."

[407] *MSG Media Service*, Zi. 55. Zur dynamischen Theorie siehe im 1. Teil unter C.I.1.

[408] *MSG Media* Service, Zi. 55; *BSkyB/ Kirch Pay-TV*, Zi. 78; Ungerer, „Who should be Europe's Digital Gatekeepers" (20.03.1996), unter: http://www.europa.eu.int/comm/competition/speeches/index_1996.html.

[409] Die Entscheidung der Kommission kritisierend auch Bishop/ Caffarra, ECLR 2001, Analysis Section, 31; Case Associates, Casenote Competition Research Issue 19 (June 2000), unter: http://www.casecon.com/compnotes.htm; Veljanovski, ELCR 2001, 115 ff.

Die eine marktbeherrschende Stellung kennzeichnende Fähigkeit, sich unabhängig von Wettbewerbern zu verhalten und die Aufrechterhaltung wirksamen Wettbewerbs zu verhindern, war im konkreten Fall nicht gegeben. Zwar werde, so die Kommission, die Nachbildung des integrierten Netzwerks durch Dritte in naher Zukunft äußerst schwierig, wenn nicht sogar unwahrscheinlich zu bewerkstelligen sein[410]. Die Kommission hat jedoch selbst anerkannt, daß es konkurrierenden Mobilfunkanbietern nicht grundsätzlich unmöglich sein werde, ihrerseits ebenso paneuropäische nahtlose Dienste zu entwickeln und anzubieten[411]. Wenn aber ein Pionierunternehmen wie hier langfristig mit der Nachbildung seines Netzwerks durch Wettbewerber rechnen muß, so geht schon hiervon ein gewisses Maß an wettbewerblicher Kontrolle aus mit der Folge, daß das Pionierunternehmen die künftige Marktentwicklung und den daraus resultierenden Wettbewerbsdruck in seine Strategien miteinbeziehen wird bzw. muß. Es wird also in seinem Verhalten weiterhin von den Kräften des Wettbewerbs diszipliniert und weist demnach gerade nicht die dem Tatbestand der Marktbeherrschung immanente Unabhängigkeit gegenüber seinen Wettbewerbern auf, die lediglich aufschließen und das Netzwerk des neuen Unternehmens nachbilden müßten[412]. Die Gefahr, daß das neue Unternehmen dauerhaft seine Alleinstellung aufrechterhalten könnte, war mithin im vorliegenden Fall nicht gegeben.

Die weitere Entwicklung des Wettbewerbsgeschehens im Anschluß an die Genehmigung des Vorhabens bestätigt diese Bewertung. Innerhalb von vier Monaten nach der Kommissionsentscheidung kam es zum Erwerb des von Mannesmann abgespaltenen Mobilfunkbetreibers Orange durch France Télécom[413]. Hierdurch ist der zweitgrößte Mobilfunkanbieter in Europa und damit ein Unternehmen entstanden, das in den Wettbewerb um die Bereitstel-

---

410 *Vodafone/ Mannesmann*, Zi. 40.

411 Vgl. *Vodafone/ Mannesmann*, Zi. 36. Dies kommt auch in den von der Kommission akzeptierten Zusagen zum Ausdruck. Der Kommission zufolge würden die Zugangsgewährungen die wettbewerbsrechtlichen Bedenken ausräumen, die mit der Unfähigkeit Dritter verbunden seien, im Zeitraum v o r der Schaffung alternativer Infrastrukturen und insbesondere UMTS-Netzinfrastrukturen in Konkurrenz zum neuen Unternehmen nahtlose paneuropäische Mobilfunkdienste anzubieten, vgl. Zi. 60. Diese Formulierung zeigt ebenso wie die Begrenzung der Zusagen auf drei Jahre, daß die Kommission nicht daran gezweifelt hat, daß die Nachbildung des Netzwerks möglich ist. Siehe auch Bishop/ Caffarra, ECLR 2001, Analysis Section, 31.

412 Siehe Bishop/ Caffarra, ECLR 2001, Analysis Section, 31, 32; Case Associates, Casenote Competition Research Issue 19 (June 2000), unter: http://www.casecon.com/compnotes.htm.

413 Vgl. hierzu die Entscheidung der Kommission in *France Télécom/ Orange*, Fall COMP/M.2016, Entscheidung der Kommission vom 11.08.2000, unter: http://www.europa.eu.int/comm/competition/mergers/cases, sowie die Pressemitteilung der Europäischen Kommission vom 14.08.2000, IP/00/930, „Grünes Licht für die Übernahme von Orange durch France Télécom: EU-Kommission macht Genehmigung von der Veräußerung der Orange-Geschäftsanteile in Belgien abhängig“, unter: http://www.europa.eu.int/rapid/start/cgi.

lung nahtloser paneuropäischer Dienste auf dem zukünftigen Markt einzutreten beabsichtigt[414], wenngleich Vodafone/ Mannesmann immer noch früher als sein nachfolgender Konkurrent zum Angebot europaweiter Mobilfunkdienste in der Lage sein wird[415].

In künftigen Vorhaben sollte es die Kommission vermeiden, ihrer Analyse einer Gatekeeper Position und damit ihrer Entscheidung über ein Einschreiten im Rahmen der FKVO eine zu kurzfristige Perspektive zugrundezulegen. Eine zur Genehmigung eines Zusammenschlusses angeordnete Maßnahme wie die Zugangsgewährung im Fall *Vodafone/ Mannesmann*, die sich zunächst wettbewerbsfördernd auswirkt, kann sich langfristig in ihr Gegenteil verkehren und sich als wettbewerbsmindernd erweisen. Es besteht die Gefahr, daß die Dynamik des Wettbewerbsprozesses in zweierlei Hinsicht gehemmt wird. Zum einen wird der Anreiz, mit Hilfe eines Zusammenschlusses zu investieren und Innovationen zu tätigen, durch die Aussicht eines wahrscheinlichen Einschreitens erheblich gemindert[416]. Gerade in schnellebigen Wirtschaftszweigen kommt aber den Gewinnaussichten und Profitmöglichkeiten eine entscheidende Bedeutung dabei zu, den Wettbewerb anzukurbeln und die Innovationsaktivitäten und Investitionen zu lenken. Müssen Unternehmen aufgrund der Kommissionspraxis bei Zusammenschlüssen damit rechnen, daß sie keinen Nutzen aus ihren Investitionstätigkeiten ziehen können, sondern vielmehr die von ihnen geschaffenen Einrichtungen schon bei temporären Vorteilen mit ihren Wettbewerbern teilen und diese an ihren Gewinnen teilhaben lassen müssen, besteht das Risiko, daß sie von vornherein von Innovationen absehen. Dies wäre jedoch mit Wohlfahrtsverlusten für die Konsumenten verbunden. Die von der Kommission angeordnete Zugangsgewährung zur Schaffung kurzfristigen Wettbewerbs ginge somit entschieden zu Lasten einer langfristigen Förderung des Wettbewerbsgeschehens. Neben diesem Aspekt sind auch die Auswirkungen auf die Innovations- und Investitionsanreize der Konkurrenten des fusionierenden Unternehmens zu berücksichtigen. Die Annahme der Kommission in *Vodafone/ Mannesmann*, die durch die Zusagen hergestellte Möglichkeit, paneuropäische Dienste in Konkurrenz zu Vodafone anzubieten, werde für Dritte die Anreize zur Entwicklung konkurrierender Netzwerke schaffen[417], erscheint verfehlt. Viel wahrscheinlicher ist, daß Wettbewerber bei derartigen extensiven Zugangsgewährungen zum Netzwerk des neuen Unternehmens weniger Motivation und Anreize verspüren, in den Aufbau alternativer Infrastrukturen zu investieren.

---

414 *France Télécom/ Orange*, Zi. 36.

415 Vgl. hierzu *France Télécom/ Orange*, Zi. 36 ff., insbesondere Zi. 38.

416 So auch Bishop/ Caffarra, ECLR 2001, Analysis Section, 31.

417 *Vodafone/ Mannesmann*, Zi. 60.

Die Kommission leistet folglich durch die Zulassung zu großzügiger Zusagen für Wettbewerber einer Trittbrettfahrermentalität Vorschub, indem Konkurrenten durch Gewährung des Zugangs zu Lasten des Pionierunternehmens einen sog. free ride erhalten, mit anderen Worten die Vorteile des Netzwerks gegen Zahlung eines Entgelts nutzen können, ohne jedoch die hohen Anfangsinvestitionen selbst aufbringen zu müssen.

2. Die Aussagekraft von Marktanteilen

Aus den vorstehenden Ausführungen ergeben sich auch Konsequenzen für die Aussagekraft von Marktanteilen, nicht nur auf Zukunftsmärkten, sondern grundsätzlich auf Märkten des Informations- und Kommunikationssektors. Wie erläutert, mißt die Kommission im Rahmen der FKVO allgemein den absoluten und relativen Marktanteilen, über die das zusammengeschlossene Unternehmen verfügen würde, für die Beurteilung seiner marktbeherrschenden Stellung eine große Bedeutung bei[418]. Es stellt sich allerdings die Frage, ob dies auch im Informations- und Kommunikationssektor angezeigt ist.

Angesichts des von häufigen Innovationen geprägten Wettbewerbs ist es zweifelhaft, ob Marktanteile der sich im Markt befindlichen Unternehmen wirklich deren Fähigkeit reflektieren, Quantität und Qualität des Output nach Belieben festzulegen[419] und sich dabei unabhängig von Wettbewerbern zu verhalten. Zum einen können Marktanteile erheblichen Schwankungen unterworfen sein. Zum anderen stehen die Unternehmen unter dem permanenten Druck neuer innovativer Konkurrenten. Insbesondere in der Anfangsphase eines Marktes sind hohe Marktanteile kein verläßlicher Indikator für die Marktmacht eines Unternehmens[420]. Neu entstehende oder gerade gebildete Märkte weisen regelmäßig ein hohes Wachstums- und Innovationspotential auf und unterliegen ständigen Veränderungen und Wechseln[421]. Unter diesen Bedingungen ist es im allgemeinen für ein Unternehmen trotz hoher Marktanteile schwierig bzw. kaum möglich, sich unabhängig von Wettbewerbern, Verbrauchern und Lieferanten zu verhalten[422]. Marktanteile sagen somit im

---

418 Siehe oben im 2. Teil unter B.II.2.b. und nochmals Immenga in: Immenga/ Mestmäcker, Bd. 1, Art. 2 FKVO, Rn. 101 ff.

419 Faull/ Nikpay, S. 51, 1.147.

420 So allgemein und nicht auf den Informations- und Kommunikationssektor bezogen auch Drauz/ Schröder, S. 128.

421 Ebenroth/ Lange, EWS 1995, 1, 6.

422 Ähnlich auch Ahlborn/ Evans/ Padilla, ECLR 2001, 156, 162.

Falle von dynamischen Sektoren weitaus weniger aus als bei stabilen Marktverhältnissen[423].

Der Kommission ist zugute zu halten, daß sie vielfach, so z.B. in *MSG Media Service*, ihre Analyse gerade nicht auf die hohen Marktanteile stützt, sondern ihr Augenmerk auf die Wahrscheinlichkeit einer Marktabschottung richtet. Auch bei der Prüfung in *WorldCom/ MCI* und des zwei Jahre später geplanten Vorhabens *MCI WorldCom/ Sprint*[424] hat die Kommission es nicht dabei belassen, die Höhe der Marktanteile zu ermitteln. Vielmehr hat sie sich neben einer ausführlichen Darstellung, warum dem neuen Unternehmen jeweils ein von Wettbewerbern und Kunden unabhängiges Verhalten möglich sein würde, eingehend mit dem Einwand der Parteien auseinandergesetzt, die Marktanteile seien angesichts des rapiden Wachstums des Internet flüchtig, und diesen Einwand unter dem Hinweis auf die aus der Marktanalyse hervorgehende Stabilität der Marktanteile abgelehnt[425]. Um auch künftig Innovationsanreize zu wahren, sollte die Kommission im Rahmen der FKVO die erkennbare Tendenz, Marktanteile bei der Ermittlung einer beherrschenden Stellung im Informations- und Kommunikationssektor weniger bzw. nur dann heranzuziehen, wenn sie über einen längeren Zeitraum stabil bleiben, weiterverfolgen[426].

3. Die Relevanz von Marktzutrittsschranken

Die Forderung, hohen Marktanteilen aufgrund der Schnellebigkeit im Informations- und Kommunikationssektor eine geringere Bedeutung bei der Ermittlung einer Gatekeeper Position beizumessen, ist aber nicht dahingehend zu verstehen, daß das Kartellrecht in diesem Sektor nur eine untergeordnete Rolle spielen sollte[427]. Das Verständnis vom Wettbewerb als ein dynamischer Prozeß darf nicht zu dem Extrem führen, daß ein Einschreiten seitens der Kartellbehörden so gut wie nie als erforderlich angesehen wird, weil

---

[423] Korah, Introductory Guide, S. 310, 11.2.6.1. Zur Aussagekraft von Marktanteilen auf Märkten, in denen es um die Rechte an Inhalten geht, vgl. eingehender unter B.III.2.b.

[424] Eine eingehende Darstellung dieser Kommissionsentscheidung erfolgt unter B.I.1.a.aa.

[425] Siehe *MCI WorldCom/ Sprint*, Fall COMP/M.1741, Entscheidung der Kommission vom 28.06.2000 (unter: http://www.europa.eu.int/comm/competition/mergers/cases), Zi. 130, 139 ff., insbesondere 141, und 195.

[426] Monti, „Antitrust may be an Old Economy word, but it is essential for the New Economy" (25.10.2000), unter: http://www.ebizchronicle.com/spl_reports/october/mariomonti.htm, führt ebenfalls aus, daß die Kriterien zur Ermittlung einer beherrschenden Stellung sich von der technologischen Entwicklung abhängig ändern können.

[427] In diese Richtung Veljanovski, ELCR 2001, 115, 120. Vgl. die Hinweise auf eine derartige Argumentation bei Monti, FCLI 2000, 257, 261, und Drauz, European Business Forum (No. 4) 2000, 11.

letztlich jeder Marktführer durch technische Innovation wieder ersetzt wird und sich dementsprechend die Märkte selbst regeln[428]. Vielmehr kommt dem Kartellrecht auch in diesen Bereichen eine große Relevanz zu. Schließlich besteht aufgrund der ökonomischen Besonderheiten das Risiko, daß ein erst einmal am Markt etabliertes Produkt trotz Unterlegenheit nicht mehr von überlegenen technischen Produkten verdrängt bzw. ersetzt werden kann[429] und somit der Innovationsprozeß und die weitere Entwicklung des Wettbewerbs erheblich beeinträchtigt werden. Dies wird durch die Kommissionspraxis bestätigt. In der Mehrzahl der von ihr entschiedenen Fälle ist die Möglichkeit, einen Markt dauerhaft vom Wettbewerb abzuschotten und eine Gatekeeper Position einzunehmen, gerade denjenigen Unternehmen erwachsen, die als erste auf einem Markt tätig geworden sind[430].

Maßgeblich ist daher, ob die Position eines Unternehmens nicht nur eine vorübergehende Erscheinung, sondern durch keinen noch so innovativen Konkurrenten mehr zu erschüttern ist, ähnlich, wie es beim Vorhaben *MSG Media Service* der Fall war[431]. Zur Ermittlung, ob ein Unternehmen infolge eines Zusammenschlusses eine Gatekeeper Position und damit die Kontrolle über den Marktzugang erlangen kann, ist deshalb stets eine eingehende Untersuchung der durch den Zusammenschluß entstehenden oder erhöhten Marktzutrittsschranken vorzunehmen. Ist der betreffende Markt bestreitbar, so verfügt ein Unternehmen trotz hoher Marktanteile nicht über eine beherrschende Stellung, weil es angesichts niedriger Eintrittsbarrieren Wettbewerbsdruck seitens potentieller Wettbewerber ausgesetzt ist und sich somit nicht unabhängig von diesen verhalten kann[432].

---

[428] Siehe die Nachweise bei Pons, „European Competition Policy in the New Economy" (26.06.2001), http://www.europa.eu.int/comm/competition/speeches/index_2001.html.

[429] Zu diesem Problem der path dependency und des lock-in Effekts vgl. im 1. Teil unter C.I.5.

[430] Siehe z.B. die Entscheidungen der Kommission in *MSG Media Service* und *Bertelsmann/ Kirch/ Premiere* in bezug auf den Markt für Pay-TV und technische Dienstleistungen für Pay-TV oder *AOL/ Time Warner* bezüglich des Marktes für die Verbreitung von Musikdateien über das Internet. Beispiele für die selteneren Konstellationen, daß Wettbewerber zur Fortsetzung ihrer Tätigkeit auf einem bestehenden Markt fortan von der Kooperationswilligkeit eines Konkurrenten abhängen und dieser damit zum unvermeidlichen Geschäftspartner wird, sind *WorldCom/ MCI* und *MCI WorldCom/ Sprint*.

[431] Vgl. Ebenroth/ Lange, EWS 1995, 1, 6.

[432] Ahlborn/ Evans/ Padilla, ECLR 2001, 156, 162. Im Zusammenhang mit der Analyse von Marktstrukturen und der Bedeutung von Marktzutrittsschranken für die Ermittlung der Marktmacht ist auf die Theorie der bestreitbaren oder angreifbaren Märkte („contestable markets") hinzuweisen, für eine Zusammenfassung siehe Van den Bergh/ Camesasca, S. 49 ff. Dieser Ansatz ist von Baumol/ Panzar/ Willig, Contestable Markets, und von Bailey, AER (71) 1981, Papers and Proceedings, 178 ff., entwickelt worden. Danach wird ein Markt dann als angreifbar angesehen, wenn der Marktzutritt frei und der Marktaustritt kostenlos ist, d.h. wenn keine Marktzutritts- und

Als Beispiel für Marktzutrittsschranken, die bei der Ermittlung einer Gatekeeper Position zu berücksichtigen sein können, sind hohe versunkene Investitionskosten und economies of scale zu nennen. Wie erläutert ist die Aufnahme einer Tätigkeit im Informations- und Kommunikationssektor zumeist mit hohen Anfangsinvestitionen verbunden, die für die Schaffung einer Netzinfrastruktur, die Entwicklung einer Technologie oder den Erwerb von Rechten an Premiuminhalten erforderlich sind[433]. Vielfach wird gerade durch einen Zusammenschluß bezweckt, den notwendigen Investitionsbedarf gemeinsam aufzubringen und sich dadurch frühzeitig am Markt etablieren zu können. Für potentielle Wettbewerber des fusionierenden Unternehmens stellen diese immensen Kosten oftmals ein großes Hindernis dafür dar, daß sie nach dem Zusammenschluß in den Markt eintreten und mit dem neuen Unternehmen konkurrieren können, da im Regelfall nur wenige Unternehmen überhaupt in der Lage sind, derartige Investitionen zu tätigen[434]. Entscheidend für die Qualifizierung als Marktzutrittsschranke ist allerdings weniger der Kapitaleinsatz per se, sondern vielmehr das damit verbundene Verlustrisiko[435]. Selbst Unternehmen, denen die Investitionen prinzipiell möglich sind, werden nur dann bereit sein, das mit den Anfangsinvestitionen und mit der Gefahr ihres Verlustes beim Marktaustritt verbundene hohe finanzielle Risiko einzugehen, wenn sie davon ausgehen, für ihre Risikobereitschaft belohnt zu werden[436]. Dieser Gedanke klingt in mehreren Entscheidungen der Kommission wie z.B. *MSG Media Service* und *Bertelsmann/ Kirch/ Premiere* deutlich an. Bei der Untersuchung einer beherrschenden Stellung auf dem Markt für Pay-TV bzw. für technische Dienstleistungen hat die Kommission jeweils die Existenz potentiellen Wettbewerbs geprüft und

---

–austrittsschranken existieren, siehe Schmidt, S. 70. Verursacht ein Markteintritt keine oder nur geringe versunkene Kosten, so könnten Unternehmen die erläuterte Hit-and-Run-Strategie relativ mühelos verfolgen. Die Bedrohung durch Hit-and-Run-Eintritte, mit anderen Worten die Existenz potentiellen Wettbewerbs, hat zur Folge, daß die etablierten Unternehmen diszipliniert werden, auch wenn sie über hohe Markanteile verfügen, siehe Faull/ Nikpay, S. 19, 1.49.

433 Siehe im 1. Teil unter C.I.2.

434 Vgl. allgemein zu diesem Punkt Wagemann in: Wiedemann, § 16, Rn. 58, mit Nachweisen aus der Entscheidungspraxis der Kommission. All diejenigen Unternehmen, die die Anfangsinvestitionen nicht tätigen und eine eigene Einrichtung nicht schaffen können, sind somit für das Angebot einer Dienstleistung oder eines Produktes auf den Zugang zur Einrichtung des neuen Unternehmens angewiesen. Dieses hat dadurch nach dem Zusammenschluß die Möglichkeit, über die Gewährung des Zugangs Zeitpunkt und Konditionen von deren Markteintritten zu steuern.

435 Immenga in: Immenga/ Mestmäcker, Bd. 1, Art. 2 FKVO, Rn. 157; Van den Bergh/ Camesasca, S. 120.

436 Monti, „Defining the Boundaries Competition Policy in High Tech Sectors“ (11.09.2001), unter: http://www.europa.eu.int/comm/competition/speeches/index_2001.html, spricht explizit in bezug auf die Technologiebranche davon, daß die Technologiemärkte ein hohes Risikolevel involvieren.

darauf abgestellt, daß potentielle Konkurrenten nur gewillt sein würden, den erforderlichen Investitionsbedarf aufzubringen, wenn sie auch entsprechende Marktdurchdringungschancen sehen[437]. Eine solche Möglichkeit wäre jedoch nach Durchführung der jeweiligen Zusammenschlüsse in den zu entscheidenden Fällen kaum oder nicht mehr gegeben gewesen. Den economies of scale kommt hierbei eine entscheidende Bedeutung zu. Die moderne Sichtweise ist, daß economies of scale eine Eintrittsbarriere darstellen können, wenn sie kombiniert mit versunkenen Kosten auftreten[438]. Jedes Unternehmen, das nach einem Zusammenschluß in Konkurrenz zu dem bereits im Markt tätigen, neuen Unternehmen treten will, hat in seine Überlegungen die Existenz und den zeitlichen Vorsprung des Pionierunternehmens miteinzubeziehen. Je mehr Kunden sich bereits für dessen Produkt oder Dienstleistung entschieden bzw. der Technologie oder dem Netz angeschlossen haben, desto weniger kann das andere Unternehmen damit rechnen, daß es seine Anfangsinvestitionen wieder hereinbekommen und Skaleneffekte realisieren kann. Diese Gründe haben in den erwähnten Entscheidungen dazu beigetragen, daß die Kommission zu der Feststellung gekommen ist, das neue Unternehmen werde infolge des Zusammenschlusses aufgrund seiner Kontrolle über die einzige Infrastruktur eine Gatekeeper Position auf den jeweiligen Märkten einnehmen.

4. Die Ausdehnung von Marktmacht am Beispiel *BSkyB/ Kirch Pay-TV*

Die Entscheidungen der Kommission lassen ebenfalls erkennen, daß die Entstehung einer Gatekeeper Position oftmals Folge einer sog. Marktmachtausdehnung oder Marktmachtübertragung gewesen wäre[439]. Gegenstand der Untersuchung im Rahmen der FKVO ist die Frage, ob die beteiligten Parteien durch den Zusammenschluß in der Lage sind, ihre Marktmacht auf einem Markt auf einen benachbarten bzw. vor- oder nachgelagerten Markt auszudehnen und dadurch dort eine beherrschende Stellung zu begründen bzw. zu verstärken[440]. Dabei geht es letztlich darum, ob es einem Unternehmen durch den Zusammenschluß gelingt, die auf einem Markt bestehenden Marktzutrittsschranken auf einen zweiten Markt zu übertragen und damit die dortigen

---

437 *MSG Media Service*, Zi. 60 und 83; *Bertelsmann/ Kirch/ Premiere*, Zi. 56 und 108. Ähnlich auch die Kommission in *BSkyB/ Kirch Pay-TV*, Zi. 75.

438 Van den Bergh/ Camesasca, S. 120. So allgemein, d.h. nicht speziell für den Informations- und Kommunikationssektor auch Löffler in: Langen/ Bunte, Art. 2 FKVO, Rn. 159; Immenga in: Immenga/ Mestmäcker, Bd. 1, Art. 2 FKVO, Rn. 156.

439 Im Englischen wird der Begriff des „leveraging of market power" verwendet.

440 Vgl. Mendes Pereira, „EU Competition Law, Convergence and the Media Industry" (23.04.2002), unter: http://www.europa.eu.int/comm/competition/speeches/index_2002.html.

Eintrittsbarrieren dergestalt zu erhöhen, daß es dort eine Gatekeeper Position einnehmen kann. So hatte die Kommission z.B. in *Telia/ Telenor* die Befürchtung, daß die Kontrolle über die lokale Infrastruktur von den Parteien dafür genutzt werden könnte, ihre Position auf verwandte Dienstleistungsmärkte auszuweiten[441]. Die Kommission zeigt sich insbesondere im Falle von neuen Märkten besorgt, wenn finanzstarke Unternehmen, die bereits auf einem Markt über einen großen Kundenstamm verfügen, im Wege eines Zusammenschlusses versuchen, ihre Macht auf einen zweiten, neu entstehenden Markt zu übertragen und diesen frühzeitig vom Wettbewerb abzuschotten. Dies war u.a. in *AOL/ Time Warner* der Fall, wo das Risiko bestand, daß die beteiligten Unternehmen ihre Positionen in ihren bisherigen Tätigkeitsfeldern durch den Zusammenschluß auf den neuen Markt für den Online-Musikvertrieb ausdehnen und dort eine Gatekeeper Stellung einnehmen könnten[442].

Exemplarisch für die Vorgehensweise der Kommission bei der Gefahr einer Marktmachtübertragung auf einen Zukunftsmarkt ist die Entscheidung *BSkyB/ Kirch Pay-TV*[443]. Dort hat die Kommission die Beteiligung durch BSkyB an dem Unternehmen Kirch Pay-TV in Höhe von 24 % auf ihre Vereinbarkeit mit dem Gemeinsamen Markt geprüft. Neben einer Verstärkung der beherrschenden Stellung Kirchs auf dem Pay-TV Markt durch den Zufluß finanzieller Ressourcen und von Know-How[444] hat die Kommission die Auswirkungen des Zusammenschlusses auf den Markt für digitale interaktive Bildschirmdienste untersucht, die in Deutschland zum Zeitpunkt des Vorhabens noch nicht erhältlich waren[445]. Dabei hat sie angenommen, daß

---

441 Siehe diesbezüglich bei Monti, „Competition in the New Economy“ (21.05.2001), unter: http://www.europa.eu.int/comm/competition/speeches/index_2001.html.

442 So Mestmäcker, ZUM 2001, 185, 191. Vgl. auch die Entscheidung *MSG Media Service*, wo die beteiligten Parteien allesamt über starke Stellungen auf ihren Märkten verfügten und als Pionierunternehmen auf dem neuen Markt der technischen Dienstleistungen für Pay-TV durch die Bedeutung der existierenden Marktpositionen eine Gatekeeper Stellung einnehmen konnten.

443 *BSkyB/ Kirch Pay-TV*, Fall COMP/JV.37, Entscheidung der Kommission vom 21.03.2000, unter: http://www.europa.eu.int/comm/competition/mergers/cases. Für eine Zusammenfassung der Entscheidung vgl. Pape, WuW 2000, 500 f. Gegen diese Entscheidung ist von der ARD Klage erhoben worden, siehe ABl. 2000, C 247/32 f., und das Urteil *ARD/ Kommission*, Rs. T-158/00, Urteil des EuG vom 30.09.2003, unter: http://curia.eu.int/de/content/juris/index_de.htm; vgl. dazu unter C.III.

444 Kirch hatte über Premiere quasi ein Monopol in der Bereitstellung von Pay-TV. Siehe zum Ganzen *BSkyB/ Kirch Pay-TV*, Zi. 47 ff., insbesondere Zi. 48 und 50. Siehe hierzu auch Fn. 570.

445 Hierunter fallen u.a. Dienste wie Home-Banking, Home-Shopping, das Herunterladen von Spielen, Online-Lernen, Ferien- und Reisevermittlungsleistungen und weitere E-Commerce-Dienste. Sie werden über das Fernsehgerät in Verbindung mit einer Set Top Box erbracht. Typischerweise sind die Betreiber dieser Dienste nicht die Lieferanten der von den Verbrauchern gekauften Waren und Dienstleistungen. Vielmehr stellen sie gewissermaßen eine Plattform zur Ver-

Kirch Pay-TV durch die Beteiligung von BSkyB einen Wettbewerbs- und Zeitvorteil gegenüber seinen Konkurrenten erlangen werde. Neben dem Zufluß finanzieller Mittel, die für den Aufbau einer technischen Infrastruktur notwendig seien, werde es vor allem aufgrund der Erfahrung von BSkyB auf dem Gebiet der interaktiven Fernsehdienste im Vereinigten Königreich mit dem für einen erfolgreichen Markteintritt nötigen Know-How ausgestattet[446]. Es hat also nach ihrer Einschätzung das Risiko bestanden, daß sich Kirch infolge der Beteiligung von BSkyB vor oder zumindest gleichzeitig mit anderen Betreibern auf dem zukünftigen Markt für digitale interaktive Bildschirmdienste etablieren würde[447].

Hinsichtlich der Gefahren einer Marktmachtausdehnung hat die Kommission ausgeführt, der Eintritt in einen neuen Markt durch ein in einem eng verwandten Markt dominantes Unternehmen habe nicht automatisch die Entstehung einer marktbeherrschenden Position zur Folge. In diesem Fall jedoch sei zu erwarten, daß ein Markteintritt Kirchs als beherrschender Anbieter von Pay-TV in den Markt für digitale interaktive Bildschirmdienste dort zu einer erheblichen Erhöhung der Marktzutrittsschranken und dadurch zu einer Marktabschottung führen werde[448]. Hierfür waren der Kommission zufolge zwei Faktoren entscheidend, zum einen die Eigenschaft des Pay-TV als Antriebskraft für digitale interaktive Bildschirmdienste und zum anderen die Tatsache, daß es sich bei der d-box um einen geschlossenen proprietären Decoder handelt[449]. So hat sie darauf abgestellt, daß es Kirch angesichts seiner

---

fügung, über die Inhalteanbieter ihre Produkte und Dienste vermarkten und anbieten können, *BSkyB/ Kirch Pay-TV*, Zi. 31. Bezüglich der Einzelheiten der Marktabgrenzung vgl. *BSkyB/ Kirch Pay-TV*, Zi. 30 ff., und unten unter B.II.3.b.aa.

[446] *BSkyB/ Kirch Pay-TV*, Zi. 76 und 77. BSkyB war zum Zeitpunkt des Vorhabens in Europa der einzige Sender, der über das Gemeinschaftsunternehmen British Interactive Broadcasting (BiB, später umbenannt in Open) im Vereinigten Königreich direkte Erfahrungen auf dem Gebiet der digitalen interaktiven fernsehgestützten Dienste aufweisen konnte. Siehe auch die in diesem Zusammenhang ergangene Entscheidung *British Interactive Broadcasting*, Fall IV/36.539, Entscheidung der Kommission vom 15.09.1999, ABl. 1999, L 312/1. Neben diesem Tätigkeitsgebiet war BSkyB im Vereinigten Königreich als Pay-TV Anbieter tätig und strahlte analoge und digitale Fernsehdienste aus, *BSkyB/ Kirch Pay-TV*, Zi. 5-7. Die Kommission hat in Zi. 77 noch darauf hingewiesen, daß BSkyB nach dem Erwerb der Beteiligung selbstverständlich auch einen Anreiz haben werde, Kirch Pay-TV mit den notwendigen Ressourcen zu versorgen.

[447] Neben Kirch hatten zum Zeitpunkt des Vorhabens u.a. Bertelsmann und die ARD ihre Pläne geäußert, digitale interaktive Bildschirmdienste in naher Zukunft anzubieten, *BSkyB/ Kirch Pay-TV*, Zi. 73.

[448] *BSkyB/ Kirch Pay-TV*, Zi. 78. Die Kommission hat hierdurch auch die in *MSG Media Service* getätigte Äußerung bestätigt, die Eigenschaft als first mover reiche zur Annahme einer marktbeherrschenden Stellung nicht aus, sondern diese sei dann zu befürchten, wenn der Markt bereits in der Entstehungsphase vom Wettbewerb abgeschottet werde.

[449] Vgl. hierfür und zum Folgenden *BSkyB/ Kirch Pay-TV*, Zi. 78-80.

beherrschenden Stellung auf dem Markt für Pay-TV als einzigem Unternehmen möglich sein werde, Pay-TV in Kombination mit digitalen interaktiven Fernsehdiensten anzubieten und von der treibenden Kraft des Pay-TV zu profitieren[450]. Kunden würden sich, so die Kommission, aller Wahrscheinlichkeit nach für Kirch entscheiden, weil sie dann mit einer Set Top Box sowohl Zugang zum Pay-TV als auch zu den interaktiven Diensten erhalten könnten. Kirch werde also seine d-box, die bereits für den Empfang von Pay-TV unumgänglich sei, auch als Standarddecoder für interaktive digitale Fernsehdienste durchsetzen können. Wegen der proprietären Technologie der Set Top Box seien konkurrierende Diensteanbieter damit jedoch fortan auf eine Lizenzierung von Beta Research angewiesen, um Dienste über die d-box anbieten zu können. Infolge dieser Abhängigkeit sei Beta Research in der Lage, über die Konditionen der Lizenzgewährung die Markteintritte konkurrierender Diensteanbieter zugunsten von Kirch Pay-TV zu steuern, wozu es auch einen Anreiz habe[451]. Demnach hätte Kirch hier die Kontrolle über die proprietäre Decoderinfrastruktur und die alles dominierende Stellung auf dem Markt für Pay-TV auf den für digitale interaktive Fernsehdienste ausdehnen und dort eine Gatekeeper Stellung einnehmen können, was die Kommission zu unterbinden hatte. Sie hat deshalb das Vorhaben nur unter Auflagen und Bedingungen nach Art. 6 Abs. 1 lit. b FKVO genehmigt[452].

5. Fazit

Bei der Beurteilung künftiger Vorhaben sollte die Kommission davon absehen, eine zu kurzfristige Perspektive zugrundezulegen und schon bei temporärer Marktmacht einzuschreiten, da wie erläutert die Aussicht auf temporäre Monopolgewinne einen Anreiz und die Voraussetzung dafür darstellt, daß

---

[450] In der englischen Übersetzung wurde Pay-TV als „driver" für digitale interaktive Bildschirmdienste bezeichnet, vgl. *BSkyB/ Kirch Pay-TV*, Zi. 32. Die Eigenschaft des Pay-TV als Antriebskraft erklärt sich folgendermaßen: Da Betreiber digitaler interaktiver Bildschirmdienste wie gesehen eine Plattform zur Verfügung stellen, die Inhalteanbieter zum Angebot ihrer Waren und Dienstleistungen nutzen können, ist die Beliebtheit der Plattform bei Kunden entscheidend für die Nachfrage der Inhalteanbieter, die möglichst viele potentielle Kunden erreichen wollen. Umgekehrt ist die Attraktivität des Inhalteangebots wiederum der entscheidende Faktor für die Endverbraucher. Aufgrund dieser Interaktion zwischen inhaltlichem Angebot und Kundenstamm wird Pay-TV aller Voraussicht nach eine treibende Kraft für digitale interaktive Bildschirmdienste spielen, da so für die Inhalteanbieter gewährleistet ist, daß sie eine große Anzahl von überdurchschnittlich verdienenden Kunden erreichen, vgl. die Kommission in Zi. 32, 78.

[451] *BSkyB/ Kirch Pay-TV*, Zi. 79. Die Kommission hat hier ferner darauf hingewiesen, daß die Etablierung der d-box als Standard per se nicht notwendigerweise zur Entstehung einer beherrschenden Stellung auf dem Markt für digitale interaktive Dienste geführt hätte. Entscheidend hierfür sei, daß es sich bei der d-box um einen geschlossenen proprietären Decoder handele.

[452] Zu den Abhilfemaßnahmen vgl. unter C.III.

sich überhaupt Wettbewerb entwickelt[453]. Ebenso ist es zu vermeiden, bereits vom Eintritt eines Unternehmens in einen neuen Markt automatisch auf das Entstehen einer marktbeherrschenden Stellung zu schließen, nur weil es einen verwandten Markt dominiert[454]. Vielmehr sollte die Kommission zur Ermittlung einer Gatekeeper Position und damit einer marktbeherrschenden Stellung nicht nur bei Pionierunternehmen, sondern grundsätzlich eine genaue Untersuchung der Marktzutrittsschranken vornehmen, die durch den Zusammenschluß - eventuell im Wege der Marktmachtübertragung – entstehen bzw. erhöht würden. Es ist zu hoffen, daß Entscheidungen wie *Vodafone/ Mannesmann* die Ausnahme bleiben. Ansonsten ist zu befürchten, daß die Kommission durch allzu frühes Intervenieren ihrem Ziel, wirksamen Wettbewerb innerhalb der Europäischen Union zu gewährleisten, langfristig weitaus mehr schadet als nützt.

II. Die Bedeutung von Netzeffekten bei der Ermittlung einer Gatekeeper Position

Bei der Analyse, ob ein Unternehmen infolge eines Zusammenschlusses eine Gatekeeper Position einnehmen kann, kommt dem etwaigen Auftreten von Netzeffekten eine besondere Bedeutung zu. Wie die Darstellung der ökonomischen Charakteristika verdeutlicht hat, wird die Entwicklung des Wettbewerbs im Informations- und Kommunikationssektor entscheidend durch die Realisierung von Netzeffekten beeinflußt, so daß sie auch bei der Untersuchung der Auswirkungen eines Zusammenschlusses auf den Wettbewerb zu berücksichtigen sind. Im folgenden soll die bisherige Kommissionspraxis diesbezüglich einer kritischen Analyse unterzogen werden.

1. Die zunehmende Einbeziehung von Netzeffekten in der Kommissionspraxis

Bei der Durchsicht der Entscheidungen ist auffällig, daß die Kommission bei der Ermittlung einer Gatekeeper Position verstärkt die Existenz von Netzeffekten herangezogen hat. In den Vorhaben *WorldCom/ MCI* und *MCI WorldCom/ Sprint* hat die Kommission Netzeffekte als die neue entscheidende Bestimmungsgröße bei der Beurteilung von Unternehmenszusammenschlüssen im Bereich des Internet - in den Fällen auf dem Internet-Backbone-Markt - identifiziert und zur Begründung der marktbeherrschenden

---

453 Siehe oben im 1. Teil unter C.I.1.

454 *BSkyB/ Kirch Pay-TV*, Zi. 78.

Stellung auf sie abgestellt[455]. Nach der Kommissionspraxis wirken Netzeffekte somit als Marktzutrittsschranke[456]. Neben direkten Netzeffekten in der Telekommunikation und indirekten Netzeffekten auf dem Gebiet der Informationstechnologie[457] lassen die Entscheidungen im Mediensektor, speziell im Zusammenhang mit der Verbreitung von Inhalten über das Internet, eine weitere Ausgestaltung der Netzeffekte erkennen. Sie sind ähnlich der Netzeffekte bei virtuellen Netzen mehr indirekter Natur, da ihnen ebenfalls eine Dreieckskonstellation zugrundeliegt. Die Beziehungen bestehen zwischen den Nutzern, den Betreibern des Netzwerks und den Inhalteanbietern, die den Nutzern ihre Inhalte über die Distributionsinfrastruktur zur Verfügung stellen. So hat die Kommission beispielsweise bei der Untersuchung des Vorhabens *AOL/ Time Warner* ausgeführt, daß durch den Zusammenschluß und hierbei vor allem durch das exklusive Angebot der Musikinhalte von Bertelsmann und Time Warner über AOL Netzeffekte ausgelöst würden. Diese wirkten in zweierlei Richtungen - mehr Nutzer bringen mehr Inhalt und mehr Inhalt zieht mehr Nutzer an[458] - und hätten zur Folge, daß das neue Unternehmen eine Gatekeeper Stellung auf dem Markt für den Online-Vertrieb von Musik einnehmen könnte.

Es ist zu begrüßen, daß die Kommission die ökonomischen Besonderheiten des Netzwettbewerbs bei der Ermittlung einer Gatekeeper Position verstärkt miteinbezieht. Das Auftreten von Netzeffekten stellt prinzipiell ein klares Kriterium dafür dar, wann zu erwarten ist, daß ein Unternehmen seine

---

[455] Siehe Ungerer, „Content-Media-Telecom Competition Issues" (31.05.2001), unter: http://www.europa.eu.int/comm/competition/speeches/index_2001.html; Faull/ Nikpay, S. 816, 11.217. Vgl. die Passagen in den Entscheidungen *WorldCom/ MCI*, insb. Zi. 126 und 131; *MCI WorldCom/ Sprint*, Fall COMP/M.1741, Entscheidung der Kommission vom 28.06.2000 (unter: http://www.europa.eu.int/comm/competition/mergers/cases), Zi. 173, für den Begriff des „snowball effect". Eine ausführliche Darstellung der Entscheidung *MCI WorldCom/ Sprint* erfolgt unter B.I.1.a.aa.

[456] Vgl. zur Qualifizierung von Netzeffekten als Marktzutrittsschranke auch das Urteil des Court of Appeals im Fall *Microsoft* in den USA, *United States v. Microsoft Corp.*, unter: http://www.washingtonpost.com/wp-srv/business/microsoftorder.pdf, S. 20 ff., wo das Gericht in bezug auf den Markt für Intel-kompatible PC-Betriebssysteme zu sich aus Netzwerkeffekten ergebenden Marktzutrittsschranken gekommen ist; ferner die Besprechungen bei Gey, WuW 2001, 933, 936, und Fleischer/ Körber, K&R 2001, 623, 626.

[457] Diese lagen beispielsweise der Prüfung des Zusammenschlußvorhabens *Microsoft/ Liberty Media/ Telewest* zugrunde, das unter B.III.3.c. näher erläutert wird.

[458] *AOL/ Time Warner*, Zi. 69 und 70; siehe auch bei Mendes Pereira, „EU Competition Law, Convergence, and the Media Industry" (23.04.2002), unter: http://www.europa.eu.int/comm/competition/speeches/index_2002.html. Entsprechende Ausführungen wie in *AOL/ Time Warner* finden sich in bezug auf den Markt für digitale interaktive Bildschirmdienste wie gesehen auch in *BSkyB/ Kirch Pay-TV*, Zi. 32, sowie in *Vivendi/ Canal+/ Seagram*, Zi. 51 und 64. Allerdings ist die Kommission bei dem letztgenannten Vorhaben - wie sogleich unter 2.a. dargelegt wird - zu Unrecht von Netzeffekten ausgegangen.

Stellung dauerhaft behaupten kann, und wann dementsprechend ein Einschreiten im Rahmen der Fusionskontrolle erforderlich ist. Gelingt es einem Unternehmen, durch den Zusammenschluß Netzeffekte zu realisieren, wird es im weiteren Wettbewerbsverlauf durch die hervorgerufene Eigendynamik immer mehr Kunden an sich binden können, was es für Wettbewerber immer schwieriger macht, sich einen eigenen bedeutsamen Kundenstamm aufzubauen und das neue Unternehmen in seinem Verhalten wirksam zu beschränken.

Teilweise wird der Kommissionspraxis jedoch entgegengehalten, sie verwende das Konzept der Netzeffekte in einer unrichtigen Art und Weise bzw. mißbrauche es sogar[459]. So gehe die Kommission beispielsweise in der Entscheidung *WorldCom/ MCI* fälschlicherweise von einem durch Netzeffekte hervorgerufenen „Schneeballeffekt" aus[460], da Voraussetzung dafür, daß sich ein einziges Unternehmen am Markt durchsetzen kann, ein „bottleneck" sei. Dies sei allerdings nur bei geschlossenen oder proprietären Netzwerken bzw. Standards, nicht aber bei physischen Telekommunikationsnetzen der Fall, weil letztere miteinander kompatibel und zusammengeschaltet seien bzw. sein müßten, um universelle Anschlußfähigkeit anzubieten. Folge einer solchen Zusammenschaltung sei es aber, daß Nutzer eines Netzwerks jeden beliebigen Kunden eines anderen Netzwerks sofort erreichen könnten, so daß Netzeffekte für den ganzen Sektor entstünden und keinen Vorteil für einen individuellen Anbieter brächten[461].

Grundsätzlich trifft diese Beschreibung auf die Wettbewerbsverhältnisse im Internet zu. Eine derartige Betrachtungsweise berücksichtigt jedoch nicht die veränderten Anreize der Unternehmen, die sich infolge eines Zusammenschlusses ergeben können, wenn ein Unternehmen die kritische Masse durchbricht und bei seinen Strategien nicht mehr von den Wettbewerbskräften in Schach gehalten wird. Wie die Kommission in *WorldCom/ MCI* ausgeführt hat, ist ein Unternehmen bei der Bereitstellung universeller Anschlußfähigkeit umso weniger von seinen Wettbewerbern abhängig, je größer sein eigenes Netzwerk und sein Kundenstamm sind, während umgekehrt für Wettbewerber mit seiner zunehmenden Größe das Erfordernis einer Zusammenschaltung wächst. Dementsprechend könnte es sich das neue Unterneh-

---

459 Vgl. zum Folgenden bei Veljanovski, ECLR 2001, 115 ff.; Case Associates, Casenote Competition Research Issue 15 (February 1999), unter: http://www.casecon.com/compnotes.htm, wo in bezug auf die Entscheidung in *WorldCom/ MCI* ausgeführt wird: „As a competition law decision, it is an example where fashionable economics have been used by complainants to mischaracterize a market and cause an understaffed EC Commission to arrive at the wrong decision by the wrong analysis".

460 *WorldCom/ MCI*, Zi. 131.

461 Veljanovski, ECLR 2001, 115, 116.

men erlauben, Gegenzugvereinbarungen zu verweigern oder zu verschlechtern bzw. zumindest damit zu drohen, ohne daß es davon selbst nachhaltig beeinträchtigt wäre. In einer solchen Konstellation ist es jedoch für Nutzer erkennbar wichtig, welchem Netzwerk sie angehören. Aufgrund der drohenden Veränderung der Zusammenschaltung liefen sie bei anderen Diensteanbietern ständig Gefahr, die Kunden des großen Netzes nicht erreichen bzw. Zugang zu diesen nur unter schlechteren Bedingungen in bezug auf Kosten und Qualität erlangen zu können. Deshalb werden sie sich dem Unternehmen anschließen, das den größten Kundenstamm hat, so daß hier Netzeffekte für das betreffende Unternehmen entstehen würden. Dies hat die Kommission schlüssig dargelegt.

2. Kritik an der Kommissionspraxis

Ein essentieller Gedanke läßt sich allerdings der Diskussion entnehmen, nämlich, daß sich die Kommission nicht auf das Konzept der Netzeffekte berufen sollte, ohne deren zu erwartende Existenz vorher genau untersucht zu haben. Sie vermittelt in ihren Entscheidungen teilweise den Eindruck, daß sie die grundsätzliche Möglichkeit von Netzeffekten eher als „Allzweckwaffe“ benutzt, um ihre Ausführungen hinsichtlich der Entstehung einer Gatekeeper Position zu untermauern, als daß sie deren Auftreten anhand der vorliegenden Daten konkret auf die jeweilige Konstellation bezogen prognostiziert. Die Feststellung, ein Unternehmen könne infolge eines Zusammenschlusses Netzeffekte realisieren, sollte jedoch nicht vorschnell, sondern erst nach gründlicher Prüfung erfolgen. Dabei sind vor allem zwei Aspekte zu beachten.

a. Die Ermittlung der Wahrscheinlichkeit von Netzeffekten

Zum einen sollte die Kommission stets analysieren, wie wahrscheinlich das Auftreten von Netzeffekten im Einzelfall ist. Dabei hat sie vor allem zu untersuchen und darzulegen, ob ein Unternehmen durch den Zusammenschluß die kritische Masse durchbrechen wird, die zur Realisierung der Netzeffekte und damit der Eigendynamik erforderlich ist[462]. In der Entscheidung *Vivendi/ Canal+/ Seagram* beispielsweise sind die Ausführungen der Kommission, was die Entstehung von Netzeffekten auf den Märkten für Internetportale und Online-Musikvertrieb und damit verbunden die Annahme einer beherrschenden Stellung anbelangt, nicht zufriedenstellend[463]. Die Kommission

---

462 Shapiro/ Varian, S. 14, und oben im 1. Teil unter C.I.3.

463 Vgl. *Vivendi/ Canal+/ Seagram*, Zi. 51 und 64 für die Entstehung von Netzeffekten.

läßt eine fundierte Begründung vermissen, warum durch den Zusammenschluß die notwendige kritische Masse erreicht worden wäre und mit dem Auftreten von Netzeffekten zu rechnen war. Das von der Kommission identifizierte Risiko, daß infolge von Netzeffekten auch die anderen „Majors“ der Musikindustrie angezogen würden, bevorzugt oder ausschließlich über Vizzavi anzubieten, und somit deren jeweiliges Musikrepertoire konkurrierenden Betreibern von Internetportalen und Online-Musikvertrieb nicht mehr zur Verfügung stünde[464], ist folglich nicht hinreichend nachvollziehbar dargelegt.

b. Die Untersuchung von Art und Umfang der Netzeffekte

Über die Frage der Wahrscheinlichkeit hinaus ist ferner hervorzuheben, daß Netzeffekte nicht immer gleich sind, sondern je nach den spezifischen Umständen des Einzelfalls Unterschiede aufweisen können. Zwei Märkte, auch wenn sie beide durch Netzstrukturen gekennzeichnet sind, folgen nicht notwendig denselben Regeln[465]. Deshalb sollte die Kommission nach Ermittlung der kritischen Masse und damit der Wahrscheinlichkeit von Netzeffekten unbedingt analysieren, wie bedeutsam die durch Netzeffekte begründeten Marktzutrittsschranken sind. Dies hängt von Art und Umfang der Effekte ab. So sind Netzeffekte bei Gütern wie Internetbrowsern, bei denen eine parallele Verwendung bzw. ein Wechsel grundsätzlich möglich und mit keinen Risiken verbunden ist, weniger stark als in Märkten, bei denen sich Benutzer zwingend für ein System - z.B. ein PC-Betriebssystem - entscheiden müssen und ein Wechsel hohe Kosten nach sich zieht[466].

Der ersten Kategorie ist beispielsweise der im Fall *AOL/ Time Warner* untersuchte Markt für Musik-Player zuzuordnen, für den die Kommission angenommen hat, das neue Unternehmen könne infolge der Kontrolle über die bedeutendste Quelle von Musikverwertungsrechten seinen Musik-Player Winamp als die beherrschende Empfangssoftware am Markt durchsetzen. Wie bei Internet-Browsern ist auch bei Musik-Playern eine parallele Einrichtung und Verwendung grundsätzlich ohne Risiken möglich, da Musik-Player ohne Kosten und einfach auf einen Computer heruntergeladen werden können, worauf die Kommission selbst hingewiesen hat[467]. Insofern war hier

---

[464] *Vivendi/ Canal+/ Seagram*, Zi. 63.
[465] Vgl. auch bei Fleischer/ Körber, K&R 2001, 623, 628.
[466] Siehe hierzu auch Fleischer/ Körber, K&R 2001, 623, 628, die im Rahmen der Besprechung der Microsoft-Entscheidung im Einklang mit dem Berufungsgericht auf diesen Aspekt hinweisen, in dem Fall, daß sich die Feststellungen zum Betriebssystemmarkt nicht einfach auf den Browsermarkt übertragen lassen. Vgl. ferner Shapiro/ Varian, S. 289 f.
[467] *AOL/ Time Warner*, Zi. 63.

nicht von starken, sondern vielmehr von moderaten Netzeffekten auszugehen. Die Gefahr, daß sich der Musik-Player des neuen Unternehmens infolge des Zusammenschlusses gegen alle anderen Musik-Player auf dem Markt durchsetzen würde, war somit wenig wahrscheinlich. Die Kommission hat diesem Aspekt bei der Untersuchung der durch den Zusammenschluß entstehenden Marktzutrittsschranken und der Begründung einer beherrschenden Stellung erkennbar zu wenig Rechnung getragen, wenn sie die Befürchtung äußert, daß das neue Unternehmen ein Monopol auf dem Markt für Musik-Player erlangen könnte[468].

Anders verhält es sich in Konstellationen, in denen die Einrichtung und parallele Verwendung zweier Systeme entweder aus technischen Gründen nicht möglich bzw. mit erheblichen Fehlerrisiken behaftet oder aufgrund der mit einem Wechsel verbundenen hohen materiellen und immateriellen Kosten als nicht wahrscheinlich einzustufen ist. Müssen sich Nutzer für ein System entscheiden, beeinflussen Netzeffekte stärker die Entwicklung eines Marktes und ziehen dadurch hohe Marktzutrittsschranken nach sich. So ist beispielsweise bei technischen Plattformen für Pay-TV davon auszugehen, daß sich Kunden nach dem Erwerb einer Set Top Box im Regelfall wegen der ansonsten anfallenden, zusätzlichen Kosten und Unannehmlichkeiten keine zweite Set Top Box anschaffen werden[469]. Dementsprechend würden es alternative Set Top Box- oder Verschlüsselungstechnologien schwer haben, sich am Markt durchzusetzen, wenn bereits eine proprietäre Technologie die kritische Masse durchbrochen hat und von den dadurch ausgelösten Netzeffekten profitieren kann. Die Wahrscheinlichkeit, daß ein Wettbewerber in den Markt eindringen und die Position der bereits etablierten Technologie erfolgreich angreifen kann, ist somit erheblich geringer als diejenige, daß sich im Fall *AOL/ Time Warner* neben Winamp eine zweite Empfangssoftware etabliert.

3. Netzeffekte und die Konsumentenwohlfahrt

Über die Fragestellung hinaus, ob im konkreten Einzelfall durch den Zusammenschluß Netzeffekte ausgelöst werden, gilt es ferner, das prinzipielle Verständnis der Kommission vom Konzept der Netzeffekte zu beleuchten. Der Ansatz der Kommission - und im übrigen auch anderer Wettbewerbsbehörden weltweit - ist es, Netzeffekte als eine Marktzutrittsschranke einzustu-

---

[468] Siehe in der Pressemitteilung der Europäischen Kommission vom 19.06.2000, IP/00/634, „Commission opens full investigation into AOL/ Time Warner merger“, unter: http://www.europa.eu.int/rapid/start/cgi.

[469] Ähnlich auch die Kommission in *Telia/ Telenor*, Zi. 372; *BSkyB/ Kirch Pay-TV*, Zi. 78.

fen[470]. Einer derartigen Sichtweise wird teilweise vorgeworfen, sie berücksichtige nicht hinreichend, daß Netzeffekte eine bedeutende Quelle des Wohls der Konsumenten sind, da der Wert eines Netzwerkgutes für jeden einzelnen steigt, je mehr andere Nutzer an das Netzwerk angeschlossen sind[471]. Äußerungen der Kommission zeigen, daß sie sich dieser möglichen positiven Auswirkungen auf die Konsumentenwohlfahrt bewußt ist. Die logische Konsequenz aus dem gesteigerten Wert ist aber ihrer Ansicht nach auch, daß die Gefahr von Wettbewerbsproblemen umso mehr wächst, je wichtiger ein Netzwerk wird[472].

Zu überlegen ist, wie den positiven Folgen von Netzeffekten für Konsumenten bei der Anwendung der Fusionskontrolle hinreichend Rechnung getragen werden kann. Dabei ist klarzustellen, daß die Aussage, das Vorliegen von Netzeffekten und damit die weite Verbreitung eines Netzwerkgutes komme Konsumenten zugute, sich nur auf die unmittelbaren Folgen von Netzeffekten bezieht. Sie berücksichtigt nicht die mittelbaren Konsequenzen, die eine weite Verbreitung und Akzeptanz eines Netzwerks auf längere Sicht für Verbraucher nach sich ziehen kann. Nachteilige Auswirkungen sind für die Benutzer dann zu befürchten, wenn sie aufgrund von Inkompatibilitäten mit anderen Netzen an das System und damit an das Netzwerk eines Unternehmens gebunden sind[473]. In diesem Fall hat das betreffende Unternehmen die Möglichkeit, die Abhängigkeit seiner Kunden auszunutzen und sie mit höheren Kosten zu belasten. Allein die positiven Folgen von Netzeffekten für die Verbraucher hervorzuheben und auf diese abzustellen, gibt somit nur ein unvollständiges Bild der Auswirkungen von Netzeffekten wieder. Vielmehr sind stets auch die Kehrseite und damit die Gefahren von Netzeffekten für die Konsumentenwohlfahrt, d.h. die Wahrscheinlichkeit einer dauerhaften Abhängigkeit der Konsumenten von dem betreffenden Unternehmen, zu berücksichtigen[474].

---

470 Vgl. auch bei Ahlborn/ Evans/ Padilla, ECLR 2001, 156, 166. Im oben erwähnten Verfahren gegen Microsoft in den USA wurde im Hinblick auf die Dominanz Microsofts im Bereich der Intel-kompatiblen PC-Betriebssysteme für die aus den Netzeffekten resultierende Marktzutrittsschranke der Begriff der „applications barrier to entry" geprägt.

471 In diese Richtung Ahlborn/ Evans/ Padilla, ECLR 2001, 156, 166.

472 Monti, „Competition in the New Economy" (21.05.2001), unter: http://www.europa.eu.int/comm/competition/speeches/index_2001.html.

473 Vgl. dazu im 1. Teil unter C.I.5.

474 Auch Monti, „Defining the Boundaries Competition Policy in High Tech Sectors" (11.09.2001), unter: http://www.europa.eu.int/comm/competition/speeches/index_2001.html, weist auf die Gefahr hin, daß Netzeffekte einen lock-in Effekt von solcher Relevanz haben können, daß dieser die Möglichkeit eines Ersetzens von Marktmacht durch technologische Veränderungen überwiegt und zu einer Position fest verwurzelter Marktmacht führt.

4. Fazit

Aus den vorstehenden Ausführungen ergeben sich folgende Konsequenzen für die künftige Anwendung der Fusionskontrolle und die Frage nach der Notwendigkeit eines Einschreitens auf Märkten mit Netzeffekten. Grundsätzlich sollte die Kommission die Größe eines Netzwerks per se nicht als besorgniserregend ansehen, da sich die dadurch möglichen Netzeffekte positiv für Verbraucher auswirken können. Deshalb sollte sie in Zukunft den Eindruck vermeiden, daß sie sich ohne genaue Analyse der tatsächlichen Wettbewerbsverhältnisse auf das Vorliegen von Netzeffekten zur Begründung erheblicher Marktzutrittsschranken und daran anschließend einer Gatekeeper Stellung beruft. Der Kommission ist allerdings darin zuzustimmen, daß Netzeffekte in vielen Fällen als Marktzutrittsschranke wirken. Mit Hilfe der oben formulierten erhöhten Anforderungen an die Untersuchung von Wahrscheinlichkeit und Stärke der Netzeffekte ist es im Einzelfall möglich, die Entstehung bzw. Verstärkung von Marktzutrittsschranken genau zu analysieren und die mit Netzeffekten verbundenen Gefahren von lock-ins zu identifizieren. Durch eine solch differenzierte Vorgehensweise können sowohl den zunächst positiven Auswirkungen für Konsumenten als auch den Gefahren einer Marktabschottung bei der Ermittlung einer marktbeherrschenden Stellung im Rahmen der FKVO Rechnung getragen werden.

III. Die Kontrolle über Einrichtungen als Charakteristikum einer Gatekeeper Position

Wie die Entscheidungen der Kommission gezeigt haben, resultiert das Gefahrenpotential einer Gatekeeper Position und die Möglichkeit, Markteintritts- und Wettbewerbsbedingungen zu steuern, daraus, daß das sich zusammenschließende Unternehmen über eine Einrichtung wie ein Netz, eine Technologie oder Inhalteressourcen verfügt, zu der Wettbewerber für den Eintritt bzw. Verbleib in einem vor- oder nachgelagerten Markt Zugang benötigen[475]. In den nachstehenden Ausführungen gilt es herauszuarbeiten, wann eine kontrollierte Einrichtung für den Wettbewerb auf dem vor- oder nachgelagerten Markt derart bedeutsam ist, daß dort die Entstehung einer Gatekeeper Position zu befürchten ist.

---

[475] Im folgenden soll der Einfachheit halber einheitlich von Einrichtungen gesprochen werden. Dabei soll der Begriff sowohl Netze und Technologien als auch Inhalte umfassen. Die vom neuen Unternehmen kontrollierten Einrichtungen können dabei dem Markt, auf dem die Gatekeeper Position droht, sowohl vorgelagert als auch nachgelagert sein.

1. Die Entscheidung *Vivendi/ Canal+/ Seagram*

Die Entscheidung der Kommission in *Vivendi/ Canal+/ Seagram* bedarf in diesem Zusammenhang einer Überprüfung[476]. Im Mittelpunkt stand die Frage, inwieweit Vizzavi nach dem Zusammenschluß infolge eines exklusiven oder bevorzugten Zugriffs zu Universals Musikinhalten eine beherrschende Stellung auf den Märkten für Internetportale und dem Online-Vertrieb von Musik begründen könnte. Wie die Kommission in *AOL/ Time Warner* herausgestellt hat, ist für die Verbreitung von Musikdateien über das Internet und damit für die Frage nach einer dortigen Gatekeeper Position die Kontrolle über die Musikverwertungsrechte entscheidend[477]. Auf dieser Ebene hat Universal einen Marktanteil von ca. 10 % bei den Aufführungsrechten und mehr als 10 % bei den mechanischen Rechten[478]. Bei einem derartig geringen Marktanteil jedoch können die Musikinhalte von Universal nicht als so wesentlich für den Wettbewerb auf den betreffenden nachgelagerten Märkten angesehen werden, daß das neue Unternehmen dort über die Verweigerung des Zugangs zu seinen Musikinhalten den Eintritt von Wettbewerbern hätte steuern und eine Gatekeeper Stellung einnehmen können. Eine andere Sichtweise stünde im Widerspruch zu dem bei *AOL/ Time Warner* von der Kommission geäußerten Standpunkt, nach Auflösung aller Verbindungen mit Bertelsmann verfüge AOL/ Time Warner mit einem Marktanteil von 10-20 % bei den Musikverwertungsrechten nicht über die kritische Masse, die notwendig sei, um auf dem Markt für die Verbreitung von Musikdateien über das Internet marktbeherrschend zu werden[479]. Es ist im Fall *Vivendi/ Canal+/ Seagram* davon auszugehen, daß konkurrierenden Betrei-

---

[476] An dieser Stelle wird zunächst nur die Entscheidung bezüglich der Auswirkungen des Zusammenschlusses auf die Märkte für Internetportale und dem Online-Vertrieb für Musik analysiert. Eine Bewertung der Entscheidung im Hinblick auf die Folgen für mehrere nationale Pay-TV Märkte erfolgt unter B.III.2.c.

[477] *AOL/ Time Warner*, Zi. 25. Daß die Kommission in *Vivendi/ Canal+/ Seagram*, Zi. 15, darauf hingewiesen hat, das neue Unternehmen werde mit 20-30 % Marktanteil die Nummer eins im Bereich der Tonträger sein, ist somit für die wettbewerbsrechtliche Würdigung nicht von Bedeutung.

[478] Vgl. *AOL/ Time Warner*, Zi. 46. In der Entscheidung *Vivendi/ Canal+/ Seagram*, Zi. 15, hat die Kommission für Universal bei den Musikverwertungsrechten einen Marktanteil von 10-20 % bestimmt. Entgegen der obigen Aussagen hinsichtlich einer mangelnden Aussagekraft von Marktanteilen kommt dem dagegen vorgebrachten Argument, die Marktanteile berücksichtigten nicht hinreichend die durch rapide technologische Innovationen und das Phänomen der Konvergenz hervorgerufene Dynamik, im Falle der Kontrolle über Rechte an Inhalten erkennbar weniger Bedeutung zu. Deshalb ist nicht zu beanstanden, daß sich die Kommission hier auf die Marktanteile bei den Musikinhalten bezogen hat.

[479] Pressemitteilung der Europäischen Kommission vom 11.10.2000, IP/00/1145, „Fusion zwischen AOL und Time Warner von EU-Kommission mit Auflagen genehmigt", unter: http://www.europa.eu.int/rapid/start/cgi.

bern von Internetzugangsportalen und Online-Musikvertrieb nach dem Zusammenschluß vergleichbare Alternativen auf der Ebene der Musikverwertungsrechte zur Verfügung gestanden hätten, so daß sie bei ihrer Tätigkeit nicht vom neuen Unternehmen abhängig gewesen wären[480]. Die Tatsache, daß Wettbewerber infolge der vertikalen Integration wahrscheinlich Zugang zu Universals Musikkatalog verlieren würden[481], sollte somit nicht dazu führen, die Entstehung erheblicher Zutrittsschranken und damit einer Gatekeeper Stellung auf den Märkten für Internetportale und Online-Musikvertrieb zu begründen. Daß die Kommission für die Genehmigung des Vorhabens dennoch verlangt hat, daß Wettbewerber nach dem Zusammenschluß diskriminierungsfreien Zugang zu Universals Musikrepertoire erhalten, läßt sich folglich nicht mehr mit dem Bedürfnis erklären, die Gefahr einer Marktabschottung zu unterbinden und Märkte für den Wettbewerb offenzuhalten.

2. Die Entwicklung eines Lösungsansatzes unter Heranziehung der Rechtsprechung zu Art. 82 EGV

Für künftige Vorhaben wäre es hilfreich, wenn sich der Kommissionspraxis grundsätzliche Anhaltspunkte entnehmen ließen, welche Anforderungen die Kommission an die Bedeutung der kontrollierten Einrichtung für die Tätigkeit auf dem vor- oder nachgelagerten Markt in den Fällen angelegt hat, in denen sie dem neuen Unternehmen eine Gatekeeper Position zugesprochen hat. Die Kommissionspraxis läßt allerdings keine klare Linie erkennen, sondern weist eine gewisse Inkonsequenz auf. Zwar gibt der Wettbewerbskommissar zu verstehen, daß der Begriff der Gatekeeper Effekte generell Situationen bezeichnen soll, in denen ein Unternehmen eine Infrastruktur kontrolliert, die für andere Unternehmen wesentlich ist, um ihr Geschäft zu entwickeln und Innovationen zu tätigen[482]. In Entscheidungen wie *Vivendi/ Canal+/ Seagram* vermittelt die Kommission jedoch den Eindruck, daß sie den von ihr postulierten Maßstab im konkreten Einzelfall nicht anlegt bzw. nicht sorgfältig überprüft. Vielmehr scheint sie es zur Begründung einer marktbeherrschenden Stellung und damit für ein Einschreiten bereits ausreichen zu lassen, daß der Zugang zu der vom neuen Unternehmen kontrollierten Einrichtung - dort Universals Musikinhalte - lediglich als hilfreich oder wünschenswert für einen Markteintritt bzw. ein Tätigwerden auf den nachge-

---

[480] Wie soeben unter II.2.a. dargelegt, hat die Kommission mangels Nachweises der zu erwartenden Netzeffekte nicht darzulegen vermocht, daß die anderen „Majors" der Musikindustrie nach dem Zusammenschluß ihr Musikrepertoire ausschließlich oder exklusiv über Vizzavi anbieten würden.

[481] *Vivendi/ Canal+/ Seagram*, Zi. 63.

[482] Monti, FCLI 2000, 257, 262.

lagerten Märkten einzustufen ist. Eine gegenüber den fusionierenden Unternehmen derart strenge Haltung hat allerdings zur Folge, daß für Unternehmen die Anreize entfallen, sich mit anderen Unternehmen zusammenzuschließen und Investitionen oder Innovationen zu tätigen, wenn sie damit rechnen müssen, die durch den Zusammenschluß erzielten Vorteile sogleich mit ihren Konkurrenten teilen zu müssen[483].

Im folgenden gilt es deshalb herauszuarbeiten, welcher Maßstab in der FKVO bei der Ermittlung einer Gatekeeper Position an die kontrollierte Einrichtung anzulegen ist, um ein solch exzessives Einschreiten fortan zu vermeiden. Das Phänomen, daß Unternehmen aufgrund der Kontrolle über bestimmte Einrichtungen die Wettbewerbsbedingungen ihrer Konkurrenten in einem vor- oder nachgelagerten Markt steuern können, ist weder auf die dynamischen Entwicklungen im Informations- und Kommunikationssektor begrenzt, noch tritt es ausschließlich als Folge von Unternehmenszusammenschlüssen auf. Vielmehr können Marktabschottungsgefahren auch aus internem Unternehmenswachstum, d.h. einer Ausdehnung aus eigener Kraft, resultieren. So ist die Problematik von Marktabschottungsgefahren und Zugangsgewährungen generell bereits im Rahmen der Mißbrauchsaufsicht über marktbeherrschende Unternehmen nach Art. 82 EGV Gegenstand zahlreicher Kommissionsentscheidungen sowie mehrerer Urteile der europäischen Gerichte gewesen und hat auch im Schrifttum eine ausführliche dogmatische Erörterung erfahren.

Ein interessanter Ansatz ist es somit, die dort entwickelten spezifischen Maßstäbe für die Feststellung und Behandlung von Gatekeeper Positionen in der FKVO heranzuziehen. Dabei ist zu prüfen, inwieweit die unter Art. 82 EGV zur Beurteilung von Marktabschottungsgefahren herausgearbeiteten Kriterien und Wertungen im Rahmen der Fusionskontrolle anwendbar sind. Der Vorteil daran wäre, daß die Analyse der Gatekeeper Problematik unter der FKVO dadurch eine stärkere dogmatische Untermauerung erhalten würde. Andererseits ist ein solcher Ansatz nicht unbedenklich. Dies liegt daran, daß die FKVO und Art. 82 EGV zwei verschiedene Kontrollinstrumente darstellen, deren Anwendbarkeit jeweils an unterschiedliche Voraussetzungen geknüpft ist. Dieser Aspekt darf bei den sich anschließenden Erörterungen, in denen es um die Konstellation geht, daß die Gefahr einer Marktabschottung durch die Kontrolle über eine bestimmte Einrichtung entsteht, nicht außer acht gelassen werden.

---

483 Siehe zu den Auswirkungen eines Einschreitens auf Innovations- und Investitionsanreize in diesem Teil unter I.1.b.

a. Das Beispiel Microsoft

Wie angedeutet ist die Sorge, daß ein Unternehmen durch die Kontrolle über eine bestimmte Einrichtung einen benachbarten bzw. einen der Einrichtung vor- oder nachgelagerten Markt vom Wettbewerb abschotten kann, kein spezifisches Problem von Unternehmenszusammenschlüssen. Dieselben Gefahren für den Wettbewerb können auch als Folge eines internen Wachstums entstehen. Dies soll exemplarisch anhand des Verfahrens gegen Microsoft betrachtet werden[484].

Ähnlich wie beispielsweise im Fall *BSkyB/ Kirch Pay-TV* steht auch im Fall *Microsoft* die Übertragung von Marktmacht auf verwandte Märkte und das dadurch hervorgerufene Risiko einer Marktabschottung im Mittelpunkt der wettbewerbsrechtlichen Analyse[485]. Konkret befürchtet die Kommission, daß Microsoft seine beherrschende Stellung auf dem Markt für PC-Betriebssysteme[486] als Hebel ausnutzen könne, um diese Position auf den eng verbundenen Markt für Server-Betriebssysteme[487] auszuweiten und auch diesen

---

[484] Fall COMP/37.792. Vgl. dazu die Pressemitteilungen der Europäischen Kommission vom 10.02.2000, IP/00/141, „EU-Kommission prüft Wettbewerbsfolgen von Windows 2000", vom 31.07.2000, IP/00/906, „Kommission eröffnet Verfahren gegen Microsoft wegen diskriminierender Lizenzvergabe und Verweigerung von Software-Informationen", vom 30.08.2001, IP/01/1232, „Kommission eröffnet zusätzliches Verfahren gegen Microsoft", sowie vom 06.08.2003, IP/03/1150, „Kommission gibt Microsoft letzte Gelegenheit zur Stellungnahme vor Abschluß ihres Verfahrens", alle unter: http://www.europa.eu.int/rapid/start/cgi. Das Verfahren kommentieren Bartosch, NJW-CoR 2000, 109; Hess, AfP 2000, 539, 542; Norall, CRI 2001, 185 f.; Whish, S. 667.

[485] Vgl. bei Norall, CRI 2001, 185; Monti, „Competition in the New Economy" (21.05.2001), unter: http://www.europa.eu.int/comm/competition/speeches/index_2001.html, der den Fall Microsoft unter dem Gesichtspunkt „leveraging" diskutiert. Ein weiterer Aspekt, den die Kommission in ihrem Verfahren untersucht, ist die Verknüpfung des Windows Media Player mit dem PC-Betriebssystem; hierauf wird allerdings im folgenden nicht näher eingegangen, vgl. dazu u.a. die Pressemitteilung der Europäischen Kommission vom 06.08.2003, IP/03/1150, „Kommission gibt Microsoft letzte Gelegenheit zur Stellungnahme vor Abschluß ihres Verfahrens", unter: http://www.europa.eu.int/rapid/start/cgi.

[486] Im Bereich der PC-Betriebssysteme hat Microsoft durch sein Betriebssystem Windows einen Marktanteil von rund 95 % erlangen können und beherrscht somit praktisch unbestritten den Markt, vgl. Pressemitteilung der Europäischen Kommission vom 31.07.2000, IP/00/906, „Kommission eröffnet Verfahren gegen Microsoft wegen diskriminierender Lizenzvergabe und Verweigerung von Software-Informationen", unter: http://www.europa.eu.int/rapid/start/cgi. Da Art. 82 EGV wie erwähnt kein allgemeines Monopolisierungsverbot enthält, ist der Erwerb dieser monopolartigen Stellung durch internes Wachstum rechtlich nicht angreifbar bzw. zu beanstanden.

[487] Die einfachen, billigeren Server-Betriebssysteme werden überwiegend als Datei- und Druckerserver sowie als Webserver verwendet, siehe die Pressemitteilung der Europäischen Kommission vom 31.07.2000, IP/00/906, „Kommission eröffnet Verfahren gegen Microsoft wegen diskriminierender Lizenzvergabe und Verweigerung von Software-Informationen", unter: http://www.europa.eu.int/rapid/start/cgi.

Markt sowie schließlich den Wachstumsmarkt des elektronischen Geschäftsverkehrs zu beherrschen[488]. Die Gefahr, daß Microsoft die technischen Zutrittsschranken, denen es seine starke Stellung auf dem Markt für PC-Betriebssysteme verdankt, auf den Servermarkt übertragen kann[489], resultiere daraus, daß Server-Betriebssysteme und PC-Betriebssysteme interoperabel sein müßten[490]. Da sich Windows als de facto Standard auf dem Markt für PC-Betriebssysteme durchgesetzt hat, besitzen Hersteller von Server-Betriebssystemen praktisch nur eine Marktdurchdringungschance, wenn sie mit Windows interoperabel sind. Sie sind demnach im Wettbewerb von der Kenntnis der technischen Schnittstellen des PC-Betriebssystems Windows und damit von ihrem Wettbewerber Microsoft ebenso abhängig, wie es potentielle Pay-TV Anbieter im Fall *MSG Media Service* von Bertelsmann und Kirch für den Zugang zur technischen Infrastruktur gewesen wären. Microsoft ist aufgrund dieser Abhängigkeit in der Lage, eine Gatekeeper Rolle auszuüben und die Markteintritte und Wettbewerbsbedingungen seiner Konkurrenten auf dem Server-Markt zu steuern, indem es sich weigert, die technischen Schnittstellen offenzulegen, oder den Zugang zu den notwendigen Informationen erst verzögert gewährt[491]. Als Folge einer solchen Strategie könnte es seine eigene Server-Betriebssystemsoftware als beherrschende

---

[488] Bartosch, NJW-CoR 2000, 109; Pressemitteilung der Europäischen Kommission vom 10.02.2000, IP/00/141, „EU-Kommission prüft Wettbewerbsfolgen von Windows 2000". Zum Ablauf des Verfahrens siehe die Pressemitteilung vom 31.07.2000, IP/00/906, „Kommission eröffnet Verfahren gegen Microsoft wegen diskriminierender Lizenzvergabe und Verweigerung von Software-Informationen", und vom 30.08.2001, IP/01/1232, „Kommission eröffnet zusätzliches Verfahren gegen Microsoft", alle unter: http://www.europa.eu.int/rapid/start/cgi.

[489] Pressemitteilung der Europäischen Kommission vom 10.02.2000, IP/00/141, „EU-Kommission prüft Wettbewerbsfolgen von Windows 2000", unter: http://www.europa.eu.int/rapid/start/cgi.

[490] Die Interoperabilität betrifft die Fähigkeit des auf dem PC installierten Betriebssystems und des Server-Betriebssystems, über Schnittstellen miteinander zu kommunizieren. Sie bildet die Grundlage für die Rechenvorgänge im Netz, da die meisten PCs heutzutage in Netze eingefügt sind, die von Servern kontrolliert werden, siehe Pressemitteilung der Europäischen Kommission vom 30.08.2001, IP/01/1232, „Kommission eröffnet zusätzliches Verfahren gegen Microsoft", und vom 31.07.2000, IP/00/906, „Kommission eröffnet Verfahren gegen Microsoft wegen diskriminierender Lizenzvergabe und Verweigerung von Software-Informationen", beide unter: http://www.europa.eu.int/rapid/start/cgi.

[491] Anknüpfungspunkt für die Frage, ob Microsoft hier seine beherrschende Stellung bei den PC-Betriebssystemen mißbräuchlich ausnutzt und damit gegen Art. 82 EGV verstößt, ist somit die Weigerung, seinen Konkurrenten auf dem Markt für Server-Betriebssysteme die technischen Schnittstelleninformationen seines PC-Betriebssystems offenzulegen, vgl. Monti, „Competition and Information Technologies" (18.09.2000), unter: http://www.europa.eu.int/comm/competition/speeches/index_2000.html. Da Betriebssysteme für Server von strategischer Bedeutung für die Globalisierung des IT- und E-Commerce-Marktes sind, ist zu befürchten, daß sich Microsoft durch die Verweigerung der Schnittstelleninformationen auch als Gatekeeper für das Internet positionieren und die Entwicklung von diesen Märkten ebenso beeinflussen kann.

Software etablieren, da die mit Windows ausgerüsteten PCs aufgrund der überwältigen Dominanz von Windows als PC-Betriebssystem de facto Microsoft Server-Software verwenden müßten, um eine vollständige Interoperabilität zu erreichen[492]. Die Gefahr ist somit, daß das Verhalten von Microsoft Innovationen behindert und die Verbraucherwahl einschränkt[493].

b. Unterschiede und Gemeinsamkeiten von Art. 82 EGV und der FKVO

Bevor die rechtliche Behandlung von Marktabschottungsgefahren unter Art. 82 EGV dargestellt wird, ist vorab darauf einzugehen, ob ein Rückgriff auf dort entwickelte Kriterien bei der Analyse von Marktabschottungseffekten unter der FKVO überhaupt angemessen ist.

Fusionskontrolle und Mißbrauchsaufsicht weisen grundlegende Unterschiede auf[494]. Sie verfolgen verschiedene Normzwecke und legen bei der Frage nach der Notwendigkeit eines kartellrechtlichen Einschreitens eine un-

---

492 Vgl. Hess, AfP 2000, 539, 542.

493 Pressemitteilung der Europäischen Kommission vom 30.08.2001, IP/01/1232, „Kommission eröffnet zusätzliches Verfahren gegen Microsoft", unter: http://www.europa.eu.int/rapid/start/cgi. Die Problematik einer Marktmachtausdehnung und Marktabschottung durch Verweigerung der notwendigen technischen Informationen war auch Gegenstand des Verfahrens *International Business Machines (IBM)*. Zum Fall und für die folgenden Ausführungen siehe XIV. Wettbewerbsbericht der Kommission (1984), S. 87 ff., Zi. 94, 95; *IBM/ Kommission*, Rs. 60/81, Urteil des EuGH vom 11.11.1981, Slg. 1981, 2639 ff., wo der EuGH die Klage von IBM, mit der es die Beschwerdepunkte der Kommission angegriffen hat, als unzulässig abgewiesen hat. Zum Sachverhalt und zum Folgenden vgl. ferner Jung in: Grabitz/ Hilf, Bd. 2, Art. 82, Rn. 187, 188; Whish, S. 666; Schröter in: Groeben/ Thiesing/ Ehlermann, Art. 86, Rn. 212; Montag, EuZW 1997, 71, 77; Pilny, GRUR Int. 1995, 954, 960. Der Vorwurf der Kommission bestand darin, daß IBM - damals weltweit größter Computerhersteller und dominierend im Bereich der Datenverarbeitungssysteme - seine beherrschende Stellung (Zentraleinheit und Betriebssystem) mißbrauchte, indem es sich weigerte, anderen Herstellern die technischen Schnittstelleninformationen preiszugeben, die für die Benutzung konkurrierender Produkte mit dem de facto Standard System/370 von IBM benötigt wurden. Die Sorge war mithin, daß IBM durch die Kontrolle über die Schnittstelleninformationen die benachbarten Märkte für alle mit dem System kompatiblen Produkte kontrollieren und dortige Wettbewerber demnach direkt behindern könnte. Die Möglichkeit einer mißbräuchlichen Marktmachtausdehnung resultierte dabei auch hier aus der engen Verbindung der horizontal verwandten Märkte, konkret dem Erfordernis, daß die verschiedenen Produkte miteinander kompatibel sein müssen. Eine abschließende Entscheidung der Kommission ist in diesem Fall nicht ergangen. Vielmehr hat die Kommission das Verfahren nach Art. 82 EGV ausgesetzt, nachdem sich IBM - ohne zuzugeben, daß es eine beherrschende Stellung einnehme oder daß es mißbräuchlich handele - neben anderen Punkten im Wege eines Vergleichs dazu verpflichtet hat, konkurrierenden Unternehmen die erforderlichen Schnittstelleninformationen offenzulegen. Für den Wortlaut der von IBM eingegangenen Verpflichtungen vgl. BullEG 10-1984, S. 105 ff.

494 Zwar wurde auf die Struktur und Ausgestaltung von Art. 82 EGV bzw. der FKVO bereits im 2. Teil unter A.II. bzw. B. eingegangen. Gleichwohl sollen die Unterschiede hier zum besseren Verständnis stärker gegenübergestellt werden.

terschiedliche zeitliche Perspektive zugrunde. Die Fusionskontrolle ist als Strukturkontrolle auf die Erhaltung kompetitiver Marktstrukturen angelegt und knüpft daran an, ob durch einen Zusammenschluß eine marktbeherrschende Stellung entsteht oder verstärkt wird. Aufgrund ihrer präventiven Ausrichtung erfordert sie eine ex-ante Beurteilung der Wettbewerbsverhältnisse, d.h. die Entscheidung über die Notwendigkeit eines kartellrechtlichen Einschreitens ist aufgrund einer Prognose zu treffen[495]. Im Gegensatz dazu findet Art. 82 EGV ex-post Anwendung und ist als Verhaltenskontrolle konzipiert. Er enthält gerade kein allgemeines Monopolisierungsverbot, so daß die Marktbeherrschung als solche bzw. der Erwerb einer marktbeherrschenden Stellung nicht unter das Verbot des Art. 82 EGV fallen[496]. Anknüpfungspunkt für ein kartellrechtliches Einschreiten ist vielmehr die Frage, ob die von einem dominanten Unternehmen verfolgten Strategien als Mißbrauch seiner marktbeherrschenden Stellung zu qualifizieren sind[497]. Auf die Gatekeeper Problematik bezogen bedeutet dies, daß es Unternehmen nach Art. 82 EGV nicht untersagt werden kann, sich durch internes Wachstum in eine Gatekeeper Position zu bringen. Art. 82 EGV ermöglicht es lediglich, Unternehmen an der Ausübung ihrer Rolle als Gatekeeper auf einem Markt zu hindern, soweit dies eine mißbräuchliche Ausnutzung ihrer beherrschenden Stellung darstellt. Im Unterschied zur FKVO muß für Art. 82 EGV die Verweigerung des Zugangs bereits als Anknüpfungspunkt tatsächlich vorliegen.

Trotz der konzeptionellen Unterschiede ist ein Rückgriff auf Wertungen und Vorgaben, die sich im Rahmen der Mißbrauchsaufsicht nach Art. 82 EGV herausgebildet haben, in der Fusionskontrolle nicht von vornherein ausgeschlossen. Es darf nicht übersehen werden, daß beide Kontrollinstrumente einen gemeinsamen Ursprung in Art. 3 Abs. 1 lit. g EGV haben und mithin verschiedene Mittel zur Verfolgung desselben Zwecks sind. Die Anwendung des europäischen Kartellrechts muß sich daher unabhängig von der im Einzelfall einschlägigen Norm stets am Ziel eines unverfälschten Wettbewerbs des Art. 3 Abs. 1 lit. g EGV orientieren und dementsprechend eine einheitliche Linie aufweisen. Erst innerhalb dieser generellen Ausrich-

---

[495] Immenga in: Immenga/ Mestmäcker, Bd. 1, Art. 2 FKVO, Rn. 39; ausführlich dazu im 2. Teil unter B.

[496] Vgl. Emmerich in: Dauses, Bd. 2, H.I § 1, Rn. 314; Möschel in: Immenga/ Mestmäcker, Bd. 1, Art. 86, Rn. 1 und 118; Jung in: Grabitz/ Hilf, Bd. 2, Art. 82, Rn. 101 und 114.

[497] Die Ermittlung des relevanten Marktes und die der Marktbeherrschung erfolgen dabei im wesentlichen entsprechend den obigen Ausführungen hinsichtlich der Marktabgrenzung und Ermittlung der Marktbeherrschung im Rahmen der FKVO, entsprechen sich jedoch nicht vollständig. Dies liegt im wesentlichen daran, daß bei der Prognoseentscheidung im Rahmen der FKVO dynamische Elemente eine größere Rolle spielen als unter Art. 82 EGV.

tung ist den Besonderheiten der verschiedenen Vorschriften Rechnung zu tragen. Bezogen auf die hier interessierende Fragestellung, wie das Spannungsverhältnis zwischen Marktabschottung und kartellrechtlichem Einschreiten jeweils zu lösen ist, bedeutet dies, daß die Auslegung zu Art. 82 EGV zwar nicht ohne weiteres für die Fusionskontrolle übernommen werden kann. Gleichwohl schließen es die sich aus den Normzwecken ergebenden Unterschiede angesichts der übergeordneten Zielsetzung nicht aus, bei Art. 2 Abs. 3 FKVO auf die Rechtsprechung des EuGH zu Art. 82 EGV zurückzugreifen[498].

c. Marktabschottungsgefahren und Zugangsgewährungen unter Art. 82 EGV

Die Frage, wann kartellrechtlich nach Art. 82 EGV gegen Unternehmen eingeschritten werden kann, die durch Verweigerung des Zugangs zu einer von ihnen kontrollierten Einrichtung gegenüber Konkurrenten einen der Einrichtung vor- oder nachgelagerten Markt unter ihre Kontrolle bringen wollen, hat insbesondere in den letzten Jahren unter dem Stichwort der "essential facilities"-Doktrin große Aufmerksamkeit erfahren. Konkret geht es darum, unter welchen Voraussetzungen Unternehmen verpflichtet sind, Wettbewerbern Zugang zu sog. wesentlichen Einrichtungen zu gewähren, um vor- oder nachgelagerte Märkte für den Wettbewerb offenzuhalten bzw. zu öffnen. Ungeachtet der Verwendung einer eigenständigen Terminologie stellen die Sachverhalte der Zugangsverweigerung zu wesentlichen Einrichtungen[499] konzeptionell einen Spezialfall der sog. Leistungs- oder Geschäftsverweigerung dar[500], die im Rahmen von Art. 82 EGV als eine der zahlreichen Kate-

---

498 So allgemein Immenga in: Immenga/ Mestmäcker, Bd. 1, Art. 2 FKVO, Rn. 3.

499 Die Gewährung des Zugangs zu diskriminierenden, wettbewerbsbeschränkenden oder sonst unzumutbaren Bedingungen unterliegt hierbei den gleichen Maßstäben wie eine vollständige Zugangsverweigerung, da derartige Praktiken die Geschäftsbeziehung unter ökonomischen Aspekten so uninteressant machen, daß sie einer vollständigen Weigerung faktisch gleichkommen, Ritter/ Braun/ Rawlinson, S. 380; Emmerich in: Dauses, Bd. 2, H.I. § 1, Rn. 375. Wenn im folgenden von einer Zugangsverweigerung gesprochen wird, soll dies beide Konstellationen umfassen.

500 Aus ökonomischer Sicht besteht zwischen einer Verweigerung zu beliefern und einer Verweigerung, Zugang zu einer wesentlichen Einrichtung, z.B. einem Netz oder einer Technologie, zu gewähren, kein Unterschied. In beiden Fällen weigert sich ein Unternehmen, das ein wesentliches Input - sei es ein Rohmaterial oder ein Internetnetz - kontrolliert, zu beliefern bzw. Zugang zu dem Rohmaterial zu gewähren, um Wettbewerber auf einem vor- oder nachgelagerten Markt zu schädigen oder zu eliminieren, Abbamonte/ Rabassa, ECLR 2001, 214, 215. Whish, S. 668, spricht davon, daß keine konzeptionelle Unterscheidung zwischen der „essential facilities"-Doktrin und den von ihm als „*Commercial Solvents*"-Doktrin bezeichneten generellen Fällen der Leistungsverweigerung bestehe. So auch Jung in: Grabitz/ Hilf, Bd. 2, Art. 82, Rn. 216.

gorien mißbräuchlichen Verhaltens anerkannt ist[501]. Im folgenden gilt es deshalb, die Entwicklung von Rechtsprechung und Kommissionspraxis nachzuzeichnen, soweit sie für die Gatekeeper Problematik und für die Frage von Marktabschottungsgefahren und Zugangsgewährungen von Relevanz ist.

aa. Die Herausbildung der "essential facilities"-Doktrin

Die europäischen Gerichte hatten bereits in einer Reihe von Fällen über die Mißbräuchlichkeit einer allgemeinen Leistungsverweigerung und mithin darüber zu urteilen, wann das individuelle Interesse eines marktbeherrschenden Unternehmens hinter dem öffentlichen Interesse an der Gewährleistung wirksamen Wettbewerbs im Sinne von Art. 3 Abs. 1 lit. g EGV zurückzutreten hat. Der EuGH hat eine Leistungsverweigerung grundsätzlich dann als mißbräuchlich angesehen und eine Kontrahierungspflicht bejaht, um eine Beeinträchtigung oder gar eine vollständige Ausschaltung des Wettbewerbs auf einem vor- oder nachgelagerten Markt zu verhindern, wenn zusätzlich zur Leistungsverweigerung weitere mißbräuchliche Faktoren wie der Abbruch von Belieferungen bisheriger Kunden, die Diskriminierung eines anderen Wettbewerbers oder die Kopplung zweier selbständiger Produkte oder Dienstleistungen gegeben waren[502].

In letzter Zeit rückt unter Art. 82 EGV zunehmend die Frage in den Vordergrund, inwiefern die bloße Verweigerung einer Leistung in Abwesenheit sonstiger mißbräuchlicher Verhaltensweisen selbst einen Mißbrauch darstellen kann. Es geht darum, ob sich ein marktbeherrschendes Unternehmen nicht nur wettbewerbsschädigender Maßnahmen enthalten, sondern auch den gegen ihn gerichteten Wettbewerb auf einem vor- oder nachgelagerten Markt aktiv fördern und falls notwendig auch einen neuen Markt eröffnen muß, indem es Wettbewerbern Zugang zu von ihm kontrollierten Einrichtungen gewährt[503]. Diese Problematik wird im Rahmen der "essential facilities"-Dok-

---

[501] Im Englischen wird diese Problematik unter dem Stichwort des „refusal to deal" diskutiert, vgl. statt vieler Korah, Introductory Guide, S. 114, 3.3.1.3 ff.

[502] Venit/ Kallaugher, FCLI 1994, 315, 333; Jung in: Grabitz/ Hilf, Bd. 2, Art. 82, Rn. 156. Zum Abbruch von Lieferungen an einen bisherigen Kunden vgl. *Commercial Solvents*, verbundene Rs. 6/73 und 7/73, Urteil des EuGH vom 22.01.1974, Slg. 1974, 223, 252, Zi. 25; siehe auch *United Brands*, Rs. 27/76, Urteil des EuGH vom 14.02.1978, Slg. 1978, 207, 297, Zi. 182/183, wonach ein marktbeherrschendes Unternehmen die Belieferung eines langjährigen Kunden fortsetzen müsse, solange dessen Verhalten den handelsüblichen Gewohnheiten entspricht. Für Fälle, in denen es um die Weigerung ging, neue Geschäftsbeziehungen aufzunehmen, und die Mißbräuchlichkeit der Verknüpfung voneinander unabhängiger Waren und Dienstleistungen siehe beispielsweise *Télémarketing*, Rs. 311/84, Urteil des EuGH vom 03.10.1985, Slg. 1985, 3261, 3278, Zi. 27; *GB-Inno*, Rs. C-18/88, Urteil des EuGH vom 13.12.1991, Slg. 1991, I-5941, 5980, Zi. 18.

[503] Möschel in: Immenga/ Mestmäcker, Bd. 1, Art. 86, Rn. 226 und 229.

trin diskutiert, die sich ursprünglich im amerikanischen Antitrustrecht als Konkretisierung des allgemeinen Monopolisierungsverbots in Sektion 2 des Sherman Act herausgebildet hat und dort als Ausnahme zum Grundsatz der Vertragsfreiheit zu einem Kontrahierungszwang führt[504].

Im europäischen Kartellrecht ist die Anerkennung und die Reichweite einer europäischen Variante der "essential facilities"-Doktrin umstritten[505]. Ausgelöst wurde die Debatte durch zwei Entscheidungen der Kommission, in denen sich diese erstmals ausdrücklich auf die Doktrin berufen hat, um die Mißbräuchlichkeit einer Zugangsverweigerung durch ein marktbeherrschendes Unternehmen zu begründen[506]. Fortan hat die Kommission die Doktrin

---

[504] Vgl. Möschel in: Immenga/ Mestmäcker, GWB, § 19, Rn. 178, 179; Klaue, RdE 1996, 51, 54; Schwintowski, WuW 1999, 842, 847. Unternehmen können sich folglich dann nicht mehr auf die gemäß dem Urteil des U.S. Supreme Court in *Colgate* (250 U.S. 300 (1919)) gewährleistete unternehmerische Handlungsfreiheit berufen, wenn die betreffende Zugangsverweigerung eine versuchte oder vollendete Monopolisierung von Märkten darstellt und damit dem Verbot der Sektion 2 des Sherman Act unterfällt. Trotz der fehlenden ausdrücklichen Anerkennung durch den Supreme Court (Urteile wie *Terminal Railroad Association* (224 U.S. 383 (1912)) oder *Otter Tail* (410 U.S. 366 (1973)) können lediglich als implizite Bestätigung eines Konzepts der wesentlichen Einrichtung angesehen werden) und trotz vereinzelter Kritik (vgl. z.B. Areeda, Antitrust L. J. (58) 1990, 841 ff.) ist die Existenz einer "essential facilities"-Doktrin in den USA mittlerweile weitgehend akzeptiert. Zur Feststellung eines Verstoßes gegen das Monopolisierungsverbot wird dabei im Regelfall ein mehrstufiger Test angewandt, vgl. hierzu und zum Folgenden das Urteil in *MCI Communications Corp. v. AT & T*, 708 F. 2d. 1081, 1132, 1133 (7th Cir. 1983); sowie zusammenfassend Jung in: Grabitz/ Hilf, Bd. 2, Art. 82, Rn. 218; Capobianco, ELR 2001, 548, 549, 550. Zunächst muß es sich um eine wesentliche Einrichtung handeln, die durch ein Unternehmen in Monopolstellung kontrolliert wird. Wesentlichkeit wird in diesem Zusammenhang dann bejaht, wenn der Zugang zu der Einrichtung unverzichtbar ist, um auf dem betreffenden Markt den Wettbewerb mit dem die Einrichtung kontrollierenden Unternehmen aufzunehmen. Ferner muß es konkurrierenden Unternehmen unmöglich sein, selbst eine derartige eigene Einrichtung zu schaffen. Des weiteren muß eine Weigerung seitens des Monopolunternehmens vorliegen, einem Wettbewerber den Zugang zu dieser Einrichtung zu gewähren, obwohl ihm die Bereitstellung der Einrichtung für seinen Konkurrenten möglich und zumutbar ist und kein objektiver Rechtfertigungsgrund für die Verweigerung existiert. Da die Doktrin angesichts ihres Charakters als Ausnahmeregelung eng auszulegen ist, haben Klagen auf Zugangsgewährung unter Berufung auf das Vorliegen einer wesentlichen Einrichtung jedoch meistens keinen Erfolg, Larouche, S. 177.

[505] Es sei auf § 19 Abs. 4 Nr. 4 GWB hingewiesen, wo die "essential facilities"-Doktrin Eingang in das deutsche Kartellrecht gefunden hat.

[506] Dies waren *Sealink I*, Fall IV/34.174, Entscheidung der Kommission vom 11.06.1992, CMLR 1992, 255 ff., und *Sealink II*, Fall IV/34.689, Entscheidung der Kommission vom 21.12.1993, ABl. 1994, L 15/8. Gemeinsamer Ausgangspunkt in den Fällen war jeweils das Zugangsbegehren von Fährschiffunternehmen zu Hafenanlagen, die im Eigentum direkter Konkurrenten standen. In *Sealink II*, Zi. 66, hat die Kommission festgestellt, ein Unternehmen verstoße gegen Art. 82 EGV, wenn es für die Gestellung einer wesentlichen Einrichtung marktbeherrschend ist, diese Einrichtung selbst nutzt und zugleich anderen Unternehmen den Zugang zu dieser Einrichtung ohne sachliche Rechtfertigung verweigert oder nur unter ungünstigeren Bedingungen als für seine eigenen Dienste gewährt. Der Begriff der wesentlichen Einrichtung wird dabei

mehrfach in ihren Entscheidungen herangezogen[507] und das Konzept der wesentlichen Einrichtung u.a. auch in ihre Mitteilung über die Anwendung der Wettbewerbsregeln auf Zugangsvereinbarungen im Telekommunikationsbereich aufgenommen und systematisch erörtert[508]. Auch in der Literatur ist daraufhin in zahlreichen Abhandlungen die Existenz einer "essential facilities"-Doktrin und die Reichweite der Förderungspflichten marktbeherrschender Unternehmen erörtert worden[509]. Trotz der intensiven Diskussion im Schrift-

---

definiert als eine Einrichtung oder Infrastruktur, ohne deren Nutzung ein Wettbewerber seinen Kunden keine Dienste anbieten kann.

[507] Unter den Begriff der Einrichtung können Infrastrukturen wie Telekommunikations-, Schienen- und Energieversorgungsnetze oder natürliche Monopole wie Bahnhöfe, Häfen und Flughäfen und ferner auch Produkte, Informationen, gewerbliche Schutzrechte und Dienstleistungen fallen, vgl. Möschel in: Immenga/ Mestmäcker, Bd. 1, Art. 86, Rn. 260, Deselaers in: Grabitz/ Hilf, Bd. 2, Art. 82, Rn. 348, Ritter/ Braun/ Rawlinson, S. 383, jeweils mit Beispielen aus der Kommissionspraxis.

[508] ABl. 1998, C 265/2, im folgenden als „Mitteilung über Zugangsvereinbarungen" bezeichnet. In Zi. 68 definiert die Kommission die wesentliche Einrichtung als eine Einrichtung oder Infrastruktur, die wesentlich ist, um Kunden zu erreichen und/ oder Wettbewerbern die Durchführung ihrer Geschäftstätigkeit zu ermöglichen, und die mit angemessenen Mitteln nicht neu geschaffen werden kann. Die Kommission unterscheidet hinsichtlich der Verweigerung des Zugangs zu Einrichtungen in Zi. 84 drei verschiedene Konstellationen, von denen die erste und die dritte Variante durch Rückgriff auf das allgemeine Diskriminierungsverbot bzw. die Grundsätze zum Abbruch von Geschäftsbeziehungen unter Art. 82 EGV gelöst werden können, vgl. Zi. 85-86 bzw. Zi. 100. Für die Behandlung der zweiten Situation hat die Kommission in den Zi. 87-98 Vorgaben entwickelt. Bei der Untersuchung, ob der Zugang angeordnet werden soll, sind dabei gemäß Zi. 91 folgende Kriterien relevant: „a) der Zugang zu der fraglichen Einrichtung ist im allgemeinen eine wesentliche Voraussetzung dafür, daß sich Unternehmen am Wettbewerb im betreffenden Markt beteiligen können [...]; b) es ist eine ausreichende Kapazität zur Bereitstellung des Zugangs verfügbar; c) der Eigentümer der Einrichtung befriedigt die Nachfrage auf einem bestehenden Dienste- oder Produktemarkt nicht, verhindert die Entstehung eines potentiellen neuen Dienstes oder Produktes oder beeinträchtigt den Wettbewerb auf einem bestehenden oder potentiellen Dienste- oder Produktemarkt; d) das Unternehmen, das den Zugang beantragt, ist zur Zahlung eines angemessenen und nichtdiskriminierenden Entgelts bereit und akzeptiert ansonsten alle nichtdiskriminierenden Zugangsbedingungen; e) die Zugangsverweigerung ist nicht sachlich gerechtfertigt."

[509] Ohne den Anspruch einer umfassenden und abschließenden Nennung zu erheben, wird hier auf folgende Abhandlungen verwiesen: Albors-Llorens, Cambridge L. J. 1999, 490 ff.; Areeda, Antitrust L. J. (58) 1990, 841 ff.; Bergman, ECLR 2000, 59 ff.; ders., Antitrust Bull. (46) 2001, 403 ff.; Bishop/ Ridyard, European Economics, S. 19 ff.; Capobianco, ELR 2001, 548 ff.; Deselaers, EuZW 1995, 563 ff.; Ehle, EuZW 1999, 89 f.; Fleischer/ Weyer, WuW 1999, 350 ff.; Glasl, ECLR 1994, 306 ff.; Hancher, CMLR 1999, 1289 ff.; Harz, Emory International Law Review (11) 1997, 189 ff.; Klaue, RdE 1996, 51 ff.; Klimisch/ Lange, WuW 1998, 15 ff.; Koenig/ Loetz, EWS 2000, 377 ff. (speziell für den Telekommunikationssektor); Lampert, NJW 1999, 2235 f.; Larouche, S. 165 ff.; Mailänder, FS Schmidt, S. 271 ff.; Markert, WuW 1995, 560 ff.; Martenczuk, EuR 1999, 565 ff.; Mennicke, ZHR 1996, 626 ff.; Montag, EuZW 1997, 71 ff.; Montag/ Leibenath, St. Galler Kartellrechtsforum, S. 107, 115 ff.; Müller, EuZW 1998, 232 ff.; Nikolinakos, ECLR 1999, 399 ff.; Overd/ Bishop, ECLR 1998, 183 ff.; Ridyard, ECLR 1996, 438 ff.; Riehmer, MMR 1998, 355 ff. (für den Telekommunikationssektor); Scherer, MMR 1999, 315 ff.; Schwintowski, WuW 1999, 842 ff.; Sheehan, World Competition (22) 1999, 67 ff.; Stothers,

tum und der häufigen Verwendung der Doktrin in der Kommissionspraxis sind jedoch ihre konkreten Voraussetzungen im europäischen Kartellrecht noch nicht abschließend geklärt. Der EuGH hat die "essential facilities"-Doktrin noch nicht explizit bestätigt. Er hatte sich aber in zwei Fällen mit deren Problematik auseinanderzusetzen, wann eine bloße Zugangsverweigerung nach Art. 82 EGV als mißbräuchlich anzusehen ist.

bb. Das Urteil des EuGH in der Rechtssache Magill

Die Frage, ob eine Leistungsverweigerung einen Mißbrauch darstellen kann, wenn keine weiteren wettbewerbsschädigenden Maßnahmen vorliegen, hat den EuGH im Fall *Magill* beschäftigt, der die Verweigerung einer Lizenzierung betraf[510]. Bezüglich der Verallgemeinerungsfähigkeit von Entscheidungen über Lizenzverweigerungen ist zu beachten, daß die Weigerung, keine Lizenzen auf gewerbliche Schutzrechte, Urheberrechte oder Know-How an Dritte zu erteilen, zwar funktionell mit der Nichtgewährung einer Leistung vergleichbar ist[511]. Allerdings ist stets der Natur der Immaterialgüterrechte als Ausschließlichkeitsrechte besonders Rechnung zu tragen. Deren Substanz ist es gerade, Dritte am Zugriff zu den geschützten Ideen und Informationen und damit an der Herstellung und dem Verkauf der jeweils geschützten Produkte zu hindern[512]. Deshalb hat der EuGH in früheren Urteilen ausgeführt,

---

ECLR 2001, 256 ff.; Temple Lang, Fordham International Law Journal (18) 1994, 437 ff.; Treacy, ECLR 1998, 501 ff.; Venit/ Kallaugher, FCLI 1994, 315 ff.; Weitbrecht, EuZW 2000, 496, 500.

[510] *Magill*, verbundene Rs. C-241/91 P und C-242/91 P, Urteil des EuGH vom 06.04.1995, Slg. 1995, I-743 ff. Im Fall *Magill* ging es darum, daß drei Rundfunkanstalten sich gegenüber einer irischen Verlagsgesellschaft auf ihre nationalen Urheberrechte an ihren Fernseh- und Rundfunkprogrammlisten berufen haben, um zu verhindern, daß letztere eine alle Programme umfassende Wochenprogrammzeitschrift neu auf den Markt bringt und damit in Konkurrenz zu den von jedem Sendeunternehmen jeweils nur für die eigenen Programme veröffentlichten Programmführern tritt. Zum Sachverhalt vgl. die Schlußanträge des Generalanwaltes Gulmann in *Magill*, S. 748-751, Zi. 3-10.

[511] Vgl. Schröter in: Groeben/ Thiesing/ Ehlermann, Art. 86, Rn. 213 ff.; Dirksen in: Langen/ Bunte, Art. 82, Rn. 176 f.; Möschel in: Immenga/ Mestmäcker, Bd. 1, Art. 86, Rn. 230 und 232 ff., insb. 238-240. Lizenzverweigerungen werden deshalb oft als Sonderfall der Leistungsverweigerung bezeichnet, siehe statt vieler nur Berman/ Goebel/ Davey/ Fox, S. 828.

[512] *Volvo*, Rs. 238/87, Urteil des EuGH vom 05.10.1988, Slg. 1988, 6211, 6235, Zi. 8. Etwaige Konflikte zwischen dem Schutz von Immaterialgüterrechten und dem Schutz des Wettbewerbs sind aufgrund der Ausschlußwirkung somit schon im Immaterialgüterrecht selbst angelegt. Die Weigerung, eine Lizenz zu erteilen, entspricht dem Inhalt des Rechts und konkretisiert lediglich die Wirkungen des Ausschließlichkeitsrechts für den Einzelfall, Jung in: Grabitz/ Hilf, Bd. 2, Art. 82, Rn. 195. Es ist darauf hinzuweisen, daß nach der Rechtsprechung des EuGH die Eigenschaft als Inhaber eines Immaterialgüterrechts allein nicht geeignet ist, eine beherrschende Stellung zu begründen, *Magill*, Zi. 46; vgl. auch Dirksen in: Langen/ Bunte, Art. 82, Rn. 41. Rechtliches Monopol und marktliches Monopol sind nicht immer identisch, so daß ein Unternehmen trotz

die Verweigerung einer Lizenz als solche sei grundsätzlich nicht als Mißbrauch einzustufen, da eine Verpflichtung des Inhabers zur Lizenzgewährung diesem die Substanz seines ausschließenden Rechts nehmen würde[513]. Er hat vielmehr im Einklang mit den obigen Grundsätzen stets weitere mißbräuchliche Verhaltensweisen geprüft[514]. Durch das *Magill*-Urteil zeichnet sich diesbezüglich eine Wende ab. Dort ging der EuGH erstmals davon aus, auch die Ausübung eines Ausschließlichkeitsrechts selbst in Form der Verweigerung einer Lizenzierung könne „unter außergewöhnlichen Umständen" ein mißbräuchliches Verhalten darstellen und damit einen Kontrahierungszwang begründen[515]. Die Frage, wann von außergewöhnlichen Umständen auszugehen ist, hat allerdings noch keine abschließende Klärung erfahren. Nach dem *Magill*-Urteil selbst liegen außergewöhnliche Umstände dann vor, wenn es sich zum einen bei dem durch das Recht geschützten Erzeugnis um ein unverzichtbares Ausgangsmaterial für die Herstellung eines neuen Produkts handelt, für das kein tatsächlicher oder potentieller Ersatz besteht, und zum anderen die Lizenzverweigerung verhindert, daß das neue Produkt auf einem benachbarten Markt zu dem Erzeugnis des beherrschenden Unternehmens in Konkurrenz tritt[516].

---

der Inhaberschaft eines Schutzrechts lebhaftem Wettbewerb ausgesetzt sein kann, siehe Möschel in: Immenga/ Mestmäcker, Bd. 1, Art. 86, Rn. 232; Whish, S. 734; Emmerich in: Dauses, Bd. 2, H.I § 1, Rn. 340.

513 *Volvo*, Zi. 8; vgl. auch den Verweis hierauf in *Magill*, Zi. 50.

514 Vgl. *Volvo*, Zi. 9: Die Ausübung eines Schutzrechts sei dann verboten, wenn sie gerade als Mittel zur mißbräuchlichen Ausnutzung einer marktbeherrschenden Stellung eingesetzt werde bzw. zu bestimmten mißbräuchlichen Verhaltensweisen führe. Siehe auch Schröter in: Groeben/ Thiesing/ Ehlermann, Art. 86, Rn. 213; Möschel in: Immenga/ Mestmäcker, Bd. 1, Art. 86, Rn. 238.

515 *Magill*, Zi. 50.

516 In *Magill* konnten die beherrschenden Unternehmen durch die Lizenzverweigerung das Auftreten des neuen wöchentlichen Programmführers verhindern, obwohl danach eine Nachfrage seitens der Verbraucher bestand. Dies war ihnen deshalb möglich, weil das vom Ausschließlichkeitsrecht erfaßte Gut - die Informationen über die Programmplanung - ein unentbehrliches Ausgangsmaterial für die Herstellung des neuen Produktes darstellte. Durch die Verweigerung des Zugangs zu dem notwendigen Rohmaterial konnten sie jeglichen Wettbewerb auf dem abgeleiteten Markt für das neue Erzeugnis ausschließen und sich selbst den Markt vorbehalten. Vgl. zum Ganzen *Magill*, Zi. 52-57. Mangels etwaiger Rechtfertigungsgründe (Zi. 55) führten diese Umstände in der Gesamtheit dazu, daß die Ausübung des Ausschließlichkeitsrechts nach Ansicht des EuGH ausnahmsweise als Mißbrauch der marktbeherrschenden Position einzustufen war. Siehe in diesem Zusammenhang ferner die Auslegung des *Magill*-Urteils in einem weiteren Fall der Lizenzverweigerung in *Tiercé Ladbroke*, Rs. T-504/93, Urteil des EuG vom 12.06.1997, Slg. 1997, II-923 ff. Nach *Magill* falle die Verweigerung einer Lizenzerteilung nur dann unter das Verbot des Art. 82 EGV, wenn sie ein Erzeugnis oder eine Dienstleistung betreffe, das oder die für die Ausübung der in Rede stehenden Tätigkeit in dem Sinne wesentlich sei, daß es keinen tatsächlichen oder potentiellen Ersatz für es oder sie gebe, oder aber ein neues Erzeugnis betreffe, dessen Erscheinen trotz einer potentiellen spezifischen, ständigen und regelmäßigen Nachfrage seitens der

Aufgrund der Tatsache, daß der EuGH keine weiteren wettbewerbsschädigenden Maßnahmen neben der bloßen Leistungsverweigerung für einen Kontrahierungszwang gefordert hat, wird die *Magill*-Rechtsprechung teilweise auch als allgemeine Instrumentalisierung des Wettbewerbsrechts für Zwecke der Marktöffnung und als europarechtliche Bestätigung der „essential facilities"-Doktrin angesehen[517].

cc. Das Urteil des EuGH in der Rechtssache Oscar Bronner

Nach *Magill* kommt ferner dem Urteil des EuGH in *Oscar Bronner* grundlegende Bedeutung für die Frage nach der Reichweite von Förderungspflichten

---

Kunden eingeschränkt werde, *Tiercé Ladbroke*, Zi. 131. Das EuG hat dort entschieden, daß die Lizenzverweigerung in Ermangelung dieser Faktoren keinen Mißbrauch im Sinne des *Magill*-Urteils darstelle, Zi. 130-134. Vgl. in bezug auf die Auslegung des *Magill*-Urteils auch den Fall *IMS Health*, Fall COMP/D3/38.044, Entscheidung der Kommission vom 03.07.2001, ABl. 2002, L 59/18; zum Sachverhalt siehe die Pressemitteilung der Europäischen Kommission vom 03.07.2001, IP/01/941, „Kommission ordnet einstweilige Maßnahmen gegen IMS Health in Deutschland an", unter: http://www.europa.eu.int/rapid/start/cgi. Für eine Kommentierung der *IMS Health* Entscheidung siehe auch Korah, Antitrust L. J. (69) 2001, 801 ff.; Lober, GRUR Int. 2002, 7 ff.; Zebedee/ Dussart-Lefret, Competition Policy Newsletter 2002 (No. 1), 61 ff. Die Kommission hat die dortige Lizenzverweigerung als mißbräuchlich im Sinne von Art. 82 EGV angesehen, obwohl dadurch anders als im Fall *Magill* nicht die Entstehung eines neuen Produkts verhindert wurde. Es lag dort kein Problem der Marktmachtübertragung vor, sondern die Kommission ließ schon die Verweigerung der Lizenz an Mitbewerber auf demselben Markt als Mißbrauch einer marktbeherrschenden Stellung ausreichen. IMS Health erhob sodann gemäß Art. 230 EGV Klage auf Nichtigerklärung der Kommissionsentscheidung und beantragte nach Art. 243 EGV die Aussetzung ihres Vollzugs. Der Vollzug der Kommissionsentscheidung wurde durch Entscheidung des Präsidenten des EuG (Rs. T-184/01 R 1, Slg. 2001, II-2349 ff.) vorläufig ausgesetzt und durch Entscheidung vom 26.10.2001 (Rs. T-184/01 R 2, Slg. 2001, II-3193 ff.) aufgehoben. Der Präsident hat dabei die Ansicht der Kommission angezweifelt, eine Lizenzverweigerung müsse nicht das Auftreten eines neuen Produktes verhindern, damit sie als mißbräuchlich einzustufen sei. Das Urheberrecht dürfe nicht auf das bloße Recht, Lizenzgebühren zu erhalten, reduziert werden. Das dagegen von IMS' Konkurrenten NDC Health beim EuGH eingelegte Rechtsmittel wurde zurückgewiesen, Rs. C-481/01 P (R), Slg. 2002, I-3401 ff. Zwar hat die Kommission mittlerweile auch den Erlaß ihrer einstweiligen Anordnung mangels Dringlichkeit zurückgezogen, vgl. Pressemitteilung der Europäischen Kommission vom 07.08.2003, IP/03/1159, „Eingreifen der Kommission nicht mehr erforderlich, damit NDC Health den Wettbewerb zu IMS Health aufnehmen kann", unter: http://www.europa.eu.int/rapid/start/cgi. Gleichwohl ist die Frage, ob eine Lizenzverweigerung auch dann gegen Art. 82 EGV verstößt, wenn sie nicht das Entstehen eines neuen Produkts auf einem Markt verhindert, der sich von dem unterscheidet, auf dem das fragliche Unternehmen eine beherrschende Stellung besitzt, weiterhin offen. Endgültige Klärung dürfte das Urteil des EuGH auf ein Vorabentscheidungsersuchen des ebenfalls mit dem Streit zwischen IMS und NDC Health befaßten Landgerichts Frankfurt am Main bringen, das zum Zeitpunkt der Fertigstellung der Arbeit noch ausstand (Rs. C-418/01). Die weiterhin beim EuG anhängige Rechtssache betreffend die Nichtigerklärung der Kommissionsentscheidung (Rs. T-184/01) ist mit Beschluß vom 26.09.2002 bis zur Entscheidung des EuGH im Vorlageverfahren ausgesetzt worden.

[517] Jung in: Grabitz/ Hilf, Bd. 2, Art. 82, Rn. 215.

marktbeherrschender Unternehmen unter Art. 82 EGV zu[518]. Der EuGH hat es jedoch auch hier trotz einer ausdrücklichen Bezugnahme der Parteien auf das Argument der wesentlichen Einrichtung[519] und einer ausführlichen Erörterung der Doktrin durch den Generalanwalt Jacobs in seinen Schlußanträgen[520] vermieden, sich unmittelbar mit der "essential facilities"-Doktrin auseinanderzusetzen und allgemeingültige Aussagen bezüglich deren Existenz und Ausgestaltung im europäischen Kartellrecht zu machen[521]. Dennoch trägt das Urteil insbesondere in Zusammenschau mit dem Urteil des EuGH in *Magill* entscheidend dazu bei, die Konturen zu schärfen, wann eine bloße Zugangsverweigerung gemäß Art. 82 EGV als mißbräuchlich einzustufen ist und damit kartellrechtlich eingeschritten werden soll[522].

Den Ausführungen des EuGH lassen sich zwei Voraussetzungen entnehmen, die für eine Klassifizierung der Zugangsverweigerung als Mißbrauch im Sinne von Art. 82 EGV erfüllt sein müssen, jedoch im konkreten Fall nicht gegeben waren[523]. Zum einen muß die Verweigerung des Zugangs zu der Einrichtung geeignet sein, jeglichen Wettbewerb auf dem betreffenden benachbarten Markt auszuschalten, und nicht objektiv zu rechtfertigen sein. Zum anderen muß die Einrichtung in dem Sinne unentbehrlich bzw. unverzichtbar sein, daß kein tatsächlicher oder potentieller Ersatz für sie besteht[524]. Dabei hat der EuGH die Auslegung des Unverzichtbarkeitskrite-

---

518 *Oscar Bronner*, Rs. C-7/97, Urteil des EuGH vom 26.11.1998, Slg. 1998, I-7791 ff. Mit dem Verfahren wollte das Unternehmen Oscar Bronner erreichen, daß seine Tageszeitung gegen Zahlung eines entsprechenden Entgelts mit über das von seinem Wettbewerber Mediaprint betriebene, einzige in Österreich existierende landesweite Hauszustellungssystem vertrieben wird, was Mediaprint abgelehnt hatte. Im Kern ging es somit um die Frage, ob Mediaprints Weigerung, Bronners Tageszeitung in sein Vertriebssystem aufzunehmen, einen Mißbrauch dessen marktbeherrschender Stellung nach Art. 82 EGV darstellte und Mediaprint somit einem Kontrahierungszwang unterlag. Für eine Zusammenfassung des Sachverhalts vgl. statt vieler Fleischer/ Weyer, WuW 1999, 350, 351, und Montag/ Leibenath, St. Galler Kartellrechtsforum, S. 107, 116.

519 *Oscar Bronner*, Zi. 24. Unter Berufung auf die "essential facilities"-Doktrin hat Oscar Bronner einen Zugangsanspruch mit der Begründung geltend gemacht, daß es ihm in Anbetracht seiner geringeren finanziellen Ressourcen nicht möglich sei, ein zweites überregionales Hauszustellungssystem zu errichten und ihm deshalb der Zugang zu Mediaprints Vertriebssystem gewährt werden müsse, da dieser Voraussetzung für einen wirksamen Wettbewerb auf dem Markt der Tageszeitungen und das Vertriebssystem demzufolge als "essential facility" einzustufen sei.

520 Schlußanträge des Generalanwalts Jacobs in *Oscar Bronner*, S. 7810-7815, Zi. 54-70.

521 Vgl. auch Ehle, EuZW 1999, 89; Fleischer/ Weyer, WuW 1999, 350; Martenczuk, EuR 1999, 565.

522 So Ehle, EuZW 1999, 89, der in diesem Zusammenhang von einer stillschweigenden Billigung der Doktrin durch das Urteil spricht, und Fleischer/ Weyer, WuW 1999, 350, 362.

523 Vgl. *Oscar Bronner*, Zi. 42.

524 So der EuGH in *Oscar Bronner*, Zi. 41. Unglücklicherweise verwendet die deutsche Urteilsfassung zwei unterschiedliche Begriffe, in Zi. 41 „unentbehrlich" und in Zi. 45 und 46 „un-

riums engen Grenzen unterworfen. Nicht ausreichend sei es, daß andere Alternativen weniger günstig seien, wodurch es schwieriger werde, mit dem beherrschenden Unternehmen in Konkurrenz zu treten[525]. Vielmehr müsse die Duplizierbarkeit entweder aus technischen oder rechtlichen Gründen oder auch in wirtschaftlicher Hinsicht unmöglich oder zumindest unzumutbar erschwert sein, damit die Einrichtung als unverzichtbar anzusehen sei[526]. Die wirtschaftliche Unzumutbarkeit beurteilt sich dabei nach Auffassung des EuGH anhand einer Rentabilitätsbetrachtung[527]. Hierfür ist ein objektiver Maßstab anzulegen, so daß es nicht auf die Unrentabilität der Schaffung einer solchen Einrichtung aus Sicht des den Zugang begehrenden Unternehmens ankommt[528], sondern auf die Perspektive eines Unternehmens, das von der Wirtschaftlichkeit her mit dem die Einrichtung kontrollierenden vergleichbar ist[529].

Angesichts dieser erhöhten Beweislast und des damit sehr restriktiven Verständnisses der Unverzichtbarkeit einer Einrichtung ist davon auszugehen, daß sich die erkennbare Tendenz, Zugangsverweigerungen eines marktbeherrschenden Unternehmens in Abwesenheit sonstiger mißbräuchlicher Umstände nur unter engen Voraussetzungen als mißbräuchlich im Sinne von Art. 82 EGV anzusehen und damit einen Kontrahierungszwang nur ausnahmsweise anzuordnen, fortsetzen wird. Dies ist schon allein deshalb geboten, weil in der Europäischen Union Privatautonomie und Eigentumsfreiheit allgemein anerkannte Grundsätze sind, die teilweise in den Rechtsordnungen

---

verzichtbar", während die französische Ursprungsfassung einheitlich den Begriff „indispensable" verwendet. Im folgenden soll der Begriff der „Unverzichtbarkeit" verwendet werden.

525 *Oscar Bronner*, Zi. 43.

526 *Oscar Bronner*, Zi. 44, 46. Vgl. in diesem Zusammenhang auch die Schlußanträge des Generalanwalts Jacobs, S. 7813, Zi. 65.

527 Mit der Verwendung des Begriffs der Rentabilität in Zi. 45 und 46 hat der EuGH damit auf einen wirtschaftswissenschaftlich geprägten Bewertungsmaßstab zurückgegriffen, wobei unter Rentabilität die Fähigkeit des Unternehmens verstanden wird, seine Aufwendungen zumindest langfristig durch entsprechende Erträge abzudecken, vgl. Fleischer/ Weyer, WuW 1999, 350, 360.

528 *Oscar Bronner*, Zi. 45.

529 Dies ist vom Antragsteller darzulegen, vgl. *Oscar Bronner*, Zi. 45 und 46, wo der EuGH ausgeführt hat, daß die Unrentabilität „dargetan" werden müsse. Konkret hat der EuGH in Zi. 46 ausgeführt, daß der Zugang zum bestehenden System nur dann als unverzichtbar angesehen werden könnte, „wenn zumindest dargetan wäre, daß es unrentabel wäre, für den Vertrieb von Tageszeitungen mit einer Auflagenhöhe, die mit derjenigen der anhand des vorhandenen Systems vertriebenen Tageszeitungen vergleichbar wäre, ein zweites Hauszustellungssystem zu schaffen". Siehe auch die Schlußanträge des Generalanwalts Jacobs, S. 7814, Zi. 66 und 68, wonach die Zugangsverweigerung nur dann einen Mißbrauch darstelle, wenn es nicht nur für das den Zugang verlangende Unternehmen, sondern auch für jedes andere Unternehmen äußerst schwierig sei, den Wettbewerb aufzunehmen. Aus der Literatur siehe statt vieler zustimmend Fleischer/ Weyer, WuW 1999, 350, 360; Ehle, EuZW 1999, 89, 90.

der Mitgliedstaaten sogar verfassungsrechtlichen Status genießen[530]. Dementsprechend sollten Eingriffe in diese Rechte in Form der Anordnung eines Zugangsanspruchs nur in Ausnahmefällen erfolgen und bedürfen zu deren Rechtfertigung einer sorgfältigen Begründung und einer gründlichen Abwägung aller widerstreitenden Interessen[531].

d. Rückschlüsse für die Ermittlung und Behandlung von Gatekeeper Positionen in der FKVO

Bei der Diskussion um die Existenz einer "essential facilities"-Doktrin und ihre Voraussetzungen geht es letztlich um die Frage, inwieweit Art. 82 EGV als Marktöffnungsinstrument verwendet werden kann[532]. Die Herstellung wirksamen Wettbewerbs soll dadurch erreicht werden, daß potentiellen Wettbewerbern infolge der Einräumung eines Zugangsanspruchs der Markteintritt in einen vor- oder nachgelagerten Markt ermöglicht wird. Da sich die Kontrolle des künftigen Verhaltens des marktbeherrschenden Unternehmens auch auf die Struktur des vor- oder nachgelagerten Marktes auswirkt, wird die Zugangsregelung mitunter auch als verhaltensgebundene Marktstrukturkontrolle charakterisiert[533]. Genau hier bei der Instrumentalisierung zur Marktöffnung weist Art. 82 EGV somit Ähnlichkeiten zur Ausrichtung der

---

[530] Schlußanträge des Generalanwalts Jacobs in *Oscar Bronner*, S. 7811, Zi. 56; Treacy, ECLR 1998, 501, 502. Bezüglich des verfassungsrechtlichen Status sei nur auf Art. 14 GG hingewiesen. Siehe auch Fleischer/ Weyer, WuW 1999, 350, 355, die auf europäischer Ebene von Eigentumsgarantie und Vertragsfreiheit als zwei Eckpfeilern der gemeinschaftlichen Werteordnung sprechen. Siehe ergänzend auch Bunte, WuW 1997, 302, 311-313, für das deutsche Recht und die Berücksichtigung der Grundrechte aus Art. 12 und 14 GG.

[531] Schlußanträge des Generalanwalts Jacobs in *Oscar Bronner*, S. 7811, Zi. 56, 57; Ritter/ Braun/ Rawlinson, S. 381.

[532] Zu dieser Bezeichnung vgl. Deselaers in: Grabitz/ Hilf, Bd. 2, Art. 82, Rn. 348. Siehe auch Schwintowski, WuW 1999, 842, 847. Die Möglichkeit, mit Hilfe der "essential facilities"-Doktrin Märkte für den Wettbewerb zu öffnen, spielt insbesondere in den Sektoren Telekommunikation, Energie und Verkehr eine Rolle, wo der Zugang zu Netzen das Rückgrat des jeweiligen gesamten Wirtschaftssektors bildet, vgl. hierzu und zum Folgenden Emmerich in: Dauses, Bd. 2, H.I. § 1, Rn. 377; Jung in: Grabitz/ Hilf, Bd. 2, Art. 82, Rn. 216; Möschel in: Immenga/ Mestmäcker, Bd. 1, Art. 86, Rn. 258, 259; Whish, S. 668. Die ehemaligen überwiegend staatlichen oder halbstaatlichen Unternehmen haben zwar infolge des Deregulierungs- und Liberalisierungsprozesses in diesen Sektoren keine rechtliche Monopolstellung mehr inne, behalten aber weiterhin ein faktisches Monopol an Infrastrukturen wie Kabelnetzen, Gas- oder Stromleitungen. Die Anwendung der "essential facilities"-Doktrin kann folglich zur Öffnung der benachbarten Dienstleistungsmärkte für den Wettbewerb beitragen.

[533] Möschel in: Immenga/ Mestmäcker, GWB, § 19, Rn. 187. In diesem Fall unterfällt also der Versuch, einen Markt - durch die Zugangsverweigerung und damit die Ausübung der Rolle als Gatekeeper - zu monopolisieren, ausnahmsweise Art. 82 EGV, da er gleichzeitig einen Mißbrauch einer bereits bestehenden beherrschenden Position darstellt.

Fusionskontrolle als Strukturkontrolle auf. Ebenso wie im Rahmen der FKVO soll auch in den Fällen der wesentlichen Einrichtung unter Art. 82 EGV verhindert werden, daß ein Unternehmen seine Macht auf dem Markt der Einrichtung auf einen benachbarten Markt ausdehnen und dort eine beherrschende Stellung einnehmen kann. Eine Gegenüberstellung der Kriterien ist deshalb durch diesen speziellen strukturellen Bezug bei Art. 82 EGV begründet.

Die kartellrechtlichen Maßstäbe, die unter Art. 82 EGV einerseits und der FKVO andererseits angewandt werden, divergieren stark, obwohl in den jeweiligen Sachverhaltskonstellationen dieselben Gefahren für den Wettbewerb drohen. Es überrascht zu sehen, daß es aus Sicht von Wettbewerbern wesentlich einfacher ist, im Rahmen der FKVO Zugang zu einer Einrichtung ihres fusionierenden Wettbewerbers zu erlangen und dadurch in einem vor- oder nachgelagerten Markt tätig zu werden, als unter Art. 82 EGV einen Zugangsanspruch eingeräumt zu bekommen. Im Umkehrschluß heißt dies, daß die Kommission bei Zusammenschlüssen durch die Forderung weitreichender Zusagen in Form von Zugangsgewährungen deutlich strenger gegenüber den fusionierenden Parteien ist als gegenüber einem marktbeherrschenden Unternehmen unter Art. 82 EGV. Sie stellt somit unter dem Regime der FKVO deutlich geringere Anforderungen an die Annahme einer Gatekeeper Position und ein Einschreiten als im Rahmen von Art. 82 EGV, wo ein Einschreiten zur Verhinderung einer Marktabschottung - in Abwesenheit weiterer Faktoren - nur bei Vorliegen der nach *Oscar Bronner* engen Voraussetzungen erfolgen kann.

In Anbetracht der übergeordneten Zielsetzung des Art. 3 Abs. 1 lit. g EGV erscheint es geboten, die unter der FKVO im Falle von Gatekeeper Positionen anzuwendenden Maßstäbe mit der unter Art. 82 EGV geltenden Rechtsauffassung in Einklang zu bringen, soweit es die unterschiedlichen Normzwecke und Eingriffsvoraussetzungen zulassen. Wie im folgenden gezeigt wird, könnte eine Orientierung der Kommission an den vom EuGH im *Bronner*-Urteil angestellten Überlegungen zur Unverzichtbarkeit einer kontrollierten Einrichtung und ihrer Bedeutung für den Wettbewerb auf dem vor- oder nachgelagerten Markt in der FKVO zu einer Konturenschärfung beitragen.

Der EuGH hat wie gesehen in *Oscar Bronner* zwei Kriterien für ein Einschreiten unter Art. 82 EGV in Fällen der Zugangsverweigerung aufgestellt. Zum einen ist dies die Unverzichtbarkeit der Einrichtung für die Ausübung der Tätigkeit auf dem vor- oder nachgelagerten Markt und zum anderen, daß die Zugangsverweigerung geeignet ist, jeglichen Wettbewerb auf jenem

Markt auszuschalten[534]. Für die Fusionskontrolle lassen sich hieraus zwei Aussagen ableiten. Im Wege eines Erst-Recht-Schlusses wird in der FKVO eine Gatekeeper Stellung immer dann anzunehmen sein, wenn eine vom neuen Unternehmen kontrollierte Einrichtung für das Tätigwerden auf dem zu untersuchenden Markt unverzichtbar im Sinne der *Bronner*-Rechtsprechung ist, d.h. kein aktueller oder potentieller Ersatz besteht und auch nicht innerhalb des Prognosezeitraums entstehen wird. Wenn es beim Vorliegen einer so definierten unverzichtbaren Einrichtung schon möglich sein kann, jeglichen Wettbewerb auf dem benachbarten Markt durch eine Zugangsverweigerung auszuschalten, so wird die Unverzichtbarkeit einer Einrichtung auch geeignet sein, ein „Weniger", d.h. eine marktbeherrschende Stellung zu begründen.

Zur Feststellung einer Gatekeeper Position im Rahmen der FKVO stets die Unverzichtbarkeit einer Einrichtung im Sinne von *Oscar Bronner* zu fordern, scheidet allerdings aus. Vielmehr stehen einer „Eins zu Eins"-Übertragung der "essential facilities"-Doktrin auf die Fusionskontrolle gewichtige Argumente entgegen. Zum einen wird externes Wachstum als weniger schützenswert angesehen als internes Unternehmenswachstum, das wettbewerbspolitisch kaum angreifbar ist, weil es letztlich auf einer überlegenen Marktleistung des betreffenden Unternehmens beruht, wohingegen beim externen Wachstum Konkurrenten nicht durch Leistung, sondern durch den Zusammenschluß überflügelt werden sollen[535]. Diese Wertung zeigt sich in den Vorschriften des europäischen Kartellrechts, wo - wie erläutert - ein Einschreiten wegen der Entstehung einer beherrschenden Stellung nicht bei internem Wachstum unter Art. 82 EGV, wohl aber bei externem Wachstum unter der FKVO vorgesehen ist. Zum anderen geht es im Gegensatz zu Art. 82 EGV und der "essential facilities"-Doktrin, wo reale Marktverhältnisse untersucht werden, im Rahmen der FKVO um die hypothetische Wettbewerbssituation nach Durchführung eines Zusammenschlußvorhabens. Deshalb ist der Kommission unter der FKVO ein größerer Beurteilungsspielraum im Hinblick auf die Bedeutung einer Einrichtung für die Tätigkeit auf einem benachbarten Markt zuzugestehen, weil sie ihre Entscheidung aufgrund einer Prognose zu treffen hat.

Diese Erwägungen klären jedoch noch nicht, welche Anforderungen künftig bei der Ermittlung einer Gatekeeper Position im Rahmen der FKVO an die Relevanz einer kontrollierten Einrichtung für den Wettbewerb im vor-

---

[534] *Oscar Bronner*, Zi. 41.
[535] Siehe auch Behrens, JURA 1989, 561, 574.

oder nachgelagerten Markt zu stellen sind[536]. Diesbezüglich ist es hilfreich, zwischen drei Konstellationen zu differenzieren, von denen zwei bereits erörtert wurden. Zur Annahme einer Gatekeeper Stellung auf dem nachgelagerten Markt reicht es - wie schon dargelegt - nicht aus, wenn eine vom neuen Unternehmen kontrollierte Einrichtung - z.B. Universals Musikrepertoire in *Vivendi/ Canal+/ Seagram* - lediglich als hilfreich oder wünschenswert für ein Tätigwerden auf dem nachgelagerten Markt einzustufen ist. In einer derartigen Konstellation könnten Konkurrenten zwar durch den Zusammenschluß gewisse wettbewerbliche Nachteile erwachsen. Es ist jedoch davon auszugehen, daß ihnen noch andere vergleichbare Einrichtungen zur Verfügung stehen, so daß sie auf dem nachgelagerten Markt weiterhin mit dem neuen Unternehmen konkurrieren und Wettbewerbsdruck ausüben könnten. Kontrolliert ein Unternehmen hingegen eine unverzichtbare Einrichtung im Sinne der *Bronner*-Rechtsprechung, so wäre es - wie vorstehend ausgeführt - nicht mehr in seinem Verhalten auf dem nachgelagerten Markt beschränkt und könnte dort eine Gatekeeper Position einnehmen, da Wettbewerber dann in ein Abhängigkeitsverhältnis von ihm gerieten und bei einer Zugangsverweigerung aus dem Wettbewerb ausscheiden müßten.

Zwischen diesen beiden Konstellationen liegt der Fall, daß etwaige Ausweichmöglichkeiten aus wirtschaftlicher Sicht überhaupt keine Alternative darstellen, d.h. daß kein gleichwertiger Ersatz für die kontrollierte Einrichtung existiert bzw. innerhalb des Prognosezeitraums entstehen würde. Bereits in einer solchen Situation wären aktuelle oder potentielle Konkurrenten nicht mehr in der Lage, den Verhaltensspielraum des neuen Unternehmens auf dem nachgelagerten Markt effektiv zu beschränken. Sie müßten zwar im Falle einer Zugangsverweigerung durch das neue Unternehmen nicht automatisch aus dem Wettbewerb ausscheiden. Sie wären jedoch gezwungen, auf Einrichtungen auszuweichen, die ein Tätigwerden auf dem nachgelagerten Markt nur zu erheblich erschwerten und ungünstigeren Bedingungen ermöglichten. Ein Unternehmen könnte somit bereits dann nicht mehr wirksamem Wettbewerbsdruck ausgesetzt sein und demzufolge eine Gatekeeper Stellung erlangen, wenn es über den Zugang zu der von ihm kontrollierten Einrichtung mittelbar die Wettbewerbsbedingungen seiner Konkurrenten in erheblichem Maße steuern könnte.

Das vom EuGH in *Oscar Bronner* konkretisierte Kriterium der Unverzichtbarkeit einer Einrichtung für ein Tätigwerden auf dem vor- oder nachge-

---

536 Der Einfachheit halber wird im folgenden auf die Situation Bezug genommen, in der der Markt der Einrichtung als vorgelagert und der Markt, auf dem die Marktbeherrschung untersucht wird, als dieser nachgelagert anzusehen ist. Die Ausführungen gelten aber genauso für die umgekehrte Konstellation.

lagerten Markt ist deshalb in der FKVO dahingehend auszudehnen, daß es auch das Fehlen eines gleichwertigen Ersatzes mitumfaßt, damit also neben der zweiten auch die dritte geschilderte Konstellation. Diese im Vergleich zu Art. 82 EGV geringeren Anforderungen an die Bedeutung der kontrollierten Einrichtung in der Fusionskontrolle sind letztlich die logische Konsequenz der geringeren Anforderungen an die Gefahr einer Marktabschottung auf dem nachgelagerten Markt. Unter der FKVO bedarf es wie erläutert für ein kartellrechtliches Einschreiten gerade nicht der Ausschaltung jeglichen Wettbewerbs, sondern „nur" der Entstehung einer marktbeherrschenden Stellung. Die Annahme, daß zur kontrollierten Einrichtung keine gleichwertigen Alternativen existieren bzw. auch nicht entstehen werden, unterliegt ihrerseits jedoch wiederum strengen Anforderungen. Von dem Vorliegen einer gleichwertigen Einrichtung ist immer dann auszugehen, wenn diese - wie in der ersten Konstellation - ein Tätigwerden auf dem in Frage stehenden Markt zu vergleichbaren oder nur geringfügig verschlechterten Bedingungen und damit die Ausübung wirksamen Wettbewerbsdrucks weiterhin ermöglicht. Erst wenn Konkurrenten ohne Zugang zu der vom neuen Unternehmen kontrollierten Einrichtung auf dem jeweiligen Markt ihre Aktivitäten entweder gar nicht durchführen könnten oder aber ihre Tätigkeit in hohem Maße unwirtschaftlich würde und sie deshalb das neue Unternehmen nicht mehr wirksam in seinem Verhaltensspielraum beschränken könnten, ist das Vorhandensein einer gleichwertigen Einrichtung zu verneinen.

Das so definierte Kriterium der Unverzichtbarkeit im Sinne des Fehlens tatsächlicher oder potentieller, gleichwertiger Ausweichmöglichkeiten stellt für künftige Fälle im Rahmen der FKVO den vorher fehlenden einheitlichen Maßstab bereit, die Bedeutung einer kontrollierten Einrichtung und damit eine Gatekeeper Position zu ermitteln. Dies führt zu einem erhöhten Maß an Rechtssicherheit und minimiert die Risiken eines exzessiven Einschreitens. Darüber hinaus hat die Heranziehung dieses Kriteriums im Informations- und Kommunikationssektor vor allem zwei Vorteile bei der wettbewerbsrechtlichen Analyse von Zusammenschlüssen. Zum einen ermöglicht es im Unterschied zu einer übertrieben starken Orientierung an Marktanteilsgrenzen, die in dynamischen Sektoren an Aussagekraft einbüßen, eine flexible Anwendung auf den Einzelfall, da die Unverzichtbarkeit einer Einrichtung erst nach eingehender Untersuchung der Wettbewerbsverhältnisse feststellbar ist. Zum anderen kann im Rahmen dieses Beurteilungsmaßstabs speziell auch den ökonomischen Besonderheiten des Informations- und Kommunikationssektors Rechnung getragen werden, indem z.B. bei der Ermittlung der Gleichwertigkeit einer Einrichtung auch das Auftreten von Netzeffekten miteinbezogen wird. Dementsprechend würde eine alternative Einrichtung dann nicht mehr als gleichwertig mit der kontrollierten Einrichtung anzusehen sein, wenn zu erwarten ist, daß die Bedeutung der kontrollierten Einrichtung infolge des Zusammenschlusses durch die Realisierung starker Netzeffekte exponentiell steigt.

3. Konsequenzen für die im Rahmen der FKVO verfolgten Zielsetzungen

Mit der Problematik, welche Anforderungen an die Bedeutung der kontrollierten Einrichtung bei der Ermittlung einer Gatekeeper Position zu stellen sind, ist letztlich eine übergeordnete Fragestellung verbunden, nämlich, welche Zielsetzungen mit der Anwendung der Fusionskontrolle verfolgt werden sollen. Sieht man primär die Leistungsfähigkeit des Wettbewerbs als solchem und insbesondere die Interessen der Verbraucher als schützenswert an, wird die Entstehung einer Gatekeeper Stellung dann anzunehmen sein, wenn das fusionierende Unternehmen infolge der Kontrolle über die Einrichtung und einer möglichen Zugangsverweigerung insgesamt keinem wirksamen Wettbewerbsdruck mehr ausgesetzt wäre. Läßt man dagegen auch Fairnessaspekte in die Beurteilung miteinfließen, könnten der Tatbestand der Marktbeherrschung und ein kartellrechtliches Einschreiten bereits dadurch ausgelöst werden, daß einige Konkurrenten nach dem Zusammenschluß mangels Zugangs zu der vom neuen Unternehmen kontrollierten Einrichtung aus dem Wettbewerb ausscheiden müßten bzw. nicht in der Lage wären, in den Markt einzutreten.

In Konstellationen wie *MSG Media Service* oder *Bertelsmann/ Kirch/ Premiere* und *Deutsche Telekom/ Beta Research* macht es im Ergebnis keinen Unterschied, ob der Schutz des Wettbewerbs oder der Schutz der Wettbewerber im Vordergrund steht. Verfügt ein neues Unternehmen wie dort langfristig über die einzige Infrastruktur, sind sämtliche Wettbewerber auf der vor- oder nachgelagerten Ebene infolge ihrer Abhängigkeit vom neuen Unternehmen nicht in der Lage, dieses in seinem Wettbewerbsverhalten zu beschränken, so daß damit der Wettbewerb insgesamt als Ganzes gefährdet ist. Anders verhält es sich jedoch in Fällen wie *Vivendi/ Canal+/ Seagram.* Hier ist es sehr wohl von Bedeutung, ob die Kommission bei der Ermittlung der Marktbeherrschung die Situation einzelner Wettbewerber vordergründig berücksichtigt, wie es den Anschein hat, oder sich am Schutz des Wettbewerbs als Institution und der Wahrung der Verbraucherinteressen orientiert. Letztere Perspektive läßt Zweifel an der Begründung einer marktbeherrschenden Stellung und damit an der Notwendigkeit eines Einschreitens aufkommen.

Es verwundert allerdings nicht, daß die Kommission im Rahmen der Fusionskontrolle oftmals den Eindruck hinterläßt, sie schütze mehr einzelne

Wettbewerber als den Wettbewerb an sich. Schließlich werden zur Identifizierung der mit einem Zusammenschluß verbundenen wettbewerblichen Probleme ausführliche Marktbefragungen von Wettbewerbern und Kunden durchgeführt. Daraus resultiert für die Kommission die Schwierigkeit, die faktischen Informationen über die Funktionsweise eines Marktes von den Interessen und subjektiven Einschätzungen der Wettbewerber zu isolieren und herauszufiltern[537]. Um sich nicht - überspitzt formuliert - zu einer „Interessenvertretung“ der Wettbewerber zu entwickeln, sollte die Kommission entsprechend ihrer Rolle als Wettbewerbsaufsicht künftig ihren Fokus stärker auf den Schutz des Wettbewerbs als Institution und die Auswirkungen eines Zusammenschlusses auf die Konsumentenwohlfahrt richten. Die Anwendung der FKVO soll nicht dem Interesse der Wettbewerber an einem schnellen Marktzutritt dienen, sondern dem öffentlichen Interesse an einer Wettbewerb gewährleistenden Marktstruktur.

Für die stärkere Ausrichtung am Schutz des Wettbewerbs als solchem und der Konsumentenwohlfahrt sprechen gewichtige Gründe. Im Zusammenhang mit der Besprechung der Entscheidungen *Vodafone/ Mannesmann* und *Vivendi/ Canal+/ Seagram* ist bereits die Bedeutung der Wahrung von Innovations- und Investitionsanreizen für die langfristige Förderung des Wettbewerbs herausgestellt worden. Bei einer zu starken Orientierung am Schutz einzelner Wettbewerber besteht die Gefahr, daß diese so wichtigen Impulse für den Wettbewerbsprozeß insgesamt nicht hinreichend berücksichtigt werden. Wird das Kartellrecht zum Ausgleich des Wettbewerbsgefälles zwischen Gewinnern und Verlierern instrumentalisiert, so kann dies den Wettbewerbsprozeß erheblich schädigen und negative Auswirkungen auf die Konsumentenwohlfahrt haben[538]. Eine klare Ausrichtung am Schutz des Wettbewerbs bei der Prüfung eines Zusammenschlusses wäre geeigneter, den dynamischen Aspekten Rechnung zu tragen als derartige extensive Zugangsgewährungen für Wettbewerber, wie sie in den genannten Fällen von der Kommission gefordert wurden.

---

537 Dies gibt auch Monti in seiner Rede „Recent Developments in EU Competition Policy“ bei der Anwaltsvereinigung (City Bar Association) in New York am 17.04.2001 zu.

538 Vgl. bei Bishop/ Ridyard, European Economics, S. 20, 24. Winterscheid, Diskussion Fordham Conference 1997, S. 207, führt aus, „...a „level playing field“ mentality [...] is an inappropriate basis for regulatory intervention. The desire to gain a competitive advantage is part of the competitive process itself and the mere fact that the parties to a vertical transaction are so motivated - or, for that matter, that any given transaction will actually have that intended result - should not in and of itself give rise to antitrust concerns...“, und S. 208: „the desire to maintain a level playing field for all market participants is simply not enough for intervening. Unless a transaction gives rise to demonstrable risk of significant competitive foreclosure in the bottleneck sense, the enforcement agencies should be reluctant to intervene. Only then can competition be adversely affected, as opposed to the competitive interests of individual competitors.“

Auch die Entwicklungen in Rechtsprechung und Lehre unter Art. 82 EGV bestätigen die Erwägungen zugunsten einer stärkeren Ausrichtung am Konsumentenwohl im Rahmen der FKVO. Während früher ergangene Entscheidungen im Bereich der Leistungsverweigerungen noch primär auf Fairnessüberlegungen zu basieren schienen[539], wird nunmehr verstärkt auf die Leistungsfähigkeit des Wettbewerbs als solchem und die Interessen der Verbraucher abgestellt[540]. Vorrangiges Schutzobjekt sollte deshalb künftig sowohl unter Art. 82 EGV als auch im Rahmen der Fusionskontrolle der Wettbewerb als Institution und nicht die Situation einzelner Wettbewerber sein, weil beide Kontrollinstrumente Bestandteile desselben, nach Art. 3 Abs. 1 lit. g EGV zu errichtenden Systems unverfälschten Wettbewerbs sind. Eine eindeutige Zielsetzung und zunehmende Heranziehung der ökonomischen Analyse würde der Kommissionspraxis schärfere Konturen verschaffen und damit zu einem erhöhten Maß an Transparenz und Rechtssicherheit beitragen.

Erfreulicherweise läßt die Kommissionspraxis bereits erkennen, daß sie der ökonomischen Analyse mehr Bedeutung beimißt und die Interessen der Verbraucher bei der wettbewerbsrechtlichen Beurteilung verstärkt mitberücksichtigt[541]. So führt der Wettbewerbskommissar verschiedentlich aus, das höchste Ziel der Wettbewerbsregeln sei es, sicherzustellen, daß Konsumenten von neuen und verbesserten Produkten, höherer Qualität sowie niedrigeren Preisen profitieren können[542]. Ähnliche Äußerungen finden sich vermehrt auch in Untersuchungen von Zusammenschlüssen wieder, in denen die Kommission zu der Schlußfolgerung gekommen ist, der Zusammenschluß

---

539 Nikolinakos, ECLR 1999, 399, 401, und Korah, Introductory Guide, S. 114, 3.3.1.3.

540 So in bezug auf Art. 82 EGV Fleischer/ Weyer, WuW 1999, 350, 356 und 361; Capobianco, ELR 2001, 548, 559, 560; Van den Bergh/ Camesasca, S. 274; Schlußanträge des Generalanwalts Jacobs in *Oscar Bronner*, S. 7811, Zi. 58.

541 Für die FKVO vgl. Monti, „The Future for Competition Policy in the European Union – Merger Control" (09.07.2001), allgemein auf die Anwendung des Kartellrechts bezogen ders., „Antitrust in the U.S. and Europe: A History of Convergence" (14.11.2001), beide unter: http://www.europa.eu.int/comm/competition/speeches/index_2001.html. Wirtz, EWS 2002, 59, 61, nennt mit der neuen Gruppenfreistellungsverordnung für vertikale Wettbewerbsbeschränkungen (Verordnung (EG) Nr. 2790/99 der Kommission von 22.12.1999 über die Anwendung von Art. 81 des Vertrages auf Gruppen von vertikalen Vereinbarungen und aufeinander abgestimmten Verhaltensweisen, ABl. 1999, C 336/21) sowie weiteren Verordnungen weitere Beispiele dafür, bei denen das erklärte Ziel der Wandel hin zu einer stärker ökonomischen Betrachtung ist.

542 Siehe Monti; „Competition and Information Technologies" (18.09.2000), unter: http://www.europa.eu.int/comm/competition/speeches/index_2000.html; ders., „Content, Competition and Consumers: Innovation and Choice" (11.06.2001), unter: http://www.europa.eu.int/comm/competition/speeches/index_2001.html; ders., „Competition and the Consumer: What are the Aims of European Competition Policy?" (26.02.2002), unter: http://www.europa.eu.int/comm/competition/speeches/index_2002.html.

wirke sich nachteilig auf die Konsumentenwohlfahrt aus[543]. Diese Tendenz sollte in Zukunft fortgesetzt werden.

Speziell im Informations- und Kommunikationssektor ist eine ökonomische Betrachtung und Berücksichtigung der Verbraucherinteressen bei der Prüfung eines Zusammenschlusses und einer Gatekeeper Position von großem Vorteil, wenn nicht sogar zwingend vonnöten. Da der Wettbewerb hier - wie bereits geschildert - besonders stark von Innovationsanreizen beeinflußt wird, besteht vor allem hier die Gefahr, daß sich eine den Konkurrenten des jeweiligen fusionierenden Unternehmens wohlgesonnene Wettbewerbspolitik rasch in ihr Gegenteil verkehrt und den Wettbewerbsprozeß verlangsamt. Aufgrund der ökonomischen Besonderheiten in schnellebigen und innovativen Branchen würde eine zu starke Orientierung an Fairnessaspekten und dem Schutz kleiner und mittelständischer Unternehmen und damit indirekt am Leitbild des vollständigen Wettbewerbs kaum die besten Ergebnisse für den Wettbewerb bringen.

IV. Zusammenfassung

Die Entscheidungen der Kommission lassen größtenteils erkennen, daß die Kommission in ihrer fusionskontrollrechtlichen Analyse die ökonomischen Charakteristika des Informations- und Kommunikationssektors berücksichtigt. Die Untersuchung relevanter Marktzutrittsschranken anstelle der zu starken Fokussierung auf Marktanteile zur Ermittlung der Marktbeherrschung ist dabei im allgemeinen eine geeignete und zu befürwortende Vorgehensweise. Ferner ist es zu begrüßen, daß die Kommission in zunehmendem Maße das Auftreten von Netzeffekten in ihre Prüfung miteinbezieht, da dem Konzept der Netzeffekte eine besondere Bedeutung bei der Anwendung und Auslegung des Kartellrechts zukommt.

Wenngleich sich der Kommissionspraxis Faktoren entnehmen lassen, welche die Kommission bei der Ermittlung einer Gatekeeper Stellung herangezogen hat, so weist ihre Argumentationsweise dennoch eine gewisse Unbeständigkeit auf. Insbesondere läßt sie grundsätzliche Maßstäbe vermissen, die im Einzelfall anhand der spezifischen Fakten auszufüllen und zu überprüfen sind. Dies gilt vor allem im Hinblick darauf, welche Anforderungen

---

[543] Siehe beispielsweise die noch zu erörternde Entscheidung der Kommission in *MCI WorldCom/ Sprint*, Fall COMP/M.1741, Entscheidung der Kommission vom 28.06.2000 (unter: http://www.europa.eu.int/comm/competition/mergers/cases), Zi. 145; XXXI. Wettbewerbsbericht (2001), S. 109, im Zusammenhang mit *General Electric/ Honeywell*, Fall COMP/M.2220, Entscheidung der Kommission vom 03.07.2001, unter: http://www.europa.eu.int/comm/competition/mergers/cases.

an die Bedeutung einer kontrollierten Einrichtung für den Wettbewerb im vor- oder nachgelagerten Markt zu stellen sind und nach welchen Kriterien beim Auftreten von Netzeffekten differenziert werden kann. Aufgrund dieses Versäumnisses hat die Kommission den Tatbestand der Marktbeherrschung zuweilen bereits dann als erfüllt angesehen, wenn ein neues Unternehmen lediglich über eine temporäre Vormachtstellung verfügt hätte oder wenn der Zugang zu den vom neuen Unternehmen kontrollierten Einrichtungen für Konkurrenten auf dem nachgelagerten Markt bloß wünschenswert war. In beiden Fällen war jedoch nicht mit einer dauerhaften Marktabschottung zu rechnen.

Durch eine derartige Vorgehensweise setzt sich die Kommission dem Vorwurf eines exzessiven Einschreitens aus. Ursächlich hierfür sind vor allem das Fehlen einer einheitlichen Zielsetzung und ein zu kurzfristig ausgerichteter Betrachtungshorizont. Um der Entscheidungspraxis schärfere Konturen zu geben und ein übermäßiges Einschreiten zu vermeiden, sollte die Kommission deshalb künftig ihre Beurteilung von Zusammenschlußvorhaben stärker am übergeordneten Ziel des Schutzes des Wettbewerbs als Institution und speziell am Wohl der Konsumenten ausrichten. Zudem sollte sie in ihre Analyse fortan die Auswirkungen miteinbeziehen, die eine zu starke Berücksichtigung der Interessen einzelner Wettbewerber und ein exzessives kartellrechtliches Einschreiten auf die in dynamischen Industrien für den Wettbewerb so wichtigen Innovations- und Investitionsanreize hat. Nur so kann gewährleistet werden, daß die Kommission dem erklärten Ziel der Sicherung eines effektiven Wettbewerbs langfristig gerecht wird.

Das vorstehend erarbeitete und im folgenden zu konkretisierende Schema zur Feststellung von Gatekeeper Positionen ermöglicht in Zukunft eine angemessene und einheitliche Anwendung der fusionskontrollrechtlichen Vorschriften im Informations- und Kommunikationssektor. Vor allem das entwickelte Kriterium der Unverzichtbarkeit einer Einrichtung für den Wettbewerb auf dem vor- oder nachgelagerten Markt sowie die herausgearbeiteten Vorgaben für die Ermittlung von Netzeffekten dienen dabei als Orientierungshilfen, anhand derer die spezifischen Umstände künftiger Vorhaben leichter eingeordnet und deren mögliche Folgen - eine Ankurbelung des Wettbewerbs einerseits oder die Gefahr einer Gatekeeper Position andererseits - im Einzelfall präziser analysiert werden können.

B. Klassifizierungen von Gatekeeper Positionen

Die bisherige Kommissionspraxis bei Zusammenschlüssen im Informations- und Kommunikationssektor hat gezeigt, daß Gatekeeper Positionen aus verschiedenen Konstellationen heraus entstehen können bzw. in unterschiedlichen Situationen zu befürchten sind. Über die allgemeingültigen Kriterien hinaus, die in allen Fällen bei der Untersuchung einer Gatekeeper Position heranzuziehen sind, lassen sich klarere Konturen für die Vorgehensweise der Kommission durch eine Systematisierung der verschiedenen Entstehungsmöglichkeiten und Erscheinungsformen von Gatekeeper Positionen gewinnen. Ziel dieser Klassifizierungen ist es, die spezifischen Anforderungen herauszuarbeiten, die im Rahmen der wettbewerbsrechtlichen Analyse zusätzlich zu den allgemeingültigen Kriterien in der jeweils zu untersuchenden Konstellation besonders zu beachten sind, und dadurch zu differenzierteren Sachaussagen zu gelangen.

I. Differenzierung nach Art des Zustandekommens

Wie im zweiten Teil dieser Untersuchung bei der Darstellung der Kommissionspraxis angedeutet, ist bei Gatekeeper Positionen danach zu differenzieren, ob sie aus einem horizontalen oder einem vertikalen Zusammenschluß resultieren.

1. Gatekeeper Positionen infolge horizontaler Zusammenschlüsse

Im Zusammenhang mit den exemplarisch geschilderten Entscheidungen, die alle den Telekommunikationssektor im weiteren Sinne einschließlich des Internet betrafen, ist bereits festgestellt worden, daß horizontale Zusammenschlüsse wettbewerbsrechtliche Bedenken hervorrufen, weil die zwischen den Unternehmen vormals wirkenden Wettbewerbskräfte durch den Zusammenschluß eliminiert werden[544]. Die Sorge der Kommission war dabei grundsätzlich, daß Unternehmen durch einen Zusammenschluß ein derart großes Netzwerk formen, daß Konkurrenten bei der Erbringung ihrer Dienstleistungen fortan vom Zugang zu dem Netz und damit vom neuen Unternehmen abhängig wären und dieses aufgrund seiner Größe als Gatekeeper die Marktzutritts- und Wettbewerbsbedingungen seiner Konkurrenten steuern könnte. Die herauszuarbeitenden Aussagen sollen nicht nur für den Telekommunikationssektor gelten, sondern entsprechend auch auf künftige Zu-

[544] Siehe dazu oben im 2. Teil unter C.I.

sammenschlüsse zwischen konkurrierenden Inhalteanbietern im Bereich Fernsehen oder Musik übertragbar sein, bei denen die Gefahr einer Gatekeeper Stellung nicht durch die Größe des Netzes des neuen Unternehmens, sondern durch die Verfügungsbefugnis über ein umfangreiches Inhaltrepertoire nach Zusammenlegung der Aktivitäten begründet wird[545].

a. Zusammenschlüsse zwischen aktuellen Konkurrenten

Gatekeeper Positionen können die Folge eines Zusammenschlusses zwischen aktuellen Wettbewerbern sein. Die Gatekeeper Stellung ergibt sich dabei jeweils aus der horizontalen Überschneidung, d.h. der Verbindung der Netze von zwei Betreibern[546] bzw. entsprechend im Mediensektor der Zusammenlegung zweier Inhalterepertoires. Neben dem bereits geschilderten Vorhaben *WorldCom/ MCI* ist die zwei Jahre später ergangene Entscheidung *MCI WorldCom/ Sprint* exemplarisch für die Analyse der Kommissionspraxis heranzuziehen.

aa. Die Entscheidung MCI WorldCom/ Sprint

Die Entscheidung der Kommission über den Zusammenschluß zwischen MCI WorldCom und seinem Konkurrenten Sprint[547] steht in einer Linie mit ihrer Entscheidung in *WorldCom/ MCI*, da sie oft auf dort getätigte Ausführungen zurückgegriffen und ihre Vorgehensweise in allen wesentlichen

---

[545] Ein geplantes Vorhaben war die bereits bei *AOL/ Time Warner* angesprochene beabsichtigte Zusammenlegung der Musikaufnahme- und Musikverlagstätigkeiten von Time Warner und EMI, *Time Warner/ EMI*, Fall COMP/M.1852; vgl. dazu die Pressemitteilung der Europäischen Kommission vom 14.06.2000, IP/00/617, „Commission opens full investigation into Time Warner/ EMI merger", unter: http://www.europa.eu.int/rapid/start/cgi; vgl. auch Mestmäcker, ZUM 2001, 185, 186 ff. Da die Parteien dort ihr Vorhaben zurückgezogen haben - wohl um einer negativen Entscheidung der Kommission sowohl dort als auch im Fall *AOL/ Time Warner* zuvorzukommen, mangelt es an einer veröffentlichten Entscheidung seitens der Kommission, so daß eine Analyse der Vorgehensweise der Kommission nicht möglich ist.

[546] XXX. Wettbewerbsbericht (2000), S. 84.

[547] *MCI WorldCom/ Sprint*, Fall COMP/M.1741, Entscheidung der Kommission vom 28.06.2000, unter: http://www.europa.eu.int/comm/competition/mergers/cases. Siehe auch die Pressemitteilungen der Europäischen Kommission vom 21.02.2000, IP/00/174, „Kommission leitet umfassende Untersuchung des Zusammenschlusses MCI WorldCom/ Sprint ein", und vom 28.06.2000, IP/00/668, „EU-Kommission untersagt Fusion von MCI WorldCom und Sprint", beide unter: http://www.europa.eu.int/rapid/start/cgi. Es ist darauf hinzuweisen, daß in dieser Sache eine Klage von WorldCom gegen die Kommission beim EuG anhängig ist, Rs. T-310/00, ABl. 2000, C 355/35. Vgl. auch Monti, FCLI 2000, 257, 262, und XXX. Wettbewerbsbericht (2000), S. 84/ 85, wo die Fusion von MCI WorldCom und Sprint im Zusammenhang mit dem Begriff der Gatekeeper Effekte behandelt wird. Für eine Analyse der Abschottungsgefahren siehe auch Abbamonte/ Rabassa, ECLR 2001, 214, 220 ff.

Punkten bestätigt hat. Positiv ist dabei anzumerken, daß die Kommission sowohl ihre vormals getroffenen Feststellungen eingehend überprüft hat, indem sie die seitdem aufgetretenen Entwicklungen herangezogen hat, als auch ihre Ausführungen noch detaillierter begründet hat. Trotz neuer technischer Entwicklungen und verstärkter Markteintritte infolge der Liberalisierung der EU-Telekommunikationsmärkte hat die Kommission am hierarchischen Aufbau des Internet festgehalten und demnach erneut den weltweiten Markt für die Bereitstellung universeller Internetanschlußfähigkeit durch erstrangige Internetzugangsanbieter als relevanten Markt identifiziert[548].

Bei der Feststellung einer Gatekeeper Position des neuen Unternehmens auf diesem Markt hat sich die Kommission ebenso an ihrer Vorgehensweise in *WorldCom/ MCI* orientiert. So stellte die Ermittlung der absoluten und relativen Marktanteile des neuen Unternehmens auch hier den ersten Schritt in ihrer Analyse dar[549]. Darauf aufbauend hat die Kommission wiederum die Verfügungsbefugnis über ein umfassendes Netzwerk sowie die Zugriffsmöglichkeit auf den größten Kundenstamm[550] als entscheidende Faktoren dafür

---

[548] Vgl. *MCI WorldCom/ Sprint*, Zi. 60, und Zi. 97 für die räumliche Abgrenzung. Zur Erinnerung sei hier nochmals darauf hingewiesen, daß ein erstrangiger Diensteanbieter sich dadurch auszeichnet, daß er die umfassende Internetanschlußfähigkeit entweder intern, d.h. aufgrund seiner Größe durch ein hohes Maß an Datenaustausch zwischen Kunden des eigenen Netzes, oder durch Gegenzugvereinbarungen mit den anderen Spitzennetzen herstellen kann, vgl. Zi. 53, 54. In Zi. 104, 105, hat die Kommission 17 erstrangige Internetdiensteanbieter identifiziert, wobei sich fünf Unternehmen, WorldCom, Sprint, AT&T, Cable & Wireless (der Erwerber des Internetgeschäfts von MCI) und GTE, in einer stärkeren Position als die anderen befanden. Für eine eingehende Auseinandersetzung mit den Entwicklungen in Europa und deren Relevanz für die Marktabgrenzung siehe Zi. 54 ff; zu den seit 1998 aufgetretenen Entwicklungen der verstärkten Nutzung mehrerer Anbieter von Internetanschlußdiensten („multihoming") sowie im Bereich der Techniken durch „caching", „mirroring" und „content delivery networks", mit denen Internetinhalte näher zu den Endnutzern gebracht werden sollen, siehe Zi. 34 ff.

[549] Danach werde das neue Unternehmen je nach Berechnungsmethode auf einen Marktanteil zwischen 37-51 % bzw. 30-65 % kommen, und der Anteil des nachfolgenden Wettbewerbers werde nie höher als 15 % sein, *MCI WorldCom/ Sprint*, Zi. 106 und 123. Zu den Schwierigkeiten bei der Ermittlung der Marktanteile vgl. Zi. 100 ff., wobei die Ausführungen der Kommission nahezu wortgleich mit denen in *WorldCom/ MCI* sind, dort Zi. 95 ff.

[550] Es ist darauf hinzuweisen, daß die Kommission hier die Bedeutung des Netzwerks und des Kundenstammes genauer belegt hat als in *WorldCom/ MCI*. Die Größe des Kundenstammes werde anhand des hohen Grades an internem Datenaustausch, d.h. Verkehr, der nicht mit Gegenzugpartnern ausgetauscht wird, deutlich. Vgl. hierzu *MCI WorldCom/ Sprint*, Zi. 131, für die Situation vor dem Zusammenschluß, wonach 40-80 % des Verkehrsflusses der beiden Parteien internen Verkehr darstelle, kein Wettbewerber hingegen höhere Prozentsätze als 30-35 % an internem Verkehr aufweise, und sogar die drei größten Wettbewerber der beiden Parteien mehr als 15 % ihres Verkehrs mit der neuen Einheit austauschten. Dies zeige, daß die sich zusammenschließenden Parteien schon vor dem Zusammenschluß unabhängiger als ihre Konkurrenten gewesen seien bzw. diese schon zu dem Zeitpunkt stärker auf die Gegenzugvereinbarungen mit den Parteien angewiesen waren, um universelle Netzanschlußfähigkeit anzubieten.

herangezogen, daß das neue Unternehmen zu einem unvermeidbaren Geschäftspartner für Wettbewerber und Kunden werde[551] und die Möglichkeit habe, weitestgehend unabhängig von diesen zu agieren. Das neue Unternehmen werde aufgrund seiner Größe und der daraus resultierenden Abhängigkeit seiner Konkurrenten vom Zugang zu seinem Netz bei der Bereitstellung universeller Anschlußfähigkeit in der Lage sein, die Markteintritts- und Wettbewerbsbedingungen zu diktieren und die Kosten seiner Wettbewerber und Kunden zu erhöhen[552]. Es könne ein solches Verhalten auch aufrechterhalten, weil es über die Verweigerung von Gegenzugvereinbarungen oder bereits durch die bloße Androhung einer selektiven Verschlechterung sowohl aktuelle als auch potentielle Wettbewerber kontrollieren und dadurch den Markt disziplinieren könne[553]. Folge dieser Beeinträchtigungsstrategie sei, daß das fusionierende Unternehmen Kunden und Verkehr gewinnen und Wettbewerber beides verlieren würden, so daß ehemalige erstrangige Anbieter zum Kunden des neuen Unternehmens herabsteigen bzw. potentielle Wettbewerber an einem Markteintritt gehindert würden[554]. Auch dieser Zusammenschluß werde insofern einen „Schneeballeffekt" herbeiführen, als das neue Unternehmen besser als seine Wettbewerber in der Lage sein werde,

---

551 XXX. Wettbewerbsbericht (2000), S. 85/ 86. Vgl. für den Begriff des sog. „unavoidable trading partner" Abbamonte/ Rabassa, ECLR 2001, 214, 221, und *MCI WorldCom/ Sprint*, Zi. 169.

552 *MCI WorldCom/ Sprint*, Zi. 146 und 152.

553 Vgl. hierfür *MCI WorldCom/ Sprint*, Zi. 153 ff. Auch hier hat die Kommission darauf verwiesen, daß sich Wettbewerber von ungefähr gleicher Größe eine Verschlechterung der Qualität ihres jeweiligen Netzanschlußangebots bzw. der Gegenzugvereinbarung nicht leisten könnten, da sie in gleichem Umfang hinsichtlich der Konnektivität voneinander abhängig seien und sich somit eine Verschlechterung für beide nachteilig auswirken und Kunden zu einem Anbieterwechsel veranlassen würde. Nach dem Zusammenschluß werde jedoch ein derartiges Ungleichgewicht in bezug auf die Größe bestehen, das es für das neue Unternehmen profitabel machen werde, die Gegenzugverbindungen zu seinen Wettbewerbern zu verschlechtern, da es als größeres Netz angesichts seines höheren Anteils internen Verkehrs - hier wie gesehen 40-80 % - weniger von den anderen kleineren Netzen bei dem Angebot umfassender Netzanschlußfähigkeit abhänge als umgekehrt, Zi. 154, 155. Siehe auch Zi. 183, wonach sich für das neue Unternehmen eine Verschlechterung der Konnektivität mit einem seiner vier größten Wettbewerber nur auf 0-10 % seines gesamten Verkehrs auswirken würde, wohingegen sie einen Effekt von 10-20 % auf den Verkehr des jeweils betroffenen Wettbewerbers haben würde.

554 *MCI WorldCom/ Sprint*, Zi. 157 und 164. Neben der Variante, die Qualität der Verbindungen zu mindern und dadurch dafür zu sorgen, daß Kunden der anderen Netze entweder ihren Verkehr auf die neue Einheit umleiteten bzw. direkt zu dem fusionierten Unternehmen überwechselten, sei es dem neuen Unternehmen ebenso möglich, über eine Preisstrategie die Kosten von Wettbewerbern zu erhöhen und dafür zu sorgen, daß sich deren Kunden von ihnen abwenden und dem neuen Unternehmen anschließen würden, um direkten Zugang zu dem großen Kundenstamm zu erlangen, Zi. 159. Zur Beeinträchtigung des potentiellen Wettbewerbs vgl. Zi. 165 ff.

das durch neue Kunden entstehende künftige Wachstum auf sich zu vereinen[555].

Die Kommission hat jedoch hier die Veräußerungszusage - in diesem Fall die Abtrennung des Internetgeschäfts von Sprint - für unzureichend gehalten, die wettbewerbsrechtlichen Bedenken auszuräumen[556]. Anders als in *WorldCom/ MCI* hätten die Zusagen keine hinreichende Gewähr dafür geboten, daß der ausgegliederte Unternehmensbereich zu einem starken, wirtschaftlich überlebensfähigen Konkurrenten geworden wäre und das neue Unternehmen wirksamem Wettbewerbsdruck durch das abgespaltene Unternehmen auf dem Markt für erstrangige Internet-Netzanschlußdienste ausgesetzt gewesen wäre. Vielmehr waren das Internetgeschäft und die übrigen Geschäftsaktivitäten von Sprint zu stark miteinander verflochten und die Übertragung des Internetgeschäfts von Sprint praktisch unmöglich[557]. Deshalb hat die Kommission die geplante Fusion zwischen MCI WorldCom und Sprint nach Art. 8 Abs. 3 FKVO untersagt. Sie hat damit die Lehre aus den Entwicklungen nach der Freigabe des Zusammenschlusses zwischen WorldCom und MCI gezogen, wo Cable & Wireless als Erwerber des Internetgeschäfts von MCI den dort von MCI gehaltenen Marktanteil nicht hat behaupten können[558].

bb. Bewertung

Die exemplarisch geschilderten Entscheidungen *WorldCom/ MCI* und *MCI WorldCom/ Sprint* lassen bei der Untersuchung, ob und unter welchen Bedingungen ein Zusammenschluß zwischen aktuellen Wettbewerbern zur Entstehung einer Gatekeeper Stellung führt, eine klare Linie und systematische

---

555 *MCI WorldCom/ Sprint*, Zi. 173, ist wortgleich mit *WorldCom/ MCI*, Zi. 131.

556 Vgl. *MCI WorldCom/ Sprint*, Zi. 316 ff.; Pressemitteilung der Kommission vom 28.06.2000, IP/00/668, „EU-Kommission untersagt Fusion von MCI WorldCom und Sprint“, unter: http://www.europa.eu.int/rapid/start/cgi.

557 Siehe die Pressemitteilung der Kommission vom 28.06.2000, IP/00/668, „EU-Kommission untersagt Fusion von MCI WorldCom und Sprint“, unter: http://www.europa.eu.int/rapid/start/cgi. Konkret hat die Kommission sechs Ursachen identifiziert, warum die vorgeschlagenen Verpflichtungen zweifelhaft erschienen: der Umfang der zu übertragenden Dienste sei zu schmal; das abgetrennte Unternehmen habe zu wenig Macht, den Kundenstamm zu halten; es bestünden viele Unsicherheiten bezüglich der Erfahrung und des Know-How des zu übertragenden Personals; der Erwerber werde bei der Fortführung des Betriebs von MCI WorldCom/ Sprint abhängig bleiben, so daß das neue Unternehmen die Marktdurchdringungschancen des Erwerbers zu einem großen Teil steuern könne, und jeder Versuch, unabhängiger zu werden, sei zeitaufwendig und teuer; die Überwachung werde sich schwierig gestalten; es herrsche Unsicherheit in bezug auf einige zu übertragende Vermögenswerte, vgl. *MCI WorldCom/ Sprint*, Zi. 340 ff.

558 Pape, WuW 2000, 989, 990.

Vorgehensweise der Kommission erkennen. Diese ist größtenteils zu befürworten und deshalb für die Beurteilung künftiger Zusammenschlußvorhaben im gesamten Informations- und Kommunikationssektor von Bedeutung.

Für die Ermittlung einer Gatekeeper Position sind drei Faktoren maßgeblich hervorzuheben. Zunächst ist festzuhalten, daß die Analyse der aus dem Zusammenschluß resultierenden Überschneidungen, die traditionell bei horizontalen Zusammenschlüssen im Vordergrund steht, auch im Informations- und Kommunikationssektor relevant ist. Entsprechend den grundsätzlichen Vorgaben für die Feststellung einer Gatekeeper Position sind hier hohe absolute und relative Marktanteile aufgrund des dynamischen Wettbewerbs allerdings nur dann von Aussagekraft, wenn sie über einen längeren Zeitraum stabil bleiben[559]. Dies hat die Kommission in *MCI WorldCom/ Sprint* berücksichtigt, indem sie den Standpunkt der Parteien, der Internetsektor weise ein rapides Wachstum auf und dementsprechend seien die Marktanteile unbeständig[560], mit dem Hinweis darauf widerlegt hat, daß die beteiligten Unternehmen ihre bedeutenden Marktanteile hätten aufrechterhalten können und der Konzentrationsgrad gleich geblieben sei[561]. Wünschenswert wäre allerdings, wenn die Kommission bei künftigen Vorhaben daneben eine detaillierte Untersuchung der Marktzutrittsschranken vornehmen würde. Dies ist in den geschilderten Entscheidungen bedauerlicherweise zu wenig erkennbar.

Ferner ist für die Entstehung einer Gatekeeper Position ausschlaggebend, daß durch den Zusammenschluß der vormals wirkende Wettbewerbsdruck zwischen den Unternehmen eliminiert wird und Wettbewerber infolgedessen in ein Abhängigkeitsverhältnis vom neuen Unternehmen geraten. Diesbezüglich ist es erforderlich, daß die Kommission sowohl die Fähigkeit, aber vor allem auch die ökonomischen Anreize des neuen Unternehmens, seine Rolle als Gatekeeper auszuüben, eingehend untersucht und darlegt. Diesen Anforderungen ist die Kommission in den besprochenen Entscheidungen gerecht geworden. Sie hat den Einwand der Parteien, der auch vereinzelt in der Literatur als Kritik der Entscheidung aufgetaucht ist[562], das fusionierte Unternehmen habe keinen Anreiz, eine Behinderungsstrategie in Form der selektiven Verschlechterung von Zusammenschaltungen zu verfolgen, da es davon in

---

[559] Siehe oben unter A.I.2.

[560] *MCI WorldCom/ Sprint*, Zi. 130, 139 ff. und 195.

[561] *MCI WorldCom/ Sprint*, Zi. 141. Ihre Untersuchung habe dabei gerade gezeigt, daß der eingesessene erstrangige Diensteanbieter („incumbent“) durch sein umfassendes Netzwerk, den großen Kundenstamm und Verkehrsfluß sich in der wahrscheinlich besten Position befinde, um zukünftiges Wachstum einzufangen und auf sich zu vereinen, Zi. 178.

[562] Vgl. z.B. Veljanovski, ECLR 2001, 115 ff.; Case Associates, Casenote Competition Research Issue 15 (February 1999), unter: http://www.casecon.com/compnotes.htm.

gleichem Maße betroffen wäre[563], überzeugend zurückgewiesen. Zwar ist zuzugeben, daß eine Verschlechterung von Zusammenschaltungen infolge der wechselseitigen Abhängigkeit der Internetdiensteanbieter zur Bereitstellung universeller Anschlußfähigkeit negative Auswirkungen auf alle Netze - ob groß oder klein - haben würde. Wie die Kommission jedoch ausgeführt hat, beeinträchtigt eine derartige Strategie die Qualität der Dienstleistungen des neuen Unternehmens aufgrund des hohen Grades an internem Verkehr und der geringeren Abhängigkeit von seinen Wettbewerbern wesentlich weniger als die seiner Konkurrenten[564], so daß ein Anreiz für die Behinderungsstrategien nach dem Zusammenschluß bestanden hätte.

Schließlich kommt der Ermittlung von Netzeffekten eine essentielle Bedeutung für die Begründung einer Gatekeeper Position zu. Es ist zu begrüßen, daß die Kommission dies verstärkt in ihrer Analyse berücksichtigt, was auch in künftigen Entscheidungen fortgesetzt werden sollte.

b. Zusammenschlüsse zwischen potentiellen Wettbewerbern

Die Möglichkeit, eine Gatekeeper Position einzunehmen, kann ebenso dadurch entstehen, daß sich potentielle Wettbewerber zusammenschließen. Entsprechend den vorstehenden Ausführungen ist auch hier herauszuarbeiten, welche Aspekte bei der Analyse von Zusammenschlüssen potentieller Wettbewerber besondere Beachtung erfordern.

aa. Das Beispiel Telia/ Telenor

Vergleicht man die Argumentation der Kommission im Fall *Telia/ Telenor*[565] mit ihrer Analyse bei Zusammenschlüssen zwischen aktuellen Wettbewerbern, ist festzustellen, daß sich die Ausführungen der Kommission vielfach ähneln. Auch in *Telia/ Telenor* bestand vor dem Zusammenschluß zwischen den beiden Unternehmen eine wechselseitige Abhängigkeit in bezug auf den Zugang zum Netz des jeweils anderen, um ihre Dienstleistungen erbringen zu können. Die Sorge der Kommission entspricht ihrer Befürchtung bei Fusionen aktueller Wettbewerber, daß das neue Unternehmen infolge des Zusammenschlusses eine gesteigerte Fähigkeit und einen erhöhten Anreiz

563 *MCI WorldCom/ Sprint*, Zi. 180 ff.

564 *MCI WorldCom/ Sprint*, Zi. 182 ff.

565 Auf die in dem Vorhaben vorliegenden wettbewerbsrechtlichen Bedenken infolge horizontaler Überschneidungen soll an dieser Stelle nicht eingegangen werden. Vielmehr wird hier nur die Vorgehensweise der Kommission im Hinblick auf den Wegfall potentiellen Wettbewerbs analysiert.

haben werde, aktuelle und potentielle Wettbewerber zu eliminieren bzw. deren Kosten für einen Markteintritt oder das Verbleiben im Markt zu erhöhen[566]. Als entscheidend hierfür hat sie wiederum den Zugang zu einem großen Kundenstamm und die Kontrolle auf der Netzebene angesehen.

Grundsätzlich ist somit die Argumentationskette, die für die Ermittlung einer Gatekeeper Position im Falle von Zusammenschlüssen aktueller Konkurrenten herausgearbeitet wurde, auch für die Untersuchung künftiger Vorhaben zwischen potentiellen Wettbewerbern von Relevanz. Zwar ist die Kommission anders als in den Internetfusionen in ihrer Analyse in *Telia/ Telenor* nicht auf das Auftreten von Netzeffekten eingegangen. Da diesen jedoch auch bei der Beurteilung von Zusammenschlüssen potentieller Wettbewerber im Informations- und Kommunikationssektor Bedeutung zukommen kann[567], wäre es zu befürworten, wenn die Kommission zukünftig ihre Erwägungen stärker mit dem Konzept der Netzeffekte untermauern würde.

bb. Die Bedeutung indirekter Effekte

Eine Besonderheit ist hierbei allerdings zu beachten. Anders als bei Zusammenschlüssen aktueller Wettbewerber ist es bei Unternehmen, die auf unterschiedlichen Märkten tätig sind, nicht evident, daß sie gegenseitig aufeinander Wettbewerbsdruck ausüben, der nunmehr durch ihren Zusammenschluß eliminiert wird. Eine bloße Analyse etwaiger Überlappungen ist nicht ausreichend, um alle wettbewerbsrechtlichen Probleme zu erfassen[568]. Vielmehr gilt es, die sog. indirekten Effekte des jeweiligen Zusammenschlusses eingehend zu untersuchen[569].

---

[566] *Telia/ Telenor*, Zi. 130; *WorldCom/ MCI*, Zi. 119. Siehe auch Whish, S. 839. Vgl. allgemein zu den ähnlichen wettbewerbswidrigen Auswirkungen eines Zusammenschlusses potentieller Wettbewerber und denen bei einer Fusion aktueller Wettbewerber auch den Vorschlag der Kommission vom 11.12.2002 für eine Mitteilung über die Beurteilung horizontaler Zusammenschlüsse unter der Verordnung des Rates über die Kontrolle von Unternehmenszusammenschlüssen, ABl. 2002, C 331/18, Zi. 71-73 und 78 ff.

[567] Siehe den XXIX. Wettbewerbsbericht (1999), S. 77, wo im Zusammenhang mit der Entscheidung *Telia/ Telenor* ausgeführt wird: „Im Telekommunikations- und Kabelfernsehbereich muß bei der wettbewerbsrechtlichen Beurteilung über das Problem direkter Überschneidungen von Geschäftsfeldern hinaus möglichen Netzwerkeffekten nachgegangen werden".

[568] Vgl. die Pressemitteilung der Europäischen Kommission vom 15.06.1999, IP/99/396, „Kommission leitet eingehende Untersuchung des Zusammenschlußvorhabens Telia/ Telenor ein", unter: http://www.europa.eu.int/rapid/start/cgi.

[569] Siehe hierzu auch - teilweise nicht speziell auf den Informations- und Kommunikationssektor bezogen, Whish, S. 839; ferner Lexecon Competition Memo, „Indirect Effects in Merger Analysis", October 2000, unter: http://www.lexecon.co.uk/publications/memos/2000.php, wo in-

Es muß stets geprüft werden, ob es sich bei den fusionierenden Unternehmen tatsächlich um potentielle Konkurrenten handelt und somit die Fusion zum Wegfall potentiellen Wettbewerbs und des damit verbundenen Wettbewerbsdrucks führt. Damit ein Unternehmen als potentieller Wettbewerber einzustufen ist, genügt nicht lediglich die abstrakte Möglichkeit grenzüberschreitenden Wettbewerbs[570]. Um zu der Feststellung zu gelangen, daß durch den Zusammenschluß die zwischen den Unternehmen wirkenden Wettbewerbskräfte eliminiert werden, hat die Kommission nachzuweisen, daß das gegenwärtige Wettbewerbsverhalten im betreffenden Markt wie z.B. die Preisfestsetzung durch die Drohung des Markteintritts beeinflußt wird[571]. Im Fall *Telia/ Telenor* bestand vor dem Zusammenschluß eine wechselseitige Abhängigkeit der beiden Unternehmen zur Bereitstellung ihrer Dienst-

---

direkte Effekte als Effekte bezeichnet werden, die weder aus einer horizontalen noch aus einer vertikalen Überschneidung resultieren.

[570] Siehe allgemein zum potentiellen Wettbewerb im 2. Teil unter B.II.2.b. Ein Fall aus der Entscheidungspraxis, in dem die Kommission die Verstärkung einer marktbeherrschenden Stellung infolge des Wegfalls potentiellen Wettbewerbs verneint hat, ist der Fall *BSkyB/ Kirch Pay-TV*. Konkret ging es um die Frage, ob BSkyB als potentieller Konkurrent Kirchs auf dem deutschen Pay-TV Markt einzustufen war und dessen Übernahme von 24 % der Anteile an Kirch Pay-TV Kirchs beherrschende Stellung verstärken würde. Die Kommission ist zwar wie erwähnt zu der Feststellung gekommen, die Beteiligung von BSkyB werde die marktbeherrschende Stellung Kirchs verstärken, der über Premiere quasi ein Monopol in der Bereitstellung von Pay-TV besaß (Zi. 48). Allerdings hat sie dies nicht mit dem Wegfall potentiellen Wettbewerbs, sondern damit begründet, daß BSkyB neues Kapital und zusätzliches Know-How in den Bereichen Marketing und Vertrieb einbringen werde (Zi. 50 ff.), was die Marktzutrittsschranken weiter erhöhen und Marktzutritte Dritter auch in Zukunft erschweren werde, vgl. die Pressemitteilung der Europäischen Kommission vom 21.03.2000, IP/00/279, „EU-Kommission gibt grünes Licht für Beteiligung von BSkyB an Kirch Pay-TV“, unter: http://www.europa.eu.int/rapid/start/cgi. Hingegen war BSkyB der Kommission zufolge aus mehreren Gründen nicht als potentieller Wettbewerber einzustufen, vgl. für die folgenden Argumente Zi. 52-72. Zum einen hat die Kommission auf die Stärke des deutschen Free-TV und dessen Interaktion mit der Entwicklung des Pay-TV Marktes hingewiesen, die es für einen Pay-TV Anbieter erschwere, Abonnenten für das Bezahlfernsehen zu bekommen. Ferner spreche sowohl die Kontrolle Kirchs über die Decoderinfrastruktur und die verwendete proprietäre Verschlüsselungstechnologie als auch dessen Kontrolle und damit der fehlende Zugang für Wettbewerber zu attraktiven Programminhalten gegen die Wahrscheinlichkeit kurz- bzw. mittelfristiger Markteintritte, da Konkurrenten mangels entsprechender Marktdurchdringungschancen und Abhängigkeit vom beherrschenden Unternehmen von einem Markteintritt abgehalten würden. Die diesbezüglich in ihrer Klage gegen die Entscheidung vorgebrachte Rüge der ARD, die Kommission habe BSkyB fehlerhaft nicht als potentiellen Wettbewerber angesehen, hat das EuG in seinem Urteil zurückgewiesen, vgl. dazu *ARD/ Kommission*, Rs. T-158/00, Urteil des EuG vom 30.09.2003, unter: http://curia.eu.int/de/content/juris/index_de.htm, Zi. 114-132.

[571] Vgl. Lexecon, Competition Memo, „Indirect Effects in Merger Analysis“, October 2000, unter: http://www.lexecon.co.uk/publications/memos/2000.php. In diese Richtung geht auch der Vorschlag der Kommission vom 11.12.2002 für eine Mitteilung über die Beurteilung horizontaler Zusammenschlüsse unter der Verordnung des Rates über die Kontrolle von Unternehmenszusammenschlüssen, ABl. 2002, C 331/18, Zi. 73.

leistungen, die sie davon abgehalten hat, die Bedingungen für den Netzzugang nachteilig für ihre Konkurrenten auszugestalten. Dementsprechend hatte die Präsenz des einen Unternehmens außerhalb des Marktes einen aktuellen Effekt auf das Marktverhalten des jeweils anderen Unternehmens zur Folge, hier konkret einen erheblichen Preisdruck, was die Kommission auch belegt hat[572]. Da diese Wirkung durch den Zusammenschluß beseitigt worden wäre, ist die Kommission zu Recht davon ausgegangen, daß sich die ökonomischen Anreize der beiden Parteien infolge des weggefallenen Wettbewerbsdrucks geändert und sie neben der Fähigkeit fortan auch einen Anreiz gehabt hätten, die Funktion eines Gatekeeper zu Lasten ihrer Konkurrenten auszuüben[573].

Demnach ist festzuhalten, daß die Kommission bei der Begründung, daß ein Zusammenschluß zum Wegfall potentiellen Wettbewerbs führt und eine Gatekeeper Position nach sich zieht, gesteigerten Anforderungen unterliegt. Die bloße Tatsache, daß das neue Unternehmen über eine größere geographische Reichweite verfügen wird, darf für sich allein genommen nicht ausreichend sein, um wettbewerbsrechtliche Bedenken zu begründen. Vielmehr sollte die Kommission, um ein exzessives Einschreiten zu vermeiden, stets genau die indirekten Effekte eines Zusammenschlusses untersuchen[574].

c. Fazit

Unternehmen, die künftig ihre Vorhaben bei der Kommission anmelden, müssen sich bewußt sein, daß sie selbst dann nicht zwingend mit einer Genehmigung durch die Kommission rechnen können, wenn sie keine aktuellen Wettbewerber sind oder als aktuelle Wettbewerber ein Angebot unterbreiten, zur Ausräumung der horizontalen Wettbewerbsprobleme die sich über-

---

[572] Siehe die Ausführungen der Kommission in *Telia/ Telenor*, Zi. 148 ff. Diesen Aspekt übersehend bzw. nicht erwähnend und nur darauf abstellend, daß keine geographische Überschneidung vorlag, Case Associates, Casenote Competition Research Issue 19 (June 2000), unter: http://www.casecon.com/compnotes.htm.

[573] Siehe auch bei Whish, S. 839.

[574] Für eine Entscheidung außerhalb des Informations- und Kommunikationssektors, in der die Annahme der Kommission, durch den Zusammenschluß komme es zum Wegfall potentiellen Wettbewerbs, zweifelhaft erschien, vgl. *Air Liquide/ BOC*, Fall COMP/M.1630, Entscheidung der Kommission vom 18.01.2000, unter: http://www.europa.eu.int/comm/competition/mergers/cases, und die kritische Besprechung von Lexecon, Competition Memo, „Indirect Effects in Merger Analysis", October 2000, unter: http://www.lexecon.co.uk/publications/memos/2000.php. Dort lagen keine Beweise dafür vor, daß die Aktivitäten von Air Liquide in Frankreich einen aktuellen Effekt auf das Wettbewerbsverhalten von BOC im Vereinigten Königreich hatten.

schneidenden Geschäftsbereiche zu veräußern[575]. Die traditionell vorherrschende Analyse etwaiger Überlappungen reicht nicht in jeder Konstellation aus, alle möglichen Auswirkungen eines Zusammenschlusses auf den Wettbewerb angemessen zu identifizieren. Es ist vielmehr zu erwarten, daß sich die in *Telia/ Telenor* abzeichnende Tendenz, zunehmend auch eine eingehende Untersuchung der indirekten Effekte eines Zusammenschlusses vorzunehmen, fortsetzt[576]. Dies ist prinzipiell zu begrüßen, da auch indirekte Effekte legitime wettbewerbsrechtliche Bedenken hervorrufen können. Indirekte Effekte werden allerdings nur unter begrenzten Voraussetzungen entstehen. Anstelle bloßer Spekulationen hat die Kommission deshalb - wie im Fall *Telia/ Telenor* geschehen - nachzuweisen, daß die Existenz der Unternehmen einen aktuellen Effekt auf das Wettbewerbsverhalten in den betreffenden Märkten hat. Hilfreich wäre es, wenn die Kommission im Rahmen ihrer Prognose die Einschätzung indirekter Effekte stärker auf der Basis einer ökonomischen Analyse vornehmen würde[577].

2. Gatekeeper Positionen infolge vertikaler Zusammenschlüsse

Im Gegensatz zu horizontalen Zusammenschlüssen resultiert die Gefahr einer Gatekeeper Position bei vertikalen Integrationsaktivitäten nicht aus der Größe des neuen Unternehmens und der dadurch entstehenden Abhängigkeit von Konkurrenten. Vielmehr steht die Sorge im Vordergrund, daß Wettbewerber aufgrund der Kontrolle des neuen, vertikal integrierten Unternehmens über eine Einrichtung auf einer vor- bzw. nachgelagerten Ebene in ein Abhängigkeitsverhältnis von diesem geraten und es damit die Markteintritts- und Wettbewerbsbedingungen auf einem Markt kontrollieren und ihn beherrschen könnte. Wie bereits beschrieben, orientiert sich die Kommission bei ihrer Analyse vertikaler Zusammenschlüsse und deren Abschottungsgefahren grundsätzlich an der diesbezüglich herrschenden ökonomischen Theorie der Post-Chicago School. Im folgenden sollen die Kommissionsentscheidungen dahingehend überprüft werden, inwieweit sie mit dieser im Einklang stehen.

---

[575] Vgl. auch Lexecon, Competition Memo, „Indirect Effects in Merger Analysis", October 2000, unter: http://www.lexecon.co.uk/publications/memos/2000.php.

[576] Auf diese Tendenz hinweisend Veljanovski, ECLR 2001, 115, 118, und Ersbøll, ECLR 2001, 357, 363, im Zusammenhang mit den daraus folgenden Anforderungen an die Zusagen der Parteien.

[577] Lexecon, Competition Memo, „Indirect Effects in Merger Analysis", October 2000, unter: http://www.lexecon.co.uk/publications/memos/2000.php.

a. Keine Gatekeeper Gefahren bei fehlender Marktmacht auf einem vor- oder nachgelagerten Markt

Für die Frage nach der Entstehung einer Gatekeeper Position auf einem Markt kommt es entsprechend der herrschenden ökonomischen Theorie der Post-Chicago School zunächst darauf an, ob das sich zusammenschließende Unternehmen auf einer vor- oder nachgelagerten Ebene über erhebliche Marktmacht verfügt. Haben die Parteien eines vertikalen Zusammenschlusses auf keiner Stufe der jeweiligen Wertschöpfungskette erhebliche Marktmacht, sind aus Sicht der Kommission in Übereinstimmung mit der Post-Chicago School keine wettbewerbsschädigenden Auswirkungen des Zusammenschlusses zu befürchten[578]. Als Orientierungshilfe, wann von dem Fehlen erheblicher Marktmacht auszugehen ist, dienen verschiedene Veröffentlichungen auf europäischer Ebene, die jeweils auf die Marktanteile abstellen. Es ist auf Erwägungsgrund 15 der FKVO hinzuweisen, wonach ein Indiz besteht, daß ein Zusammenschluß wirksamen Wettbewerb nicht behindert, wenn der Marktanteil der beteiligten Unternehmen im Gemeinsamen Markt oder in einem wesentlichen Teil desselben 25 % nicht überschreitet. Diese Schwelle wird ferner in einer Bekanntmachung der Kommission aufgegriffen, die für vertikale Zusammenschlüsse, deren gemeinsamer Marktanteil weniger als 25 % beträgt, grundsätzlich ein vereinfachtes Verfahren vorsieht[579]. Ergänzend sei auch auf die neue Verordnung der Kommission über die Anwendung von Art. 81 Abs. 3 EGV auf Kategorien vertikaler Vereinbarungen hingewiesen. Sie enthält eine Legalitätsvermutung für vertikale Vereinbarungen, bei denen der Marktanteil des Herstellers bzw. des Lieferanten 30 % nicht übersteigt[580]. Wenn bei einem Marktanteil von unter 30 % schon grundsätzlich nicht davon ausgegangen wird, daß es auf dem vor- oder nachgelagerten Markt zu einer Wettbewerbsbeschränkung im Sinne von Art. 81 EGV kommt, kann hieraus im Wege eines Erst-Recht-Schlusses für die FKVO gefolgert werden, daß bei Marktanteilen von unter 30 % erst recht nicht eine beherrschende Stellung als Beschränkung des Wettbewerbs zu befürchten ist.

578 Monti, FCLI 2000, 257, 262.

579 Bekanntmachung der Kommission über ein vereinfachtes Verfahren für bestimmte Zusammenschlüsse gemäß der Verordnung (EWG) Nr. 4064/89 des Rates, ABl. 2000, C 217/32, Zi. 4 c) II) und 5. In Fn. 9 verweist die Kommission darauf, daß demnach unter diese Kategorie nur Zusammenschlüsse fallen, von denen kein Markt im Sinne von Abschnitt 6 III des Formblatts CO, ABl. 1998, L 61/11, betroffen ist. Es sei allerdings daran erinnert, daß eine Bekanntmachung nicht den bindenden Charakter einer Verordnung hat.

580 Siehe Art. 3 der Verordnung (EG) Nr. 2790/99 der Kommission vom 22.12.1999 über die Anwendung von Art. 81 (3) des Vertrages auf Kategorien vertikaler Vereinbarungen und gemeinsamer Praktiken, ABl. 1999, L 336/21.

Wie bereits mehrfach erwähnt, sollten Marktanteile im Informations- und Kommunikationssektor allerdings nur dann herangezogen werden, wenn sie über einen längeren Zeitraum hinweg stabil geblieben sind. Zudem entbindet eine Orientierung an Markanteilen die Kommission auch grundsätzlich nicht davon, die Marktentwicklung und die tatsächlichen Effekte des vertikalen Zusammenschlusses auf allen relevanten Märkten genau zu untersuchen. Um eine zu starke Fokussierung auf die Marktanteile der am Zusammenschluß beteiligten Unternehmen zu vermeiden, könnte künftig bei der Prüfung, ob erhebliche Marktmacht vorliegt, das entwickelte Kriterium der Unverzichtbarkeit der betreffenden Einrichtung miteinbezogen werden. Sind gleichwertige Alternativen vorhanden, kann nicht davon ausgegangen werden, daß der Wettbewerb auf der vor- oder nachgelagerten Stufe derart beeinträchtigt wird, daß dort infolge des Zusammenschlusses eine Gatekeeper Position entsteht.

Zur Erläuterung, daß die Kommission beim Fehlen erheblicher Marktmacht keine wettbewerbsrechtlichen Bedenken im Hinblick auf etwaige Ausschlußeffekte hat, können die Ausführungen der Kommission in *AOL/ Time Warner* bezüglich der Märkte für den Breitband-Internetzugang und für Breitbandinhalte exemplarisch herangezogen werden[581]. Bei letzterem ist die Kommission zu der Feststellung gelangt, das neue Unternehmen werde angesichts der fehlenden Breitband-Präsenz in Europa und damit fehlender Marktmacht auf der Ebene des breitbandigen Internetzugangs[582] nicht in der Lage sein, Wettbewerb durch konkurrierende Inhalteanbieter auszuschalten und eine beherrschende Stellung auf dem Inhaltemarkt einzunehmen. Ebenso sei umgekehrt die Position von Time Warner als Anbieter von Breitbandinhalten zu schwach, um durch eine Zugangsverweigerung den Wettbewerb auf der Ebene der Internetzugangsanbieter als Gatekeeper zu steuern. Bei einem Marktanteil von weniger als 10 % am europäischen Filmmarkt seien die Inhalte von Time Warner nicht als ein einzigartig wertvoller Input anzusehen[583], so daß mangels Vorliegens von Marktmacht der vertikale Zusammenschluß auch hier nicht zu einer wettbewerbswidrigen Abschottung führen würde.

---

[581] Auf eine Schilderung wurde oben verzichtet. Siehe zu diesen Märkten *AOL/ Time Warner*, Zi. 38 ff. bzw. Zi. 35 ff. für die Marktabgrenzung und Zi. 93 f. bzw. Zi. 87 ff. für die wettbewerbsrechtliche Würdigung; vgl. auch die Ausführungen von Abbamonte/ Rabassa, ECLR 2001, 214, 225, 226, bezüglich etwaiger Abschottungsgefahren. Zu den Breitbandinhalten zählen insbesondere Filme und TV-Programme, die im Gegensatz zu Musikinhalten höhere Bandbreiten für die Übertragung erfordern.

[582] *AOL/ Time Warner*, Zi. 93.

[583] Vgl. *AOL/ Time Warner*, Zi. 91; Abbamonte/ Rabassa, ECLR 2001, 214, 226.

b. Gatekeeper Gefahren bei beherrschenden oder monopolartigen Stellungen auf vor- bzw. nachgelagerten Märkten

Die Gefahr von Ausschlußeffekten, die zur Entstehung einer Gatekeeper Position führen, ist besonders groß bei vertikalen Zusammenschlüssen, in denen das ökonomische Kriterium der erheblichen Marktmacht eindeutig gegeben ist. Verfügt ein am Zusammenschluß beteiligtes Unternehmen beispielsweise über ein Monopol oder eine monopolähnliche Stellung auf einem Markt, der dem zu untersuchenden Markt vor- oder nachgelagert ist, ist das Risiko der Entstehung einer Gatekeeper Position evident. Da der Zugang zu dieser Einrichtung für Wettbewerber auf dem zu untersuchenden Markt mangels tatsächlicher oder potentieller Ausweichmöglichkeiten unverzichtbar ist, könnte das neue Unternehmen über die Gewährung bzw. Verweigerung des Zugangs zum Monopol des einen am Zusammenschluß beteiligten Unternehmens die Markteintritts- und Wettbewerbsbedingungen auf dem in Frage stehenden Markt nach Belieben kontrollieren und diesen vollständig vom Wettbewerb abschotten[584]. Das Vorliegen erheblicher Marktmacht im ökonomischen Sinne ist aber nicht nur bei einer Monopolstellung auf einem Markt, sondern auch im Fall einer beherrschenden Stellung zu bejahen. Kann sich ein Unternehmen in wesentlichem Umfang unabhängig von seinen Wettbewerbern und Kunden verhalten, so besitzt es auch erhebliche Marktmacht[585].

Stellt die Kommission das Vorliegen erheblicher Marktmacht auf dem vor- oder nachgelagerten Markt fest, hat sie entsprechend der herrschenden ökonomischen Theorie die Ausschlußeffekte auf dem relevanten Markt zu analysieren, allerdings wie erwähnt mit der erhöhten Anforderung, daß die Ausschlußeffekte im Rahmen der FKVO zur Entstehung oder Verstärkung einer beherrschenden Stellung führen müssen. Sie muß also stets prüfen, inwieweit das neue Unternehmen über die Bedingungen des Zugangs zu seiner Einrichtung mangels gleichwertiger Alternativen auf dem vor- oder nachgelagerten Markt den Wettbewerb auf dem relevanten Markt derart steuern

---

[584] Diese Situation entspricht der unter A.III.2.d. geschilderten Konstellation, in der die *Oscar Bronner*-Rechtsprechung für die Entstehung einer marktbeherrschenden Stellung unter der FKVO herangezogen werden kann. Wie gesehen wird im Rahmen von Art. 82 EGV bei einer derartigen Stellung des vertikal integrierten und beherrschenden Unternehmens von einer „essential facility" gesprochen.

[585] Vgl. in diesem Zusammenhang auch die nunmehr an die Definition der Marktbeherrschung angenäherte Definition der beträchtlichen Marktmacht in Art. 14 der Richtlinie 2002/21/EG des Europäischen Parlaments und des Rates vom 07.03.2002 über einen gemeinsamen Rechtsrahmen für elektronische Kommunikationsnetze und -dienste, ABl. 2002, L 108/33; Leitlinien der Kommission zur Marktanalyse und Ermittlung beträchtlicher Marktmacht nach dem gemeinsamen Rechtsrahmen für elektronische Kommunikationsnetze und -dienste, ABl. 2002, C 165/6, Zi. 70.

kann, daß es dort eine Gatekeeper Position einzunehmen vermag und damit marktbeherrschend wird. Im folgenden ist anhand mehrerer Beispiele zu untersuchen, ob die Kommission diesen Anforderungen gerecht wird.

aa. MSG Media Service, Bertelsmann/ Kirch/ Premiere *und* Deutsche Telekom/ Beta Research

Die ökonomische Analyse der Kommission in den bereits geschilderten Entscheidungen *MSG Media Service* sowie *Bertelsmann/ Kirch/ Premiere* und *Deutsche Telekom/ Beta Research*, in denen die beteiligten Parteien jeweils über alleinige oder monopolähnliche Stellungen auf allen Stufen der Wertschöpfungskette verfügten, ist aufschlußreich. So hat sie in *MSG Media Service* bei der Feststellung einer Gatekeeper Position auf dem Markt für Pay-TV eingehend sowohl die Marktabschottungseffekte erörtert, die aus dem bevorzugten Zugang zu den für Pay-TV essentiellen Film- und Sportübertragungsrechten herrühren würden, als auch die Möglichkeiten der Preisbeeinflussung über MSG aufgrund seiner Alleinstellung[586]. Entsprechende Ausführungen bezüglich der Vielfalt an Behinderungsstrategien und der Möglichkeit einer vollständigen Marktabschottung gegenüber potentiellen Pay-TV Konkurrenten, die aufgrund der erheblichen Marktmacht auf der Inhalteebene und des Monopols bei der technischen Infrastruktur entstanden wären, finden sich auch in *Bertelsmann/ Kirch/ Premiere*[587]. In ähnlicher Weise hat die Kommission ebenso bei der Ermittlung einer Gatekeeper Position auf dem Markt für technische Dienstleistungen für Pay-TV überzeugend dargelegt, daß das neue Unternehmen infolge der monopolähnlichen Positionen auf dem Pay-TV Markt und dem Markt für TV-Kabelnetze sowie der Kontrolle über die Technologie zu Ausschlußstrategien gegenüber potentiellen konkurrierenden Diensteanbietern und damit zu einer Marktabschottung in der Lage gewesen wäre[588]. Da Wettbewerber auch bei Berücksichtigung der von den Parteien vorgeschlagenen Zusagen für einen Marktzutritt sowohl in den Pay-TV Markt als auch bei den technischen Dienstleistungen weiter-

---

[586] Vgl. die Entscheidung *MSG Media Service*, Zi. 75-81, für den Zugang zu den Inhalten bzw. Zi. 82 ff. bezüglich der technischen Infrastruktur, insbesondere Zi. 84 ff. Siehe auch bei Immenga in: Immenga/ Mestmäcker, Bd. 1, Art. 2 FKVO, Rn. 138.

[587] Bezüglich der Kontrolle über die Premiuminhalte durch Bertelsmann und Kirch und den dadurch fehlenden hinreichenden Zugang zu Premiuminhalten für dritte Programmanbieter siehe die Ausführungen in *Bertelsmann/ Kirch/ Premiere*, Zi. 34-42 und vor allem Zi. 48-52; für die Behinderungsmöglichkeiten, die aus der Kontrolle über die technische Plattform und die Verschlüsselungstechnologie resultierten, vgl. Zi. 56 ff., insbesondere Zi. 58.

[588] Im Fall *MSG Media Service* vgl. die diesbezüglichen Ausführungen in Zi. 60 ff.; bei *Bertelsmann/ Kirch/ Premiere* siehe Zi. 102 ff., bei *Deutsche Telekom/ Beta Research*, Zi. 25 ff.

hin auf das neue Unternehmen angewiesen gewesen wären[589], hat die Kommission die Vorhaben zur Verhinderung der Gatekeeper Positionen und damit zur Offenhaltung der Märkte jeweils untersagt.

bb. Nordic Satellite Distribution

Starke vertikale Verflechtungen - vom Programmangebot über die Bereitstellung von Satellitenkapazität und den Betrieb von Kabelnetzen bis zum Vertrieb von Pay-TV - und die dadurch zu befürchtenden Ausschlußeffekte waren auch Gegenstand der Untersagungsentscheidung *Nordic Satellite Distribution*[590]. Ähnlich wie bei den im vorigen Abschnitt geschilderten Vorhaben ist die Kommission auch hier davon ausgegangen, daß sich durch die vertikale Integration die verschiedenen Marktpositionen der beteiligten Unternehmen auf den nachgelagerten Märkten - hier für Kabelnetze und Programmvertrieb - und die Stellungen auf den vorgelagerten Märkten - hier der Satellitentransponder und der Programmangebote - jeweils gegenseitig verstärken würden[591].

Im Hinblick auf Marktabschottungsgefahren und Gatekeeper Positionen sind insbesondere die Ausführungen der Kommission von Interesse, was die Auswirkungen der vertikalen Integration auf die jeweils national abgegrenz-

---

[589] Vgl. zu den Zusagen *MSG Media Service*, Zi. 94 ff., insbesondere Zi. 97 mit Verweis auf Zi. 69 ff.; *Bertelsmann/ Kirch/ Premiere*, Zi. 123 ff., vor allem Zi. 141, 155; *Deutsche Telekom/ Beta Research*, Zi. 55 ff.

[590] *Nordic Satellite Distribution*, Fall IV/M.490, Entscheidung der Kommission vom 19.07.1995, ABl. 1996, L 53/20; siehe auch XXV. Wettbewerbsbericht (1995), S. 167 (englische Fassung). Für Kommentierungen, die von einem Gatekeeper sprechen, vgl. Alonso, FCLI 1997, 129, 140; Garzaniti, S. 237; Ruttley, ECLR 1998, 186, 198; Schaub, Competition Policy Newsletter 1996 (No. 1), 1 ff.; Ungerer, FCLI 1995, 465, 505; ders., „Who should be Europe's Digital Gatekeepers" (20.03.1996), und „Competition in the Information Society" (19.11.1996), beide unter: http://www.europa.eu.int/comm/competition/speeches/index_1996.html; Schmittmann/ de Vries, AfP 1996, 120, 123; Van Miert, „Impact of Digital Technologies on the Telecommunications and Television Sectors" (12.06.1997), unter: http://www.europa.eu.int/comm/competition/ speeches/index_1997.html; Whish, S. 840. Der Fall betraf die Gründung des Gemeinschaftsunternehmens Nordic Satellite Distribution durch die skandinavischen Unternehmen Norsk Telekom (Norwegen), Tele Danmark (Dänemark) und Kinnevik (Schweden), das Transponderkapazität und die Übertragung und Verteilung von Satellitenfernsehprogrammen auf dem nördlichen Markt anbieten und dabei sowohl Kabelfernsehbetreibern als auch direktempfangenden Haushalten („direct-to-home") Satellitenfernsehprogramme andienen sollte, vgl. *Nordic Satellite Distribution*, Zi. 8 und 10; Bohl, S. 218. Zu den Parteien siehe Zi. 4-7.

[591] *Nordic Satellite Distribution*, Zi. 164; Pressemitteilung der Europäischen Kommission, IP/95/801, „Commission decides not to authorise NSD in its current form, but remains open to examine new proposals", unter: http://www.europa.eu.int/rapid/start/cgi. Siehe auch Löffler, Art. 2, Rn. 124; Garzaniti, S. 237; Ruttley, ECLR 1998, 186, 196; Schmittmann/ de Vries, AfP 1996, 120, 124; Ungerer, FCLI 1995, 465, 505.

ten Märkte für den Betrieb von TV-Kabelnetzen anbelangt[592]. Die Kommission hatte zu untersuchen, ob es aufgrund der Stellung des neuen Unternehmens als dominanter Anbieter von Satellitentransponderkapazität und verbundener Dienstleistungen für Sender im nördlichen Raum[593] zu einer Gatekeeper Position auf den nachgelagerten Märkten für den Betrieb von Kabelnetzen kommen würde[594]. Diesbezüglich hat die Kommission ausgeführt, das Gemeinschaftsunternehmen, mit dem Kabelnetzbetreiber wegen dessen beherrschender Stellung auf dem Transpondermarkt künftig verhandeln müßten, werde aufgrund der vertikalen Verflechtungen einen Anreiz haben, seine Muttergesellschaften als Kabelnetzbetreiber beim Angebot von Programmen zu bevorzugen. Dementsprechend bestehe die Gefahr, daß das neue Unternehmen konkurrierende Kabelanbieter durch diskriminierende Preise oder sonstige Konditionen benachteiligen und dadurch gleichzeitig die Positionen der Muttergesellschaften stärken werde[595]. Obwohl diese Behinderungsmöglichkeiten in gleichem Maße für die Wettbewerbslage der Kabelnetzbetreiber in Norwegen und Schweden galten[596], hat die Kommission lediglich für den dänischen Markt angenommen, daß die mit ca. 50 % der Kabelanschlüsse beherrschende Stellung von Tele Danmark infolge des Zusammenschlusses verstärkt werde. In Norwegen und Schweden mit 30 % bzw. 18 % Marktanteil führe eine solche Diskriminierungsstrategie angesichts der relativ starken Position mancher Konkurrenten dagegen nicht zur Begründung einer beherrschenden Stellung für die Kabelbetreiber der Muttergesellschaften[597].

---

592 Für die Abgrenzung der Märkte für den Betrieb von Kabelnetzen vgl. *Nordic Satellite Distribution*, Zi. 61 ff. und 73. Auf eine Analyse der gesamten Entscheidung wird hier verzichtet. Für die Begründung einer beherrschenden Stellung auf dem Markt für den Vertrieb von Fernsehprogrammen durch die NSD-Gründung siehe Zi. 58 ff. für die Marktabgrenzung und Zi. 138 ff. für die wettbewerbsrechtliche Würdigung; zu den anderen Märkten sogleich.

593 Ein Transponder ist ein Gerät für den Empfang und die Abstrahlung von Fernsehsignalen, wobei ein Satellit über mehrere Transponder verfügt, die bei der Analogübertragung jeweils nur ein Fernsehprogramm übertragen können, nach Einführung der Digitaltechnik jedoch das fünf- bis zehnfache, *Nordic Satellite Distribution*, Zi. 16. Für die genauen Ausführungen bezüglich der Marktabgrenzung vgl. Zi. 56 f.; hinsichtlich der Feststellung einer beherrschenden Stellung siehe Zi. 75 ff., insbesondere Zi. 79, und die Schlußfolgerungen in Zi. 108, 109.

594 Vgl. zur Wettbewerbssituation auf dem Markt für Kabelnetze generell die Ausführungen in *Nordic Satellite Distribution*, Zi. 126 ff. Daß die aus der beschränkten Transponderkapazität resultierende Marktmacht nach Ansicht der Kommission wesentlich für die Gefahr von Marktabschottungseffekten war, zeigt sich auch anhand der, wenn auch von der Kommission als unzureichend abgelehnten Zusagen, die hauptsächlich darauf abzielten, die Verfügbarkeit von Transpondern für Dritte sicherzustellen, vgl. Zi. 153 ff.

595 *Nordic Satellite Distribution*, Zi. 128 und 132.

596 *Nordic Satellite Distribution*, Zi. 133.

597 *Nordic Satellite Distribution*, Zi. 134.

Die Ausführungen der Kommission zeigen, daß sie es nicht dabei beläßt, auf dem vorgelagerten Markt erhebliche Marktmacht und die daraus resultierenden Behinderungsmöglichkeiten festzustellen. Vielmehr überprüft sie die Wettbewerbsverhältnisse in den nachgelagerten Märkten - hier anhand der Marktanteile - dahingehend, ob die Diskriminierungsstrategien tatsächlich in allen Fällen zur Entstehung oder Verstärkung einer beherrschenden Stellung auf dem jeweiligen Markt führen[598]. Diese differenzierte Vorgehensweise ist zu begrüßen und sollte in künftigen Vorhaben fortgesetzt werden[599].

---

[598] Zustimmend auch Levy in: Korah, Competition Law Vol. 2, § 8.07 [5].

[599] Ein weiterer Fall, in dem die Kommission im Einklang mit der Post-Chicago School die wettbewerbsrechtlichen Auswirkungen eines vertikalen Zusammenschlusses analysiert hat, ist die Genehmigung des Vorhabens *Telia/ Telenor* nach Art. 8 Abs. 2 FKVO, das oben nur im Hinblick auf die Auswirkungen im Bereich Telefonie untersucht wurde. Für den an dieser Stelle interessierenden Bereich der TV-Dienste siehe Zi. 261 ff. und für die wettbewerbsrechtliche Würdigung des Falles Zi. 287 ff. Der Zusammenschluß hätte ein Unternehmen hervorgebracht, das im nördlichen Raum auf allen Ebenen der Fernsehdistributionskette - von der Bereitstellung von Satellitentransponderkapazität über den Erwerb und Vertrieb von Inhalterechten an Großkunden und die Einzelkundenfernsehverteilung über Kabel oder Direktempfang per Satellit bis zur Bereitstellung der Technologie für technische Dienstleistungen - tätig gewesen wäre und auf allen Stufen über starke bzw. meist beherrschende Stellungen - entweder durch den Zusammenschluß begründet oder verstärkt - verfügt hätte. Entscheidend hierfür war nach Ansicht der Kommission die Kontrolle des neuen Unternehmens über den Zugang zu der für die verschiedenen Fernsehvertriebsdienste unerläßlichen Infrastruktur, zum einen die erhebliche Marktmacht als einziger vertikal integrierter Anbieter von Satellitentranspondern und zum anderen die Marktmacht auf der Ebene der Kabelnetze und damit die Zugriffsmöglichkeit auf die angeschlossenen Haushalte (Pressemitteilung der Europäischen Kommission vom 16.06.1999, IP/99/396, „Kommission leitet eingehende Untersuchung des Zusammenschlußvorhabens Telia/ Telenor ein“, unter: http://www.europa.eu.int/rapid/start/cgi). Die Kommission hat dabei ausgeführt, das neue Unternehmen könne aufgrund der Kontrolle über den Zugang zur Satellitentransponderkapazität die Rolle eines Gatekeeper ausüben, denn jedes Unternehmen, das sich auf einer Ebene der Vertriebskette beteiligen wolle, müsse sich Transponderkapazität bei dem neuen Unternehmen beschaffen, Zi. 298. Konkurrenten seien somit von der Kooperationswilligkeit des zusammengeschlossenen Unternehmens abhängig, was diesem die Fähigkeit und den Anreiz verleihe, seine privilegierte Position auf der Ebene der Infrastruktur zu nutzen, um seinen Einfluß auf die anderen Vertriebsebenen auszudehnen und die Markteintritte von Wettbewerbern bzw. deren Konditionen auf allen Ebenen der Fernsehvertriebskette zu steuern (Zi. 265). Insbesondere bei der Verfügungsbefugnis über die Kabelnetze werde sich die Position der neuen Einheit im Vergleich zu den Stellungen der beteiligten Parteien vor dem Zusammenschluß verbessern. Vor allem durch die zusätzlichen Kabelfernsehaktivitäten, die Telia in das neue Unternehmen einbringt, werde es zu einem Zuwachs der an das System der Einzelkundenverteilung von TV-Programmen angeschlossenen Haushalte kommen, und das neue Unternehmen werde damit über einen vergrößerten Kundenstamm verfügen. Infolge des Zusammenschlusses werde das neue Unternehmen damit zum obligatorischen Partner für alle Sender, die den nördlichen Markt anvisierten. Es könne bei ihnen Vorzugs- oder Exklusivverbreitungsrechte durchsetzen, da diese als entscheidendes Element die Fähigkeit ansehen würden, eine hinreichende Anzahl von Haushalten zur Gewinnung ausreichender Werbe- und/ oder Abonnementseinnahmen zu erreichen, was nach dem Zusammenschluß ohne Zugang zu den Distributionsnetzen des neuen Unternehmens nicht mehr möglich sein werde, Zi. 351, 356. Diese Abhängigkeit hat die Kommission

c. Gatekeeper Gefahren bei bedeutsamen Stellungen auf vor- bzw. nachgelagerten Märkten

Am schwierigsten gestaltet sich die Ermittlung einer Gatekeeper Position bei vertikalen Zusammenschlüssen, in denen die beteiligten Parteien zwar eine wichtige Rolle auf den vor- oder nachgelagerten Märkten spielen, das Vorliegen erheblicher Marktmacht jedoch nicht sofort eindeutig festzustellen ist. Speziell in solchen Grenzfällen ist es notwendig, daß die Kommission bei ihrer Prüfung äußerst sorgfältig vorgeht und sie im Einklang mit und auf der Basis der herrschenden ökonomischen Analyse vornimmt, damit es nicht zu einem exzessiven, an den wirtschaftlichen Realitäten vorbeigehenden Einschreiten kommt.

aa. AOL/ Time Warner

Ein Beispiel aus der Kommissionspraxis ist in diesem Zusammenhang der Fall *AOL/ Time Warner*. Wie bereits geschildert, hat die Kommission die Entstehung einer Gatekeeper Position auf dem Markt für den Online-Musikvertrieb vor allem damit begründet, daß das neue Unternehmen die bedeutendste Quelle von Musikverwertungsrechten in Europa kontrollieren werde[600]. Bei der Ermittlung der potentiellen Abschottungsgefahren ist die Kommission zunächst entsprechend ihrer Linie in den soeben geschilderten Entscheidungen vorgegangen. Sie hat ausgeführt, ein Unternehmen, das eine beherrschende Stellung auf dem Markt für die für den Online-Vertrieb notwendige Lizenzierung von Musikverwertungsrechten habe, sei in der Lage, eine Gatekeeper Rolle zu spielen, indem es gegenüber Konkurrenten eine Lizenzierung verweigere oder damit drohe, keine Lizenzen für das eigene Musikrepertoire zu erteilen, die Musikverwertungsrechte zurückzuhalten bzw. nur zu diskriminierenden Konditionen zu gewähren[601]. Die Kommission hat jedoch in keiner Passage der Entscheidung das Vorliegen einer beherrschenden Stellung auf der Ebene der Musikverwertungsrechte explizit festgestellt. Bei einer Verfügungsbefugnis über das Repertoire von zwei der fünf

---

durch die Auflage, die Kabelfernsehgeschäfte von Telia in Schweden und Telenor in Norwegen abzutrennen, zu verhindern gewußt. Letztendlich werde das neue Unternehmen damit zwar weiterhin über starke Stellungen, aber nicht über eine wesentlich stärkere Stellung verfügen als Telenor bereits vor dem Zusammenschluß in bezug auf die Bündelung von Satellitentransponderdiensten und die Einzelkundenverteilung von Fernsehprogrammen, Zi. 386, 387.

[600] Siehe oben im 2. Teil unter C.II.4.a. für die näheren Einzelheiten und Verweise auf die Passagen der Entscheidung. Es sei an dieser Stelle daran erinnert, daß für die Verbreitung von Musik über das Internet wie auch beim traditionellen Vertrieb von Musik in Form von Tonträgern die Zustimmung des Urheberrechtsinhabers erforderlich ist, vgl. *AOL/ Time Warner*, Zi. 24.

[601] *AOL/ Time Warner*, Zi. 25.

„Majors“ in der Musikindustrie[602] und damit über ungefähr ein Drittel der Musikverwertungsrechte bzw. einem Marktanteil von ca. 30-40 % ist diese nicht vollkommen ausgeschlossen, allerdings auch keinesfalls ohne weiteres anzunehmen. Die Tatsache, daß wie oben erläutert die Kommission bei vertikalen Integrationen und Marktanteilen von weniger als 25 % grundsätzlich keine Bedenken hat, verdeutlicht, daß der Fall bezüglich des Vorliegens erheblicher Marktmacht grenzwertig ist. Die Kommission hätte ein wesentlich stärkeres Argument gehabt, wenn der zunächst gleichzeitig geplante und später aufgegebene Zusammenschluß von Time Warner und EMI in die Berechnung miteinzubeziehen gewesen wäre. Das neue Unternehmen wäre dann auf einen Marktanteil von 40-60 % gekommen und hätte bei einer Kontrolle über die Musikinhalte von drei der fünf „Majors“ als dominant angesehen werden können[603].

Zur Begründung, daß das neue Unternehmen aufgrund seiner Kontrolle über ein Drittel der Musikverwertungsrechte über erhebliche Marktmacht auf diesem Markt verfügt hätte, wären detailliertere Ausführungen der Kommission wünschenswert gewesen. So hätte sie neben dem Marktanteil weitere Faktoren heranziehen sollen, um die erhebliche Marktmacht des neuen Unternehmens bei den Musikinhalten zu demonstrieren[604]. Hilfreich wäre hierbei insbesondere eine Prüfung der Unverzichtbarkeit des Zugangs für Wettbewerber zum kontrollierten Musikrepertoire gewesen. Stellen die tatsächlichen oder potentiellen Ausweichmöglichkeiten keine gleichwertigen Alternativen dar, ist das Vorliegen erheblicher Marktmacht für das betreffende Unternehmen naheliegend.

Trotz dieser Einwände ist der Kommission im Ergebnis zuzustimmen, daß die vertikale Integration von AOL und Time Warner ohne ein Einschreiten zu Marktabschottungseffekten geführt und die Entstehung einer Gatekeeper Position auf dem Markt für den Online-Musikvertrieb nach sich gezogen hätte. Dies liegt daran, daß bei der Ermittlung der Gatekeeper Position auch

---

[602] Zur Frage, ob die beteiligten Unternehmen tatsächlich einen Anreiz hätten, eine exklusive oder präferentielle Angebotsstrategie zu verfolgen, siehe die Ausführungen der Kommission in *AOL/ Time Warner*, Zi. 48 f., für Bertelsmanns Anreiz, AOL zu bevorzugen, und Zi. 74 und 84 f. bezüglich der Bevorzugung der Inhalte von Time Warner und Bertelsmann aus Sicht von AOL.

[603] Vgl. auch Fn. 48 in Abbamonte/ Rabassa, ECLR 2001, 214, 224.

[604] Vgl. auch Mestmäcker, ZUM 2001, 185, 188 f., der die - öffentlich nicht zugänglichen – Beschwerdepunkte der Kommission im Fall *EMI/ Time Warner* in bezug auf die Entstehung einer beherrschenden Stellung bei den Musikverwertungsrechten analysiert, wo die Kommission neben den Marktanteilen die Verfügungsbefugnis über das internationale Repertoire, die Finanzkraft und den Zugang zum Markt herangezogen hat. Eine derartige Vorgehensweise wäre auch im Rahmen von *AOL/ Time Warner* wünschenswert gewesen, um die Marktmacht des neuen Unternehmens herzuleiten.

die Vertriebsstärke und damit der große Kundenstamm von AOL miteinzubeziehen war, über den AOL als weltweit größter Internetdiensteanbieter verfügte. Bei dieser Überlegung kommt dem Auftreten von Netzeffekten eine entscheidende Bedeutung zu. Der Kommission zufolge stellt die Kontrolle über die Musikverwertungsrechte von zwei der fünf „Majors" zumindest die zur Realisierung von Netzeffekten erforderliche kritische Masse dar, wenn auch die Frage nach einer beherrschenden Stellung nicht eindeutig beantwortet wird. Dementsprechend würden sich konkurrierende Plattenfirmen nach dem Zusammenschluß gezwungen fühlen, AOL als Plattform für den Online-Vertrieb ihrer Titel zu nutzen, um Zugang zu dem großen Kundenstamm zu haben[605]. Ähnlich wie eine marktbeherrschende Position bei Musikverwertungsrechten eine Gatekeeper Stellung auf dem Markt für den Online-Musikvertrieb ermöglicht, kann somit auch die Kombination einer führenden Position bei der Lizenzierung von Musikverwertungsrechten mit einer führenden Position bei Internetdiensten und das Auftreten von Netzeffekten zur Entstehung einer Gatekeeper Position und damit einer beherrschenden Stellung auf dem Markt für den Online-Musikvertrieb führen. Für künftige Vorhaben ist demnach festzuhalten, daß infolge einer vertikalen Integration die Entstehung einer Gatekeeper Position selbst dann zu befürchten sein kann, wenn die Kontrolle über Inhalte oder über Vertriebswege für sich allein genommen aus wettbewerbsrechtlicher Sicht noch nicht bedenklich ist und zum Zeitpunkt der Anmeldung keines der beteiligten Unternehmen über eine beherrschende Stellung verfügt[606].

bb. Vivendi/ Canal+/ Seagram

Die Entscheidung der Kommission im Fall *Vivendi/ Canal+/ Seagram* steht jedoch anders als *AOL/ Time Warner* nicht mehr im Einklang mit der ökonomischen Theorie. Die Kommission hat - wie bereits erörtert - zu Unrecht die Entstehung einer Gatekeeper Position auf den Märkten für Internetportale und den Online-Musikvertrieb angenommen[607]. Bei einem Marktanteil von um die 10 % auf der Ebene der Musikverwertungsrechte ist nicht vom Vorliegen erheblicher Marktmacht auszugehen, so daß die Feststellung wettbewerbsschädigender Auswirkungen bei Zugrundelegen der herrschenden ökonomischen Analyse nicht vertretbar erscheint. Auf den Einwand der Parteien, es sei nicht in Universals kommerziellem Interesse, seine Online-Musikver-

---

605 *AOL/ Time Warner*, Zi. 53 und 54.

606 Ähnlich Mendes Pereira, „EU Competition Law, Convergence and the Media Industry" (23.04.2002), unter: http://www.europa.eu.int/comm/competition/speeches/index_2002.html.

607 Siehe dazu oben unter A.III.1.

breitung auf Vizzavi zu beschränken, sondern es sei an einer möglichst weiten Verbreitung seiner Musikinhalte interessiert[608], ist die Kommission nicht eingegangen, sondern hat anscheinend die theoretisch denkbare Möglichkeit hierzu ausreichen lassen. Sie hätte jedoch in ihrer Analyse hinsichtlich der Marktabschottungsgefahren näher untersuchen sollen, inwieweit Ausschluß-strategien im konkreten Einzelfall aus ökonomischer Sicht wirklich Sinn für die beteiligten Unternehmen machen, was hier mangels erheblicher Marktmacht nicht der Fall gewesen ist[609]. Die bloße Tatsache, daß Universal nach der vertikalen Integration einen Anreiz hat, Vizzavi zu bevorzugen und dessen Position gegenüber seinen Konkurrenten zu verbessern, war nicht schädlich für den Wettbewerb auf den betreffenden Märkten und reichte zur Annahme einer marktbeherrschenden Stellung nicht aus. An diesem Ergebnis ändert sich auch nichts, wenn man die Kombination mit dem großen Kundenstamm der beteiligten Unternehmen und die Gefahr von Netzeffekten in die Untersuchung miteinbezieht, da die Kommission entgegen ihrer Vorgehensweise in *AOL/ Time Warner* hier nicht die Erreichung der kritischen Masse dargelegt hat[610].

d. Fazit

Es läßt sich festhalten, daß die Kommission bei der Analyse vertikaler Zusammenschlüsse und der Ermittlung einer Gatekeeper Position grundsätzlich - von Entscheidungen wie *Vivendi/ Canal+/ Seagram* abgesehen - im Einklang mit der herrschenden ökonomischen Theorie vorgeht. Um künftig speziell in schwieriger zu beurteilenden Konstellationen wie z.B. in *AOL/ Time Warner* eine sorgfältige ökonomische Analyse des jeweiligen Zusammenschlusses zu gewährleisten, wäre es hilfreich, wenn die Kommission jeweils zwei Schritte bei ihrer Prüfung einer Gatekeeper Stellung vornimmt. In einem ersten Schritt hat sie das Vorliegen erheblicher Marktmacht auf einer dem relevanten Markt vor- oder nachgelagerten Ebene zu untersuchen und die Unverzichtbarkeit der kontrollierten Einrichtung für den Wettbewerb auf dem relevanten Markt darzulegen. In dem sich anschließenden Schritt hat sie die horizontalen Effekte der vertikalen Integration auf dem relevanten Markt dahingehend zu prüfen, ob das neue Unternehmen infolge der erheblichen

608 *Vivendi/ Canal+/ Seagram*, Zi. 60.

609 Ein exklusives Angebot von Universals Musikinhalten über Vizzavi würde zwar dessen Stellung im Wettbewerb stärken. Gleichzeitig wiederum würde aber durch dieses Angebot und damit die fehlende weite Verbreitung, die normalerweise Inhalteanbieter anstreben, Universals Position auf der Ebene der Inhalteanbieter im Verhältnis gesehen mehr geschwächt, als die Verbesserung der Stellung von Vizzavi aus Sicht des gesamten Unternehmens von Vorteil wäre.

610 Vgl. dazu bereits oben unter A.II.2.a.

Marktmacht auf der vor- oder nachgelagerten Ebene und der dadurch möglichen Diskriminierungsstrategien eine marktbeherrschende Stellung erlangen und den Markt als Gatekeeper beherrschen kann. Je mehr Zweifel am Vorliegen von erheblicher Marktmacht bestehen, desto genauer hat die Kommission die Wettbewerbsverhältnisse und die Marktbeherrschung - unter Berücksichtigung etwaiger Netzeffekte - auf dem relevanten Markt und die zu erwartenden Ausschlußeffekte zu untersuchen. Allein der Anreiz des neuen Unternehmens, künftig seinen vertikal integrierten Partner zu bevorzugen, reicht nicht aus, um wettbewerbsschädigende Auswirkungen und die Entstehung einer Gatekeeper Position zu begründen. Erfreulicherweise läßt die Kommission in *Nordic Satellite Distribution* diese differenzierte Vorgehensweise erkennen und sollte dies auch in künftigen Fällen fortsetzen. Ansonsten würde sie sich wie in *Vivendi/ Canal+/ Seagram* dem Vorwurf eines exzessiven Einschreitens zugunsten einzelner Wettbewerber aussetzen.

Bezüglich der Prüfung vertikaler Zusammenschlüsse ist schließlich noch darauf hinzuweisen, daß entgegen der Analyse vertikaler Vereinbarungen unter Art. 81 EGV in der Fusionskontrolle gegenwärtig keine Berücksichtigung der wettbewerbsfördernden Wirkungen vertikaler Integration in Form von Effizienzsteigerungen erfolgt[611]. Ein Einschreiten der Kommission kann somit bei Entstehung einer marktbeherrschenden Stellung unter Berufung auf Effizienzerwägungen nicht verhindert werden. Es zeichnet sich allerdings im Rahmen der Diskussion um die Reform der FKVO die Tendenz ab, künftig Effizienzaspekte in die Prüfung von Zusammenschlüssen miteinzubeziehen[612]. Dies wäre im Hinblick auf einen stärker auf der ökonomischen Analyse basierenden Ansatz zu begrüßen.

II. Einteilung nach der Marktphase

Bei der Untersuchung von Gatekeeper Positionen ist ferner danach zu differenzieren, auf welchem Markt bzw. in welcher Marktphase[613] die Entstehung einer Gatekeeper Position droht.

---

[611] Siehe bei Alonso, FCLI 1997, 129, 131.

[612] Siehe den Vorschlag der Europäischen Kommission für eine Verordnung des Rates über die Kontrolle von Unternehmenszusammenschlüssen, ABl. 2003, C 20/4, Begründung Zi. 59. Nach Ansicht der Kommission, Zi. 60, ist dies bereits heutzutage rechtlich unter dem in Art. 2 Abs. 1 lit. b FKVO formulierten Kriterium der „Entwicklung des technischen und wirtschaftlichen Fortschritts, sofern diese dem Verbraucher dient und den Wettbewerb nicht behindert“ möglich.

[613] Der Begriff der Marktphase bezeichnet das Entwicklungsstadium eines Marktes. Ein Markt durchläuft von seiner Entstehung bis zu seinem Endzustand verschiedene Marktphasen, die in der Ökonomie in Experimentier-, Expansions-, Ausreifungs- und Stagnations- oder Rückbil-

1. Gatekeeper Positionen auf bestehenden Märkten

Unternehmen können im Wege eines horizontalen oder vertikalen Zusammenschlusses in der Lage sein, sich in eine Gatekeeper Position auf einem bereits bestehenden Markt zu bringen, auf dem eine oder beide beteiligte Parteien schon vorher tätig sind. Die Gefahr einer Marktabschottung auf einem existierenden Markt resultiert dabei im wesentlichen daraus, daß es durch den Zusammenschluß zu einer Erhöhung der bestehenden bzw. zu einer Errichtung neuer Marktzutrittsschranken kommen würde. Zeichnet sich ein Markt durch niedrige Eintrittsbarrieren und eine Vielzahl von Anbietern und damit einen regen Wettbewerb aus, ist das Risiko, daß ein Unternehmen durch einen Zusammenschluß die Kontrolle über den Marktzugang erlangen kann, eher gering. Vielmehr ist die Gefahr einer Gatekeeper Position wesentlich größer auf Märkten, die bereits vor dem Zusammenschluß einen hohen Konzentrationsgrad aufweisen und durch nicht unbedeutende Marktzutrittsschranken gekennzeichnet sind. Dies wird durch die Kommissionspraxis bestätigt. Soweit ersichtlich, handelte es sich bei den bestehenden Märkten, auf denen die Kommission die Entstehung einer Gatekeeper Stellung befürchtete, zum einen um hochkonzentrierte Märkte, in denen das neue Unternehmen infolge des externen Wachstums seine bisherige Position jeweils derart gestärkt hätte, daß es künftig die Markteintritts- und Wettbewerbsbedingungen in dem betreffenden Markt als Gatekeeper hätte steuern können[614]. Zum anderen ging es um monopolistische Märkte, auf denen das jeweilige Unternehmen durch den Zusammenschluß seine Monopol- oder monopolähnliche Stellung hätte absichern und Zutritte potentieller Wettbewerber verhindern können[615].

---

dungsphase eingeteilt werden können, vgl. bei Gabler, S. 2068. Siehe hierzu auch Krimphove, S. 59. Das Entwicklungsstadium des betroffenen Marktes ist bei den in Art. 2 Abs. 1 lit. b FKVO aufgezählten Kriterien der Kategorie der Entwicklung des Angebots und der Nachfrage zuzuordnen. Es handelt sich um eine dynamische Komponente der Struktur der betroffenen Märkte, Drauz/ Schröder, S. 128. Eine Differenzierung nach den einzelnen Marktphasen nach Anlauf, Wachstum, Reifung und Rückbildung findet sich auch im Formblatt CO, ABl. 1998, L 61/11, Abschnitt 8, 8.6. a), wieder.

614 Siehe hierfür u.a. die Zusammenschlüsse *WorldCom/ MCI* und *MCI WorldCom/ Sprint*, wo bereits vor dem Zusammenschluß jeweils nur einige wenige Unternehmen in der Lage waren, als erstrangige Diensteanbieter zu agieren und umfassende Internetanschlußfähigkeit anzubieten, vgl. XXVIII. Wettbewerbsbericht (1998), S. 71; XXX. Wettbewerbsbericht (2000), S. 86.

615 Vgl. z.B. die Gatekeeper Positionen in *MSG Media Service* und *Bertelsmann/ Kirch/ Premiere* sowie *BSkyB/ Kirch Pay-TV*, wo Premiere jeweils vor dem betreffenden Zusammenschluß eine Quasi-Monopolstellung auf dem deutschen Markt für Pay-TV besaß (*MSG Media Service*, Zi. 75; *Bertelsmann/ Kirch/ Premiere*, Zi. 30 ff.; *BSkyB/ Kirch Pay-TV*, Zi. 48), sowie in *Vivendi/ Canal+/ Seagram*, wo Vivendi ebenfalls bereits vorher eine de facto Monopolstellung auf einigen nationalen Märkten für Pay-TV innehatte, siehe Zi. 39, 40.

2. Gatekeeper Positionen auf neuen Märkten

Die Gefahr einer Marktabschottung und damit der Entstehung einer Gatekeeper Position kann ebenso bereits in der Entstehungsphase eines Marktes auftreten. Angesichts der hohen Innovationsrate und damit verbunden der Entwicklung neuer Produkte und Dienstleistungen hat die Kommission bei Zusammenschlüssen im Informations- und Kommunikationssektor zunehmend die Wettbewerbsverhältnisse auf neuen, in der Entstehung begriffenen Märkten zu untersuchen[616]. Neben der Konstellation, daß sich der relevante Markt zum Zeitpunkt des Zusammenschlußvorhabens in einem frühen Entwicklungsstadium befindet[617], wird hierzu auch die Situation gerechnet, daß ein Produkt zum Zeitpunkt des Vorhabens noch gar nicht angeboten wird, die Prognosen aber erwarten lassen, daß sich innerhalb des Prognosezeitraums Wettbewerb um das Produkt und damit ein Markt entwickeln wird[618]. Die Fälle, in denen die Kommission von der Entstehung einer Gatekeeper Position auf einem neuen Markt ausgegangen ist, zeigen, daß die Gefahr einer Marktabschottung in der Regel durch finanzstarke Unternehmen hervorgerufen wird, die auf ihren Märkten über starke Stellungen verfügen und nun mit Hilfe eines Zusammenschlusses der durch neue Techniken möglich werdenden potentiellen Konkurrenz zuvorkommen möchten[619]. Gatekeeper

---

616 Im Deutschen wird teilweise von neuen Märkten, teilweise von entstehenden Märkten, aber auch von zukünftigen oder Zukunftsmärkten gesprochen. Im Englischen wird hierfür einheitlich der Begriff der sog. „emerging markets" verwendet.

617 In diesem Fall wird also das betreffende Produkt oder die Dienstleistung bereits angeboten. Beispiele hierfür sind der entstehende Markt für den Online-Musikvertrieb, siehe in den Entscheidungen *AOL/ Time Warner*, Zi. 26; *Vivendi/ Canal+/ Seagram*, Zi. 29. Ein weiteres Beispiel ist der im Entstehen befindliche Markt für horizontale Internetportale, vgl. *Vodafone/ Vivendi/ Canal+ (Vizzavi)*, Zi. 51-53, und die Pressemitteilung der Europäischen Kommission vom 20.07.2000, IP/00/821, „Internet-Zugang: Kommission verbindet Genehmigung des Gemeinschaftsunternehmens Vizzavi von Vodafone, Vivendi und Canal+ mit Auflagen", unter: http://www.europa.eu.int/rapid/start/cgi; *Vivendi/ Canal+/ Seagram*, Zi. 22.

618 Siehe hierfür z.B. die Kommission in *MSG Media Service*, Zi. 10, in bezug auf den Markt für technische Dienstleistungen für Pay-TV. Weitere Fälle aus der Kommissionspraxis, in denen das betreffende Produkt bzw. Dienstleistung zum Zeitpunkt der Kommissionsentscheidung noch nicht angeboten wurde, sind der Markt für paneuropäische nahtlose Mobilfunkdienstleistungen in *Vodafone/ Mannesmann*, Zi. 13, sowie *BSkyB/ Kirch Pay-TV*, Zi. 30, hier der Markt für digitale interaktive Bildschirmdienste. In derartigen Konstellationen liegt es näher, von zukünftigen Märkten denn von entstehenden Märkten zu sprechen. Angesichts der Verwendung derselben englischen Terminologie in den Kommissionsentscheidungen wird im folgenden jedoch nicht näher zwischen diesen Varianten differenziert.

619 Siehe bei Mestmäcker, ZUM 2001, 185, 191; ähnlich auch Carter, World Competition (24) 2001, 93, 103. Beispiele aus der Kommissionspraxis sind u.a. *MSG Media Service*, wo die Deutsche Telekom als führendes Telekommunikationsunternehmen und Bertelsmann und Kirch als führende Anbieter von Inhalten auf dem Zukunftsmarkt für technische Dienstleistungen für Pay-TV der Konkurrenz zuvorkommen wollten; ferner *AOL/ Time Warner*, wo die Gefahr be-

Positionen auf neuen Märkten entstehen daher im allgemeinen dadurch, daß durch einen Zusammenschluß die auf einem Markt bestehenden Marktzutrittsschranken auf den entstehenden Markt ausgedehnt werden und dieser damit bereits in seiner Anfangsphase vom Wettbewerb abgeschottet zu werden droht.

3. Differenzierte Maßstäbe bei der Ermittlung des relevanten Marktes

Je nachdem, ob die Kommission eine mögliche Gatekeeper Position auf einem bestehenden oder auf einem neu entstehenden Markt untersucht, hat sie bei der Marktabgrenzung verschiedene Aspekte zu beachten.

a. Die Marktabgrenzung bei bestehenden Märkten

Die Identifikation eines bereits vorhandenen Marktes als relevanten Markt hat im Informations- und Kommunikationssektor grundsätzlich in der gleichen Art und Weise zu erfolgen wie die Marktfindung in anderen Industriezweigen, d.h. es ist die Substituierbarkeit eines Produktes oder einer Dienstleistung mit anderen Produkten oder Dienstleistungen zu untersuchen[620]. Dabei greift die Kommission auch hier bei Zusammenschlüssen verschiedentlich auf den Test einer hypothetischen Preisveränderung zurück, um die Nachfragesubstituierbarkeit zu ermitteln[621].

Bei der Definition eines relevanten Marktes im Informations- und Kommunikationssektor bereitet es jedoch vielfach Schwierigkeiten, künftig anstehende technische Veränderungen in der Marktabgrenzung angemessen zu berücksichtigen. Zwar haben die innerhalb des Prognosezeitraums zu erwartenden Entwicklungen grundsätzlich im Rahmen der FKVO Eingang in die Marktdefinition zu finden[622], so daß es sich nicht um ein spezifisches Problem dieses Sektors handelt. Wegen der raschen technologischen Veränderungen und zunehmenden Konvergenz tritt es jedoch hier besonders häufig auf und ist mithin von größerer Relevanz. Um künftigen Innovationen und vor allem dem Phänomen der Konvergenz bei der Ermittlung der Substituierbarkeit hinreichend Rechnung zu tragen, ist es somit speziell im Informa-

---

stand, daß Unternehmen, die im traditionellen Musikverlagsgeschäft führend sind, in Zusammenarbeit mit einem führenden Internetdiensteanbieter ihre Position auf das Internet und hier den Markt für den Online-Musikvertrieb übertragen können.

620 Vgl. allgemein zur Marktfindung im 2. Teil unter B.II.1.

621 Vgl. z.B. *WorldCom/ MCI*, Zi. 67 und 69; *MCI WorldCom/ Sprint*, Zi. 64, 65.

622 Immenga in: Immenga/ Mestmäcker, Bd. 1, Art. 2 FKVO, Rn. 39.

tions- und Kommunikationssektor unabdingbar, daß die Kommission ihrer Abgrenzung eine dynamische Betrachtungsweise zugrundelegt[623].

Die Entscheidungspraxis läßt dies größtenteils erkennen. Zwar bezieht sich die Kommission oftmals fast wortgleich auf Marktabgrenzungen, die sie bei der Untersuchung anderer Vorhaben vorgenommen hat[624]. Ein solches Vorgehen wird vereinzelt dahingehend kritisiert, daß die Kommission lediglich die Feststellungen vorangegangener Fälle auf andere Sachverhaltskonstellationen übertrage und sie ohne Einzelfallprüfung als Maßstab für differierende Fälle anwende[625]. Träfe dieser Vorwurf zu, wäre dies in der Tat bedenklich, da die Marktabgrenzung nicht industriespezifisch, sondern auf den jeweiligen Kontext bezogen zu erfolgen hat[626]. Es spricht allerdings nichts dagegen, wenn die Kommission in anderem Zusammenhang getätigte Marktabgrenzungen nur als Ausgangspunkt ihrer Analyse aufgreift und dann die Marktdefinition für den Einzelfall anhand der spezifischen Umstände des jeweiligen Zusammenschlusses vornimmt. Vielmehr gewinnt die Kommissionspraxis dadurch an Konturen, die eine Einschätzung seitens Parteien zukünftiger Vorhaben erleichtern. Der Entscheidungspraxis ist in vielen Fällen zu entnehmen, daß die Kommission die dynamischen Entwicklungen bei der Ermittlung des jeweils relevanten Marktes sowie deren Folgen für die Marktdefinition berücksichtigt, mithin entgegen dem Vorwurf gerade nicht starr an einer einmal getroffenen Marktabgrenzung festhält. So hat sie z.B. in der Entscheidung *MCI WorldCom/ Sprint* das von den Parteien vorgebrachte Argument, die in *WorldCom/ MCI* verwendete Marktdefinition bedürfe der Überprüfung, da es im Internetsektor während der letzten Jahre zu erheblichen Veränderungen gekommen sei, eingehend untersucht[627]. Sie ist jedoch

---

623 So auch Carter, World Competition (24) 2001, 93 und 98, in bezug auf den Rundfunksektor.

624 Vgl. z.B. die nahezu wortgleichen Marktabgrenzungen der Kommission für den Pay-TV Markt im Rahmen der FKVO bei *MSG Media Service*, Zi. 32 ff., *Bertelsmann/ Kirch/ Premiere*, Zi. 18, *BSkyB/ Kirch Pay-TV*, Zi. 23 ff., und *Vivendi/ Canal+/ Seagram*, Zi. 18 ff., sowie unter Art. 81 EGV bei *British Interactive Broadcasting*, Zi. 24 f.; für den Markt für technische Dienstleistungen für Pay-TV siehe bei *MSG Media Service*, Zi. 19 ff., *Bertelsmann/ Kirch/ Premiere*, Zi. 19 ff., und *Telia/ Telenor*, Zi. 281 ff.; in bezug auf den Markt für TV-Kabelnetze vgl. *MSG Media Service*, Zi. 41 ff., *Nordic Satellite Distribution*, Zi. 61 ff., und *Deutsche Telekom/ Beta Research*, Zi. 19 ff.; hinsichtlich des Marktes für die Bereitstellung von Satellitentransponderkapazität siehe *Nordic Satellite Distribution*, Zi. 56 ff., und *Telia/ Telenor*, Zi. 266.

625 So Carter, World Competition (24) 2001, 93, 123.

626 Vgl. hierzu auch die Bekanntmachung der Kommission über die Definition des relevanten Marktes, ABl. 1997, C 372/5, Zi. 2, wonach der Hauptzweck der Marktdefinition die Ermittlung der Wettbewerbskräfte ist, denen sich die beteiligten Unternehmen zu stellen haben.

627 Für eine eingehende Auseinandersetzung mit den Entwicklungen in Europa und deren Relevanz für die Marktabgrenzung siehe *MCI WorldCom/ Sprint*, Zi. 54 ff.; zu den seit 1998 aufgetretenen technischen Entwicklungen siehe Zi. 34 ff.

zu dem Resultat gekommen, daß keiner der geltend gemachten Faktoren nennenswerte Auswirkungen auf die hierarchische Struktur des Internet hatte, und hat deshalb die in *WorldCom/ MCI* getroffene Feststellung eines Marktes für die Bereitstellung universeller Internetanschlußfähigkeit bestätigt[628]. Überdies bezieht sie - wie beispielsweise in *Telia/ Telenor* - auch die Folgen der Digitalisierung und der Konvergenz in ihre Überlegungen zur Austauschbarkeit verschiedener Übertragungswege mit ein, hat jedoch in dem Fall mangels Entscheidungserheblichkeit darauf verzichtet, sich auf eine neue Marktdefinition festzulegen[629].

Bei der Berücksichtigung dynamischer Elemente im Rahmen der Marktabgrenzung ist zu beachten, daß damit die Gefahr einer falschen Einschätzung der künftigen Entwicklung einhergeht. Wert- und Wahrscheinlichkeitsurteile sind bei der Marktabgrenzung jedoch unvermeidbar[630]. Um das Risiko einer Fehleinschätzung zu minimieren, wäre es wünschenswert, wenn die Kommission ihre Marktabgrenzungen - soweit angesichts der rapiden Entwicklungen möglich - stärker durch quantitative Techniken belegen und mehr Gebrauch von empirischen Analysen und Daten hinsichtlich Präferenzen der Kunden, Verhalten der Wettbewerber und der Marktstruktur machen würde[631]. Eine solche Tendenz ist der Entscheidungspraxis in letzten Jahren bereits generell zu entnehmen[632] und sollte fortgesetzt werden.

b. Die Schwierigkeiten bei der Ermittlung eines neuen Marktes

Bei der Identifizierung eines neuen Marktes als relevanten Markt besteht ebenso wie bei existierenden Märkten das Problem darin, vorherzusehen, wann und wie die künftige Entwicklung neuer Technologien und die fortschreitende Konvergenz in der Marktabgrenzung zu berücksichtigen sind. Während die Einbeziehung zu erwartender Veränderungen bei bestehenden Märkten jedoch zur Erweiterung dieser Märkte führt, schlägt sie sich bei

---

628 Vgl. XXX. Wettbewerbsbericht (2000), S. 85.

629 Vgl. *Telia/ Telenor*, Zi. 267-279. Dort hat die Kommission ausgeführt, daß sich beim Erwerb und der Verteilung von Fernsehprogrammen an Privatkunden aufgrund der Digitalisierung die Tendenz abzeichne, entgegen vorheriger Entscheidungen nicht mehr zwingend aufgrund der technischen und finanziellen Unterschiede zwischen den einzelnen Übertragungsarten vom Bestehen getrennter Märkte für Kabelfernsehen, Satellitenfernsehen und Fernsehen im Wege der terrestrischen Übertragung auszugehen. Die Kommission hat allerdings auf eine abschließende Marktdefinition verzichtet. Zur bewußten Offenlassung bzw. zum Verzicht auf eine abschließende Marktdefinition, um den Einfluß einer Festlegung auf künftige Entscheidungen zu vermeiden, vgl. auch allgemein Immenga in: Immenga/ Mestmäcker, Bd. 1, Art. 2 FKVO, Rn. 37.

630 So allgemein Immenga in: Immenga/ Mestmäcker, Bd. 1, Art. 2 FKVO, Rn. 39.

631 So Carter, World Competition (24) 2001, 93, 122, bezogen auf den Rundfunksektor.

632 Vgl. Bishop/ Walker, S. 317, 8.02.

neuen Märkten gerade darin nieder, einen eigenständigen Markt für ein neu entwickeltes Produkt oder eine Dienstleistung und die fehlende Austauschbarkeit mit existierenden Produkten bzw. Dienstleistungen anzunehmen.

In Anbetracht der engen Verknüpfung von Marktdefinition und Marktbeherrschung ist die Feststellung eines neuen Marktes zumeist für sich allein genommen bereits ein kontroverser Aspekt im Rahmen der Prüfung von Zusammenschlüssen[633]. Die Marktabgrenzung kann erhebliche Schwierigkeiten bereiten, da oftmals noch keine empirischen Daten hinsichtlich Präferenzen der Kunden, Verhalten der Wettbewerber und der Marktstruktur vorliegen oder wegen der fortdauernden Entwicklung der Marktes schnell wieder überholt und damit nicht verläßlich sind. Folge der mangelnden Verfügbarkeit auswertbarer Daten ist es, daß vornehmlich bzw. fast ausschließlich auf subjektive Einschätzungen zurückgegriffen werden muß[634]. Zu beobachten ist, daß die Kommission auch bei sich entwickelnden Märkten oftmals Marktabgrenzungen heranzieht, die sie bereits im Rahmen anderer Vorhaben getätigt hat, wodurch die Kommissionspraxis zumindest gewisse Konturen bekommt[635].

aa. BSkyB/ Kirch Pay-TV *und* AOL/ Time Warner

Klarheit hinsichtlich der grundsätzlichen Vorgehensweise bei der Ermittlung eines neuen Marktes bringt insbesondere die Entscheidung *BSkyB/ Kirch Pay-TV*, wo die Kommission bei der Definition des zukünftigen Marktes für digitale interaktive Bildschirmdienste allgemeingültige Aussagen gemacht hat. Sie hat zunächst darauf hingewiesen, daß bei Diensten bzw. Produkten, die wie die dortigen Dienste erst in Zukunft angeboten werden sollen, keine Angaben zur Verfügung stünden, mit denen die wahrscheinliche Reaktion der Verbraucher auf eine hypothetisch geringfügige, dauerhafte Veränderung der geforderten Preise und ihren möglichen Ersatz beurteilt werden könn-

---

633 Bishop/ Caffarra, ECLR 2001, Analysis Section, 31. Vgl. auch die Aussage bei Faull/ Nikpay, S. 51, 1.147, daß im Falle von Innovationsprodukten und entstehenden Märkten das größte Problem bei der Marktdefinition die Schwierigkeit ist, eine genaue Grenze zwischen Produkten, die zu einem Markt zählen, und solchen, die nicht mehr in den Bereich fallen, zu ziehen.

634 Whish, S. 35.

635 Vgl. hierfür z.B. *BSkyB/ Kirch Pay-TV*, Zi. 30 ff., für den Markt für digitale interaktive Bildschirmdienste, wo die Ausführungen der Kommission denen im unter Art. 81 EGV untersuchten Fall *British Interactive Broadcasting*, Zi. 11-23, für den britischen Markt gleichen; für den entstehenden Markt für horizontale Internetportale siehe *Vodafone/ Vivendi/ Canal+ (Vizzavi)*, Zi. 51 ff., und *Vivendi/ Canal+/ Seagram*, Zi. 22-25; hinsichtlich des Marktes für den Online-Vertrieb von Musik vgl. *AOL/ Time Warner*, Zi. 17 ff., und *Vivendi/ Canal+/ Seagram*, Zi. 26-33.

te[636]. Aus diesem Grund hat sie einen Rückgriff auf die Praxis des EuGH bei Art. 82 EGV vorgenommen. Danach könne die Austauschbarkeit der Nachfrage auch dadurch bewertet werden, daß Eigenschaften von Produkten oder Dienstleistungen verglichen werden, um festzustellen, ob sie zur Deckung eines ständig bestehenden Bedarfs besonders geeignet oder nur in begrenztem Maße gegen andere Produkte oder Dienstleistungen austauschbar seien[637]. Auf dieser Ausgangsbasis hat die Kommission schlüssig digitale interaktive Fernsehdienste zum einen wegen des unterschiedlichen Umfangs, differierender Waren- und Dienstleistungspaletten und Preisunterschiede vom Ladenverkauf abgegrenzt[638]. Zum anderen hat sie aufgrund der Unterschiede in Anschaffungspreis, Nutzung und Verbreitung beim Vergleich von PC und Fernsehgerät eine Abgrenzung gegenüber digitalen interaktiven computergestützten Diensten vorgenommen[639] und schließlich zum dritten aufgrund der unterschiedlichen Merkmale, der Nachfrage und des Verwendungszwecks eine Substituierbarkeit mit Pay-TV verneint[640].

Die Marktdefinition im Vorhaben *AOL/ Time Warner* veranschaulicht ebenfalls den Ansatz der Kommission, bei neuen Märkten Charakteristika und Art der Nutzung miteinander zu vergleichen, um deren Austauschbarkeit zu ermitteln. Dort hatte die Kommission im Wege einer Marktbefragung zu analysieren, ob die zunehmende Verbreitung von Musikdateien über das Internet als Teil eines einheitlichen Marktes für Tonträger und für über das Internet verfügbare Musik anzusehen ist oder einen separaten, in der Entstehung befindlichen Produktmarkt darstellt. Die Kommission hat hier eine Abgrenzung zum einen aus Sicht der Nachfrager und zum anderen von der Angebotsseite her vorgenommen. Sie hat dabei überzeugend dargelegt, daß neben der unterschiedlichen Preisbildung sowohl auf Angebotsseite Unterschiede zur Herstellung und dem Vertrieb von Tonträgern als auch auf Nach-

---

636 *BSkyB/ Kirch Pay-TV*, Zi. 33. In dieser Passage hat die Kommission auf ihre Ausführungen bezüglich eines Marktes für digitale interaktive Bildschirmdienste in Großbritannien in *British Interactive Broadcasting*, Zi. 13, zurückgegriffen, wo in Fn. 8 auf die Ausführungen des EuGH in *Oscar Bronner*, Rs. C-7/97, Urteil des EuGH vom 26.11.1998, Slg. 1998, I-7791, Zi. 33, verwiesen wurde.

637 *BSkyB/ Kirch Pay-TV*, Zi. 33. Vgl. auch die entsprechenden Ausführungen in *British Interactive Broadcasting*, Zi. 13, sowie generell für die folgenden Abgrenzungen Zi. 11-23.

638 Siehe *BSkyB/ Kirch Pay-TV*, Zi. 35-37. Carter, World Competition (24) 2001, 93, 105, merkt hinsichtlich dieser Marktermittlung bei *British Interactive Broadcasting* an, die Kommission hätte neben einer extremen Alternative noch nähere in Frage kommende Substitute wie z.B. Katalogshopping oder Telefonbanking berücksichtigen sollen.

639 Vgl. *BSkyB/ Kirch Pay-TV*, Zi. 38-39, und für eine befürwortende Bewertung der Abgrenzung in *British Interactive Broadcasting* Carter, World Competition (24) 2001, 93, 106.

640 *BSkyB/ Kirch Pay-TV*, Zi. 40. Zustimmend in bezug auf die entsprechende Abgrenzung in *British Interactive Broadcasting* Carter, World Competition (24) 2001, 93, 104.

frageseite Unterschiede bezüglich Zugriffsmöglichkeit und Art und Weise der Nutzung bestehen und infolgedessen von einem eigenständigen, entstehenden Internetmarkt auszugehen ist[641].

bb. Vodafone/ Mannesmann *und* France Télécom/ Orange

Entgegen den Marktabgrenzungen in den geschilderten Fällen läßt die Definition des neuen Marktes im Fall *Vodafone/ Mannesmann* ausführliche Erörterungen bezüglich der Substituierbarkeit vermissen[642]. Die Kommission hat dort festgestellt, es bestünde eine separate Nachfrage durch international tätige Kunden nach nahtlosen paneuropäischen Mobilfunkdiensten. Für diese könnten weder ein Patchwork aus nationalen Diensten noch ein Paket von mobilen und festen Lösungen als Substitut angesehen werden, weil derartige Anbieter nicht in der Lage seien, ihre Dienste nahtlos ohne Unterschied in Funktion und Service und grenzüberschreitend anzubieten[643]. In ihrer Entscheidung *France Télécom/ Orange* hat die Kommission diese und die dort von France Télécom ebenfalls vorgenommene Einschätzung bestätigt, daß es sich bei dem Markt der nahtlosen paneuropäischen Mobilfunkdienste um einen separaten, wenn auch mit dem Markt für Mobilfunkdienste eng verwandten Produktmarkt handele[644].

Auch wenn die Kommission mit ihrer Marktfindung im Ergebnis Recht haben mag, so lassen ihre Ausführungen dennoch eine detaillierte Begründung ihres Resultats, d.h. der mangelnden Austauschbarkeit mit existierenden Mobilfunkdiensten, vermissen. Angesichts der Gefahr einer Fehleinschätzung und der Bedeutung für die anschließende Ermittlung der Marktbeherrschung ist es jedoch speziell bei der Annahme eines neuen Marktes für ein noch nicht angebotenes Produkt erforderlich, daß die Kommission den Eindruck bloßer Spekulationen vermeidet und ihre Marktprognose objektiv nachvollziehbar und mit Hilfe eines Vergleichs verschiedener Produkte und deren Charakteristika sorgfältig begründet. Es ist zu hoffen, daß die Kommission diesen Anforderungen - wie bereits in *BSkyB/ Kirch Pay-TV* und *AOL/ Time Warner* - in allen zukünftigen Fällen nachkommen wird.

---

641 *AOL/ Time Warner*, Zi. 20, 21, 26. Zustimmend auch Mestmäcker, ZUM 2001, 185, 191.

642 Kritisch bzgl. der Marktdefinition auch Veljanovski, ECLR 2001, 115, 118; Case Associates, Casenote Competition Research Issue 19 (June 2000), unter: http://www.casecon.com/compnotes.htm.

643 *Vodafone/ Mannesmann*, Zi. 18 ff., insbesondere Zi. 21.

644 *France Télécom/ Orange*, Zi. 14-16.

4. Schwierigkeitsgrade bei der Ermittlung einer Gatekeeper Position

a. Grundsätzliche Anforderungen bei der Prognose einer Gatekeeper Position

Bei der Ermittlung einer Gatekeeper Position bereitet insbesondere die Prognose Schwierigkeiten, ob eine bestimmte Entwicklung Unternehmen tatsächlich in die Lage versetzt, infolge eines Zusammenschlusses den Zugang zu dem identifizierten Markt zu kontrollieren und die Markteintritts- und Wettbewerbsbedingungen zu diktieren[645]. Hieraus wird teilweise gefolgert, die Kommission sollte wegen der Unsicherheiten in bezug auf künftige Veränderungen und der Komplexität der Wettbewerbsanalyse im Falle von Märkten mit starken technologischen Innovationen von jeglichem Einschreiten absehen[646]. Eine solche Argumentation kann jedoch nicht überzeugen, weil ansonsten jeder Form der präventiven Kontrolle der Boden entzogen wäre. Prognoseentscheidungen sind immer mit einer gewissen Unsicherheit behaftet. Im Rahmen der FKVO ist die Kommission bei der ex-ante-Beurteilung, ob ein Unternehmen künftig eine beherrschende Stellung einnehmen kann, grundsätzlich auf andere Hypothesen und Annahmen angewiesen als bei einer ex-post-Ermittlung der Marktbeherrschung unter Art. 82 EGV. Der Kommission ist deshalb ein Beurteilungsspielraum zuzugestehen, was vom EuG und dem EuGH grundsätzlich anerkannt wird[647]. Eine Vorhersage der zu erwartenden Auswirkungen eines Zusammenschlusses kann niemals einen Anspruch auf absolute Richtigkeit begründen.

Den kritischen Stimmen ist allerdings zuzugestehen, daß die Prognose einer Gatekeeper Position und damit die Entscheidung über ein fusionskontrollrechtliches Einschreiten im schnellebigen Informations- und Kommunikationssektor mit mehr Unsicherheiten behaftet ist als in traditionellen In-

---

645 Auf das Prognoseproblem allgemein im Rahmen der Fusionskontrolle hinweisend Immenga in: Immenga/ Mestmäcker, Bd. 1, Art. 2 FKVO, Rn. 3; Mussler, FAZ vom 03.12.2002, S. 11. Als Zeitraum, der unter dem Gesichtspunkt der Vorhersehbarkeit von Marktentwicklungen noch einbezogen werden kann, ist wie bereits angedeutet auf etwa drei bis fünf Jahre abzustellen, Immenga in: Immenga/ Mestmäcker, Bd. 1, Art. 2 FKVO, Rn. 23.

646 Siehe den Hinweis auf diese Stimmen u.a. bei Monti, FCLI 2000, 257, 261.

647 Diesen gilt es bei der gerichtlichen Überprüfung zu berücksichtigen. Siehe z.B. *Kali und Salz*, verbundene Rs. C-68/94 und C-30/95, Urteil des EuGH vom 31.03.1998, Slg. 1998, I-1375, Zi. 223 und 224; *Endemol*, Rs. T-221/95, Urteil des EuG vom 28.04.1999, EuZW 1999, 600, 604, Zi. 106; vgl. generell bei Korah, Introductory Guide, S. 310, 11.2.6.1; Leibenath, S. 395. Der EuGH unterscheidet dabei - anders als im deutschen Verwaltungsrecht - nicht zwischen Ermessen als Entscheidungsspielraum auf der Rechtsfolgenseite einer Norm und dem auf der Tatbestandsseite durch sog. unbestimmte Rechtsbegriffe eröffneten Beurteilungsspielraum, Erichsen/ Weiß, JURA 1990, 528, 533.

dustrien. Angesichts der fehlenden Erfahrung bezüglich der Kartellrechtsanwendung in hochtechnologischen Märkten ist die Gefahr von Fehleinschätzungen ohnehin groß[648]. Deshalb ist hier bei der Ermittlung einer Gatekeeper Stellung eine besonders sorgfältige Analyse der künftigen Wettbewerbsverhältnisse nach dem Zusammenschluß angezeigt. Die Kommission hat anhand aller ihr vorliegenden Informationen und Daten über Markt- und Unternehmensstrukturen zu prognostizieren, mit welchen Marktwirkungen infolge des Zusammenschlusses zu rechnen ist, und dabei speziell zu berücksichtigen, welche Folgen etwaige anstehende, technische Neuerungen für die Wettbewerbsverhältnisse im betreffenden Markt nach sich ziehen.

Soweit ersichtlich, entsprechen die Entscheidungen der Kommission, in denen sie die Entstehung einer Gatekeeper Position auf einem existierenden Markt untersucht hat, diesen Anforderungen. Beispielsweise hat sich die Kommission sowohl in *MCI WorldCom/ Sprint* als auch in *Telia/ Telenor* eingehend damit auseinandergesetzt, inwiefern die Entwicklung neuer Technologien der Annahme einer Gatekeeper Stellung für das jeweilige neue Unternehmen entgegensteht[649]. Es ist zu hoffen, daß die Kommission diese Vorgehensweise auch bei der Prüfung künftiger Vorhaben fortsetzt und anhand der bereits herausgearbeiteten Kriterien ihre Prognoseentscheidung hinsichtlich der Entstehung einer Gatekeeper Position trifft[650].

b. Strengere Anforderungen bei Gatekeeper Positionen auf neuen Märkten

Die Prognose von Zusammenschlußwirkungen und der Gefahr einer Gatekeeper Position begegnet zusätzlichen Schwierigkeiten, wenn es sich um entstehende Märkte handelt. Derartige Prognosen sind vor allem aufgrund der wachsenden Bedeutung des Internet und sich dadurch herausbildender, neuer Märkte von zunehmender Relevanz, allerdings gleichzeitig mit großen Unsicherheiten behaftet[651], so daß die Kommission hierbei gesteigerten Anforderungen unterliegt.

Die Genauigkeit der Wettbewerbsanalyse hängt bei Prognoseentscheidungen erheblich von den zum Zeitpunkt der Beurteilung vorliegenden Daten

---

648 Siehe auch Gey, WuW 2001, 933, 934, der auf die diesbezüglichen Ausführungen der Richter im Berufungsurteil in Sachen *Microsoft* in den USA verweist.

649 Vgl. *MCI WorldCom/ Sprint*, Zi. 172 ff. und 187 ff., und speziell in Zi. 191 ff. die Effekte von Innovationen sowie allgemein zu den Techniken Zi. 34 ff.; *Telia/ Telenor*, Zi. 135, und die allgemeinen Ausführungen zur Wettbewerbsstruktur in Zi. 31 ff.

650 Vgl. eingehend in diesem Teil unter A.

651 So auch Mestmäcker, ZUM 2001, 185, 191, im Zusammenhang mit der Erörterung des Vorhabens *AOL/ Time Warner*.

und Informationen ab[652]. Während bei weitgehend stabilen Märkten objektiv vor allem anhand der Strukturmerkmale der betroffenen Märkte zu ermitteln ist, wie sich die Marktverhältnisse nach dem Zusammenschluß entwickeln werden, sind Marktstrukturdaten und -informationen im Falle von entstehenden Märkten ein weniger verläßlicher Indikator. Oft liegen sie noch nicht einmal vor. Dementsprechend wird die Analyse der künftigen Auswirkungen eines Zusammenschlusses auf neuen Märkten stärker als bei bestehenden Märkten von subjektiven Einschätzungen geprägt sein. Je weniger aussagekräftige Daten und Informationen aber zur Verfügung stehen, desto strengere Sorgfalts- und Begründungsanforderungen sind an die Untersuchung und die Ausführungen der Kommission bezüglich einer Gatekeeper Position zu stellen. Um das Risiko einer Fehleinschätzung zu minimieren und den Eindruck einer spekulativen Analyse eines Zusammenschlusses zu vermeiden, hat die Kommission die wenigen vorliegenden Informationen - anders als in *Vodafone/ Mannesmann* in bezug auf das weitere Vorhandensein wirksamen Wettbewerbsdrucks geschehen[653] - eingehend auszuwerten und ihre Schlußfolgerungen ohne offensichtliche Fehler, Auslassungen oder Widersprüche darauf zu basieren. Sie muß ihre Annahmen hinsichtlich der zu erwartenden Entwicklung der Wettbewerbsbedingungen und insbesondere der Entstehung erheblicher Marktzutrittsschranken - wie in *MSG Media Service* und in *BSkyB/ Kirch Pay-TV* schlüssig geschehen - ausführlich und nachvollziehbar begründen, damit sie den bei neuen Märkten anzulegenden strengen Maßstab erfüllt.

c. Gesteigerte Anforderungen bei bestehenden und neuen Märkten mit Netzeffekten

Vor besonderen Herausforderungen steht die Kommission zudem bei der Feststellung einer Gatekeeper Position auf bestehenden oder neuen Märkten, die durch Netzstrukturen gekennzeichnet sind. Die Schwierigkeit, die künftige Entwicklung des Wettbewerbsgeschehens zu prognostizieren, vergrößert sich hier noch dadurch, daß in die Untersuchung des Zusammenschlusses auch die mögliche Realisierung von Netzeffekten miteinbezogen werden muß. Die Bedeutsamkeit der Entwicklung solcher Netzmärkte ist jedoch allgemein schwer prognostizierbar und zumeist nur nachträglich analytisch zu erfassen[654]. So kann es vorkommen, daß ein Netzwerk, nachdem es jahrelang

---

[652] Siehe in diesem Zusammenhang auch die Aussage von Pons, „We have to take a view on the basis of what we know today." in: „European Competition Policy in the New Economy" (26.06.2001), unter: http://www.europa.eu.int/comm/competition/speeches/index_2001.html.

[653] Vgl. eingehend dazu die Ausführungen unter A.I.1.b.

[654] Zerdick, S. 212.

kaum wahrnehmbar war, scheinbar plötzlich in Teilnehmerzahl und wirtschaftlicher Bedeutung explodiert und es infolge des Zusammenschlusses zu einem exponentiellen Wachstum kommt[655]. Umgekehrt können sich aber auch veränderte Erwartungen der Konsumenten bzw. ein Wechsel ihrer Präferenzen schnell in einem Abwärtstrend niederschlagen[656]. Um so wichtiger ist es, daß die Kommission bei der Ermittlung einer Gatekeeper Position - wie bereits an anderer Stelle betont[657] - eine besonders sorgfältige Prognose hinsichtlich Wahrscheinlichkeit und Stärke der zu erwartenden Netzeffekte vornimmt. Die Berufung auf ein ökonomisches Konzept ist ohne fundierte Erläuterungen zu dessen Vorliegen ohne Belang.

5. Fazit

Bei der Ermittlung, ob ein Unternehmen infolge eines Zusammenschlusses eine Gatekeeper Position auf einem bestehenden Markt des Informations- und Kommunikationssektors einnehmen kann, wird die Kommission mit der Schwierigkeit konfrontiert, Konvergenz und künftige technologische Entwicklungen angemessen in ihrer Marktabgrenzung und Analyse der Marktbeherrschung zu berücksichtigen. Eine solche Prognoseentscheidung ist stets mit gewissen Unsicherheiten verbunden. Im Falle von neuen Märkten, die sich noch in der Entstehung befinden, tritt dieses Problem verstärkt auf. Da dann zumeist weniger auf aussagekräftige Daten und Informationen zurückgegriffen werden kann, sind sowohl die Marktabgrenzung als auch die Ermittlung einer Gatekeeper Position noch stärker von subjektiven Wert- und Wahrscheinlichkeitsurteilen beeinflußt. Die Kommission hat deshalb in jedem Einzelfall eine eingehende Analyse der künftigen technologischen Neuerungen und ihrer Auswirkungen auf die Wettbewerbsverhältnisse vorzunehmen und die Annahme einer Gatekeeper Stellung objektiv nachvollziehbar zu begründen, was ihre Entscheidungen zumeist erkennen lassen.

Dabei sind umso strengere Maßstäbe an ihre Entscheidungsfindung anzulegen, je weniger die zu erwartenden Auswirkungen und ihr Ergebnis anhand von Daten und Informationen belegt werden können. Das Risiko, daß sich die infolge der Prognose getroffene Entscheidung der Kommission im Nachhinein als fehlerhaft bzw. nicht notwendig erweist, soll durch die gesteigerten Sorgfalts- und Begründungsanforderungen minimiert werden. Auf diese Weise kann der Eindruck spekulativer Analysen und vor allem die Gefahr eines exzessiven Einschreitens zugunsten einzelner Wettbewerber, dessen

655 Vgl. bei Zerdick, S. 211, 212.
656 Siehe Hoch/ Roeding/ Purkert/ Linder, S. 41; Veljanovski, ECLR 2001, 115, 117.
657 Siehe unter A.II.2.

nachteilige Auswirkungen auf Innovations- und Investitionsanreize und damit langfristig auf den Wettbewerb bereits an anderer Stelle herausgestellt wurden, ausgeräumt werden.

Die Forderung nach strengeren Maßstäben steht schließlich auch im Einklang mit der Tendenz zu erhöhten Anforderungen an die Entscheidungsfindung der Kommission, die sich in verschiedenen Überprüfungen einzelner Kommissionsentscheidungen durch die europäischen Gerichte in anderen Sektoren erkennen läßt. Es ist verstärkt zu beobachten, daß die Richter nicht nur die Entscheidungsprozedur der Kommission beurteilen, sondern sich auch in die wirtschaftlichen Details der Streitfälle einarbeiten. Nach Ansicht der Richter genügt eine Kommissionsentscheidung nicht den Anforderungen, wenn die Analyse und Begründung strukturelle Mängel enthält und die ökonomischen Folgen nur oberflächlich geprüft werden, sondern die ökonomische Analyse muß frei von Irrtümern und Flüchtigkeiten sein[658].

III. Unterscheidung nach Art der kontrollierten Einrichtung

Neben einer Unterscheidung nach der Entstehungsform und der Marktphase ist bei Gatekeeper Positionen schließlich danach zu differenzieren, welche Einrichtung einem Unternehmen die Möglichkeit verleiht, nach einem Zusammenschluß Markteintritts- und Wettbewerbsbedingungen von Konkurrenten auf einem vor- oder nachgelagerten Markt zu steuern[659]. Dabei gilt es, den in dieser Untersuchung entwickelten Ansatz, wonach sich die Kommission bei der Ermittlung einer Gatekeeper Stellung am Kriterium der Unverzichtbarkeit einer Einrichtung im Sinne des Fehlens tatsächlicher oder poten-

[658] Süddeutsche Zeitung vom 26.10.2002, „Urteil über schwedisch-französische Firmenehe - Noch ein EU-Fusionsverbot gekippt". Vgl. hierfür die drei Urteile des EuG in 2002, das die jeweilige Verbotsentscheidung der Kommission aufgehoben und für nichtig erklärt hat, *Airtours/ First Choice*, Fall COMP/M.1524, Entscheidung der Kommission vom 22.09.1999, ABl. 2000, L 93/1, und dazugehörig *Airtours/ Kommission*, Rs. T-342/99, Urteil des EuG vom 06.06.2002, Slg. 2002, II-2585 ff.; *Schneider Electric/ Kommission*, Rs. T-310/01 und T-77/02, Urteil des EuG vom 22.10.2002, Slg. 2002, II-4071 ff. und II-4201 ff.; siehe hierzu auch FAZ vom 23.10.2002, S. 13, und Süddeutsche Zeitung vom 23.10.2002, „Richter heben Fusionsverbot auf - Gerichtshof moniert Fehler der Kommission im Fall Schneider-Legrand"; *Tetra Laval/ Kommission*, Rs. T-5/02 und T-80/02, Urteil des EuG vom 25.10.2002, Slg. 2002, II-4381 ff. und II-4519 ff.

[659] Selbstverständlich kann es - insbesondere bei vertikalen Integrationsaktivitäten - auch vorkommen, daß eine Kombination mehrerer Einrichtungen die Kontrolle über den Marktzugang ermöglicht. Hierauf wird am Ende der Erörterungen eingegangen. Zunächst gilt es, die Besonderheiten herauszuarbeiten, die bei den verschiedenen Einrichtungen zu beachten sind.

tieller, gleichwertiger Alternativen orientieren sollte, weiterzuverfolgen und zu konkretisieren[660].

1. Gatekeeper Positionen durch die Kontrolle über Netzinfrastrukturen

a. Einführung

Die Gefahr einer Gatekeeper Position kann aus der Kontrolle über die für die Erbringung der Dienstleistung oder den Vertrieb des Produkts erforderlichen Infrastruktur, vor allem aus der Kontrolle über ein Netz herrühren. Diese ist deshalb bedeutsam, weil dasjenige Unternehmen, das einen Übertragungsweg bzw. Distributionskanal wie z.B. Telefonnetze, Kabelnetze oder Mobilfunknetze kontrolliert, damit oftmals auch Zugang zu den Kunden hat und kontrollieren kann[661]. Dabei können verschiedene Konstellationen unterschieden werden, in denen eine Gatekeeper Position als Folge eines Zusammenschlusses droht. Die Kontrolle über den Netzzugang wird zum einen häufig die Ursache für die Entstehung einer Gatekeeper Position im Bereich der Telekommunikation darstellen. Wie der Fall *Telia/ Telenor* gezeigt hat, besteht die Sorge darin, daß sich ein Unternehmen infolge seiner Kontrolle über die lokale Ortsnetzinfrastruktur als Gatekeeper auf mehreren Dienstleistungsmärkten positionieren kann, weil Wettbewerber zur Erbringung ihrer Dienstleistung auf den Zugang zum Teilnehmeranschluß angewiesen sind. Zum anderen ist die Kontrolle auf der Netzebene im Zusammenhang mit dem Internet wichtig. Hierbei können sowohl die Kontrolle über die Backbone-Infrastruktur auf der globalen Ebene wie in *WorldCom/ MCI* und *MCI WorldCom/ Sprint* als auch die Kontrolle über den Zugang zur lokalen Netzinfrastruktur wie in *Telia/ Telenor* dafür ursächlich sein, daß ein Unternehmen infolge eines Zusammenschlusses die Markteintritts- und Wettbewerbsbedingungen auf einem mit dem Internetzugang verbundenen Dienst-

---

[660] Vgl. zur Entwicklung des Kriteriums der Unverzichtbarkeit eingehend oben unter A.III. Es sei an dieser Stelle nochmals daran erinnert, daß der Zugang zur Einrichtung des betreffenden Unternehmens für aktuelle oder potentielle Wettbewerber dergestalt unverzichtbar sein muß, daß diese ansonsten ihre Aktivitäten entweder gar nicht durchführen könnten oder aber ihre Tätigkeit mangels gleichwertiger Alternativen in hohem Maße unwirtschaftlich würde und sie somit keinen Wettbewerbsdruck ausüben könnten. Erst dann weist das Unternehmen die den Tatbestand der Marktbeherrschung kennzeichnende Unabhängigkeit auf und kann als Gatekeeper die Marktentwicklung kontrollieren.

[661] Vgl. Mendes Pereira, „EU Competition Law, Convergence and the Media Industry" (23.04.2002), unter: http://www.europa.eu.int/comm/competition/speeches/index_2002.html, der dieses Problem als „path issue" bezeichnet.

leistungsmarkt als Gatekeeper zu steuern vermag[662]. Außerdem spielt die Kontrolle über den Netzzugang im Bereich der Medien, insbesondere der Fernsehübertragung, eine Rolle. Vor der Digitalisierung war sie angesichts der begrenzten Übertragungskapazitäten eine der Hauptursachen für die Entstehung einer Gatekeeper Position auf der Programmebene[663]. Bei digitaler Programmverbreitung verliert die Knappheit der Übertragungswege zwar zunehmend an Bedeutung[664]. Gleichwohl besteht weiterhin die Gefahr, daß Netzbetreiber den Wettbewerb auf der Diensteebene als Gatekeeper steuern können. Dies zeichnet sich im Zusammenhang mit über Breitband[665] angebotenen Diensten ab, da nur Kabel- und Telefonnetze die für interaktive Breitbanddienste erforderlichen Übertragungskapazitäten und die Zweiweg-Kommunikationsfähigkeit durch Bereitstellung eines Rückkanals bzw. einer Rückleitung aufweisen[666].

---

[662] Der Netzwettbewerb auf lokaler Ebene ist deshalb im Zusammenhang mit dem Internet von Bedeutung, weil die Internetnutzer heutzutage für die Verbindung mit dem Internet häufig noch auf die Telekommunikationsnetze der ehemaligen Monopolisten zurückgreifen, Monti, „Competition in the New Economy" (21.05.2001), unter: http://www.europa.eu.int/comm/competition/speeches/index_2001.html.

[663] Diese Gefahr bestand beispielsweise bei der Gründung von *MSG Media Service*, bei der die Kontrolle über den Zugang zu den Kabelnetzen als Übertragungsmedium ein Faktor war, der zur Entstehung einer Gatekeeper Position auf dem Markt für Pay-TV beigetragen hätte.

[664] Vgl. Neumann, Pay-TV, S. 211. Die Anzahl der verfügbaren Programme pro Frequenz kann durch die digitale Datenkompression je nach Qualitätsstandard versechs- bis verzehnfacht werden, Holznagel/ Daufeldt, CR 1998, 151.

[665] Der Begriff Breitband bezieht sich auf die Geschwindigkeit, mit der Informationen übertragen werden können. Je höher die Bandbreite, desto höher ist die Leitungsgeschwindigkeit, und desto mehr Informationen kann ein System übertragen. Da für moderne Anwendungen wie das Internet oder besonders Video-on-Demand weit mehr Informationen übertragen werden müssen, als es z.B. bei der herkömmlichen Sprachtelefonie der Fall ist, werden Breitbandverbindungen mit großer Kapazität benötigt. Vgl. hierfür auch die Ausführungen in *Telia/ Telenor*, Zi. 66 ff.

[666] XXIX. Wettbewerbsbericht (1999), S. 166. Die anhaltende Relevanz der Verfügungsbefugnis über Netze für die Entwicklung des Wettbewerbs auf der Diensteebene trotz fortschreitender Digitalisierung zeigt sich z.B. bei der Gründung des Gemeinschaftsunternehmens British Interactive Broadcasting, jetzt Open, die die Kommission unter Art. 81 EGV zu überprüfen hatte. Wie bereits im Zusammenhang mit der Entscheidung in *BSkyB/ Kirch Pay-TV* angedeutet, sollte Open, das von Tochtergesellschaften von BSkyB, British Telecom und Matsushita sowie der Midland Bank als zum HSBC-Konzern gehörig gegründet wurde (zu den Parteien vgl. *British Interactive Broadcasting*, Zi. 5-9), im Vereinigten Königreich digitale interaktive Fernsehdienste erbringen. Die hierbei stattfindende wechselseitige Kommunikation erfordert die Übertragung der Signale in zwei Richtungen, vgl. Zi. 34. Entsprechend den obigen Ausführungen könnten Betreiber interaktiver Dienste dabei nur auf das herkömmliche Telefonnetz, das hier überwiegend von British Telecom betrieben wurde, oder auf Kabelnetze zurückgreifen (Zi. 33 und 86). Die mächtige Position von British Telecom auf der Netzebene, so die Kommission, verleihe dem Unternehmen die Möglichkeit, durch die Kontrolle über den Zugang zu seinem Netz den Wettbewerb zwischen den Anbietern digitaler interaktiver Fernsehdienste zugunsten von Open zu steuern, wozu es angesichts seiner Beteiligung an Open auch einen Anreiz habe.

b. Besonderheiten bei der Ermittlung der Unverzichtbarkeit einer Netzinfrastruktur

Bei der Frage, ob sich ein fusionierendes Unternehmen infolge der Kontrolle über eine Netzinfrastruktur als Gatekeeper auf einem vorgelagerten Markt positionieren kann, sind mehrere Aspekte von besonderer Relevanz, die bei der Untersuchung der Unverzichtbarkeit der betreffenden Einrichtung für ein Tätigwerden auf dem vorgelagerten Markt zu berücksichtigen sind. Zum einen ist dem Auftreten von Netzeffekten hinreichend Rechnung zu tragen. Kommt es durch den Zusammenschluß zu Netzeffekten, können diese zur Folge haben, daß alternative Übertragungs- bzw. Vertriebswege für Wettbewerber auf der Dienstleistungs- oder Programmebene künftig mangels vergleichbarer Netzeffekte und Zugriffsmöglichkeiten auf einen entsprechend großen Kundenstamm nicht mehr als gleichwertig anzusehen sind und das neue Unternehmen daher mit Hilfe seiner unverzichtbaren Einrichtung eine Gatekeeper Position einzunehmen vermag.

Zum anderen ist speziell auf der Netzebene der fortschreitenden Konvergenz besondere Beachtung zu schenken. Im Zuge der Konvergenz der Netze kann ein Übertragungsweg oder Vertriebskanal, der ehemals für eine Tätigkeit auf dem vorgelagerten Markt unverzichtbar war, künftig Wettbewerb durch alternative Infrastrukturen ausgesetzt sein. Deshalb ist stets zu untersuchen, inwieweit andere Übertragungs- und Vertriebswege innerhalb des Prognosezeitraums als gleichwertig einzustufen sein werden und damit die Abhängigkeit konkurrierender Dienstleistungs- oder Programmanbieter von ihrem Wettbewerber dergestalt mindern, daß sie dessen Verhalten auf der Dienstleistungs- oder Programmebene wirksam beschränken können. Ist die Nachbildung einer Infrastruktur hingegen aus technischen, rechtlichen oder wirtschaftlichen Gründen tatsächlich und auch künftig unmöglich, wird die Unverzichtbarkeit der kontrollierten Infrastruktur und daraus folgend die Entstehung einer Gatekeeper Position zu bejahen sein[667].

c. Das Beispiel Vodafone/ Mannesmann

Die Entscheidung der Kommission im Fall *Vodafone/ Mannesmann* ist bereits dafür kritisiert worden, daß ein temporärer Wettbewerbsvorteil durch die erstmalige Schaffung eines europaweiten Netzwerks nicht ausreichend dafür sein sollte, eine Gatekeeper Position auf dem Markt für paneuropäische

[667] In derartigen Konstellationen zeigen sich auch die immanenten Grenzen des Anreizgedankens, da die Forderung nach einem starken Schutz der Innovations- und Investitionsanreize bei mangelnder Duplizierbarkeit an Überzeugungskraft verliert.

nahtlose Mobilfunkdienste anzunehmen[668]. Ist eine Duplizierung der Netzinfrastruktur - hier des paneuropäischen Mobilfunknetzes - technisch, rechtlich und wirtschaftlich möglich, aber noch nicht vollzogen, so geht davon schon ein gewisses Maß an wettbewerblicher Kontrolle auf dem Dienstleistungsmarkt aus[669]. Das Einschreiten der Kommission zur kurzfristigen Förderung von Wettbewerb auf der Dienstleistungsebene verhindert bzw. verzögert die Herausbildung einer Marktstruktur, die langfristig Wettbewerb auf der Netzebene gewährleistet.

d. Das Vorhaben Vodafone/ Vivendi/ Canal+ (Vizzavi)

In ähnlicher Weise deutet auch die Entscheidung *Vizzavi*[670] darauf hin, daß die Kommission eine etwas zu vorsichtige Position im Zusammenhang mit einer möglichen Marktabschottung einnimmt. Es scheint, als ob sie die Entwicklung des Wettbewerbs insbesondere auf neuen Märkten zunehmend durch die Akzeptanz von Zusagen steuern will, die den Zugang von Wettbewerbern zu den von den beteiligten Unternehmen kontrollierten Übertragungs- bzw. Vertriebswegen gewährleisten.

Gegenstand der Prüfung in *Vizzavi* war die Gründung des gleichnamigen Gemeinschaftsunternehmens durch Vivendi, sein Tochterunternehmen Canal+ und Vodafone. Die Besonderheit an dem Internetportal Vizzavi sollte dabei sein, daß es von unterschiedlichen Plattformen aus erreicht werden kann und für den Zugang über PC- und Telefonleitung ebenso ausgelegt ist wie für den Zugang über Mobilfunk oder Set Top Boxen und Breitbandkabel[671]. Im Zentrum der Entscheidung stand die Sorge der Kommission, daß die beteiligten Unternehmen ihre Marktmacht in den Bereichen Mobilfunk und Pay-TV dazu nutzen könnten, Vizzavi als Standardportal beim Internetzugang über das Mobilfunk- bzw. Kabelfernsehnetz zu etablieren und auf den neuen Märkten für über Mobiltelefone und Set Top Boxen zugängliche

---

668 Siehe dazu oben unter A.I.1.b.

669 So auch Mestmäcker/ Schweitzer, S. 75, allgemein für den Mobilfunksektor.

670 *Vodafone/ Vivendi/ Canal+ (Vizzavi)*, Fall COMP/JV.48, Entscheidung der Kommission vom 20.07.2000, unter: http://www.europa.eu.int/comm/competition/mergers/cases. Vgl. auch den XXX. Wettbewerbsbericht (2000), S. 59 f., sowie die Pressemitteilung der Europäischen Kommission vom 20.07.2000, IP/00/821, „Internet-Zugang: Kommission verbindet Genehmigung des Gemeinschaftsunternehmens Vizzavi von Vodafone, Vivendi und Canal+ mit Auflagen", unter: http://www.europa.eu.int/rapid/start/cgi; für eine Zusammenfassung der Entscheidung siehe auch Pape, WuW 2000, 989.

671 *Vodafone/ Vivendi/ Canal+ (Vizzavi)*, Zi. 8; Pape, WuW 2000, 989. Deswegen wird das Portal in der englischen Sprache auch als „multi-access Internet portal" bezeichnet.

Internetportale eine Gatekeeper Position einzunehmen[672]. So hat die Kommission ausgeführt, angesichts der bedeutenden, teilweise beherrschenden Stellungen der Muttergesellschaften auf verschiedenen Zugangsmärkten[673] bestehe die Gefahr, daß Pay-TV Kunden von Canal+ bzw. Mobilfunkkunden von Vodafone zwangsläufig und automatisch auf Vizzavi geleitet würden und kein konkurrierendes Internetportal frei wählen könnten[674]. Eine solche automatische Voreinstellung des Vizzavi-Portals auf allen Set Top Boxen und Mobilfunkgeräten von Canal+ bzw. Vodafone habe jedoch zur Folge, daß anderen Portalanbietern der Zugang zum großen Kundenstamm und den Geräten von Canal+ und Vodafone versperrt sei. Um zu verhindern, daß sich die beteiligten Unternehmen aufgrund der Kontrolle über die Mobilfunk- und Fernsehnetzinfrastruktur als Gatekeeper auf diesen Internetportalmärkten positionieren können, hat die Kommission zur Genehmigung des Vorhabens Zusagen von den Parteien eingefordert. Diese sehen vor, daß die Parteien es ihren Pay-TV- bzw. Mobilfunkkunden nicht erschweren, die Voreinstellung von Vizzavi als Standardportal zu ändern und auf Portaldienste von dritten Anbietern zurückzugreifen, die Parteien damit also konkurrierenden Anbietern Zugang zu ihren Set Top Boxen und Mobilfunkgeräten gewähren[675].

Es ist hier nicht deutlich zu erkennen, ob die Kommission wirklich davon ausgegangen ist, daß der Zugang für konkurrierende Internetportale unverzichtbar im Sinne des Fehlens eines tatsächlichen oder potentiellen, gleichwertigen Ersatzes ist, um die Entstehung einer Gatekeeper Stellung zu verhindern. Die Tatsache, daß die Kommission die Zusagen ebenso wie im Fall *Vodafone/ Mannesmann* auf drei Jahre befristet hat[676], deutet darauf hin, daß die Kommission mehr von der Sorge eines vorübergehenden Wettbewerbs-

---

672 Vgl. Monti, „Competition and Media“ (12.09.2000), unter: http://www.europa.eu.int/comm/competition/speeches/index_2000.html; *Vodafone/ Vivendi/ Canal+ (Vizzavi)*, Zi. 81, 82. Die Kommission hat dabei aufgrund der Nachfrage der Internetnutzer nach Informationsmittlerdiensten einen eigenen Markt für Internetportale identifiziert, der von den Einnahmeströmen, die der Portalbetreiber etwa aus Werbung oder aus Kommissionen von E-Commerce-Anbietern erhält, unabhängig sei (vgl. Zi. 47 ff.), und hat beim Internetzugang unterschiedliche Märkte je nach dem Zugangsmedium angenommen, siehe Zi. 29 ff., und bei Pape, WuW 2000, 989.

673 Marktbeherrschende Stellungen existierten der Kommission zufolge z.B. von Canal+ auf dem französischen Markt für Internetzugang über das TV-Gerät oder von Vodafone auf dem paneuropäischen Markt für nahtlose WAP-Zugangsdienste für international mobile Kunden, siehe *Vodafone/ Vivendi/ Canal+ (Vizzavi)*, Zi. 67 und 69.

674 Vgl. *Vodafone/ Vivendi/ Canal+ (Vizzavi)*, Zi. 77, 78.

675 *Vodafone/ Vivendi/ Canal+ (Vizzavi)*, Zi. 90 ff. Vgl. auch die Pressemitteilung der Europäischen Kommission von 20.07.2000, IP/00/821, „Internet-Zugang: Kommission verbindet Genehmigung des Gemeinschaftsunternehmens Vizzavi von Vodafone, Vivendi und Canal+ mit Auflagen“, unter: http://www.europa.eu.int/rapid/start/cgi.

676 Siehe *Vodafone/ Vivendi/ Canal+ (Vizzavi)*, Zi. 91, 92.

vorteils geleitet war, als daß sie von einer dauerhaften Marktbeherrschung ausging. Es wäre wünschenswert gewesen, daß sich die Kommission intensiver mit Ausweichmöglichkeiten zu Vodafone und Canal+ auseinandergesetzt und alternative Wege zu den Kunden in ihre Erwägungen miteinbezogen sowie - unter Berücksichtigung etwaiger Netzeffekte - auf ihre Gleichwertigkeit hin untersucht hätte, bevor sie eine marktbeherrschende Stellung annimmt. Ansonsten erweckt sie wiederum zu sehr den Eindruck eines exzessiven Einschreitens, das Unternehmen künftig von innovativen Zusammenschlüssen abhalten könnte.

Hervorzuheben ist allerdings, daß die Kommission im Unterschied zu *Vodafone/ Mannesmann* hier bei ihrer Beurteilung des Vorhabens und der Ausgestaltung der Abhilfemaßnahmen die Interessen der Endverbraucher miteinbezogen hat. So hat sie zu verstehen gegeben, daß sie mit der Entscheidung sicherstellen wolle, daß die derzeitige Wettbewerbsstruktur auf dem Markt für Internetdienste beim Zugang über PC- und Telefonleitung, bei der Kunden ihren Inhalteanbieter unabhängig von ihrem Zugangsanbieter wählen können, auch auf die in der Entwicklung befindlichen Märkte der Internetdienste über Handys und Fernsehgeräte übertragen werde[677]. Eine derartige stärkere Ausrichtung der wettbewerbsrechtlichen Analyse auf die Folgen für die Konsumenten ist zu begrüßen und sollte beibehalten werden.

2. Gatekeeper Positionen durch die Kontrolle über Inhalte

a. Einführung

Die Verfügungsbefugnis über Inhalte aufgrund von Musikverwertungsrechten oder Sportübertragungs- und Filmrechten kann ebenso dafür ursächlich sein, daß ein Unternehmen infolge eines Zusammenschlusses als Gatekeeper die Markteintritts- und Wettbewerbsbedingungen von Konkurrenten auf einem, in diesem Fall nachgelagerten Markt steuern kann[678]. Inhalte entwickeln sich zur Schlüsselgröße bei der Nutzung der neuen, digitalen Über-

---

[677] Vgl. die Pressemitteilung der Europäischen Kommission vom 20.07.2000, IP/00/821, „Internet-Zugang: Kommission verbindet Genehmigung des Gemeinschaftsunternehmens Vizzavi von Vodafone, Vivendi und Canal+ mit Auflagen", unter: http://www.europa.eu.int/rapid/start/cgi; Marshall/ Tretton/ Papaioannou, Competition Policy Newsletter 2000 (No. 3), 61, 71. Im Englischen wird beim Inhalteanbieter vom „content provider" und beim Zugangsanbieter vom „access provider" gesprochen.

[678] Mendes Pereira, „Convergence between Media and Telecommunications: Competition Law and Regulatory Perspectives" (29.11.2002), unter: http://www.europa.eu.int/comm/competition/speeches/index_2002.html, spricht hier vom „source issue".

tragungswege und entscheiden zunehmend über den Erfolg im Wettbewerb im Medienbereich[679]. Der Zugang zu Programminhalten und mithin die Inhaberschaft von Rechten an Premiuminhalten ist zum einen ausschlaggebend für den Eintritt in die neuen Fernsehmärkte, vor allem im Bereich des digitalen Pay-TV, was die Fälle *Bertelsmann/ Kirch/ Premiere* und *Vivendi/ Canal+/ Seagram* demonstrieren. Darüber hinaus gewinnt die Verfügungsbefugnis über Verwertungsrechte bei der Verbreitung von Inhalten über das Internet an Bedeutung. Die Hauptsorge hierbei ist wie beispielsweise im Fall *AOL/ Time Warner*, daß das diese Rechte innehabende Unternehmen existierende oder potentielle Wettbewerber durch die Weigerung, ihnen eine Lizenz für den Zugang zu den Inhalten zu erteilen, ausschließen und sich dadurch als Gatekeeper auf dem nachgelagerten Markt positionieren kann[680].

b. Besonderheiten bei der Ermittlung der Unverzichtbarkeit von Inhalten

Auch bei der Ermittlung der Unverzichtbarkeit eines Musikrepertoires oder bestimmter Programmressourcen, die vom fusionierenden Unternehmen kontrolliert werden, für den Wettbewerb auf einem nachgelagerten Markt sind Besonderheiten zu beachten. Zunächst ist darauf hinzuweisen, daß es bei der Untersuchung grundsätzlich möglich ist, sich - neben anderen Faktoren - an den von den Unternehmen gehaltenen Marktanteilen als Indizwerten zu orientieren. Im Unterschied zu einer solchen Vorgehensweise bei der Kontrolle über Netze oder Technologien kommt hier dem Einwand, Marktanteile berücksichtigten nicht hinreichend die durch rapide technologische Innovationen und das Phänomen der Konvergenz hervorgerufene Dynamik[681], weniger Bedeutung zu, da sich diese Entwicklungen gerade nicht auf der Ebene der Inhalteressourcen auswirken.

Ferner ist genauer auf den Charakter von Übertragungs- und Verwertungsrechten einzugehen. Die Substanz eines Erstausstrahlungsrechts oder eines Musikverwertungsrechts ist es gerade, die davon erfaßten Inhalte exklusiv anzubieten und daraus Nutzen im Wettbewerbsgeschehen zu ziehen. Wie bereits im Zusammenhang mit dem *Magill*-Urteil des EuGH erläutert, liegt die

---

679 Mestmäcker, ZUM 2001, 185; Hess, AfP 2000, 539; Ungerer, „Competition Policy and the Issue of Access in Broadcasting Markets: The Commission Perspective" (14.01.2003), unter: http://www.europa.eu.int/comm/competition/speeches/index_2003.html; auf den Rundfunksektor bezogen Carter, World Competition (24) 2001, 93. Zerdick, S. 36, spricht deshalb auch davon, daß Content weiterhin Trumpf bleibt nicht nur für die Medien, sondern für den gesamten Medien- und Kommunikationssektor.

680 Vgl. bei Ungerer, „Content-Media-Telecom Competition Issues" (31.05.2001), unter: http://www.europa.eu.int/comm/competition/speeches/index_2001.html.

681 Siehe dazu oben unter A.I.2.

Möglichkeit einer Beeinträchtigung des Wettbewerbs auf einer nachgelagerten Ebene somit bereits in der Natur des betreffenden Rechts als Ausschließlichkeitsrecht begründet[682]. Dementsprechend darf es für die Annahme einer Gatekeeper Position nicht allein ausreichen, daß es infolge der Inhaberschaft eines exklusiven Rechts überhaupt zu Ausschlußeffekten auf dem nachgelagerten Markt kommt. Würde die Kommission zu leicht eine Gatekeeper Stellung auf den nachgelagerten Märkten z.B. für Pay-TV oder für den Online-Musikvertrieb annehmen und den Zugang zu den Inhalten für Wettbewerber fordern, so käme dies im Ergebnis der Anordnung einer Zwangslizenzierung gleich. Dies würde jedoch deren Exklusivitätscharakter de facto aushöhlen und dadurch die Anreize, überhaupt in den Erwerb von Rechten zu investieren, zu stark mindern. Vielmehr ist stets anhand der Umstände des Einzelfalls zu analysieren, inwieweit die Wirkungen es dem fusionierenden Unternehmen tatsächlich ermöglichen, künftig als Gatekeeper den Markt zu beherrschen. Hierbei sollte im Rahmen der Untersuchung, ob es an tatsächlichen oder potentiellen, gleichwertigen Alternativen mangelt und die Inhalte als unverzichtbar für ein Tätigwerden auf dem relevanten Markt einzustufen sind, insbesondere auf Dauer und Umfang der Exklusivität der Rechte abgestellt werden.

c. *Das Beispiel* Vivendi/ Canal+/ Seagram

In diesem Zusammenhang gilt es, die Ausführungen der Kommission in *Vivendi/ Canal+/ Seagram* näher zu beleuchten, was die Auswirkungen der vertikalen Integration auf die Position von Canal+ auf mehreren nationalen Pay-TV Märkten anbelangt[683]. Als ausschlaggebend für die Gefahr einer Marktabschottung durch Canal+ auf den betreffenden Märkten hat die Kommission hier die durch den Zusammenschluß gestärkte Zugriffsmöglichkeit von Canal+ auf attraktive Premiuminhalte angesehen. Sie resultiere zum einen aus dem gesicherten Zugang zu den von Universal produzierten oder coproduzierten Filmen und zum anderen aus der verbesserten Position von Canal+, mit den anderen Filmstudios die bestehenden Exklusivitätsvereinba-

[682] Vgl. unter A.III.2.c.bb. Zu beachten ist, daß die dortige Fragestellung unter Art. 82 EGV eine andere ist, nämlich die Frage, ob ein Verhalten als mißbräuchlich angesehen werden kann, das gerade die Substanz eines Rechts darstellt und dieses lediglich im Einzelfall konkretisiert. Dies wird - wie der EuGH überzeugend vertreten hat - wohl nur unter außergewöhnlichen Umständen der Fall sein. Im Rahmen der FKVO richtet sich das Augenmerk jedoch auf den nachgelagerten Markt und die Frage nach einer marktbeherrschenden Stellung, so daß es hier nicht auf die Wertungen und Abwägungen wie bei der Mißbräuchlichkeit ankommt.

[683] Zur Kritik an der Vorgehensweise der Kommission in bezug auf die neuen Märkte für Internetportale und den Online-Musikvertrieb siehe ausführlich oben unter A.II.2.a. und A.III.1. sowie B.I.2.c.bb.

rungen über Erstverwertungsrechte an Premiumfilmen aufrechtzuerhalten oder neue abzuschließen.

Wäre die Elimination von Universal als Quelle für konkurrierende Pay-TV Betreiber die einzige Folge des Zusammenschlusses gewesen, so wäre zweifelhaft, ob die Kontrolle über die Premiumfilme von einem der sechs großen Hollywood-Studios[684] für die Annahme ausgereicht hätte, daß Canal+ künftig als Gatekeeper Markteintritts- und Wettbewerbsbedingungen steuern könnte. Der Zugang zu den Erstverwertungsrechten für Premiumfilme von Universal kann für sich allein betrachtet nicht als unverzichtbar angesehen werden. Wettbewerber hätten grundsätzlich die Möglichkeit, auf die Erstverwertungsrechte der verbleibenden fünf großen U.S. Filmstudios zurückzugreifen, und dementsprechend gleichwertige Alternativen zur Verfügung. Trifft es jedoch zu, daß Canal+ - wie von der Kommission behauptet - auch die Erstverwertungsrechte von den anderen U.S. Filmstudios hätte erlangen und die Exklusivitätsvereinbarungen erneuern können, so hätte die Kommission ein wesentlich stärkeres Argument gehabt. In dem Fall läßt sich die Gefahr einer Marktabschottung mit dem Umfang an kontrollierten Inhalten und der Dauerhaftigkeit der exklusiven Übertragung durchaus begründen, wofür darüber hinaus spricht, daß Canal+ - unabhängig von der Verbindung mit Universal - bereits aufgrund seines Kundenstammes für Filmstudios ein wesentlich attraktiverer Vertragspartner als andere Pay-TV Betreiber ist[685].

---

684 Vgl. *Vivendi/ Canal+/ Seagram*, Zi. 8.

685 Ein weiterer Fall, bei dem ebenfalls die Kontrolle über Inhalte im Mittelpunkt stand, ist der Fall *RTL/ Veronica/ Endemol*, Fall IV/M.553, Entscheidung der Kommission vom 05.06.1996, ABl. 1996, L 134/32, der hier kurz Erwähnung finden soll. Die beiden Erstgenannten, beides niederländische Fernseh- und Rundfunksender, sowie Endemol, ein unabhängiger niederländischer Produzent von Fernsehsendungen, planten die Gründung des Gemeinschaftsunternehmens Holland Media Groep (HMG), in das sie ihre jeweiligen Aktivitäten bei der Ausstrahlung und Produktion von Fernsehprogrammen und der Plazierung von Fernsehwerbung einbringen wollten, vgl. Löffler, WuW 1995, 1004. Neben der entstehenden horizontalen Verknüpfung durch die Zusammenlegung der Aktivitäten von zwei erfolgreichen Fernsehsendern war die Kommission vor allem besorgt, daß die Sendeanstalten aufgrund der vertikalen Integration bevorzugten Zugang zu den Fernsehproduktionen von Endemol haben würden, der auf dem entsprechenden Markt eine herausragende Stellung einnahm, Zi. 30 und 91. Die Kommission hat ausgeführt, angesichts dieser Stärken könne das Vorhandensein von HMG schon einen Hinderungsgrund für einen neuen Marktzutritt potentieller Wettbewerber darstellen, da HMG aufgrund der Kontrolle über die Inhalte in der Lage wäre, Versuche anderer Marktteilnehmer abzuwehren, den Wettbewerb mit ihm aufzunehmen, und den Marktzutritt von Neuzugängen zu erschweren und somit eine Gatekeeper Funktion auszuüben, siehe Zi. 86 und 87. Die in diesem Fall ergangene Untersagungsentscheidung der Kommission wurde auf dem Rechtswege angegriffen, vgl. auch das daraufhin ergangene Urteil des EuG vom 28.04.1999, Rs. T-221/95, EuZW 1999, 600 ff., mit Besprechung von Bartosch, EuZW 1999, 607 f. Neben anderen Punkten ist das EuG dort der Argumentation der Kommission in vollem Umfang bei der Bewertung der Stellung Endemols als beherrschend gefolgt, ohne je-

3. Gatekeeper Positionen durch die Kontrolle über Technologien

a. Einführung

Eine Gatekeeper Position kann auch das Resultat der Kontrolle über eine bestimmte Technologie sein. Diese wird ähnlich der Verfügungsbefugnis über Ressourcen wie Musikinhalte oder Filme durch die Inhaberschaft eines Rechts an der betreffenden Technologie begründet. Hierzu gehören u.a. Patente, Know-How oder andere geistige Eigentumsrechte[686]. Dabei lassen sich verschiedene Konstellationen unterscheiden, wann diese Kontrolle es einem Unternehmen ermöglicht, nach einem Zusammenschluß Markteintritts- und Wettbewerbsbedingungen seiner Konkurrenten zu beeinflussen. Zum einen kann sich ein Unternehmen im Bereich Informationstechnologie durch Verweigerung der Lizenzierung einer Technologie bzw. der Offenlegung von Informationen als Gatekeeper auf einem benachbarten, komplementären Technologiemarkt positionieren. Hier ist die Relation horizontal in dem Sinne, daß die für das zweite Produkt verwendete Technologie mit derjenigen für das erste Produkt interoperabel und kompatibel sein muß und folglich den Zugang zur ersten Technologie voraussetzt[687]. Zum anderen wächst im Zuge der Digitalisierung die Bedeutung von Formatierungs-, Übertragungs- und Empfangstechniken für den Wettbewerb auf den Programm- oder Vertriebsmärkten. Die Gefahr einer Gatekeeper Position ist hier Folge eines Abhängigkeitsverhältnisses in vertikaler Richtung. Wie sich beispielsweise in *Bertelsmann/ Kirch/ Premiere* und *Deutsche Telekom/ Beta Research* oder auch in *AOL/ Time Warner* erkennen läßt, kann ein Unternehmen dabei seine Kontrolle über eine Technologie dazu einsetzen, Markteintritts- und Wettbewerbsbedingungen von Konkurrenten auf den Produkt- oder Dienstleistungsmärkten entweder unmittelbar über die Konditionen der Lizenzierung zu steuern oder mit Hilfe der Technik subtilere Formen der Diskriminierung auszuüben.

---

doch zu vergessen, seine eigenen Ausführungen durch den Hinweis auf den weiten Beurteilungsspielraum der Kommission bei der wettbewerbsrechtlichen Würdigung wirtschaftlicher Sachverhalte abzusichern, Zi. 102.

686 Vgl. die Mitteilung über Abhilfemaßnahmen, ABl. 2001, C 68/3, Zi. 28.

687 Diese Konstellation findet sich in dem unter Art. 82 EGV laufenden Verfahren gegen Microsoft wieder, wo es um den Zugang zu den technischen Schnittstelleninformationen geht. Siehe dazu oben unter A.III.2.a.

b. Besonderheiten bei der Ermittlung der Unverzichtbarkeit einer Technologie

Bei der Untersuchung, ob die vom fusionierenden Unternehmen kontrollierte Technologie für den Wettbewerb auf einem benachbarten bzw. vor- oder nachgelagerten Markt als unverzichtbar einzustufen ist und ihm zu einer Gatekeeper Stellung verhilft, ist wiederum verschiedenen Besonderheiten Rechnung zu tragen. Ähnlich wie bei der Kontrolle über Inhalte ist auch hier der Ausschließlichkeitscharakter der Rechte, in diesem Fall an einer Technologie, zu beachten. Demzufolge sind die obigen Ausführungen dazu und zur Zwangslizenzierung entsprechend auch bei der Kontrolle über eine Technologie von Relevanz.

Vor allem aber ist es - wie bei der Kontrolle über Netze - unerläßlich, bei der Ermittlung der Unverzichtbarkeit die Wahrscheinlichkeit und Stärke von Netzeffekten genau zu analysieren. Dies ist deshalb erforderlich, da Technologiemärkte bekanntermaßen dazu neigen, zugunsten eines technischen Standards zu „kippen“[688]. Ist damit zu rechnen, daß sich infolge des Zusammenschlusses eine Schlüsseltechnologie gegen die anderen auf dem Markt durchsetzen kann, so werden die konkurrierenden Technologien keine gleichwertige Alternative mehr bilden. Für den Markt, auf dem die Gefahr einer Abschottung untersucht wird, bedeutet dies, daß dort konkurrierende Anbieter von ihrem Wettbewerber als Inhaber des de facto Standards abhängig sein werden und dieser somit über die Bereitstellung seines Standards als Gatekeeper den Markt beherrschen kann. Auch wenn zum Zeitpunkt der Untersuchung noch verschiedene Technologien miteinander konkurrieren und äquivalente Ausweichmöglichkeiten zur Verfügung stehen, kann dem fusionierten Unternehmen somit dennoch eine Gatekeeper Funktion zuzusprechen sein, wenn zu erwarten ist, daß sich die von ihm kontrollierte Technologie auf dem Technologiemarkt durchsetzen wird.

c. Das Vorhaben Microsoft/ Liberty Media/ Telewest

Ein Beispiel, in dem das Risiko einer Gatekeeper Position aus der Verfügungsbefugnis über eine Technologie - hier die Betriebssystemsoftware für digitale Set Top Boxen - resultiert, stellt der beabsichtigte Erwerb der gemeinsamen Kontrolle von Microsoft und Liberty Media über das Breitbandkabelunternehmen Telewest dar[689]. Es ist vorab darauf hinzuweisen, daß es

---

688 Siehe dazu im 1. Teil unter C.I.4.

689 *Microsoft/ Liberty Media/ Telewest*, Fall COMP/JV.27; siehe dazu die Pressemitteilungen der Europäischen Kommission vom 22.03.2000, IP/00/287, „Commission opens full investigation

in diesem Fall zu keiner abschließenden Entscheidung der Kommission gekommen ist. Auf die Mitteilung der Beschwerdepunkte und die dort zum Ausdruck gebrachten ernsthaften Bedenken hin hat Microsoft vom ursprünglichen Vorhaben Abstand genommen. Indem es seine Beteiligung an Telewest so umgestaltet hat, daß sich sein Engagement lediglich auf ein Minderheitsinteresse beschränkt und die FKVO nicht Anwendung findet[690], hat es das Erfordernis einer Zustimmung der Kommission und damit gleichzeitig die Gefahr einer Untersagung zu umgehen gewußt[691]. Auch wenn es deshalb an einer ausführlichen Stellungnahme der Kommission fehlt, ist es dennoch anhand ihrer Pressemitteilungen zum Vorhaben möglich, die mit der Kontrolle über die Technologie verbundenen Probleme nachzuzeichnen.

Im Mittelpunkt der Analyse der Kommission standen die Auswirkungen des Vorhabens auf dem neuen Markt der Software für digitale Set Top Boxen an Kabelbetreiber im Vereinigten Königreich[692]. Die Kommission hat

---

into the Microsoft/ Liberty Media/ Telewest concentration", und vom 07.07.2000, IP/00/733, „Microsoft gives up joint control over Telewest as Commission objects to deal", beide unter: http://www.europa.eu.int/rapid/start/cgi. Für eine Besprechung der wettbewerbsrechtlichen Bedenken des Vorhabens vgl. auch Bishop/ Caffarra, ECLR 2001, Analysis Section, 31, 32 f.

690 Vgl. oben im 2. Teil unter B.I.

691 Siehe dazu die Pressemitteilung der Europäischen Kommission vom 07.07.2000, IP/00/733, „Microsoft gives up joint control over Telewest as Commission objects to deal", unter: http://www.europa.eu.int/rapid/start/cgi. Die Tatsache, daß die FKVO nicht anwendbar war, bedeutet jedoch nicht, daß es nunmehr keine Möglichkeit der rechtlichen Kontrolle gibt. Sofern es z.B. Microsoft gelänge, seine Betriebssystemsoftware für Set Top Boxen als de facto Standard am Markt durchzusetzen, unterfiele es fortan als marktbeherrschendes Unternehmen der Mißbrauchskontrolle nach Art. 82 EGV und könnte unter den restriktiven, im Urteil *Oscar Bronner* niedergelegten Voraussetzungen einem Kontrahierungszwang in Form der Gewährung des Zugangs für Wettbewerber unterliegen. Ferner könnte sich eine Pflicht zur Zugangsgewährung - falls Microsoft beträchtliche Marktmacht erreicht - auch aus der Richtlinie 2002/19/EG des Europäischen Parlaments und des Rates vom 07.03.2002 über den Zugang zu elektronischen Kommunikationsnetzen und zugehörigen Einrichtungen sowie deren Zusammenschaltung, ABl. 2002, L 108/7, ergeben. Diese ist wie erwähnt Teil des neuen Rechtsrahmens für elektronische Kommunikationsnetze und -dienste. Eine wesentliche Neuerung im Vergleich zu dem alten ONP-Rechtsrahmen besteht hierbei darin, daß zum einen die zu regulierenden Märkte nunmehr im Einklang mit den Grundsätzen des Wettbewerbsrechts ermittelt werden und zum anderen das Kriterium der beträchtlichen Marktmacht an die Definition der beherrschenden Stellung im Sinne von Art. 82 EGV angelehnt worden ist, siehe Art. 14 der Rahmenrichtlinie. Vgl. hierzu auch die Leitlinien der Kommission zur Marktanalyse und Ermittlung beträchtlicher Marktmacht nach dem gemeinsamen Rechtsrahmen für elektronische Kommunikationsnetze und -dienste, ABl. 2002, C 165/6.

692 Pressemitteilungen der Europäischen Kommission vom 22.03.2000, IP/00/287, „Commission opens full investigation into the Microsoft/ Liberty Media/ Telewest concentration", und vom 07.07.2000, IP/00/733, „Microsoft gives up joint control over Telewest as Commission objects to deal", beide unter: http://www.europa.eu.int/rapid/start/cgi; Bishop/ Caffarra, ECLR 2001, Analysis Section, 31, 32. Die Software für Set Top Boxen setzt sich dabei aus mehreren Komponenten zusammen, stellt also quasi ein Softwarepaket dar. Eine Set Top Box enthält einen Mikropro-

befürchtet, Microsoft werde nach der vertikalen Integration mit dem Kabelbetreiber Telewest dessen künftige technische Entscheidungen über die Verwendung von Betriebssystemsoftware in den Set Top Boxen zu seinen Gunsten beeinflussen können. Da Microsoft bereits eine diesbezügliche Vereinbarung mit dem zweiten führenden Breitbandkabelanbieter NTL getroffen habe, bestehe die Gefahr, daß es nach dem Zusammenschluß sein Betriebssystem bei ca. zwei Drittel der Kunden im Vereinigten Königreich etablieren und damit seine Software als Standardsoftware durchsetzen und den Markt beherrschen könne[693].

Diese Schlußfolgerung basierte auf folgenden Überlegungen. Bei einem derartig großen Stamm an Nutzern, die dieselbe Technologie verwenden, war davon auszugehen, daß Microsoft durch den Zusammenschluß die kritische Masse an Nutzern erreicht hätte, Netzeffekte hätte realisieren und dadurch den Wettbewerb auf dem Markt für sich entscheiden können[694]. Der Zugang zum Microsoft Betriebssystem wäre damit unverzichtbar geworden. Je verbreiteter ein Betriebssystem ist, desto größer ist prinzipiell der Anreiz, Anwendungen für das System zu entwickeln, da so auch die Entwickler der Anwendungen von der weiten Verbreitung und dem großen Kundenstamm profitieren können[695]. Da das Microsoft System aber ein in sich geschlossenes, proprietäres System darstellt, sind Entwickler alternativer Technologien und

---

zessor und ein Betriebssystem sowie verschiedene technische Dienste, die Interaktion ermöglichen, und die dazugehörigen graphischen Funktionen.

693 Pressemitteilung der Europäischen Kommission vom 22.03.2000, IP/00/287, „Commission opens full investigation into the Microsoft/ Liberty Media/ Telewest concentration“, unter: http://www.europa.eu.int/rapid/start/cgi. Anzumerken ist ferner an dieser Stelle, daß Microsoft nicht nur im Vereinigten Königreich seine Software als Standard durchsetzen wollte. Vielmehr reiht sich der geplante Erwerb der gemeinsamen Kontrolle an Telewest in die Strategie Microsofts ein, Anteile an europäischen Betreibern digitaler Kabelfernsehnetze zu erwerben, um dadurch deren Entscheidungen bezüglich der verwendeten Software zu überwachen und zu beeinflussen. Vgl. hierzu die Fälle COMP/37.924 und COMP/37.925 sowie die Pressemitteilung der Europäischen Kommission vom 18.04.2001, IP/01/569, „Microsoft agrees not to influence technology decisions of European digital cable operators“, unter: http://www.europa.eu.int/rapid/start/cgi; ferner Bishop/ Caffarra, ECLR 2001, Analysis Section, 31, 32.

694 Bezüglich der Wahrscheinlichkeit und der Art und des Umfangs der Netzeffekte ist darauf hinzuweisen, daß bei Betriebssystemen einer Set Top Box ähnlich wie bei PC-Betriebssystemen die Einrichtung zweier Systeme - wenn technisch überhaupt praktikabel - höchst unwahrscheinlich ist und Netzeffekte demnach hohe Marktzutrittsschranken hervorrufen. Eine frühzeitige Erreichung der kritischen Masse an Nutzern kann somit dazu führen, daß sich die betreffende Technologie gegen alle anderen Technologien durchsetzt und sich als Standard am Markt etabliert.

695 Bishop/ Caffarra, ECLR 2001, Analysis Section, 31, 32. Ergänzend kann darauf verwiesen werden, daß Microsoft sich zudem in einer vorteilhaften Position befindet, da es auf dem Markt für PC-Betriebssysteme eine de facto Monopolstellung einnimmt. Da zu erwarten ist, daß die Betriebssysteme Ähnlichkeiten aufweisen, würden Anwender geringere Anwendungsschwierigkeiten haben und sich demzufolge leichter für das Microsoft Betriebssystem entscheiden.

Anwendungen bei einem Markteintritt technisch von Microsoft abhängig und auf offene Schnittstellen bzw. eine Lizenz für Microsofts Betriebssystem angewiesen. Es bestand deshalb die Gefahr, daß Microsoft seine Kontrolle über das de facto Standardbetriebssystem dahingehend ausgenutzt hätte, daß es den Markt für die Bereitstellung von Set Top Box Software an Breitbandkabelbetreiber entweder völlig abgeschottet und seine eigenen Softwareanwendungen durchgesetzt hätte oder zumindest den Zugang konkurrierender Anbieter zum Betriebssystem und damit deren Markteintritts- und Wettbewerbsbedingungen gesteuert hätte. Daß diese Argumentationskette zur Begründung der Gatekeeper Position den Schlußfolgerungen der Kommission zugrundelag, läßt sich den in der ersten Phase gemachten Zusagen entnehmen[696]. Die Kommission hat diese jedoch nicht als geeignet erachtet, die ernsthaften Bedenken im Hinblick auf die Marktabschottung auszuräumen.

Erfreulicherweise lassen die veröffentlichen Äußerungen der Kommission zu diesem Vorhaben deutlich erkennen, daß sie bei ihrer Entscheidungsfindung die Interessen der Endverbraucher mitberücksichtigt hat. Sie habe sicherzustellen, daß deren Wahl hinsichtlich der Dienstleistungen, auf die sie als Verbraucher zurückgreifen können, nicht beschränkt werde. Da sich digitales Fernsehen wahrscheinlich zum üblichsten Mittel des Zugangs der Verbraucher zum Internet und dem elektronischen Geschäftsverkehr entwickeln werde, müsse gewährleistet werden, daß es in diesen neuen Märkten nicht zu einem Bottleneck komme und Technologien nicht dazu genutzt werden, den Zugang von Verbrauchern zu diesen Diensten zu beschränken oder zu kontrollieren[697].

4. Fazit

Ziel der vorstehenden Erörterungen war es, auf die spezifischen Faktoren aufmerksam zu machen, die es im Rahmen der Ermittlung einer Gatekeeper Position zu berücksichtigen gilt, je nachdem, ob die vom fusionierenden Unternehmen kontrollierte Einrichtung ein Netz, ein Inhalterepertoire oder eine

---

[696] Diese zielten darauf ab, Telewests Unabhängigkeit im Hinblick auf die Wahl der Set Top Box Betriebssystemsoftware zu wahren und sicherzustellen, daß Inhalteanbieter und Entwickler alternativer Software in der Lage sind, mit dem Betriebssystem von Microsoft kompatible Produkte zu entwickeln, mit anderen Worten Zugang zum Betriebssystem erhalten, vgl. Pressemitteilung der Europäischen Kommission vom 22.03.2000, IP/00/287, „Commission opens full investigation into the Microsoft/ Liberty Media/ Telewest concentration“, unter: http://www.europa.eu.int/ rapid/start/cgi.

[697] Siehe die Pressemitteilung der Europäischen Kommission vom 07.07.2000, IP/00/733, „Microsoft gives up joint control over Telewest as Commission objects to deal“, unter: http://www.europa.eu.int/rapid/start/cgi.

Technologie ist. Dabei ist deutlich geworden, daß die Kommission bei der Untersuchung, wann eine kontrollierte Einrichtung als unverzichtbar anzusehen ist und dem Unternehmen zu einer Gatekeeper Stellung auf dem zweiten Markt verhilft, vor allem den Besonderheiten von Ausschließlichkeitsrechten und des Netzwettbewerbs Rechnung tragen sollte. Es ist zu beachten, daß in der Realität oftmals eine Kombination der verschiedenen Kontrollmöglichkeiten auftreten wird. Haben die beteiligten Unternehmen - wie z.B. in *MSG Media Service*, *Bertelsmann/ Kirch/ Premiere* und *Deutsche Telekom/ Beta Research* oder in *AOL/ Time Warner* - sowohl auf der Ebene der Programmressourcen als auch bei den Übertragungs- bzw. Vertriebswegen und bei den Empfangstechniken bedeutende Stellungen inne, gilt es stets, die Wechselwirkungen zwischen den einzelnen Ebenen hinreichend zu würdigen. In den Konstellationen kann daher im Einzelfall auch ein geringerer Grad an Marktmacht auf jeder Ebene für die Entstehung von Marktabschottungsgefahren auf einem vor- oder nachgelagerten Markt ausreichend sein.

C. Zugangsgewährungen als Maßnahmen zur Verhinderung von Gatekeeper Positionen

I. Einführung

Kommt die Kommission zu der Feststellung, ein fusionierendes Unternehmen werde infolge des Zusammenschlusses eine Gatekeeper Position erlangen, so hat sie dies durch ihr Einschreiten zu unterbinden. Der Kommissionspraxis lassen sich verschiedene Maßnahmen entnehmen, wie die Kommission im Rahmen der ihr durch die FKVO eingeräumten Befugnisse die Entstehung einer Gatekeeper Stellung im Einzelfall zu verhindern sucht. Sowohl in der ersten als auch in der zweiten Phase macht sie oftmals von ihrer Kompetenz Gebrauch, den Zusammenschluß unter Auflagen und Bedingungen freizugeben. Können keine zur Beseitigung der Abschottungsprobleme angemessenen Abhilfemaßnahmen gefunden werden, muß die Kommission - wie in den Fällen *MSG Media Service*, *Bertelsmann/ Kirch/ Premiere* und *Deutsche Telekom/ Beta Research* sowie in *MCI WorldCom/ Sprint* geschehen - die einschneidendste Form eines Einschreitens in der FKVO wählen und den Zusammenschluß untersagen[698]. Vielfach hat sie allerdings der Entstehung einer Gatekeeper Position durch Veräußerungszusagen begegnen können. Dabei können die Zusagen entweder - wie z.B. beim Vorhaben *AOL/ Time Warner* - die Veräußerung von Minderheitsbeteiligungen vorsehen[699] oder die Veräußerung sich überlappender Aktivitäten wie beispielsweise die Abtrennung des Internetgeschäfts von MCI in der Entscheidung *WorldCom/ MCI.*

In zahlreichen Fällen hat die Kommission die Offenhaltung von Märkten aber auch dadurch sicherstellen wollen, daß sie Verpflichtungszusagen seitens der beteiligten Unternehmen akzeptiert hat, die darauf abzielen, Konkurrenten den Zugang zu den von den Parteien kontrollierten Einrichtungen zu ermöglichen. Beispiele hierfür sind die Zugangsgewährungen in *Telia/ Telenor* und in *Vodafone/ Mannesmann* - dort jeweils zusätzlich zu der Veräußerung sich überschneidender Tätigkeitsfelder - sowie die Zugangsgewährungen in *BSkyB/ Kirch*, *Vizzavi* und *Vivendi/ Canal+/ Seagram*. Das Kernproblem solcher Zugangsgewährungen besteht jedoch darin, daß sie zwischen präventiver Strukturkontrolle und nachträglich wirkender Verhaltenskontrolle liegen, sich also die Fusionskontrolle mit der Mißbrauchsaufsicht berührt[700]. Im folgenden soll deshalb untersucht werden, unter welchen Voraussetzungen derartige Verpflichtungen im Rahmen der FKVO geeignet sind, die Entstehung von Gatekeeper Positionen zu verhindern.

II. Befürwortung einer grundsätzlichen Akzeptanz von Zugangsgewährungen

Bei der Frage nach der Zulässigkeit von Zugangsgewährungen innerhalb der FKVO ist im Einklang mit dem *Gencor*-Urteil des EuG davon auszugehen, daß es allein darauf ankommt, ob die Zusagen im konkreten Einzelfall geeignet sind, die Entstehung oder Verstärkung einer beherrschenden Stellung zu verhindern. Entscheidend ist, daß der Schutzzweck der Fusionskontrollverordnung, kompetitive Marktstrukturen zu erhalten, gewährleistet wird. Die Art und Weise, wie dieses Ziel erreicht wird, sollte dagegen nur eine unter-

---

[698] Weitere Untersagungsentscheidungen in den Bereichen Telekommunikation, Medien, Internet hat die Kommission in den Fällen *Nordic Satellite Distribution* und *RTL/ Veronica/ Endemol* getroffen.

[699] Siehe hierzu auch Monti, FCLI 2000, 257, 263, der in diesem Zusammenhang neben *AOL/ Time Warner* die Entscheidung der Kommission in *Vivendi/ Canal+/ Seagram* anführt, wo Vivendi seine Beteiligung an BSkyB veräußert hat.

[700] Siehe zur generellen Entwicklung bezüglich der Zulässigkeit verhaltensbestimmender Zusagen im Rahmen der FKVO oben im 2. Teil unter B.III.2.

geordnete Rolle spielen[701]. Der Vorteil einer derartigen Vorgehensweise ist, daß es für die Zulässigkeit einer Zusage nicht auf eine Abgrenzung zwischen Strukturorientierung einerseits und Verhaltenslenkung andererseits ankommt, die in der Praxis Schwierigkeiten bereiten und im Einzelfall sogar unmöglich sein kann[702]. Das Abstellen auf die materielle Eignung einer Zusage zur Verhinderung einer beherrschenden Stellung statt darauf, ob die Verpflichtung formell als verhaltensbestimmend oder strukturorientiert zu qualifizieren ist, ermöglicht eine flexible, am Grundsatz der Verhältnismäßigkeit ausgerichtete und einzelfallbezogene Zusammenschlußkontrolle.

Im Hinblick auf die Behandlung möglicher Gatekeeper Positionen ist somit festzuhalten, daß prinzipiell auch Verpflichtungserklärungen, die im wesentlichen das künftige Verhalten eines Unternehmens zum Gegenstand haben, eine strukturelle Wirkung entfalten und die Abschottung eines Marktes verhindern können. Die Zusage des fusionierenden Unternehmens, Wettbewerbern Zugang zu den von ihm kontrollierten Einrichtungen zu gewähren, ist zwar eigentlich verhaltensbestimmend, weil es sich zu einem Verhalten, nämlich der Zugangsgewährung, verpflichtet. Andererseits wiederum ist aber die Öffnung bzw. Offenhaltung von Märkten für den Wettbewerb eine mittelbare Folge der Zugangsgewährung. Deshalb wird teilweise auch der Begriff der „quasi-strukturellen“ Verpflichtungszusagen verwendet, da sie trotz ihres Verhaltenselements im Schwerpunkt ebenso wie reine Strukturzusagen dem Eintritt eines neuen Konkurrenten in den betroffenen Markt dienen bzw. die Fortsetzung seiner Tätigkeit ermöglichen[703].

Das *Gencor*-Urteil des EuG bedeutet jedoch keinen Freibrief für die Kommission, künftig Zusagen, die auf die Gewährung des Zugangs für Wettbewerber zu Einrichtungen abzielen, stets zu akzeptieren. Es kann nicht pauschal davon ausgegangen werden, daß jede Form der Zugangsgewährung die Entstehung oder Verstärkung einer marktbeherrschenden Stellung verhindert und somit wirksamen Wettbewerb gewährleistet. Vielmehr kommt es auf die spezifischen Umstände des Einzelfalls an, wobei sowohl die konkrete Ausgestaltung der jeweiligen Zugangsgewährungen als auch die Marktverhältnisse eine entscheidende Rolle spielen[704]. Demzufolge obliegt es der Kommission, in jedem Vorhaben die von den Unternehmen angebotenen Zu-

[701] Ersbøll, ECLR 2001, 357, 360, weist darauf hin, daß die FKVO keine formelle Definition enthält, was eine strukturorientierte und was eine verhaltensbestimmende Verpflichtung darstellt.

[702] Bartosch/ Schnelle, BB 2001, 2013, 2014; darauf hinweisend auch Leibenath, S. 69, m.w.N., der allerdings dennoch an der grundsätzlichen Unzulässigkeit von Verhaltenszusagen festhält.

[703] Ersbøll, ECLR 2001, 357, 360 und 363.

[704] So auch Monti, „The Commission Notice on Merger Remedies - One Year after“ (18.01.2002), unter: http://www.europa.eu.int/comm/competition/speeches/index_2002.html.

gangsgewährungen sorgfältig zu überprüfen, ob sie tatsächlich die Entstehung einer Gatekeeper Position verhindern und sicherstellen, daß Wettbewerber nicht mehr abhängig sind und wirksamen Wettbewerbsdruck ausüben können. Die Tatsache, daß die Kommission in *Vodafone/ Mannesmann* und *Vivendi/ Canal+/ Seagram* wortgleich ausgeführt hat, die Zusagen hätten einen strukturellen Effekt auf den Markt, indem sie es ermöglichten, eine kompetitive Angebotsstruktur zu erhalten, und dabei in der Fußnote auf das *Gencor*-Urteil verwiesen hat[705], vermittelt angesichts der identischen Formulierung nicht unbedingt den Eindruck, daß die Aussage das Resultat einer eingehenden Analyse der Umstände des Einzelfalls war. In künftigen Vorhaben wäre es wünschenswert, wenn die Kommission den Anschein von Großzügigkeit und zu wenig Sorgfalt vermeiden würde.

III. Das Beispiel der Zugangsgewährungen in *BSkyB/ Kirch Pay-TV*

In diesem Zusammenhang gilt es, die Entscheidung der Kommission in *BSkyB/ Kirch Pay-TV* näher zu beleuchten. Dieses Vorhaben hat die Kommission unter der Voraussetzung, daß die von den Parteien eingegangenen Verpflichtungen vollständig erfüllt werden, in der ersten Prüfungsphase genehmigt[706]. Die Parteien haben sich dabei zu einer Reihe von Zusagen im Hinblick auf die technische Plattform für Pay-TV und digitale Dienste verpflichtet[707]. Wie erläutert hat die Kommission Kirchs Kontrolle über die technische Plattform als entscheidend für die Entstehung einer Gatekeeper Position angesehen, weil die d-box ein proprietärer Decoder ist und konkurrierende Anbieter von Pay-TV bzw. digitaler interaktiver Dienste damit beim Zugang zum Markt von ihrem Wettbewerber abhängig gewesen wären. Zum einen sollen die von der Kommission akzeptierten Zusagen deshalb Anbieter digitaler interaktiver Bildschirmdienste in die Lage versetzen, ihre eigene technische Plattform zu errichten und mit Kirch zu konkurrieren. Dabei soll ihnen u.a. Zugang zu Kirchs Pay-TV Diensten gewährt und die Aushandlung von Simulcrypt-Vereinbarungen für die Interoperabilität konkurrierender

---

[705] *Vodafone/ Mannesmann*, Zi. 60, *Vivendi/ Canal+/ Seagram*, Zi. 79: „The undertakings will thus have a structural effect on the market in that they will make it possible to preserve a competitive structure of supply".

[706] Zur Entscheidung siehe oben unter A.I.4.

[707] *BSkyB/ Kirch Pay-TV*, Zi. 94 und Annex. Vgl. zusammenfassend zum Folgenden auch Pape, WuW 2000, 500, 501; Pressemitteilung der Europäischen Kommission vom 21.03.2000, IP/00/279, „EU-Kommission gibt grünes Licht für Beteiligung von BSkyB an Kirch Pay-TV", unter: http://www.europa.eu.int/rapid/start/cgi.

technischer Plattformen erleichtert werden[708]. Das zweite Maßnahmebündel bezweckt, es Betreibern von digitalen interaktiven Bildschirmdiensten zu erleichtern, ihre Dienste über Kirchs technische Plattform anzubieten. Hierfür soll u.a. der Zugang zum d-box-System geöffnet und die DVB Multimedia Home Platform (MHP), die es den Anbietern ermöglichen soll, interaktive Anwendungen für Kirchs d-box zu entwickeln, als Standard eingeführt werden[709]. Der Kommission zufolge beseitigten diese Verpflichtungen die Gefahr der Entstehung bzw. Verstärkung der marktbeherrschenden Positionen, da sie die Marktzutrittsschranken auf dem Pay-TV Markt verringerten und Kirch daran hinderten, seine dortige Dominanz auf den Markt für digitale interaktive Bildschirmdienste zu übertragen[710].

Anderer Ansicht ist hingegen die ARD. Diese hat gegen die Entscheidung der Kommission in *BSkyB/ Kirch Pay-TV* gemäß Art. 230 EGV Klage beim EuG erhoben[711]. Neben Verfahrensfehlern, auf die hier nicht eingegangen wird, hat die ARD vor allem geltend gemacht, daß die von der Kommission akzeptierten Zusagen dem marktstrukturorientierten Ansatz der europäischen Fusionskontrolle nicht gerecht würden[712]. Die Zusagen liefen auf eine ständige Verhaltenskontrolle hinaus, wie sie im Rahmen der kartellrechtlichen Mißbrauchskontrolle gemäß Art. 82 EGV vorgegeben ist. Sie enthielten lediglich Versprechen, von der Kommission festgestellte marktbeherrschende Stellungen nicht zu mißbrauchen, könnten aber nicht die Entstehung oder Verstärkung einer solchen Stellung verhindern[713].

Das EuG hat in seinem daraufhin ergangenen Urteil *ARD/ Kommission*[714] zunächst seinen in *Gencor* formulierten Standpunkt bestätigt, auch verhal-

---

708 Simulcrypt bedeutet, daß es infolge einer derartigen Vereinbarung möglich ist, die identische Ausstrahlung eines Programms, das mit verschiedenen Zugangskontrollsystemen enkodiert wurde, auf Set Top Boxen verschiedener Zugangskontrollsysteme zu empfangen. Vgl. hierzu nochmals *Bertelsmann/ Kirch/ Premiere*, Zi. 110 ff.

709 Bei der Multimedia Home Platform handelt es sich um eine Applikationsprogrammierschnittstelle („application programming interface", API), die es ermöglicht, Anwendungen (Applikationen) wie z.B. den elektronischen Programmführer (EPG) über die Set Top Box anzubieten. Im Gegensatz zu der vorher von Kirch verwendeten proprietären API BetaNova ist der MHP-Standard ein offener Standard, so daß zur Erstellung konkurrierender Anwendungen keine Lizenz von Kirchs Tochtergesellschaft Beta Research für die Schnittstelle mehr benötigt wird.

710 Siehe *BSkyB/ Kirch Pay-TV*, Zi. 92 ff.

711 Klage der ARD gegen die Kommission, Rs. T-158/00, ABl. 2000, C 247/32; ferner Ott, „Die Klage ist sinnvoll", Süddeutsche Zeitung vom 10.06.2000.

712 ABl. 2000, C 247/32, 33.

713 *ARD/ Kommission*, Rs. T-158/00, Urteil des EuG vom 30.09.2003, Zi. 186, unter: http://curia.eu.int/de/content/juris/index_de.htm.

714 Rs. T-158/00, Urteil des EuG vom 30.09.2003, unter: http://curia.eu.int/de/content/juris/index_de.htm.

tensbestimmende Verpflichtungszusagen könnten im Einzelfall geeignet sein, die Entstehung oder Verstärkung einer beherrschenden Stellung zu verhindern[715]. Es komme nicht darauf an, ob eine Zusage als verhaltensbezogene oder strukturorientierte Verpflichtung qualifiziert werden könne; vielmehr seien die Zusagen einzeln zu untersuchen, um nachzuprüfen, ob sie die Entstehung bzw. Verstärkung einer beherrschenden Stellung unterbinden[716].

Sodann hat das EuG hinsichtlich der von der Kommission in *BSkyB/ Kirch Pay-TV* akzeptierten Zusagen generell festgestellt, daß die Zusagen in mehrfacher Hinsicht über die allgemeine Mißbrauchsaufsicht nach Art. 82 EGV hinausgingen. Zum einen bewirkten sie einen Übergang der Beweislast für ihre Einhaltung auf die an dem Zusammenschluß beteiligten Unternehmen, wohingegen der Nachweis einer marktbeherrschenden Stellung und ihres Mißbrauchs bei Art. 82 EGV der Kommission und den Dritten obliege. Ferner böten die Zusagen aufgrund des vorgesehenen bindenden Schiedsverfahrens eine größere Rechtssicherheit als bei Art. 82 EGV. Zudem bestünde im Gegensatz zu Art. 82 EGV nach Art. 8 Abs. 5 FKVO die Möglichkeit für die Kommission, ihre Entscheidung bei Nichteinhaltung einer vorgesehenen Auflage zu widerrufen[717].

In bezug auf die von der ARD vorgetragenen Rügen zu den einzelnen, von der Kommission akzeptierten Zusagen sowie dazu, daß die Kommission angeblich gebotene Zusagen nicht berücksichtigt habe, enthält das Urteil des EuG allerdings nur wenige materiellrechtliche Ausführungen[718]. Das EuG hat vielmehr stets den weiten Beurteilungsspielraum der Kommission betont, der dieser angesichts der komplexen wirtschaftlichen Einschätzungen zustehe. Es könne insofern nicht die Beurteilungen der Kommission durch seine eigenen Wertungen ersetzen, sondern jeweils nur überprüfen, ob die

---

[715] *ARD/ Kommission*, Zi. 193. Zur Zulässigkeit der Klage der ARD, insbesondere zur direkten und individuellen Betroffenheit der Klägerin, vgl. Zi. 58-95. Zur Problematik der Zulässigkeit von Klagen Dritter generell siehe u.a. bei Leibenath, S. 376 ff.; Zilles, Anfechtungslegitimation; Montag/ Leibenath, „Die Rechtsschutzmöglichkeiten Dritter in der Europäischen Fusionskontrolle", unter: http://www.freshfields.com/publications.

[716] *ARD/ Kommission*, Zi. 193.

[717] *ARD/ Kommission*, Zi. 202, 203 und 209. Das EuG hat zudem noch darauf hingewiesen, daß die Zusagen, obzwar sie eher verhaltensbezogener Natur seien, einen strukturorientierten Charakter aufwiesen, da sie ein Strukturproblem, nämlich das des Marktzutritts Dritter lösen sollten, vgl. Zi. 199. Damit ist allerdings noch nicht gesagt, ob sie tatsächlich geeignet sind, die Entstehung bzw. Verstärkung einer marktbeherrschenden Stellung zu verhindern und das Problem des Marktzugangs Dritter zu lösen.

[718] Zu den Einzelheiten bzgl. des spezifischen Vorbringens zu den einzelnen Zusagen siehe *ARD/ Kommission*, Zi. 215-319; zur Würdigung der Vorbringen der ARD, mit denen das Fehlen angeblich gebotener Zusagen gerügt wird, vgl. Zi. 320-353.

Kommission einen offensichtlichen Beurteilungsfehler begangen habe[719]. Das EuG ist zu dem Ergebnis gekommen, daß die ARD dies nicht nachgewiesen habe[720], und hat demzufolge alle Rügen der ARD zurückgewiesen und die Klage der ARD insgesamt abgewiesen.

Bei genauer Betrachtung der Zusagen verbleiben jedoch Zweifel, was die konkrete Eignung der Zusagen anbelangt, die Entstehung einer Gatekeeper Position Kirchs auf dem Markt für digitale interaktive Bildschirmdienste und die Verstärkung seiner beherrschenden Stellung auf dem Pay-TV Markt zu verhindern. Anders als in Fällen, in denen die beteiligten Unternehmen Wettbewerbern Zugang zu ihren Netzen oder Inhalten gewähren, sind die von Kirch abgegebenen Zusagen hinsichtlich des Zugangs zur technischen Plattform wesentlich komplexer und undurchsichtiger[721]. Sie enthalten zahlreiche, schwer nachweisbare Vorbedingungen für die Geltung der einzelnen Zusagen und beinhalten demzufolge erhöhte Mißbrauchsmöglichkeiten, indem Kirch unter Berufung auf technische Zwänge oder technische Unmöglichkeit die Erfüllung der Zusagen verweigert. Zwar wird die Verwässerungswirkung dieser Bedingungen dadurch reduziert, daß im Annex eine Beweislastumkehr vorgesehen ist und Kirch dementsprechend selbst nachweisen muß, daß die jeweiligen Vorbedingungen nicht eingetreten sind. Aber selbst vor diesem Hintergrund erscheint es zweifelhaft, ob die Zusagen ausreichen, um einen offenen, diskriminierungsfreien Zugang zur technischen Plattform für konkurrierende Diensteanbieter langfristig zu gewährleisten. Um dies sicherzustellen, hätte es nicht nur Zusagen wie der Eingehung von Simulcrypt-Vereinbarungen, sondern weiterreichender Zusagen bedurft wie etwa der Einführung einer gemeinsamen Schnittstelle und damit der Verwendung eines offenen Standards[722] oder der Trennung von technischer Platt-

---

719 Vgl. *ARD/ Kommission*, Zi. 194 und 328, 329.

720 Siehe beispielsweise die Schlußfolgerungen des EuG zu den verschiedenen Rügen der ARD in *ARD/ Kommission*, Zi. 245, 254, 267, 304, 309, 334, 351.

721 Vgl. nochmals für die Zusagen *BSkyB/ Kirch Pay-TV* im Annex.

722 Siehe für diese Forderung auch bei Rosenthal, „Open Access from the EU Perspective", unter: http://www.digital-law.net/ijclp/7_2003. Die sog. gemeinsame Schnittstelle („common interface") ermöglicht die Nutzung verschiedener Zugangskontrollsysteme in einer Set Top Box und vermeidet somit ebenfalls wie Simulcrypt, daß sich Zuschauer mehrere Decoder anschaffen müssen. Der entscheidende Vorteil ist allerdings, daß im Gegensatz zu Simulcrypt keine Vereinbarung mit demjenigen geschlossen werden muß, der die Decoderbasis installiert hat und somit der Markt durch die standardisierte Schnittstelle strukturell geöffnet wird. Vgl. hierzu nochmals *Bertelsmann/ Kirch/ Premiere*, Zi. 110 ff. Die Kommission hat jedoch auch in einer späteren Entscheidung im Rahmen der Fusionskontrolle die Verpflichtung, Simulcrypt-Vereinbarungen einzugehen, ausreichen lassen und ebenfalls nicht die Einführung einer gemeinsamen Schnittstelle gefordert, vgl. hierzu *Newscorp/ Telepiù*, Fall COMP/M.2876, Entscheidung der Kommission vom 02.04.2003, unter: http://www.europa.eu.int/comm/competition/mergers/cases, insb. Zi. 257 f. und Klausel 11 der eingegangenen Verpflichtungen im Anhang zur Entscheidung; siehe auch die Pres-

form und Programmplattform durch Veräußerung der technischen Plattform[723]. Bei den von der Kommission akzeptierten Zusagen ist es somit bei genauer Betrachtung äußerst fraglich, ob sie an der Abhängigkeit konkurrierender Anbieter von ihrem Wettbewerber Kirch etwas ändern und die erforderlichen strukturellen Veränderungen mit sich bringen und die Entstehung bzw. Verstärkung der marktbeherrschenden Stellungen infolge des Zusammenschlusses tatsächlich verhindern. Vielmehr scheint es, als ob Kirch dennoch weiterhin über die Kontrolle der proprietären Plattform seine Gatekeeper Positionen behaupten und die Eintritte von Konkurrenten in den Markt für Pay-TV bzw. für digitale interaktive Bildschirmdienste steuern kann.

IV. Vorgaben für die künftige Beurteilung von Zugangsgewährungen

Aus den vorstehenden Ausführungen und dem Urteil des EuG in *ARD/ Kommission* lassen sich mehrere Faktoren ableiten, welche die Kommission bei der Beurteilung etwaiger Zugangsgewährungen zur Verhinderung einer Gatekeeper Position in künftigen Vorhaben berücksichtigen sollte.

1. Sorgfältige Untersuchung der strukturellen Wirkung

Um im Rahmen der FKVO künftig Entscheidungen wie *BSkyB/ Kirch Pay-TV* zu vermeiden, bei denen es zweifelhaft erscheint, ob die Zugangsgewährungen tatsächlich die Entstehung bzw. Verstärkung einer beherrschenden Stellung verhindern, sollte die Kommission - wie bereits angedeutet - stets bemüht sein, eine genaue Strukturanalyse unter Berücksichtigung der konkreten Ausgestaltung der jeweiligen Zugangsgewährungen und der Marktverhältnisse durchzuführen. Als Kriterium kann dabei auf den sog. fusions-

---

semitteilung der Europäischen Kommission vom 02.04.2003, IP/03/478, „Commission clears merger between Stream and Telepiù subject to conditions", unter: http://www.europa.eu.int/rapid/start/cgi. Das EuG hat in *ARD/ Kommission* zum Verhältnis Simulcrypt-Vereinbarungen und gemeinsamer Schnittstelle ausgeführt, die ARD habe nicht dargetan, daß die Kommission einen offensichtlichen Beurteilungsfehler begangen habe, indem sie die Zusage, Simulcrypt-Vereinbarungen abzuschließen, als zur Lösung der Wettbewerbsprobleme geeignet angesehen und keine Zusage hinsichtlich der gemeinsamen Schnittstelle vorgesehen habe. Der Umstand, daß auch andere Zusagen hätten akzeptiert werden können, reiche, selbst wenn diese für den Wettbewerb günstiger gewesen wären, nicht zum Nachweis eines offensichtlichen Beurteilungsfehlers aus, vgl. *ARD/ Kommission*, Zi. 267, 329 und 334.

[723] Soweit ersichtlich, wurde diese Möglichkeit jedoch nicht von der Kommission gefordert. Das EuG hat diesbezüglich ausgeführt, die ARD habe nicht dargelegt, warum nur eine Aufgabe der Kontrolle der Kirch-Gruppe über das d-box-System ausreichend gewesen wäre, um die Bedenken des Zusammenschlusses auszuräumen, vgl. *ARD/ Kommission*, Zi. 240.

kontrollrechtlichen Mehrwert abgestellt werden[724]. Dies bedeutet, daß Zusagen gegenüber der bloßen Mißbrauchskontrolle nach Art. 82 EGV über ein Mehr verfügen müssen, d.h. nicht lediglich einem Versprechen gleichkommen dürfen, eine entstehende, beherrschende Stellung nicht auszunutzen, sondern bereits die Entstehung oder Verstärkung einer beherrschenden Stellung verhindern müssen[725]. Zur Erreichung dieses Ziels müssen die Verpflichtungen dabei zu einer Veränderung des Zusammenschlußvorhabens dergestalt führen, daß gerade durch diese Modifikation die Entstehung bzw. Verstärkung einer beherrschenden Stellung verhindert wird[726]. Die Zusage muß gewissermaßen spiegelbildlich im Verhältnis zu dem wettbewerbsrechtlichen Problem stehen, das sie lösen soll[727].

Es ist evident, daß die in der Theorie klare Trennlinie zwischen bloßer Mißbrauchsaufsicht und fusionskontrollrechtlichem Mehrwert in der Praxis nicht immer einfach zu ziehen ist. Die Abgrenzung, wann bzw. welche Ausgestaltung der Zusage eine Gatekeeper Position verhindern kann und wann sie dafür gerade nicht ausreicht und nur eine Regelung des Verhaltens des nach dem Zusammenschluß beherrschenden Unternehmens darstellt, kann wie in *BSkyB/ Kirch Pay-TV* gesehen im Einzelfall Probleme bereiten. Um zu vermeiden, daß sie dem Ziel der FKVO nicht gerecht wird, hat die Kommission deshalb strenge Maßstäbe an die Geeignetheit der Zugangsgewäh-

---

724 Siehe bei Bartosch/ Schnelle, BB 2001, 2013, 2014.

725 Die vom EuG im Urteil *ARD/ Kommission* dafür angeführten Faktoren, daß die von der Kommission in *BSkyB/ Kirch Pay-TV* akzeptierten Zusagen einen Mehrwert gegenüber der Mißbrauchsaufsicht nach Art. 82 EGV bieten – namentlich die Möglichkeit des Widerrufs der Entscheidung, der Übergang der Beweislast sowie das Vorhandensein eines Schiedsverfahrens, auf die im folgenden noch näher eingegangen wird, sind zwar zu befürworten. Entscheidend muß jedoch bleiben, ob durch die Zusagen die Entstehung bzw. Verstärkung einer beherrschenden Stellung verhindert wird. Nur dann wird die FKVO ihrer Rolle als Strukturkontrolle gerecht.

726 Die Tatsache, daß die Zugangsgewährung einer Maßnahme ähnelt, die unter Art. 82 EGV angeordnet werden kann, bedeutet noch nicht, daß sie nicht auch geeignet sein kann, die Entstehung oder Verstärkung einer marktbeherrschenden Stellung zu verhindern. Art. 82 EGV erfaßt wie gesehen in Ausnahmefällen auch strukturelle Wettbewerbsprobleme und kann unter den restriktiven Voraussetzungen des *Oscar Bronner*-Urteils als Marktöffnungsinstrument verwendet werden. Vgl. in diese Richtung auch *ARD/ Kommission*, Zi. 224. Vor allem aber ist die Blickrichtung jeweils eine andere. Bei der Gewährung des Zugangs zu einer Einrichtung unter Art. 82 EGV geht es darum, den Mißbrauch der marktbeherrschenden Stellung auf dem Markt der Einrichtung zu verhindern, wohingegen sich die Analyse in der FKVO und damit die Frage, ob durch die Zugangsgewährung eine beherrschende Stellung verhindert oder das Unternehmen lediglich einer künftigen Verhaltenskontrolle unterworfen wird, auf den der Einrichtung vor- oder nachgelagerten Markt bezieht. Solange auf dem der Einrichtung vor- oder nachgelagerten Markt durch die Zugangsgewährung die Entstehung einer Gatekeeper Position verhindert und nicht gerade nur die Ausübung der Gatekeeper Rolle geregelt wird, ist der fusionskontrollrechtliche Mehrwert zu bejahen.

727 Bartosch/ Schnelle, BB 2001, 2013, 2014.

rungen anzulegen. Sofern bereits geringe Zweifel daran bestehen, daß die Zusage die Entstehung oder Verstärkung einer beherrschenden Stellung dauerhaft verhindern wird, etwa weil die Gefahr eines Fehlschlags besteht, darf die Kommission die Zusage nicht berücksichtigen[728].

2. Überwachung durch Streitschlichtungsmechanismen

Der Kommission obliegt es in den Fällen, in denen sie Zugangsgewährungen zur Verhinderung einer Gatekeeper Stellung akzeptiert, sicherzustellen, daß das jeweilige Unternehmen nicht anschließend über die Bedingungen oder Verweigerungen der Zugangsgewährungen de facto dennoch die Rolle eines Gatekeeper ausübt. Eine gute Kontrollmöglichkeit für die Kommission, die Einhaltung der von den Parteien eingegangenen Verpflichtungen zu gewährleisten, stellt es dabei dar, Zugangsgewährungen mit Streitbeilegungsmechanismen, im wesentlichen Schiedsverfahren, abzusichern. Diese Vorgehensweise ist bereits in einigen von der Kommission entschiedenen Fällen festzustellen und sollte in Zukunft ausgebaut werden[729]. Effektiv wird dadurch die Überwachung der Einhaltung der Zusagen in das Schiedsverfahren verlagert[730]. Dies ist vor allem aus drei Gründen zu befürworten. Zum einen wird auf diese Weise das Argument entkräftet, bei der Akzeptanz von verhaltensbestimmenden Zusagen werde die Kommission mehr als künftig regulierende Aufsicht denn im Rahmen ihrer Fusionskontrollaufsicht tätig, da sie so nach dem Zusammenschluß gerade keine laufende Kontrolle durchführt. Zum anderen wird die Kommission dadurch von den administrativen Folgeproble-

---

[728] Bartosch/ Schnelle, BB 2001, 2013, 2015. Vgl. ferner in diesem Zusammenhang auch die Kommission in *Telia/ Telenor*, Zi. 137 und 167, wo sie exemplarisch ausgeführt hat, für den Fall, daß die Entstehung oder Verstärkung einer beherrschenden Stellung durch den Zusammenschluß festgestellt werde, könnten die daraus resultierenden wettbewerbsrechtlichen Bedenken nicht unter Hinweis auf kartellrechtliche oder sektorspezifische öffentlichrechtliche Kontrollmechanismen beseitigt werden; zustimmend im Rahmen der allgemeinen Frage, ob sektorspezifische Regulierungen bei der Analyse eines Falles nach der FKVO zu berücksichtigen sind, Faull/ Nikpay, S. 766, 11.41.

[729] Vgl. *Vodafone/ Mannesmann*, Zi. 58, und für den genauen Wortlaut der Bestimmung im Anhang zu der Entscheidung, XIII., Klauseln 24 und 25; siehe auch die Entscheidung der Kommission in *Vivendi/ Canal+/ Seagram*, Zi. 78; ferner *Newscorp/Telepiù*, Zi. 259 und Klausel 15 der eingegangenen Verpflichtungen im Anhang zur Entscheidung. Mestmäcker, ZUM 2001, 185, 192, weist darauf hin, daß die Vereinbarung eines Schlichtungsverfahrens zur Beilegung von Streitigkeiten über die Bedingungen des Zugangs dem Ansatz nach der Regulierung urheberrechtlicher Verwertungsgesellschaften entspricht: Abschlußzwang mit Zwangsschlichtung. Auch in der besprochenen Entscheidung *BSkyB/ Kirch Pay-TV* hat die Kommission den Parteien auferlegt, innerhalb von zwei Wochen ein Schiedsverfahren vorzuschlagen, vgl. Annex 1, was das EuG in *ARD/ Kommission*, Zi. 203, befürwortet hat.

[730] Hirsbrunner, EuZW 2001, 197, 200.

men entbunden, die eine Überwachung von Zugangsgewährungen mit sich bringt, wie z.B. ein angemessenes Entgelt für den Zugang zu bestimmen oder festzustellen, wann eine Zugangsgewährung aus technischen Gründen unmöglich oder Ausdruck einer Diskriminierung ist. Schließlich wird durch die Festlegung von Streitschlichtungsmechanismen für Wettbewerber ein effektives Mittel geschaffen, ihrerseits die Durchsetzung der Zusagen zu verfolgen - insbesondere dann, wenn im Schiedsverfahren eine Beweislastumkehr zugunsten der Konkurrenten gilt, und somit ein größeres Maß an Rechtssicherheit gewährleistet[731].

3. Restriktivere Akzeptanz in der ersten Phase

Die bei *BSkyB/ Kirch Pay-TV* aufgezeigten Defizite sollten die Kommission dazu veranlassen, künftig vor allem in der ersten Prüfungsphase in Anbetracht der engen Zeitvorgaben[732] von einer großzügigen Akzeptanz von Zugangsgewährungen zur Verhinderung von Gatekeeper Positionen abzusehen. In einem derartig knapp bemessenen Zeitraum ist es oftmals nur schwer festzustellen, ob sich die betreffenden Zusagen tatsächlich materiell eignen, die Entstehung bzw. Verstärkung einer beherrschenden Stellung zu verhindern[733]. Bei Zweifeln sollte die Kommission deshalb die zweite Prüfungs-

---

[731] Diesen Aspekt hat – wie erwähnt – auch das EuG in *ARD/ Kommission*, Zi. 203, hervorgehoben.

[732] Gemäß Art. 10 Abs. 1 FKVO dauert die erste Prüfungsphase im Falle des Angebots von Verpflichtungszusagen sechs Wochen. Die Zusagen müssen dabei der Kommission spätestens nach drei Wochen vorgelegt werden, vgl. Art. 18 Abs. 1 der Durchführungsverordnung zur FKVO, Verordnung (EG) Nr. 447/98 der Kommission vom 01.03.1998 über die Anmeldungen, über die Fristen sowie über die Anhörung nach der Verordnung (EWG) Nr. 4064/89 des Rates über die Kontrolle von Unternehmenszusammenschlüssen, ABl. 1998, L 61/1. Was Änderungen der fristgemäß eingereichten Zusagen anbelangt, so kann die Kommission diese prinzipiell auch noch nach der Dreiwochenfrist berücksichtigen, wenn sie meint, über die für die Prüfung erforderliche Zeit zu verfügen; sie ist insofern bei der Berücksichtigung der Änderungen nicht an diese Frist gebunden, vgl. *ARD/ Kommission*, Zi. 386, 387.

[733] Der Gedanke der grundsätzlichen Schwierigkeit einer sorgfältigen Prüfung der Zusagenangebote innerhalb eines engen zeitlichen Rahmens findet sich auch wieder in dem Vorschlag der Europäischen Kommission für eine Verordnung des Rates über die Kontrolle von Unternehmenszusammenschlüssen, ABl. 2003, C 20/4, Begründung Zi. 70 ff., sowie in der Neufassung Art. 10. Siehe in diesem Zusammenhang auch die Pressemitteilung der Europäischen Kommission vom 11.12.2002, IP/02/1856, „Kommission beschließt umfassende Reform der EU-Fusionskontrolle", unter: http://www.europa.eu.int/rapid/start/cgi. Dort zeichnet sich die Tendenz ab, die Verfahrensfristen auszudehnen bzw. auf Antrag der Parteien die laufenden Fristen anzuhalten und so den Beteiligten mehr Zeit für Änderungen einräumen zu können. Dadurch sollen die von den Parteien vorgelegten Abhilfemaßnahmen unter besseren Voraussetzungen von der Kommission und den durch das Fusionsvorhaben betroffenen Marktteilnehmern geprüft werden können. Im Englischen wird hier von einer „stop the clock provision" gesprochen. Vgl. auch Papaioannou/ Diez/ Ryan/

phase einleiten, um zu gewährleisten, daß sie der ihr im Rahmen der FKVO obliegenden Strukturkontrolle gerecht wird.

Die Kommission scheint diesen Einwand mittlerweile selbst erkannt und in ihrer Entscheidungspraxis zunehmend umgesetzt zu haben. So weist sie explizit darauf hin, daß sie entgegen ihrer Vorgehensweise im Jahr 2000 nunmehr im Jahre 2001 in der ersten Verfahrensphase keine Abhilfemaßnahmen akzeptiert habe, die Verpflichtungen beinhalteten, Wettbewerbern Zugang zu Einrichtungen zu gewähren[734]. Die Tatsache, daß derartige Zusagen weiterhin in der zweiten Prüfungsphase angenommen worden sind, mag einen höheren Grad an Vorsicht seitens der Kommission nach Annahme der Mitteilung über Abhilfemaßnahmen reflektieren[735].

4. Die Problematik einer zeitlichen Begrenzung

Auf Märkten, die sich noch in der Entstehung befinden oder allgemein einer hohen Dynamik unterliegen, ist es besonders schwierig, die durch den Zusammenschluß zu erwartenden Veränderungen der Marktstrukturen zu prognostizieren. Dementsprechend und aufgrund der zunehmenden Komplexität der Transaktionen kann auch die Geeignetheit angebotener Verpflichtungserklärungen zur Verhinderung einer Gatekeeper Position nur schwer beurteilt werden[736]. In solchen Konstellationen wächst das Bedürfnis nach differenzierten und subtilen Zusagen[737]. Der Kommissionspraxis läßt sich dabei eine Tendenz entnehmen, die Zugangsgewährungen zeitlich zu begrenzen[738].

Sjöblom, Competition Policy Newsletter 2002 (No. 1), 65, 68; FAZ vom 08.11.2002, S. 14, „Monti beharrt auf den EU-Vorrechten"; Monti „The Commission Notice on Merger Remedies - One Year after" (18.01.2002), unter: http://www.europa.eu.int/comm/competition/speeches/index_2002.html; Ysewyn, ECLR 2002, 207, 208; Drauz, WuW 2002, 444, 449.

[734] XXXI. Wettbewerbsbericht (2001), S. 102, wo die Kommission als Beispiele für derartige Zusagen in der Phase I aus dem Jahr 2000 die Vorhaben *Vodafone/ Mannesmann* und *BSkyB/ Kirch Pay-TV* sowie die Entscheidungen in *Vodafone/ Vivendi/ Canal+ (Vizzavi)* und *Vivendi/ Canal+/ Seagram* nennt.

[735] So auch die Kommission selbst im XXXI. Wettbewerbsbericht (2001), S. 102.

[736] Ähnlich auch Monti, „The Main Challenges for a New Decade of EC Merger Control" (15.09.2000), unter: http://www.europa.eu.int/comm/competition/speeches/index_2000.html. Siehe zu der Problematik geeigneter Abhilfemaßnahmen in bezug auf das U.S. amerikanische Kartellrechtsverfahren gegen Microsoft auch Fleischer/ Körber, K&R 2001, 623, 624; Gey, WuW 2001, 930, 939 ff.

[737] Ersbøll, ECLR 2001, 357, 363.

[738] Vgl. beispielsweise *Vodafone/ Mannesmann*, Zi. 60; *Vivendi/ Canal+/ Seagram*, Zi. 79. Eine zeitliche Befristung der Zugangsgewährungen auf drei Jahre findet sich ebenso in *Vodafone/ Vivendi/ Canal+ (Vizzavi)*, vgl. Zi. 91 und 92; siehe dazu auch Monti, „Competition Policy in the Communications Sector" (30.11.2000), unter: http://www.europa.eu.int/comm/competition/speeches/index_2000.html.

Hierdurch soll, wie die Kommission ausführt, der Mittelweg gewählt bzw. die Balance gefunden werden zwischen unmittelbaren, wettbewerbsrechtlichen Bedenken einerseits und dem Bedürfnis, langfristig Investitionen zu gewährleisten, andererseits[739]. Prinzipiell ist zwar eine differenzierte und abgewogene Vorgehensweise stets zu begrüßen, wird dadurch schließlich dem Grundsatz der Verhältnismäßigkeit Rechnung getragen. Eine gewisse Unlogik ist jedoch in der zeitlichen Begrenzung von Zugangsgewährungen enthalten. Besteht die Gefahr einer dauerhaft beherrschenden Stellung aufgrund der Kontrolle über bestimmte Einrichtungen, ist es unlogisch, daß die Kommission den fusionierenden Unternehmen erlaubt, diese Einrichtungen nach Ablauf von drei oder fünf Jahren auszunutzen. Wenn aber das Risiko einer dauerhaften Marktbeherrschung nicht existiert, dann ist nicht ersichtlich, warum die Zusage überhaupt angemessen ist. Die Kommission sollte somit in den Fällen, in denen sie eine Befristung der Zusagen in Erwägung zieht, ihre Analyse nochmals dahingehend überprüfen, ob tatsächlich von der Entstehung einer dauerhaften Gatekeeper Position auszugehen ist oder ob sie nicht vielmehr wie in *Vodafone/ Mannesmann* einen temporären Vorteil bzw. wie in *Vivendi/ Canal+/ Seagram* bloße wettbewerbliche Nachteile für Wettbewerber als Anlaß für ein Einschreiten wählt.

---

[739] Siehe bei Monti, „Competition in the New Economy" (21.05.2001), unter: http://www.europa.eu.int/comm/competition/speeches/index_2001.html. Im Englischen heißt es: „The balance between immediate competition concerns and the need to ensure long-term investment was struck by limiting the undertakings to a period of five years".

Ergebnisse der Untersuchung

1. Gatekeeper Positionen sind fusionskontrollrechtlich als eine besondere Form der marktbeherrschenden Stellung einzuordnen, deren Entstehung oder Verstärkung es zu verhindern gilt. Der Begriff Gatekeeper bezeichnet in der FKVO eine Position, die es einem Unternehmen nach einem Zusammenschluß ermöglicht, darüber zu entscheiden, ob und welche Wettbewerber mit ihm zusammen auf einem Markt tätig werden, indem es die Markteintritts- und Wettbewerbsbedingungen aktueller oder potentieller Konkurrenten steuern und sich dadurch unabhängig von diesen verhalten kann.
2. Die Gefahr einer Gatekeeper Position besteht, wenn ein Unternehmen nach einem Zusammenschluß über eine Einrichtung verfügt, die für ein Tätigwerden von Konkurrenten auf einem vor- oder nachgelagerten Markt unverzichtbar ist. Die Unverzichtbarkeit einer Einrichtung für den Wettbewerb auf dem vor- oder nachgelagerten Markt ist zu bejahen, wenn keine tatsächlichen oder potentiellen, gleichwertigen Ausweichmöglichkeiten existieren.
3. Die Untersuchung einer Gatekeeper Position ist vorrangig am Schutz des Wettbewerbs als Institution und dem Wohl der Konsumenten und nicht am Schutz der Wettbewerber auszurichten, um Investitions- und Innovationsanreize langfristig zu wahren.
4. Bei der Ermittlung einer Gatekeeper Position ist im Informations- und Kommunikationssektor nicht allein auf temporäre Marktmacht und hohe Marktanteile, sondern vielmehr auf die durch den Zusammenschluß entstehenden bzw. erhöhten Marktzutrittsschranken abzustellen.
5. Im Informations- und Kommunikationssektor ist bei der Analyse eines Zusammenschlusses und der Gefahr einer Gatekeeper Position dem Auftreten etwaiger Netzeffekte besonders Rechnung zu tragen. Dabei ist eine Prognose sowohl hinsichtlich der Wahrscheinlichkeit als auch bezüglich der Stärke der Netzeffekte zu erstellen.
6. Eine Gatekeeper Position kann mit Hilfe von drei Faktoren definiert werden. Die Bestimmung erfolgt zum einen nach der Art ihrer Entstehung, zum anderen nach der Marktphase, in der sie zu erwarten ist, und schließlich nach der Art der kontrollierten Einrichtung.
7. Je nach einschlägiger Klassifizierung innerhalb dieser drei Kategorien sind unterschiedliche Anforderungen an die Ermittlung einer Gatekeeper Position zu stellen.

- Sowohl bei horizontalen als auch bei vertikalen Zusammenschlüssen ist die Untersuchung stärker auf der Basis einer ökonomischen Analyse vorzunehmen. Im Falle horizontaler Fusionen sind zunehmend indirekte Effekte zu berücksichtigen. Vertikale Integrationsaktivitäten erfordern eine differenzierte Einschätzung der Ausschlußeffekte.
- An die Entscheidungsfindung der Kommission sind umso strengere Sorgfalts- und Begründungsanforderungen zu stellen, je weniger verläßliche Daten und Informationen vorliegen, was stärker bei neuen als bei bestehenden Märkten von Relevanz ist.
- Bei der Ermittlung der Unverzichtbarkeit einer Einrichtung für den Wettbewerb auf einem vor- oder nachgelagerten Markt ist jeweils den Charakteristika von Netzen, Inhalten bzw. Technologien Rechnung zu tragen.

8. Verpflichtungserklärungen seitens der fusionierenden Unternehmen, Wettbewerbern Zugang zu ihren unverzichtbaren Einrichtungen zu gewähren, sind prinzipiell geeignet, die Entstehung einer Gatekeeper Position zu verhindern. Zugangsgewährungen sind jedoch erst nach genauer Analyse des Einzelfalls und speziell in der ersten Prüfungsphase restriktiv zu akzeptieren und zur effektiven Überwachung mit Streitschlichtungsmechanismen abzusichern.

Literaturverzeichnis

Abbamonte, Guiseppe/ Rabassa, Valérie, „Foreclosure and Vertical Mergers: The Commission's Review of Vertical Effects in the Last Wave of Media and Internet Mergers: AOL/ Time Warner; Vivendi/ Seagram; MCI WorldCom/ Sprint“ in: ECLR 2001, 214 ff.

Ahlborn, Christian/ Evans, David/ Padilla, Atilano Jorge, „Competition Policy in the New Economy: Is European Competition Law up to the Challenge?“ in: ECLR 2001, 156 ff.

Albors-Llorens, Albertina, „The „Essential Facilities“ Doctrine in EC Competition Law“ in: Cambridge L. J. 1999, 490 ff.

Alonso, Juan Briones, „Vertical Aspects of Mergers, Joint Ventures and Strategic Alliances“ in: FCLI 1995, 129 ff.

Amory, Bernard, „Vertical Aspects of Mergers, Joint Ventures and Strategic Alliances“ in: FCLI 1997, 147 ff.

Areeda, Phillip, „Essential Facilities: An Epithet in Need of Limiting Principles“ in: Antitrust L. J. (58) 1990, 841 ff.

Areeda, Phillip/ Hovenkamp, Herbert/ Solow, John, Antitrust Law - An Analysis of Antitrust Principles and Their Application, Volume IV (§§ 900-955), New York 1998

Aubel, Monica, „L'application du droit communautaire de la concurrence et le contrôle des concentrations et des alliances dans l'audiovisuel“ unter: http://www.europa.eu.int/comm/competition/speeches

Bailey, Elizabeth, „Contestability and the Design of Regulatory and Antitrust Policy“ in: AER (71) 1981, Papers and Proceedings, 178 ff.

Baker, Jonathan, „Fringe Firms and Incentives to Innovate“ in: Antitrust L. J. (63) 1995, 621 ff.

Balto, David/ Pitofsky, Robert, „Antitrust and High Tech Industries: The New Challenge“ in: Antitrust Bull. (43) 1998, 583 ff.

Bartosch, Andreas, „Anmerkung zu EuG: Fusion im Fernsehbereich, EuZW 1999, 600“ in: EuZW 1999, 607 f.

Bartosch, Andreas, „Bericht aus Brüssel - Globale Fusionen und wie die Brüsseler Antwort aussieht“ in: NJW-CoR 1999, 120

Bartosch, Andreas, „Die Entscheidung der Kommission im Fall WorldCom/ MCI - eine kritische Analyse der Entscheidungspraxis der Kommission" in: NJW-CoR 1999, 364 ff.

Bartosch, Andreas, „Bericht aus Brüssel - Neue Kartellrunde für Microsoft" in: NJW-CoR 2000, 109

Bartosch, Andreas, „Die Entscheidung der Kommission im Fall Telia/ Telenor: Die Fusion ehemaliger Monopolisten" in: NJW-CoR 2000, 162 ff.

Bartosch, Andreas/ Schnelle, Ulrich, „Die neuen Mitteilungen in der europäischen Fusionskontrolle - Zusagenpraxis, Nebenabreden, vereinfachtes Zusammenschlußverfahren" in: BB 2001, 2013 ff.

Baumol, William/ Panzar, John/ Willig, Robert, Contestable Markets and the Theory of Industry Structure, New York 1982 *(zitiert: Baumol/ Panzar/ Willig, Contestable Markets)*

Bechtold, Rainer, „Zwischenbilanz zum EG-Fusionskontrollrecht" in: EuZW 1994, 653 ff.

Beck, Hanno, „Die wettbewerbspolitische Relevanz des Internet" in: WuW 1999, 460 ff.

Behrens, Peter, „Das Wirtschaftsrecht des Europäischen Binnenmarktes - Ein Überblick" in: JURA 1989, 561 ff.

Bellamy, Christopher/ Child, Graham, European Community Law of Competition, 5. Auflage, London 2001

Bergman, Mats, „The Bronner Case: A Turning Point for the Essential Facilities Doctrine?" in: ECLR 2000, 59 ff.

Bergman, Mats, „The Role of the Essential Facilities Doctrine" in: Antitrust Bull. (46) 2001, 403 ff.

Bermann, George/ Goebel, Roger/ Davey, William/ Fox, Eleanor, Cases and Materials on European Community Law, St. Paul 1993

Besen, Stanley/ Farrell, Joseph, „Choosing how to Compete: Strategies and Tactics in Standardization" in: Journal of Economic Perspectives (8) 1994, 117 ff.

Bishop, Bill/ Caffarra, Cristina, „Merger Control in „New Markets"" in: ECLR 2001, Analysis Section, 31 ff.

Bishop, Simon/ Ridyard, Derek, „Oscar Bronner - Legitimate Refusals to Supply" in: European Economics and Law: Competition - Single Market - Trade, hrsg. von John Grayston, Isle of Wight 1999, S. 20 ff. *(zitiert: Bishop/ Ridyard, European Economics)*

Bishop, Simon/ Ridyard, Derek, „E.C. Vertical Restraints Guidelines: Effects-Based or Per Se Policy?" in: ECLR 2002, Analysis Section, 35 ff.

Bishop, Simon/ Walker, Mike, The Economics of E.C. Competition Law: Concepts, Application and Measurement, 2. Auflage, London 2002

Bohl, Christoph, Konzentrationskontrolle in den elektronischen Medien, Baden-Baden 2000, Dissertation Universität Hamburg 1999

Bork, Robert, „The Rule of Reason and the Per Se Concept: Price Fixing and Market Division" in: Yale Law Review (74) 1965, 775 ff.

Bork, Robert, The Antitrust Paradox: A Policy at War with Itself, 2. Auflage mit neuer Einleitung und neuem Epilog, New York 1995 *(zitiert: Bork, Antitrust Paradox)*

Boudreaux, Donald/ Folson, Burton, „Microsoft and Standard Oil: Radical Lessons for Antitrust Reform" in: Antitrust Bull. (44) 1999, 555 ff.

Broberg, Morten, „Commitments in Phase One Merger Proceedings: The Commission's Power to Accept and Enforce Phase One Commitments" in: CMLR 1997, 845 ff.

Brockhaus, Brockhaus - Die Enzyklopädie, 22. Band (Them-Valk), 20. Auflage, Mannheim 1999

Brodley, Joseph, „Post-Chicago Economics and Workable Legal Policy" in: Antitrust L. J. (63) 1995, 683 ff.

Bunte, Hermann-Josef, „6. GWB-Novelle und Mißbrauch wegen Verweigerung des Zugangs zu einer „wesentlichen Einrichtung"" in: WuW 1997, 302 ff.

Camesasca, Peter, „Dynamic Competition Meets Media Ownership Rules after Premiere" in: ECLR 2000, 76 ff.

Capobianco, Antonio, „The Essential Facilities Doctrine: Similarities and Differences between the American and the European Approach" in: ELR 2001, 548 ff.

Carter, Jane, „Market Definition in the Broadcasting Sector" in: World Competition (24) 2001, 93 ff.

Case Associates, Casenote, Competition Research Issue 15, „Internet vs. MCI WorldCom Merger - The Misuse of Network Effects Again", February 1999, unter: http://www.casecon.com/compnotes.htm

Case Associates, Casenote, Competition Research Issue 19, „Vodafone Airtouch/ Mannesmann - EU Commission Clearance Based on Speculation over Mobile Markets Future“, June 2000, unter: http://www.casecon.com/compnotes.htm

Clark, John Maurice, „Towards a Concept of Workable Competition“ in: AER (30) 1940, 241 ff.

Clark, John Maurice, Competition as a Dynamic Process, Washington 1961 *(zitiert: Clark, „Competition as a Dynamic Process“)*

Coates, Kevin, „Competing for the Internet“ unter: http://www.europa.eu.int/comm/competition/speeches/text/sp1998

Comanor, William, „The Problem of Remedy in Monopolization Cases: The Microsoft Case“ in: Antitrust Bull. (46) 2001, 115 ff.

Cook, C.J./ Kerse, C.S., E.C. Merger Control, 3. Auflage, London/ Dublin/ Hongkong 2000

Cowie, Campbell/ Marsden, Christopher, „Convergence, Competition and Regulation“ unter: http://www.digital-law.net/ijclp/1_1998

Dauses, Manfred (Hrsg.), Handbuch des EU-Wirtschaftsrechts, Band 1, Stand März 2002, München 2002 *(zitiert: Bearbeiter in: Dauses, Bd. 1)*

Dauses, Manfred (Hrsg.), Handbuch des EU-Wirtschaftsrechts, Band 2, Stand März 2002, München 2002 *(zitiert: Bearbeiter in: Dauses, Bd. 2)*

Deselaers, Wolfgang, „Die „Essential Facilities“-Doktrin im Lichte des Magill-Urteils des EuGH“ in: EuZW 1995, 563 ff.

Donahey, Teague, „Terminal Railroad Revisited: Using the Essential Facilities Doctrine to Ensure Accessibility to Internet Software Standards“ in: American Intellectual Property Law Association Quarterly Journal 1997, 277 ff.

Drauz, Götz, „Neuere Entwicklungen der EU-Fusionskontrolle unter Einschluß der zum 1. März 1998 eingetretenen Änderungen“ in: Neuere Entwicklungen auf dem Gebiet des europäischen Wettbewerbsrechts, hrsg. von Jürgen Schwarze, Baden-Baden 1999, S. 103 ff. *(zitiert: Drauz, Neuere Entwicklungen der EU-Fusionskontrolle)*

Drauz, Götz, „Merger Regulation: Impact of the New Economy“ in: European Business Forum (No. 4) 2000, 11 f.

Drauz, Götz, „Aktuelle Entwicklungen in der Europäischen Fusionskontrolle“ in: Neueste Entwicklungen im europäischen und internationalen Kartellrecht, 6. St. Galler Internationales Kartellrechtsforum 1999, hrsg. von Carl Baudenbacher, Basel/ Genf/ München 2000, S. 89 ff. *(zitiert: Drauz, St. Galler Kartellrechtsforum)*

Drauz, Götz, „Reform der Fusionskontrollverordnung - Die Kernpunkte des Grünbuchs der Europäischen Kommission“ in: WuW 2002, 444 ff.

Drauz, Götz/ Schröder, Dirk, Praxis der europäischen Fusionskontrolle, 3. Auflage, Köln 1995

Ebenroth, Carsten/ Lange, Knut Werner, „Zukunftsmärkte in der europäischen Fusionskontrolle“ in: EWS 1995, 1 ff.

Economides, Nicolas, „The Economics of Networks“ in: International Journal of Industrial Organizations (14) 1996, 673 ff.

Economides, Nicolas, „Dictionary of Terms in Network Economics“ unter: http://www.stern.nyu.edu/networks/dictionary.html

Economides, Nicolas/ Flyer, Frederick, „Compatibility and Market Structure for Network Goods“ unter: http://www.stern.nyu.edu/networks/98-02.pdf

Ehle, Dirk, „Anmerkung zum Urteil des EuGH vom 26.11.1998 - Oscar Bronner ./. Mediaprint, EuZW 1999, 86 ff.“ in: EuZW 1999, 89 f.

Emmerich, Volker, Kartellrecht, 9. Auflage, München 2001

Erichsen, Hans-Uwe/ Weiß, Richard, „System des europäischen Rechtsschutzes“ in: JURA 1990, 528 ff.

Ersbøll, Niels Christian, „Commitments under the Merger Regulation“ in: ECLR 2001, 357 ff.

Esser-Wellié, Michael, Das Verfassungs- und Wirtschaftsrecht der Breitbandkommunikation in den Vereinigten Staaten von Amerika, Baden-Baden 1995, Dissertation Universität Hamburg 1994

Esser-Wellié, Michael/ Hufnagel, Frank-Erich, „Multimedia und Telekommunikation“ in: AfP 1998, 290 ff.

Europäische Kommission, XIV. Bericht über die Wettbewerbspolitik (1984), Brüssel/ Luxemburg 1985 *(zitiert: XIV. Wettbewerbsbericht (1984))*

Europäische Kommission, XXI. Bericht über die Wettbewerbspolitik (1991), Brüssel/ Luxemburg 1992 *(zitiert: XXI. Wettbewerbsbericht (1991))*

Europäische Kommission, XXV. Bericht über die Wettbewerbspolitik (1995), COM (96) 126 final, Brüssel/ Luxemburg 1996 *(zitiert: XXV. Wettbewerbsbericht (1995))*

Europäische Kommission, XXVI. Bericht über die Wettbewerbspolitik (1996), SEK (97) 628 final, Brüssel/ Luxemburg 1997 *(zitiert: XXVI. Wettbewerbsbericht (1996))*

Europäische Kommission, XXVIII. Bericht über die Wettbewerbspolitik (1998), SEK (99) 743 endg., Brüssel/ Luxemburg 1999 *(zitiert: XXVIII. Wettbewerbsbericht (1998))*

Europäische Kommission, XXIX. Bericht über die Wettbewerbspolitik (1999), SEK (2000) 720 endg., Brüssel/ Luxemburg 2000 *(zitiert: XXIX. Wettbewerbsbericht (1999))*

Europäische Kommission, XXX. Bericht über die Wettbewerbspolitik (2000), SEK (2001) 694 endg., Brüssel/ Luxemburg 2001 *(zitiert: XXX. Wettbewerbsbericht (2000))*

Europäische Kommission, XXXI. Bericht über die Wettbewerbspolitik (2001), SEK (2002) 462 endg., Brüssel/ Luxemburg 2002 *(zitiert: XXXI. Wettbewerbsbericht (2001))*

Evans, Daniel/ Nichols, Albert/ Schmalensee, Richard, „An Analysis of the Government's Economic Case in U.S. v. Microsoft“ in: Antitrust Bull. (46) 2001, 163 ff.

Faull, Jonathan/ Nikpay, Ali, The EC Law of Competition, Oxford 1999

Fisher, Franklin/ Rubinfeld, Daniel, „U.S. v. Microsoft - An Economic Analysis“ in: Antitrust Bull. (46) 2001, 1 ff.

Fleischer, Holger, Behinderungsmißbrauch durch Produktinnovation: Eine ökonomische und juristische Analyse zum deutschen, europäischen und amerikanischen Kartellrecht, 1. Auflage, Baden-Baden 1997

Fleischer, Holger/ Körber, Torsten, „Marktmacht, Machtmißbrauch und Microsoft - Zur Rolle des Kartellrechts in der New Economy“ in: K&R 2001, 623 ff.

Fleischer, Holger/ Weyer, Hartmut, „Neues zur „essential facilities“-Doktrin im Europäischen Wettbewerbsrecht“ in: WuW 1999, 350 ff.

Flynn, John, „Standard Oil and Microsoft - Intriguing Parallels or Limping Analogies“ in: Antitrust Bull. (46) 2001, 645 ff.

Fox, Eleanor, „Toward World Antitrust and Market Access“ in: American Journal of International Law (91) 1997, 1 ff.

Fox, Eleanor/ Sullivan, Lawrence, Cases and Materials on Antitrust Law, St. Paul 1989

Fox, Eleanor/ Sullivan, Lawrence, Cases and Materials on Antitrust Law, Supplement, St. Paul 1995 *(zitiert: Fox/ Sullivan, Supplement)*

Fuchs, Andreas, „Zusagen, Auflagen und Bedingungen in der europäischen Fusionskontrolle“ in: WuW 1996, 269 ff.

Gabler, Gabler Wirtschaftslexikon, Band E-J, 15. Auflage, Wiesbaden 2000

Gabler, Gabler Wirtschaftslexikon, Band K-R, 15. Auflage, Wiesbaden 2000

Gabler, Gabler Wirtschaftslexikon, Band S-Z, 15. Auflage, Wiesbaden 2000

Gamm, Otto Friedrich Freiherr von, „Potentieller Wettbewerb – Substitutionswettbewerb“ in: Strafrecht, Unternehmensrecht, Anwaltsrecht, Festschrift für Gerd Pfeiffer zum Abschied aus dem Amt als Präsident des Bundesgerichtshofes, hrsg. von Otto Friedrich Freiherr von Gamm, Peter Raisch und Klaus Tiedemann, Köln/ Berlin/ Bonn/ München 1988, S. 643 ff. *(zitiert: von Gamm, FS Pfeiffer)*

Garzaniti, Laurent, Telecommunications, Broadcasting and the Internet: E.U. Competition Law and Regulation, London 2000

Geigant, Friedrich/ Haslinger, Franz/ Sobotka, Dieter/ Westphal, Horst, Lexikon der Volkswirtschaft, 7. Auflage, Landsberg am Lech 2000

Gey, Peter, „Das Berufungsurteil in Sachen Microsoft - Kartellrecht in dynamischen Technologiemärkten“ in: WuW 2001, 933 ff.

Gifford, Daniel, „What is Monopolization anyway? The D.C. Circuit Grapples with Some Perplexing Issues“ in: Antitrust Bull. (46) 2001, 797 ff.

Gilbert, Richard/ Sunshine, Steven, „Incorporating Dynamic Efficiency Concerns in Merger Analysis: The Use of Innovation Markets“ in: Antitrust L. J. (63) 1995, 569 ff.

Glasl, Daniel, „Essential Facilities Doctrine in EC Antitrust Law: A Contribution to the Current Debate“ in: ECLR 1994, 306 ff.

Gleiss, Alfred/ Hirsch, Martin/ Bechtold, Rainer/ Hootz, Christian, Kommentar zum EWG-Kartellrecht, 3. Auflage, Heidelberg 1978

Grabitz, Eberhard/ Hilf, Meinhard, Das Recht der Europäischen Union, Band 2, EUV/ EGV (Amsterdamer Fassung), 21. Ergänzungslieferung April 2003, München 2003 *(zitiert: Bearbeiter in: Grabitz/ Hilf, Bd. 2)*

Groeben, Hans von der/ Thiesing, Jochen/ Ehlermann, Claus-Dieter, Kommentar zum EU-/ EG-Vertrag, Band 2/ I (Art. 85-87 EGV), 5. Auflage, Baden-Baden 1999 *(zitiert: Bearbeiter in: Groeben/ Thiesing/ Ehlermann)*

Groger, Thomas/ Janicki, Thomas, „Weiterentwicklung des Europäischen Wettbewerbsrecht" in: WuW 1992, 991 ff.

Hamblock, Dieter/ Wessels, Dieter, Großwörterbuch Wirtschaftsenglisch, Englisch/ Deutsch, Düsseldorf 1990

Hancher, L., „Case C-7/97, Oscar Bronner GmbH & Co. KG v. Mediaprint Zeitungs- und Zeitschriftenverlag GmbH & Co. KG - Comments" in: CMLR 1999, 1289 ff.

Harmjanz, Jan Dietrich, Auflagen und Bedingungen - Eine vergleichende Darstellung des EG-Fusionskontrollrechts und des U.S.-amerikanischen Antitrustrechts zu consent decrees, Baden-Baden 1999, Dissertation Universität Hannover 1998

Harz, Mercer, „Dominance and Duty in the European Union: A Look through Microsoft Windows at the Essential Facilities Doctrine" in: Emory International Law Review (11) 1997, 189 ff.

Hawk, Barry/ Huser, Henry, European Community Merger Control: A Practitioner's Guide, The Hague/ London/ Boston 1996

Heidenhain, Martin, „Zusagenpraxis in der EG-Fusionskontrolle" in: EuZW 1994, 135 ff.

Hess, Wolfgang, „Medienkartellrecht" in: AfP 2000, 539 ff.

Hirsbrunner, Simon, „Neue Entwicklungen der Europäischen Fusionskontrolle in den Jahren 1999 und 2000" in: EuZW 2001, 197 ff.

Hoch, Detlev/ Roeding, Cyriac/ Purkert, Gert/ Lindner, Sandro, Erfolgreiche Software-Unternehmen - die Spielregeln der New Economy, München/ Wien 2000

Holznagel, Bernd/ Daufeldt, Dirk, „Zugangssicherung bei digitaler Fernsehübertragung" in: CR 1998, 151 ff.

Holznagel, Bernd/ Grünwald, Andreas, „Multimedia per Antenne" in: ZUM 1997, 417 ff.

Hughes, Matt/ Foss, Celia/ Ross, Kristin, „The Economic Assessment of Vertical Restraints under U.K. and E.C. Competition Law“ in: ECLR 2001, 424 ff.

Immenga, Ulrich/ Mestmäcker, Ernst-Joachim, EG-Wettbewerbsrecht, Kommentar, Band 1, München 1997 *(zitiert: Bearbeiter in: Immenga/ Mestmäcker, Bd. 1)*

Immenga, Ulrich/ Mestmäcker, Ernst-Joachim, EG-Wettbewerbsrecht, Kommentar, Ergänzungsband, München 2001 *(zitiert: Bearbeiter in: Immenga/ Mestmäcker, Ergänzungsband)*

Immenga, Ulrich/ Mestmäcker, Ernst-Joachim, GWB - Gesetz gegen Wettbewerbsbeschränkungen, Kommentar, 3. Auflage, München 2001 *(zitiert: Bearbeiter in: Immenga/ Mestmäcker, GWB)*

Jebsen, Per/ Stevens, Robert, „Assumptions, Goals and Dominant Undertakings: The Regulation of Competition under Article 86 of the European Union“ in: Antitrust L. J. (64) 1996, 443 ff.

Jones, Christopher/ Gonzáles-Díaz, Enrique, The EEC Merger Regulation, London 1992

Katz, Michael/ Shapiro, Carl, „Network Externalities, Competition and Compatibility“ in: AER (75) 1985, 424 ff.

Klaue, Siegfried, „Zur Rezeption der amerikanischen essential facilities-Doktrin in das europäische und deutsche Kartellrecht“ in: RdE 1996, 51 ff.

Klein, Benjamin, „Did Microsoft Engage in Exclusionary Behaviour?“ in: Antitrust Bull. (46) 2001, 71 ff.

Klimisch, Anette/ Lange, Markus, „Zugang zu Netzen und anderen wesentlichen Einrichtungen als Bestandteil der kartellrechtlichen Mißbrauchsaufsicht“ in: WuW 1998, 15 ff.

Klotz, Robert, „Auf dem Weg zu einem europäischen Multimediarecht“ in: ZUM 1999, 443 ff.

Koenig, Christian/ Loetz, Sascha, „Bedeutung der Essential facilities-Doktrin für den Zugang zu Netzinfrastrukturen im europäischen Telekommunikationsrecht“ in: EWS 2000, 377 ff.

Korah, Valentine, An Introductory Guide to EC Competition Law and Practice, 7. Auflage, Oxford/ Portland 2000 *(zitiert: Korah, Introductory Guide)*

Korah, Valentine (Hrsg.), Competition Law of the European Community, Volume 1, Loseblattsammlung, Stand Oktober 2000, New York 2000 *(zitiert: Bearbeiter in: Korah, Competition Law Vol. 1)*

Korah, Valentine (Hrsg.), Competition Law of the European Community, Volume 2, Loseblattsammlung, Stand Oktober 2000, New York 2000 *(zitiert: Bearbeiter in: Korah, Competition Law Vol. 2)*

Korah, Valentine, „Interface between Intellectual Property and Antitrust: The European Experience“ in: Antitrust L. J. (69) 2001, 801 ff.

Krimphove, Dieter, Europäische Fusionskontrolle, Köln/ Berlin/ Bonn/ München 1992, Dissertation Universität Münster 1991

Lampert, Thomas, „Der EuGH und die essential facilities-Lehre“ in: NJW 1999, 2235 f.

Lange, Knut Werner, Handbuch zum deutschen und europäischen Kartellrecht, Heidelberg 2001 *(zitiert: Lange, Handbuch)*

Langen, Eugen/ Bunte, Hermann-Josef, Kommentar zum deutschen und europäischen Kartellrecht, 9. Auflage, Neuwied/ Kriftel 2001 *(zitiert: Bearbeiter in: Langen/ Bunte)*

Larouche, Pierre, Competition Law and Regulation in European Telecommunications Law, Oxford/ Portland 2000

Leibenath, Christoph, Die Rechtsprobleme der Zusagenpraxis in der europäischen Fusionskontrolle, Baden-Baden 2000, Dissertation Universität Göttingen 1999

Levinson, Robert/ Romaine, Craig/ Salop, Steven, „The Flawed Fragmentation Critique of Structural Remedies in the Microsoft Case“ in: Antitrust Bull. (46) 2001, 135 ff.

Lewis, Tracy/ Yao, Dennis, „Some Reflections on the Antitrust Treatment of Intellectual Property“ in: Antitrust L. J. (63) 1995, 603 ff.

Lexecon, Competition Memo, „“Indirect Effects“ in Merger Analysis“, October 2000, unter: http://www.lexecon.co.uk/publications/memos/2000.php

Liebowitz, S.J./ Margolis, Stephen, „Network Externalities: An Uncommon Tragedy“ in: Journal of Economic Perspectives (8) 1994, 133 ff.

Liebowitz, S.J./ Margolis, Stephen, „Network Effects and Externalities“ in: The New Palgrave Dictionary of Economics and the Law, Band 2 (E-O), hrsg. von Peter Newman, London 1998, S. 617 ff. *(zitiert: Liebowitz/ Margolis, Palgrave Dictionary, Bd. 2)*

Lober, Andreas, „Die IMS-Entscheidung der Europäischen Kommission: Copyright K.O.?“ in: GRUR Int. 2002, 7 ff.

Löffler, Heinz, „Europäische Fusionskontrolle - MSG Media Services“ in: WuW 1994, 1017 ff.

Löffler, Heinz, „Europäische Fusionskontrolle - RTL/ Veronica/ Endemol“ in: WuW 1995, 1004 ff.

Löffler, Heinz, Kommentar zur europäischen Fusionskontrollverordnung, Neuwied/ Kriftel 2001

Mailänder, Peter, „Schranken für das Vertragsdiktat zu Lasten der Träger wesentlicher Einrichtungen“ in: Wettbewerbspolitik im Spannungsfeld nationaler und internationaler Kartellrechtsordnungen, Festschrift für Ingo Schmidt zum 65. Geburtstag, hrsg. von Jörn Kruse, Kurt Stockmann und Lothar Vollmer, Baden-Baden 1997, S. 271 ff. *(zitiert: Mailänder, FS Schmidt)*

Margolis, Stephen/ Liebowitz, S.J., „Path Dependence“ in: The New Palgrave Dictionary of Economics and the Law, Band 3 (P-Z), hrsg. von Peter Newman, London 1998, S. 17 ff. *(zitiert: Margolis/ Liebowitz, Palgrave Dictionary, Bd. 3)*

Markert, Kurt, „Die Verweigerung des Zugangs zu wesentlichen Einrichtungen als Problem der kartellrechtlichen Mißbrauchsaufsicht“ in: WuW 1995, 560 ff.

Marshall, Neil/ Papaioannou, Anna/ Tretton, Walter, „Merger Control: Main Developments between 1st May 2000 and 31st August 2000“ in: Competition Policy Newsletter 2000 (No. 3), 61 ff.

Martenczuk, Bernd, „Die „essential facilities“-Doktrin im Europäischen Wettbewerbsrecht und der Zugang zu Vertriebsnetzen“ in: EuR 1999, 565 ff.

Mc Callum, Linsey, „EC Competition Law and Digital Pay Television“ in: Competition Policy Newsletter 1999 (No. 1), 4 ff.

McKenzie, Richard/ Lee, Dwight, „How Digital Economics Revises Antitrust Thinking“ in: Antitrust Bull. (46) 2001, 253 ff.

Mendes Pereira, Miguel, „EU Competition Law, Convergence and the Media Industry“ (23.04.2002) unter: http://www.europa.eu.int/comm/competition /speeches/index_2002.html

Mendes Pereira, Miguel, „Convergence between Media and Telecommunications: Competition Law and Regulatory Perspectives“ (29.11.2002) unter: http://www.europa.eu.int/comm/competition/speeches/index_2002. html

Mennicke, Petra, „Von der Unterscheidung zwischen Bestand und Ausübung von Immaterialgüterrechten zur „essential facilities“-Doktrin in der Rechtsprechung des Europäischen Gerichtshofes?“ in: ZHR 1996, 626 ff.

Mestmäcker, Ernst-Joachim, „Zum Begriff des Mißbrauchs in Art. 86 des Vertrages über die Europäische Gemeinschaft“ in: Unternehmen, Recht und Wirtschaftsordnung, Festschrift für Peter Raisch zum 70. Geburtstag, hrsg. von Karsten Schmidt und Eberhard Schwark, Köln/ Berlin/ Bonn/ München 1995, S. 441 ff. *(zitiert: Mestmäcker, FS Raisch)*

Mestmäcker, Ernst-Joachim, „Unternehmenskonzentrationen und Urheberrechte in der alten und neuen Musikwirtschaft“ in: ZUM 2001, 185 ff.

Mestmäcker, Ernst-Joachim/ Schweitzer, Heike, Netzwettbewerb, Netzzugang und „Roaming“ im Mobilfunk - Eine Untersuchung nach TKG, GWB und dem Recht der EG, Baden-Baden 1999

Montag, Frank, „Gewerbliche Schutzrechte, wesentliche Einrichtungen und Normung im Spannungsfeld zu Art. 86 EGV“ in: EuZW 1997, 71 ff.

Montag, Frank/ Leibenath, Christoph, „Aktuelle Entwicklungen im Bereich des Art. 82 EGV“ in: Neueste Entwicklungen im europäischen und internationalen Kartellrecht, 6. St. Galler Internationales Kartellrechtsforum 1999, hrsg. von Carl Baudenbacher, Basel/ Genf/ München 2000, S. 107 ff. *(zitiert: Montag/ Leibenath, St. Galler Kartellrechtsforum)*

Montag, Frank/ Leibenath, Christoph, „Aktuelle Probleme in der Europäischen Fusionskontrolle“ in: WuW 2000, 852 ff.

Montag, Frank/ Leibenath, Christoph, „Die Rechtsschutzmöglichkeiten Dritter in der europäischen Fusionskontrolle“ unter: http://www.freshfields. com/publications

Monti, Mario, „A European Competition Policy for Today and Tomorrow“ (26.06.2000) unter: http://www.europa.eu.int/comm/competition/speeches/ index_2000.html

Monti, Mario, „Competition and Media“ (12.09.2000) unter: http://www. europa.eu.int/comm/competition/speeches/index_2000.html

Monti, Mario, „The Main Challenges for a New Decade of EC Merger Control" (14./ 15.09.2000) unter: http://www.europa.eu.int/comm/competition/speeches/index_2000.html

Monti, Mario, „Competition and Information Technologies" (18.09.2000) unter: http://www.europa.eu.int/comm/competition/speeches/index_2000.html

Monti, Mario, „Telecommunications between Regulation and Competition" (28.09.2000) unter: http://www.europa.eu.int/comm/competition/speeches/index_2000.html

Monti, Mario, „Antitrust may be an Old Economy word but it is essential for the New Economy" (25.10.2000) unter: http://www.ebizchronicle.com/spl_reports/october/mariomonti.htm

Monti, Mario, „Competition Policy in the Communications Sector" (30.11.2000) unter: http://www.europa.eu.int/comm/competition/speeches/index_2000.html

Monti, Mario, „European Competition Policy for the 21st Century" in: FCLI 2000, 257 ff.

Monti, Mario, „Competition in the New Economy" (21.05.2001) unter: http://www.europa.eu.int/comm/competition/speeches/index_2001.html

Monti, Mario, „Content, Competition and Consumers: Innovation and Choice" (11.06.2001) unter: http://www.europa.eu.int/comm/competition/speeches/index_2001.html

Monti, Mario, „The Future for Competition Policy in the European Union - Merger Control: Issues Highlighted in the Context of the GE/ Honeywell Merger" (09.07.2001) unter: http://www.europa.eu.int/comm/competition/speeches/index_2001.html

Monti, Mario, „Defining the Boundaries Competition Policy in High Tech Sectors" (11.09.2001) unter: http://www.europa.eu.int/comm/competition/speeches/index_2001.html

Monti, Mario, „Antitrust in the U.S. and Europe: A History of Convergence" (14.11.2001) unter: http://www.europa.eu.int/comm/competition/speeches/index_2001.html

Monti, Mario, „The Commission Notice on Merger Remedies - One Year after" (18.01.2002) unter: http://www.europa.eu.int/comm/competition/speeches/index_2002.html

Monti, Mario, „Competition and the Consumer: What are the Aims of European Competition Policy?“ (26.02.2002) unter: http://www.europa.eu.int/comm/competition/speeches/index_2002.html

Morse, Howard, „Antitrust Issues in High-Tech Industries: Recent Developments“ unter: http://www.global-competition.com/spl_rpts/aar

Mülbert, Peter, „Zusagen im deutschen und europäischen Fusionskontrollrecht“ in: ZIP 1995, 699 ff.

Müller, Matthias, „Die Essential Facilities Doctrine im Europäischen Kartellrecht“ in: EuZW 1998, 232 ff.

Müller, Werner, „Megafusionen - eine neue Herausforderung für das Kartellrecht?“ in: Megafusionen - eine neue Herausforderung für das Kartellrecht?, IX. Internationale Kartellrechtskonferenz, Dokumentation der Veranstaltung des Bundeskartellamtes am 10./ 11.05.1999, hrsg. von Knud Hansen, Bonn 2000, S. 23 ff. *(zitiert: Müller, Megafusionen)*

Mussler, Werner, „Das System stimmt - Zur Reform der EU-Fusionskontrolle“ in: FAZ vom 03. Dezember 2002, S. 11

Nave, Douglas/ Enser, Juliette/ Sandhu, Jatinder, „Innovation and High-Technology - Emerging Markets and High-Technology Industries“ unter: http://www.global-competition.com/spl_rpts/ear

Neumann, Ingo, Pay-TV in Deutschland - Markteintritts- und Wettbewerbsbedingungen für neue Anbieter, Wiesbaden 1998, Dissertation Universität Hamburg 1997 *(zitiert: Neumann, Pay-TV)*

Neumann, Manfred, Wettbewerbspolitik - Geschichte, Theorie und Praxis, Wiesbaden 2000

Neven, Damien/ Nuttall, Robin/ Seabright, Paul, Merger in Daylight - The Economics and Politics of European Merger Control, London 1993

Nikolinakos, Nikos, „Access Agreements in the Telecommunications Sector, Refusals to Supply and the Essential Facilities Doctrine under EC Competition Law“ in: ECLR 1999, 399 ff.

Nikolinakos, Nikos, „The New European Regulatory Regime for Electronic Communications Networks and Associated Services: The Proposed Framework and Access/ Interconnection Directives“ in: ECLR 2001, 93 ff.

Norall, Christopher, „EU: Microsoft Investigation“ in: CRI 2001, 185 f.

Oppermann, Thomas, Europarecht, 2. Auflage, München 1999

Ordover, Janusz/ Saloner, Garth/ Salop, Steven, „Equilibrium Vertical Foreclosure“ in: AER (80) 1990, 127 ff.

Overd, Alan/ Bishop, Bill, „Essential Facilities: The Rising Tide“ in: ECLR 1998, 183 ff.

Papaioannou, Anna/ Diez, Ulrich/ Ryan, Stephen/ Sjöblom, Dan, „Green Paper on the Review of the Merger Regulation“ in: Competition Policy Newsletter 2002 (No. 1), 65 ff.

Pape, Fabian, „Europäische Fusionskontrolle - Telia/ Telenor“ in: WuW 1999, 1195 f.

Pape, Fabian, „Europäische Fusionskontrolle - BSkyB/ Kirch Pay-TV“ in: WuW 2000, 500 f.

Pape, Fabian, „Europäische Fusionskontrolle - Vodafone Airtouch/ Mannesmann“ in: WuW 2000, 612 f.

Pape, Fabian, „Vodafone/ Vivendi/ Canal+“ in: WuW 2000, 989

Pape, Fabian, „Europäische Fusionskontrolle - MCI WorldCom/ Sprint“ in: WuW 2000, 989 f.

Pape, Fabian, „Europäische Fusionskontrolle - AOL/ Time Warner“ in: WuW 2000, 1087 f.

Pape, Fabian, „Europäische Fusionskontrolle - Vivendi/ Canal+/ Seagram“ in: WuW 2000, 1212 f.

Pilny, Karl, „Mißbräuchliche Marktbeherrschung gemäß Art. 86 EWGV durch Immaterialgüterrechte - Die Magill-Entscheidung des EuGH als Schnittstelle zwischen europäischem Wettbewerbs- und nationalem Urheberrecht“ in: GRUR Int. 1995, 954 ff.

Pitofsky, Robert, „Vertical Restraints and Vertical Aspects of Mergers - A U.S. Perspective“ in: FCLI 1995, 111 ff.

Pitofsky, Robert, „Antitrust and Intellectual Property: Unresolved Issues at the Heart of the New Economy“ (02.03.2001) unter: http://www.ftc.gov/speeches/pitofsky

Pons, Jean-François, „La politique européenne de concurrence et l'audiovisuel: ententes, alliances et concentrations“ (21.01.1999) unter: http://www.europa.eu.int/comm/competition/speeches/index_1999.html

Pons, Jean-François, „European Competition Policy in the New Economy" (26.06.2001) unter: http://www.europa.eu.int/comm/competition/speeches/index_2001.html

Posner, Richard, „The Chicago School of Antitrust Analysis" in: The University of Pennsylvania Law Review (127) 1979, 925 ff.

Posner, Richard, „Antitrust in the New Economy" in: Antitrust L. J. (68) 2001, 925 ff.

Rabassa, Valérie, „The Commission's Review of the Media Merger Wave" in: Competition Policy Newsletter 2001 (No. 1), 46 ff.

Rahmen-Zurek, Klaus, „Die Effizienz des Verzichts auf Property-Rights" in: Old und New Economy auf dem Weg in eine innovative Symbiose? Dominanz der Prozesse - Flexibilität der Strukturen - Konstanz der ökonomischen Grundregeln, hrsg. von Christian Smekal und Joachim Starbatty, Köln 2001, S. 82 ff.

Reynolds, Michael, „Mergers and Joint Ventures: The Vertical Dimension" in: FCLI 1997, 153 ff.

Ridyard, Derek, „Essential Facilities and the Obligation to Supply Competitors under UK and EC Competition Law" in: ECLR 1996, 438 ff.

Riehmer, Klaus, „EG-Wettbewerbsrecht und Zugangsvereinbarungen in der Telekommunikation" in: MMR 1998, 355 ff.

Riordan, Michael/ Salop, Steven, „Evaluating Vertical Mergers: A Post-Chicago Approach" in: Antitrust L. J. (63) 1995, 513 ff.

Ritter, Lennart/ Braun, David/ Rawlinson, Francis, EC Competition Law - A Practitioner's Guide, 2. Auflage, The Hague/ London/ Boston 2000

Roberto, Vito, „Zur wettbewerbspolitischen Beurteilung vertikaler Zusammenschlüsse - Plausibilitätserwägungen versus ökonomische Analysen" in: WuW 1992, 803 ff.

Rosenthal, Michael, „Open Access from the EU Perspective", unter: http://www.digital-law.net/ijclp/7_2003

Royall, Sean, „Symposium: Post-Chicago Economics - Editor's Note" in: Antitrust L. J. (63) 1995, 445 ff.

Rubinfeld, Daniel, „Antitrust Enforcement in Dynamic Network Industries" in: Antitrust Bull. (43) 1998, 859 ff.

Ruttley, Philip, „E.C. Competition Law in Cyberspace" in: ECLR 1998, 186 ff.

Salop, Steven, „Vertical Mergers and Monopoly Leverage“ in: The New Palgrave Dictionary of Economics and the Law, Band 3 (P-Z), hrsg. von Peter Newman, London 1998, S. 669 ff. *(zitiert: Salop, Palgrave Dictionary, Bd. 3)*

Schaub, Alexander, „Competition Policy in the Telecoms Sector“ in: Competition Policy Newsletter 1996 (No. 1), 1 ff.

Schaub, Alexander, Diskussionsbeitrag im Rahmen der Podiumsdiskussion I „Megafusionen und Fusionskontrolle - Laufen die traditionellen Konzepte leer?“ in: Megafusionen - eine neue Herausforderung für das Kartellrecht?, IX. Internationale Kartellrechtskonferenz, Dokumentation der Veranstaltung des Bundeskartellamtes am 10./ 11.05.1999, hrsg. von Knud Hansen, Bonn 2000, S. 115 ff. *(zitiert: Schaub, Megafusionen)*

Schaub, Alexander, „Assessing International Mergers: The Commission's Approach“ (14./ 15.09.2000) unter: http://www.europa.eu.int/comm/competition/speeches/index_2000.html

Scheidgen, Anja/ Sturhahn, Detlef-Holger, „Das Untersagungskriterium in der Fusionskontrolle - Marktbeherrschende Stellung versus Substantial Lessening of Competition? - Tagungsbericht des Bundeskartellamtes“ in: WuW 2002, 31 ff.

Scherer, Joachim, „Das Bronner-Urteil des EuGH und die Essential facilities-Doktrin im TK-Sektor“ in: MMR 1999, 315 ff.

Schmalensee, Richard, „Antitrust Issues in Schumpeterian Industries“ in: AER (90) 2000, Papers and Proceedings, 192 ff.

Schmidt, Hedvig, „Article 82's „Exceptional Circumstances“ that Restrict Intellectual Property Rights“ in: ECLR 2002, 210 ff.

Schmidt, Ingo, Wettbewerbspolitik und Kartellrecht - Eine Einführung, 7. Auflage, Stuttgart 2001

Schmidt, Ingo/ Schmidt, André, Europäische Wettbewerbspolitik, München 1997

Schmittmann, Michael/ de Vries, Inge, „Blick nach Brüssel“ in: AfP 1996, 120 ff.

Schrempp, Jürgen, „Unternehmen im Spannungsfeld von globalen Märkten und nationaler Politik“ in: Megafusionen - eine neue Herausforderung für das Kartellrecht?, IX. Internationale Kartellrechtskonferenz, Dokumentation der Veranstaltung des Bundeskartellamtes am 10./ 11.05.1999, hrsg. von Knud Hansen, Bonn 2000, S. 54 ff. *(zitiert: Schrempp, Megafusionen)*

Schumpeter, Joseph, Kapitalismus, Sozialismus und Demokratie, 7. erweiterte Auflage, Tübingen 1993 *(zitiert: Schumpeter, „Kapitalismus, Sozialismus und Demokratie")*

Schwintowski, Hans Peter, „Der Zugang zu wesentlichen Einrichtungen" in: WuW 1999, 842 ff.

Seabright, Paul, „Competition Policy Towards Vertical Restraints: Implementable Rules for Competition Authorities" in: Competition Policies in Europe, hrsg. von Stephen Martin, Amsterdam/ Lausanne/ New York/ Oxford/ Shannon/ Singapore/ Tokyo 1998, S. 161 ff. *(zitiert: Seabright in: Competition Policies)*

Shapiro, Carl/ Varian, Hal, Information Rules, Boston 1999

Sheehan, Eileen, „Unilateral Refusals to Deal and the Role of the Essential Facilities Doctrine - A U.S./ EC Comparative Analysis" in: World Competition (22) 1999, 67 ff.

Shelanski, Howard/ Sidak, Gregory, „Antitrust Divestiture in Network Industries" in: The University of Chicago Law Review (68) 2001, 1 ff.

Shepherd, George/ Shepherd, Joanna/ Shepherd, William, „Antitrust and Market Dominance" in: Antitrust Bull. (46) 2001, 835 ff.

Sheremata, Willow, „New Issues in Competition Policy Raised by Information Technology Industries" in: Antitrust Bull. (43) 1998, 547 ff.

Staudenmayer, Dirk, „Das Verhältnis der Art. 85, 86 EWGV zur EG-Fusionskontrollverordnung" in: WuW 1992, 475 ff.

Stothers, Christopher, „Refusals to Supply as Abuse of a Dominant Position: Essential Facilities in the European Union" in: ECLR 2001, 256 ff.

Sullivan, Lawrence, „Post-Chicago Economics: Economists, Lawyers, Judges, and Enforcement Officials in a Less Determinate Theoretical World" in: Antitrust L. J. (63) 1995, 669 ff.

Sullivan, Lawrence/ Grimes, Warren, The Law of Antitrust: An Integrated Handbook, St. Paul 2000

Summers, Lawrence, „Competition Policy in the New Economy" in: Antitrust L. J. (69) 2001, 353 ff.

Teece, David/ Coleman, Mang, „The Meaning of Monopoly: Antitrust Analysis in High Tech Industries" in: Antitrust Bull. (43) 1998, 801 ff.

Temple Lang, John, „Defining Legitimate Competition: Companies' Duties to Supply Competitors and Access to Essential Facilities“ in: Fordham International Law Journal (18) 1994, 437 ff.

Treacy, Pat, „Essential Facilities - Is the Tide Turning?“ in: ECLR 1998, 501 ff.

Uhlig, Thorsten, Zusagen, Auflagen und Bedingungen im Fusionskontrollverfahren, Sinzheim 1996, Dissertation Universität Göttingen 1995

Ulbrich, Martin, „Konvergenz der Medien auf europäischer Ebene“ in: K&R 1998, 100 ff.

Ungerer, Herbert, „EU Competition Law in the Telecommunications, Media and Information Technology Sectors“ in: FCLI 1995, 465 ff.

Ungerer, Herbert, „Clarifying how Recent EU Policies and Decisions Will Foster Effective Competition: Who Should Be Europe's Digital Gatekeepers“ (20.03.1996) unter: http://www.europa.eu.int/comm/competition/speeches/index_1996.html

Ungerer, Herbert, „Competition in the Information Society - Multimedia“ (19.11.1996) unter: http://www.europa.eu.int/comm/competition/speeches/index_1996.html

Ungerer, Herbert, „Content - Media - Telecom - Competition Issues“ (31.05.2001) unter: http://www.europa.eu.int/comm/competition/speeches/index_2001.html

Ungerer, Herbert, „Competition Policy and the Issue of Access in Broadcasting Markets: The Commission Perspective“ (14.01.2003) unter: http://www.europa.eu.int/comm/competition/speeches/index_2003.html

Vajda, Christoph/ Gahnström, Andreas, „EC Competition Law and the Internet“ in: ECLR 2000, 94 ff.

Van Bael, Ivo/ Bellis, Jean-François, EC Competition Law Reporter, Volume 2, Bicester Oxfordshire 2000 *(zitiert: Van Bael/ Bellis, EC Competition Law Reporter, Vol. 2)*

Van den Bergh, Roger/ Camesasca, Peter, European Competition Law and Economics - A Comparative Perspective, Antwerpen/ Groningen/ Oxford/ New York 2001

Van Miert, Karel, „EU Competition Policy“ in: FCLI 1995, 285 ff.

Van Miert, Karel, „Impact of Digital Technologies on the Telecommunications and Television Sectors" (12.06.1997) unter: http://www.europa.eu.int/comm/competition/speeches/index_1997.html

Van Miert, Karel, „Megafusionen und die globale Fusionswelle - eine Herausforderung für das Kartellrecht?" in: Megafusionen - eine neue Herausforderung für das Kartellrecht?, IX. Internationale Kartellrechtskonferenz, Dokumentation der Veranstaltung des Bundeskartellamtes am 10./11.05.1999, hrsg. von Knud Hansen, Bonn 2000, S. 38 ff. *(zitiert: Van Miert, Megafusionen)*

Veljanovski, Cento, „Competitive Regulation of Digital Pay-TV" in: European Economics and Law: Competition - Single Market - Trade, hrsg. von John Grayston, Isle of Wight 1999, S. 54 ff. *(zitiert: Veljanovski, European Economics)*

Veljanovski, Cento, „E.C. Antitrust in the New Economy: Is the European Commission's View of the Network Economy Right?" in: ECLR 2001, 115 ff.

Venit, James/ Kallaugher, John, „Essential Facilities: A Comparative Law Approach" in: FCLI 1994, 315 ff.

Wagemann, „Europäische Fusionskontrolle - Bertelsmann/ Kirch/ Premiere und Deutsche Telekom/ Beta Research" in: WuW 1998, 694 ff.

Werden, Gregory, „Network Effects and Conditions of Entry: Lessons from the Microsoft Case" in: Antitrust L. J. (69) 2001, 87 ff.

Whish, Richard, Competition Law, 5. Auflage, Bath 2003

Wiedemann, Gerhard, Handbuch des Kartellrechts, München 1999 *(zitiert: Bearbeiter in: Wiedemann)*

Winterscheid, Joseph, Diskussionsbeitrag in: „Discussion about Vertical Mergers, Joint Ventures and Strategic Alliances", FCLI 1997, 204 ff., 208 f. *(zitiert: Winterscheid, Diskussion Fordham Conference 1997)*

Wirtz, Markus, „Wohin mit den Effizienzen in der europäischen Fusionskontrolle?" in: EWS 2002, 59 ff.

Wolf, Dieter, „Zur Eröffnung der Konferenz" in: Megafusionen - eine neue Herausforderung für das Kartellrecht?, IX. Internationale Kartellrechtskonferenz, Dokumentation der Veranstaltung des Bundeskartellamtes am 10./ 11.05.1999, hrsg. von Knud Hansen, Bonn 2000, S. 11 ff. *(zitiert: Wolf, Megafusionen)*

Ysewyn, Johan, „The New World of the Merger Task Force“ in: ECLR 2002, 207 ff.

Zebedee, Graham/ Dussart-Lefret, Corinne, „Commission Exceptionally Orders the Licensing of a Copyright to Safeguard Competition in the German Pharmaceutical Sales Reports Market“ in: Competition Policy Newsletter 2002 (No. 1), 61 ff.

Zerdick, Axel, Die Internet-Ökonomie - Strategien für die digitale Wirtschaft, 3. Auflage, Heidelberg 2001

Zilles, Stephan, Die Anfechtungslegitimation von Dritten im europäischen Fusionskontrollrecht, Heidelberg 1997, Dissertation Universität Münster 1996

Kommissionsentscheidungen und Urteile der europäischen Gerichte

FKVO

Nestlé/ Perrier, Fall IV/M.190, Entscheidung der Kommission vom 22. Juli 1992, ABl. 1992, L 356/1

MSG Media Service, Fall IV/M.469, Entscheidung der Kommission vom 9. November 1994, ABl. 1994, L 364/1

Nordic Satellite Distribution, Fall IV/M.490, Entscheidung der Kommission vom 19. Juli 1995, ABl. 1996, L 53/20

RTL/ Veronica/ Endemol, Fall IV/M.553, Entscheidung der Kommission vom 20. September 1995, ABl. 1996, L 134/32

Gencor/ Lonrho, Fall IV/M.619, Entscheidung der Kommission vom 24. April 1996, ABl. 1996, L 11/30

Bertelsmann/ Kirch/ Premiere, Fall IV/M.993, Entscheidung der Kommission vom 27. Mai 1998, ABl. 1999, L 53/1

Deutsche Telekom/ Beta Research, Fall IV/M.1027, Entscheidung der Kommission vom 27. Mai 1998, ABl. 1999, L 53/31

WorldCom/ MCI, Fall IV/M.1069, Entscheidung der Kommission vom 08. Juli 1998, ABl. 1999, L 116/1

Airtours/ First Choice, Fall COMP/M.1524, Entscheidung der Kommission vom 22. September 1999, ABl. 2000, L 93/1

Telia/ Telenor, Fall COMP/M.1439, Entscheidung der Kommission vom 13. Oktober 1999, ABl. 2001, L 40/1

Air Liquide/ BOC, Fall COMP/M.1630, Entscheidung der Kommission vom 18. Januar 2000, unter: http://www.europa.eu.int/comm/competition/mergers/cases

BSkyB/ Kirch Pay-TV, Fall COMP/JV.37, Entscheidung der Kommission vom 21. März 2000, unter: http://www.europa.eu.int/comm/competition/mergers/cases

Vodafone/ Mannesmann, Fall COMP/M.1795, Entscheidung der Kommission vom 12. April 2000, unter: http://www.europa.eu.int/comm/competition/mergers/cases

MCI WorldCom/ Sprint, Fall COMP/M.1741, Entscheidung der Kommission vom 28. Juni 2000, unter: http://www.europa.eu.int/comm/competition/mergers/cases

Vodafone/ Vivendi/ Canal+ (Vizzavi), Fall COMP/JV.48, Entscheidung der Kommission vom 20. Juli 2000, unter: http://www.europa.eu.int/comm/competition/mergers/cases

France Télécom/ Orange, Fall COMP/M.2016, Entscheidung der Kommission vom 11. August 2000, unter: http://www.europa.eu.int/comm/competition/mergers/cases

AOL/ Time Warner, Fall COMP/M.1845, Entscheidung der Kommission vom 11. Oktober 2000, ABl. 2001, L 268/28

Vivendi/ Canal+/ Seagram, Fall COMP/M.2050, Entscheidung der Kommission vom 13. Oktober 2000, unter: http://www.europa.eu.int/comm/competition/mergers/cases

General Electric/ Honeywell, Fall COMP/M.2220, Entscheidung der Kommission vom 03. Juli 2001, unter: http://www.europa.eu.int/comm/competition/mergers/cases

Schneider/ Legrand, Fall COMP/M.2283, Entscheidung der Kommission vom 10. Oktober 2001, unter: http://www.europa.eu.int/comm/competition/mergers/cases

Tetra Laval/ Sidel, Fall COMP/M.2416, Entscheidung der Kommission vom 30. Oktober 2001, unter: http://www.europa.eu.int/comm/competition/mergers/cases

Newscorp/ Telepiù, Fall COMP/M.2876, Entscheidung der Kommission vom 02. April 2003, unter: http://www.europa.eu.int/comm/competition/mergers/cases

Kali und Salz, Verbundene Rs. C-68/94 und C-30/95, Urteil des EuGH vom 31. März 1998, Slg. 1998, I-1375 ff.

Gencor, Rs. T-102/96, Urteil des EuG vom 25. März 1999, Slg. 1999, II-753 ff.

Endemol, Rs. T-221/95, Urteil des EuG vom 28. April 1999, EuZW 1999, 600 ff.

Airtours/ Kommission, Rs. T-342/99, Urteil des EuG vom 06. Juni 2002, Slg. 2002, II-2585 ff.

Schneider Electric/ Kommission, Rs. T-310/01 und T-77/02, Urteil des EuG vom 22. Oktober 2002, Slg. 2002, II-4071 ff. und II-4201 ff.

Tetra Laval/ Kommission, Rs. T-5/02 und T-80/02, Urteil des EuG vom 25. Oktober 2002, Slg. 2002, II-4381 ff. und II-4519 ff.

ARD/ Kommission, Rs. T-158/00, Urteil des EuG vom 30. September 2003, unter: http://curia.eu.int/de/content/juris/index_de.htm

Art. 81 und 82 EGV

IBM, XIV. Wettbewerbsbericht der Kommission (1984), S. 87 ff.

Sealink I, Fall IV/34.174, Entscheidung der Kommission vom 11. Juni 1992, CMLR 1992, 255 ff.

Sealink II, Fall IV/34.689, Entscheidung der Kommission vom 21. Dezember 1993, ABl. 1994, L 15/8

British Interactive Broadcasting, Fall IV/36.539, Entscheidung der Kommission vom 15. September 1999, ABl. 1999, L 312/1

IMS Health, Fall COMP/D3/38.044, Entscheidung der Kommission vom 03. Juli 2001, ABl. 2002, L 59/18

Continental Can, Rs. 6/72, Urteil des EuGH vom 21. Februar 1973, Slg. 1973, 215 ff.

Commercial Solvents, Verbundene Rs. 6/73 und 7/73, Urteil des EuGH vom 22. Januar 1974, Slg. 1974, 223 ff.

United Brands, Rs. 27/76, Urteil des EuGH vom 14. Februar 1978, Slg. 1978, 207 ff.

Hoffmann-La Roche, Rs. 85/76, Urteil des EuGH vom 13. Februar 1979, Slg. 1979, 461 ff.

IBM/ Kommission, Rs. 60/81, Urteil des EuGH vom 11. November 1981, Slg. 1981, 2639 ff.

Télémarketing, Rs. 311/84, Urteil des EuGH vom 03. Oktober 1985, Slg. 1985, 3261 ff.

Volvo, Rs. 238/87, Urteil des EuGH vom 05. Oktober 1988, Slg. 1988, 6211 ff.

GB-Inno, Rs. C-18/88, Urteil des EuGH vom 13. Dezember 1991, Slg. 1991, I-5941 ff.

Magill, Verbundene Rs. C-241/91 P und C-242/91 P, Urteil des EuGH vom 06. April 1995, Slg. 1995, I-743 ff.

Tiercé Ladbroke, Rs. T-504/93, Urteil des EuG vom 12. Juni 1997, Slg. 1997, II-923 ff.

Oscar Bronner, Rs. C-7/97, Urteil des EuGH vom 26. November 1998, Slg. 1998, I-7791 ff.

Verordnungen, Richtlinien, Bekanntmachungen und sonstige Veröffentlichungen

Verordnung (EWG) des Rates Nr. 17/62 vom 06. Februar 1962 zur Durchführung der Artikel 85 und 86 des Vertrages, ABl. 1962, L 13/204

Verordnung (EWG) Nr. 4064/89 des Rates vom 21. Dezember 1989 über die Kontrolle von Unternehmenszusammenschlüssen, ABl. 1989, L 395/1, berichtigte Fassung ABl. 1990, L 257/13

Verordnung (EG) Nr. 1310/97 des Rates vom 30. Juni 1997 zur Änderung der Verordnung (EWG) Nr. 4064/89 des Rates über die Kontrolle von Unternehmenszusammenschlüssen, ABl. 1997, L 180/1

Bekanntmachung der Kommission über die Definition des relevanten Marktes im Sinne des Wettbewerbsrechts der Gemeinschaft, ABl. 1997, C 372/5

Grünbuch zur Konvergenz der Branchen Telekommunikation, Medien und Informationstechnologie und ihren ordnungspolitischen Auswirkungen - Ein Schritt in Richtung Informationsgesellschaft, KOM (97) 623

Verordnung (EG) Nr. 447/98 der Kommission vom 01. März 1998 über die Anmeldungen, über die Fristen sowie über die Anhörung nach der Verordnung (EWG) Nr. 4064/89 des Rates über die Kontrolle von Unternehmenszusammenschlüssen, ABl. 1998, L 61/1

Mitteilung der Kommission über den Begriff des Vollfunktionsgemeinschaftsunternehmens nach der Verordnung (EWG) Nr. 4064/89 des Rates über die Kontrolle von Unternehmenszusammenschlüssen, ABl. 1998, C 66/1

Bekanntmachung der Kommission über den Begriff des Zusammenschlusses nach der Verordnung (EWG) Nr. 4064/89 des Rates über die Kontrolle von Unternehmenszusammenschlüssen, ABl. 1998, C 66/5

Mitteilung über die Anwendung der Wettbewerbsregeln auf Zugangsvereinbarungen im Telekommunikationsbereich, ABl. 1998, C 265/2

Richtlinie 99/64/EG der Kommission vom 23. Juni 1999 zur Änderung der Richtlinie 90/388/EWG im Hinblick auf die Organisation ein und demselben Betreiber gehörender Telekommunikations- und Kabelfernsehnetze in rechtlich getrennten Einheiten, ABl. 1999, L 175/39

Verordnung (EG) Nr. 2790/99 der Kommission vom 22. Dezember 1999 über die Anwendung von Art. 81 (3) des Vertrages auf Kategorien vertikaler Vereinbarungen und gemeinsamer Praktiken, ABl. 1999, L 336/21

Änderungen der Verfahrensordnung des Gerichtshofes vom 28. November 2000, ABl. 2000, L 322/1

Änderungen der Verfahrensordnung des Gerichts Erster Instanz vom 28. November 2000, ABl. 2000, L 322/4

Verordnung (EG) Nr. 2887/2000 des Europäischen Parlaments und des Rates vom 18. Dezember 2000 über den entbündelten Zugang zum Teilnehmeranschluß, ABl. 2000, L 336/4

Bekanntmachung der Kommission über ein vereinfachtes Verfahren für bestimmte Zusammenschlüsse gemäß der Verordnung (EWG) Nr. 4064/89 des Rates, ABl. 2000, C 217/32

Mitteilung der Kommission über im Rahmen der Verordnung (EWG) Nr. 4064/89 des Rates und der Verordnung (EG) Nr. 447/98 der Kommission zulässige Abhilfemaßnahmen, ABl. 2001, C 68/3

Grünbuch über die Revision der Fusionskontrollverordnung (EWG) Nr. 4064/89 vom 11. Dezember 2001, COM (2001) 745/6 final

Richtlinie 2002/19/EG des Europäischen Parlaments und des Rates vom 07. März 2002 über den Zugang zu elektronischen Kommunikationsnetzen und zugehörigen Einrichtungen sowie deren Zusammenschaltung, ABl. 2002, L 108/7

Richtlinie 2002/20/EG des Europäischen Parlaments und des Rates vom 07. März 2002 über die Genehmigung elektronischer Kommunikationsnetze und -dienste, ABl. 2002, L 108/21

Richtlinie 2002/21/EG des Europäischen Parlaments und des Rates vom 07. März 2002 über einen gemeinsamen Rechtsrahmen für elektronische Kommunikationsnetze und -dienste, ABl. 2002, L 108/33

Richtlinie 2002/22/EG des Europäischen Parlaments und des Rates vom 07. März 2002 über den Universaldienst und Nutzerrechte bei elektronischen Kommunikationsnetzen und -diensten, ABl. 2002, L 108/51

Richtlinie 2002/58/EG des Europäischen Parlaments und des Rates vom 12. Juli 2002 über die Verarbeitung personenbezogener Daten und den Schutz der Privatsphäre in der elektronischen Kommunikation, ABl. 2002, L 201/37

Leitlinien der Kommission zur Marktanalyse und Ermittlung beträchtlicher Marktmacht nach dem gemeinsamen Rechtsrahmen für elektronische Kommunikationsnetze und -dienste, ABl. 2002, C 165/6

Entwurf für eine Mitteilung der Kommission über die Beurteilung horizontaler Zusammenschlüsse unter der Verordnung des Rates über die Kontrolle von Unternehmenszusammenschlüssen, ABl. 2002, C 331/18

Verordnung (EG) des Rates Nr. 1/2003 vom 16. Dezember 2002 zur Durchführung der in den Artikeln 81 und 82 des Vertrages niedergelegten Wettbewerbsregeln, ABl. 2003, L 1/1

Vorschlag der Kommission für eine Verordnung des Rates über die Kontrolle von Unternehmenszusammenschlüssen vom 11. Dezember 2002, ABl. 2003, C 20/4

Europäische Integration
und internationale Wirtschaftsbeziehungen
Rechtswissenschaftliche Studien

Herausgegeben von Peter Behrens

Band 1 Hella Kinder: Die Außenindustriepolitik der Europäischen Gemeinschaft dargestellt am Beispiel von Antidumpingmaßnahmen. 1996.

Band 2 Stefan Flach: Rechtsbindung einer industriepolitischen Instrumentalisierung öffentlicher Aufträge. 1996.

Band 3 Nicolas Baron von Behr: Multinationale Unternehmen und Exportkontrollen. Völkerrechtliche Zulässigkeit und Grenzen extraterritorialer Ausfuhrbeschränkungen. With an English Summary. 1996.

Band 4 Andreas Pense: Die personalistische Eurokapitalgesellschaft als Instrument der Unternehmenskooperation in der EU. Ein Entwurf auf rechtsvergleichender Grundlage. 1997.

Band 5 Marcus Mackensen: Institutionelle Anleger im Unternehmensrecht Deutschlands und der USA. 2000.

Band 6 André Schwanna: Die Gründung von Gesellschaften in Deutschland, Frankreich und Großbritannien. Gemeineuropäische Prinzipien des Gesellschaftsrechts. 2002.

Band 7 Ulfert Frenzel: Die Beurteilung von Forschungs- und Entwicklungskooperationen zwischen Herstellern und Zulieferern in der deutschen Automobilindustrie nach europäischem und deutschem Kartellrecht. 2003.

Band 8 Fabian Stancke: Einstweilige Anordnungen im dezentralen Vollzug des Gemeinschaftsrechts. Einstweilige Anordnungen und die Kohärenz des gemeinschaftlichen Rechtsschutzsystems bei der Anwendung des Gemeinschaftsrechts durch deutsche Verwaltungs- und Zivilgerichte. 2004.

Band 9 Katerina Buchtova: Marktstrukturelle Kriterien bei der kartellrechtlichen Beurteilung vertikaler Bindungen im europäischen und im tschechischen Kartellrecht. 2004.

Band 10 Katja Koch: Handelspräferenzen der Europäischen Gemeinschaft für Entwicklungsländer. Typologie, Konditionierungen, WTO-Konformität. 2004.

Band 11 Julia Richter: Gatekeeper Positionen in der europäischen Fusionskontrolle. Marktabschottungsgefahren bei Zusammenschlüssen im Informations- und Kommunikationssektor. 2004.

Kolibri 360 GmbH
Ferdinand-Jühlke-Straße 7
99095 Erfurt, Deutschland
produktsicherheit@kolibri360.de

Druck:
CPI Druckdienstleistungen GmbH
im Auftrag der
Kolibri 360 GmbH
Ferdinand-Jühlke-Str. 7
99095 Erfurt